ROMANISCHE STUDIEN

Heft 4.2 · 2016

SEKTIONEN

Europa: lateinisches Reich

William Marx: *La Haine de la littérature*

Internationalisierung des Lehramts

Deutsch-Französische Hochschule

AVM.edition

Bibliografische Information der Deutschen Nationalbibliothek

Die Deutsche Nationalbibliothek verzeichnet diese Publikation in der Deutschen Nationalbibliografie; detaillierte bibliografische Daten sind im Internet über http://dnb.d-nb.de abrufbar.

AVM – Akademische Verlagsgemeinschaft München 2017

Umschlagabbildung: LearningLark, The book ‚The House of Leaves' being burned, Creative Commons License

Printed in Germany

ISSN 2511-7882 (print)
ISSN 2364-4753 (digital)
ISBN 978-3-95477-069-4
www.avm-verlag.de

Die Begutachtungsform (*blind peer review, editorial review*) ist online je nach Rubrik ausgewiesen.

Land, Kultur, Medien

Ein digitales Textformat für die Literaturwissenschaften 325
Die Richtlinien der Text Encoding Initiative und ihr Nutzen für Textedition und Textanalyse
Christof Schöch

Realität und Wirklichkeit in der Moderne 365
Eine Projektbeschreibung
Susanne Knaller

Spielräume des sozialen Subjekts 381
Simon Stone inszeniert *Rocco und seine Brüder* nach Luchino Visconti
Judith Frömmer

La risa que pellizca a la realidad 395
PERDIENDO EL NORTE (2015) de Nacho G. Velilla
Romina Irene Palacios Espinoza

Heldentum und Heroisierungsstrategien in Alberto Rondallis Film ANITA E GARIBALDI 405
Robert Lukenda

Kulturalität im Film OCHO APELLIDOS VASCOS 415
Ironisches Spiel mit baskischen und andalusischen Klischees
Claudia Schlaak

Ein digitales Textformat für die Literaturwissenschaften

Die Richtlinien der Text Encoding Initiative und ihr Nutzen für Textedition und Textanalyse

Christof Schöch (Würzburg)

ZUSAMMENFASSUNG: Die stetig voranschreitende Digitalisierung literarischer Texte verschiedenster Sprachen, Epochen und Gattungen stellt die Literaturwissenschaften immer wieder vor die Frage, wie sie diese Entwicklung mitgestalten und zu ihrem Vorteil nutzen können. Dabei ist digital nicht gleich digital, sondern es existiert eine Vielzahl sehr unterschiedlicher, digitaler Repräsentationsformen von Text. Nur wenige dieser Repräsentationsformen werden literaturwissenschaftlichen Anforderungen tatsächlich gerecht, darunter diejenige, die den Richtlinien der Text Encoding Initiative folgt. Der vorliegende Beitrag vergleicht zunächst einige derzeit gängige digitale Repräsentationsformen von Text. Für literaturwissenschaftliche Forschung besonders geeignet erweist sich hierbei eine Repräsentationsform, die den Richtlinien der Text Encoding Initiative folgt. Daher informiert der Beitrag anschließend über deren Nutzen für die literaturwissenschaftliche Arbeit, sowohl im Bereich der wissenschaftlichen Textedition als auch im Bereich der Analyse und Interpretation von Texten. Nur wenn die Literaturwissenschaften in ihrer Breite den Nutzen von offenen, expressiven, flexiblen und standardisierten, langfristig nutzbaren Formaten für die Forschung erkennen, können sie sich mit dem erforderlichen Nachdruck für deren Verbreitung einsetzen und durch die zunehmende Verfügbarkeit von Texten in solchen Formaten für die eigene Forschung und Lehre davon profitieren.

SCHLAGWÖRTER: Digital Humanities; Text Encoding Initiative; Textedition; Textanalyse

Einleitung

Eine der zentralen Einsichten der Literaturwissenschaften im 20. Jahrhundert war die analytische Unterscheidung von Form und Inhalt bei gleichzeitigem Bewusstsein ihrer untrennbaren Verbundenheit und gegenseitigen Abhängigkeit.[1] Das medientheoretische Analogon dieser Einsicht formulier-

[1] Ein Beispiel für diese Position ist schon Jean Rousset, *Forme et signification: essais sur les structures littéraires de Corneille à Claudel* (Paris: Corti, 1962).

te Marshall McLuhan in seinem Diktum „The medium is the message".[2] Und die Editionswissenschaften haben sich ausführlich der Frage gewidmet, wie sich Manuskripte, Typoskripte, Druckfahnen und verschiedene Textausgaben zueinander verhalten und damit auch die Frage nach der Beziehung zwischen den materiellen Trägern des Textes und seiner Überlieferungsgeschichte untersucht.[3] So ist in unterschiedlichen Bereichen immer wieder deutlich geworden, wie eng Inhalt, Form und Medium zusammenhängen. Mit dem sich seit den 1960er Jahren entwickelnden, seit den 1990er Jahre rasant an Fahrt gewinnenden digitalen Paradigmenwechsel in Gesellschaft und Wissenschaft ist ein neuer Aspekt der medialen Realisierungsformen (literarischer) Texte hinzugekommen, der erst in jüngerer Zeit in das Blickfeld des Interesses gerückt ist: Welchen Unterschied macht es, wenn (literarische) Texte nicht in Form von Handschriften oder gedruckten Büchern, sondern (wie dies zunehmend der Fall ist) in Form von Dateien, also digitalen Textdaten, vorliegen? Wie kann ein ursprünglich gedruckt erschienener Text adäquat ins digitale Medium überführt werden, und welche digitalen Repräsentationsformen sind verfügbar? Inwiefern spielt die jeweilige digitale Repräsentationsform eine Rolle für die Rezeption und Interpretation eines (literarischen) Textes? Welche Möglichkeiten und Herausforderungen eröffnet das Vorliegen digitaler Texte für die Bearbeitung literaturwissenschaftlicher Fragestellungen, und wie verändern sich die hierfür eingesetzten Methoden?

Der vorliegende Beitrag möchte einige Aspekte dieser Fragen diskutieren. Er wird hierfür zunächst darauf fokussieren, welche unterschiedlichen digitalen Repräsentationsformen literarischer Texte den Literaturwissenschaften derzeit zur Verfügung stehen. Mit dem Begriff ‚Repräsentationsform' sind hier unterschiedliche Datenformate gemeint, die der Speicherung, Darstellung und Analyse von Texten dienen. In dieser Perspektive werden zunächst einige unterschiedliche digitale Repräsentationsformen von Text beschrieben und miteinander verglichen (Abschnitt 1.1). Anschließend argumentiert der Beitrag, dass eine adäquate, digitale Repräsentationsform von literarischen Texten eine ganze Reihe von Anforderungen erfüllen sollte, um nicht nur dem Gegenstand selbst, sondern auch verschiedenen literaturwissenschaftlichen Nutzungsszenarien mit ihren Erkenntnisinteressen, Frage-

[2] Marshall McLuhan, *Understanding Media: The Extensions of Man (1964)*, hrsg. von W. Terrence Gordon, Critical edition (Corte Madera: Gingko Press, 2003).

[3] Unter anderen: Almuth Grésillon, *Eléments de critique génétique: lire les manuscrits modernes* (Paris: Presses universitaires de France, 1994).

stellungen und Methoden gerecht zu werden. Es wird deutlich, dass die derzeit am Besten geeignete Repräsentationsform die von der Text Encoding Initiative (TEI) vorgeschlagene ist. Inwieweit ein nach den Richtlinien der TEI kodierter Text die zuvor beschriebenen Anforderungen erfüllt, wird daher ebenfalls gezeigt (Abschnitt 1.2). Bevor die Nutzung von TEI in der literaturwissenschaftlichen Arbeit ausführlicher diskutiert wird, werden die Geschichte, Ziele und grundlegenden Eigenschaften von TEI-kodierten Dokumenten ebenfalls in aller Kürze dargestellt (Abschnitt 1.3). Wesentlich ist dabei, dass TEI technisch gesehen auf dem weit verbreiteten Standard XML (Extensible Markup Language) basiert; dass in TEI der Text selbst, Annotationen einzelner Passagen und dokumentbezogene Metadaten gemeinsam vorliegen; und dass die Richtlinien der TEI seit 1987 von einer wissenschaftlichen Gemeinschaft entwickelt werden.

Eine immer größer werdende Zahl wissenschaftlicher Digitalisierungs- und Editionsprojekte bietet ihre Texte unter anderem in Form von mehr oder weniger aufwändig nach den Richtlinien der TEI erstellten Dateien an. Warum es sich lohnt, den damit verbundenen, nicht immer unerheblichen Aufwand zu treiben, wird für zwei literaturwissenschaftliche Handlungsfelder anhand konkreter Beispiele aufgezeigt: Erstens für das Gebiet der digitalen Textedition, mithin für den Bereich der Textkonstitution selbst (Abschnitt 2). Und zweitens für das Gebiet der Textanalyse und Interpretation (Abschnitt 3). Für beide Bereiche wird auf Beispiele aus der deutschen, französischen und spanischen Literaturwissenschaft zurückgegriffen. Der Beitrag möchte hierbei aufzeigen, wie die Nutzung eines Standards wie TEI den Literaturwissenschaften einen dem Gegenstand und den literaturwissenschaftlichen Zielen angemessenen, differenzierten Zugriff auf die Texte ermöglicht.

Die Darstellung hat dabei einerseits einführenden Charakter und verfolgt das Ziel, grundlegend über die Texte Encoding Initiative und ihren Nutzen für die literaturwissenschaftliche Arbeit zu informieren. (In diesem Sinne bietet der Beitrag im Anhang auch Hinweise für die weitere Beschäftigung mit dem Thema an.) Zugleich versteht sich der Beitrag als Plädoyer für die Nutzung digitaler Repräsentationsformen von Text und insbesondere der Text Encoding Initiative als grundlegendes literaturwissenschaftliches Arbeitsinstrument. Das Thema, so die hier vorgetragene Überzeugung, betrifft nicht nur diejenigen Forschenden, die aktuell ihrem Selbstverständnis nach als Digitale EditionswissenschaftlerInnen oder ComputerphilologInnen agieren, sondern zunehmend große Teile der Literaturwissenschaften insgesamt. Der Beitrag möchte in diesem Sinne nicht nur aufzeigen, wie eng die Beziehungen zwischen Textkonstitution und Textanalyse sein können, sondern vor allem auch einen Beitrag zum Brückenschlag zwischen digitalen Geisteswissenschaften und etablierten Literatur- und Kulturwissenschaften leisten.

1. Digitale Repräsentationsformen literarischer Texte

Die Digitalisierung des kulturellen Erbes wurde in den letzten Jahrzehnten von vielfältigen Akteuren vorangetrieben, darunter zahlreiche Bibliotheken (man denke als herausragendes Beispiel an Gallica, die Digitalisierungsinitiative und Plattform der Bibliothèque nationale de France), Forschungsprojekte (wie unter vielen anderen TextGrid oder die Deutsche Digitale Bibliothek) sowie privatwirtschaftliche Akteure (hier drängt sich das nicht unumstrittene Digitalisierungsprogramm Google Books als Beispiel auf). Diese Aktivitäten haben eine Vielzahl digitaler Repräsentationsformen von (literarischen) Texten hervorgebracht unter denen diejenigen, die bei der literaturwissenschaftlichen Arbeit am häufigsten begegnen, hier zunächst charakterisiert werden sollen, bevor sie mit literaturwissenschaftlichen Anforderungen konfrontiert werden.

1.1 Einige verbreitete, digitale Repräsentationsformen literarischer Texte

Für die Einordnung dieser Repräsentationsformen und der entsprechenden Dateiformate können die folgenden drei grundlegende Beschreibungsdimensionen genutzt werden. Erstens: Ist das Format proprietär oder offen? Das heißt, ist frei nutzbar, einsehbar und modifizierbar oder ist das nicht der Fall, beispielsweise weil das Format von einer Firma kontrolliert wird? Zweitens: Liegen die Informationen in dem Format wenig strukturiert, semi-strukturiert oder relativ stark strukturiert vor? Und drittens: Ist das Format auf die Darstellung der Texte hin orientiert, oder steht die Repräsentation von Struktur und Semantik der Texte im Vordergrund?

1. PDF: darstellungsorientiertes, offenes, wenig strukturiertes Format. PDF-Dateien sind ein Containerformat, das sowohl Bild- als auch Textinformationen beinhalten kann. Literarische Texte (und vieles mehr, unter anderem wissenschaftliche Aufsätze) begegnen sehr häufig im PDF-Format, weil dieses nach wie vor das übliche Distributionsformat der meisten Bibliotheken ist. Durch das Scannen einer handgeschriebenen oder gedruckten Vorlage enstehen

Bilddateien, die meist als hochauflösende TIFF-Datei archiviert und den NutzerInnen in Form von PDF-Dateien zum Download angeboten werden. Nur wenn OCR (Optical Character Recognition) angewandt wird, kann auch der im Bild sichtbare Text in die PDF-Datei eingebettet und dann durchsucht werden. Die Dateien benötigen im Vergleich zu reinen Textformaten relativ viel Speicherplatz, was bei größeren Textmengen ein Nachteil sein kann. Ein Vorzug der beschriebenen PDF-Dateien liegt in der originalgetreuen und unveränderlichen Wiedergabe von Layout und anderen visuellen Eigenschaften von Dokumenten. In der Regel erheben die Bibliotheken auch Metadaten, also Informationen, die das Dokument beschreiben und kontextualisieren.

2. TXT: *offener, unstrukturierter Volltext.* Dieser sogenannte *plain text,* der nur minimalen Informationen über die Zeichenfolge hinaus enthält, ist eine der am weitesten verbreiteten Formen digitaler (literarischer) Texte. (Nicht nur das *Gutenberg Project,* auch das *Internet Archive* und viele Bibliotheken, darunter *Gallica,* die digitale Bibliothek der französischen Nationalbibliothek, bieten solche Textdateien an.) Solche Volltexte sind in der Regel das Ergebnis einer OCR-Prozedur, die den Textinhalt aus einem digitalen Faksimile extrahiert, oder entstehen durch manuelle Transkription. Dieses Format hat gegenüber dem reinen digitalen Faksimile als Bilddatei den Vorteil, dass der Text als Zeichenfolge vorliegt und durchsucht werden kann und nur wenig Speicherplatz benötigt. Es finden sich allerdings Texte in sehr unterschiedlicher Güte, die vom Digitalisierungsmodus abhängen.[4] Ein Vorteil von *plain text* ist, dass die Dateien mit diversen Programmen bearbeitet werden können. In Abhängigkeit von der gewählten Zeichenkodierung können Zeichen, die über den Grundbestand des englischen Alphabets hinausgehen (wie sie für viele europäische Sprachen wichtig sind), nicht (bei reinem ASCII), nur auf einer bestimmten Plattform (ANSI) oder aber sehr vollständig (bei UNICODE/UTF-8) repräsentiert werden.[5]

[4] Die OCR-Bearbeitung großer Textmengen ohne manuelle Nachbearbeitung ist vor allem für Dokumente, die vor 1800 publiziert wurden, immer noch äußerst fehlerbehaftet. Nützliche Hinweise zur Textdigitalisierung bietet: DFG, „DFG-Praxisregeln Digitalisierung" (Bonn: Deutsche Forschungsgemeinschaft, 2013), www.dfg.de/formulare/12_151.

[5] Zu den genannten Kodierungsformaten und der Problematik der Zeichenkodierung allgemein, siehe Joel Spolsky, „The Absolute Minimum Every Software Developer Absolutely, Positively Must Know About Unicode and Character Sets (No Excuses!)", *Joel on Software,* 2003, www.joelonsoftware.com/articles/Unicode.html.

3. DOCX, ODT und HTML: darstellungsorientierter, wenig strukturierter Volltext. Diese Textformate sind allgemein sehr weit verbreitet, weil sie das übliche Format für Texte ist, die mit Office-Programmen wie Microsoft Word (Dateiformat DOCX, proprietär) oder LibreOffice (ODT, offen) erstellt werden bzw. weil sie im World Wide Web ubiquitär sind (HTML, offen), woraus sich auch eine gewisse Vertrautheit mit den Formaten ergibt. Gegenüber dem einfachen Volltext kann hier etwas mehr Strukturinformation festgehalten werden, vor allem wenn hierfür nicht eine rein visuelle Darstellung (Fett- oder Kursivschreibung, Textgröße, Schriftart), sondern Formatvorlagen systematisch eingesetzt werden. Dies ist allerdings häufig nicht der Fall, denn es handelt sich (auch bei HTML) um Formate, die auf die Darstellung hin entwickelt worden sind. Auf diese Weise erstellte Texte haben eine begrenzte Expressivität, was Informationen über die Struktur des Textes und die Eigenschaften von Einzelwörtern betrifft. Zudem wird ein Text, der mit Microsoft Word auf einem Windows-basierten Computer erstellt wurde, nicht unbedingt korrekt dargestellt, wenn er mit LibreOffice auf einem Linux-basierten Computer geöffnet wird. Dieses Kompatibilitätsproblem verschärft sich noch, wenn man bedenkt, dass eine heute sorgfältig erstellte Datei ja auch in zehn oder zwanzig Jahren noch verwendbar sein soll. Gut nutzbare Metadaten sind bei solchen Formaten in der Regel nur rudimentär vorhanden.

4. XHTML und EPUB: offener, darstellungsorientierter, semi-strukturierter Volltext. Eine weitere, stark verbreitete Form digitaler Texte sind nach offenen Standards erstellte, semi-strukturierte Textdokumente. Hierzu gehören alle Formate, die auf XML (Extensible Markup Language) basieren, so insbesondere XHTML (die etwas strengeren Regeln folgende Variante des weit verbreiteten, sehr einfachen HTML-Formats) und das offene Ebook-Format EPUB (das intern ebenfalls auf XHTML beruht und von der Mehrheit der Ebook-Anbieter und Lesegeräte unterstützt wird). Die Möglichkeiten, detailliert und systematisch Strukturinformationen über die Texte festzuhalten sowie lokale Annotationen und dokumentbezogene Metadaten einzubinden, sind relativ begrenzt. Da es sich um reine Textdateien nach den Prinzipien von XML handelt, können die Daten auch in Zukunft plattformunabhängig verwendet werden, zudem bleiben die Dateigrößen relativ gering.

5. TEI: offener, nicht-darstellungsorientierter, semi-strukturierter Volltext. Wie XHTML beruht auch das TEI-Format auf XML. TEI unterscheidet sich von XHTML aber entscheidend in zwei Punkten. Erstens ist TEI fast vollständig auf die Erfassung der Struktur von Texten und die abstrakten Eigenschaften von Textabschnitten hin orientiert, das die Frage der Darstellung hiervon vollständig abkoppelt. (Für die Darstellung werden TEI-Dateien automatisch in entsprechende darstellungsorientierte Formate transformiert, darunter HTML, ePUB oder PDF.) Und zweitens ist es ein wesentlich expressiveres Format als XHTML, das heißt eine sehr große Anzahl relevanter Textphänomene kann in diesem Format explizit gemacht werden und detaillierte Metadaten können festgehalten werden. Auch hier gilt, dass die technische Grundlage XML ist und die Daten plattformunabhängig auch langfristig verwendet werden können. TEI ist ein offenes Format, das von einer Institution, der Text Encoding Initiative, getragen und gepflegt wird.

6. XMI und TCF: offener, nicht-darstellungsorientierter, stark strukturierter Volltext. Eine spezielle, noch stärker strukturierte Form der Textrepräsentation, die allerdings enge Bezüge zu der zuletzt genannten Form aufweist, sind Datenformate aus der Computerlinguistik, die insbesondere für die detaillierte, linguistische Annotation von Texten auf mehreren Ebenen entwickelt wurden und seit einiger Zeit neben einfachere, tabellarische Formate getreten sind. Es gibt zahlreiche entsprechende Formate, von denen hier nur zwei charakterisiert werden sollen: Erstens das sehr generische XMI (XML Metadata Interchange), das den eigentlichen Text von den linguistischen Annotationen trennt und beide über ein System von Identifikatoren verbindet. Dies ist ein sehr mächtiger und flexibler Mechanismus, der insbesondere den Austausch von Annotationen aus verschiedenen Quellen ermöglichen soll, der aber auch zu einer gewissen Komplexität beim Prozessieren der Informationen führt.[6] Und zweitens das von CLARIN-D entwickelte TCF (Text Corpus Format), das auf XML basiert und für jede Annotationschicht (Lemmata, Wortarten, syntaktische Dependenz, Named Entities, etc.) einen eigenen Dateibereich vorsieht und die sprachlichen Einheiten ebenfalls über Identifikatoren verknüpft.[7] Beide Formate sind offene, sehr expressive Standards, die sich auch für die langfristige Speicherung von Daten eignen.

Es stellt sich nun die Frage, welches dieser Formate für die Repräsentation von (literarischen) Texten am besten geeignet ist, wenn in erster Linie literaturwissenschaftliche Anforderungen und Nutzungsszenarien berücksichtigt werden sollen, und welche Anforderungen dies sind.

[6] Zu XMI, siehe Kapitel 4 in: Graham Wilcock, *Introduction to Linguistic Annotation and Text Analytics*, 3 (San Rafael, Calif.: Morgan & Claypool, 2009).

[7] Zu TCF, siehe http://weblicht.sfs.uni-tuebingen.de/weblichtwiki/index.php/The_TCF_Format.

1.2 Anforderungen an eine literaturwissenschaftlich adäquate digitale Repräsentationsform literarischer Texte

In diesem Abschnitt werden einige der Anforderungen, welche literaturwissenschaftliche Nutzungsszenarien an eine digitale Repräsentationsform von literarischen Texten stellen, begründet und erläutert.[8]

1. Explizite und korrekte Repräsentation der Zeichensequenz. Die einzelnen Zeichen, aus denen der Text besteht, werden adäquat kodiert. Texte bestehen nicht nur aus den 26 Buchstaben des englischen Alphabets, sondern alle Zeichen aller (auch historischer) Sprachen müssen korrekt und präzise repräsentiert werden können. Diese Anforderung bedeutet, dass die Repräsentation in einer UNICODE-basierten Form kodiert werden sollten, beispielsweise in UTF-8. Nur so können die Texte dann auch automatisch nach korrekten Zeichensequenzen, bspw. Wörtern, durchsucht werden.

2. Repräsentation der Textstruktur. Nicht nur die Zeichen- und Wortsequenz, sondern auch die (hierarchische und anderweitige) Struktur des Textes sowie Aspekte des Layouts werden mit repräsentiert. Literarische Texte und die Gattungen, in die sie sich gliedern lassen, zeichnen sich unter anderem durch eine mehr oder weniger präzise formale Struktur (Sätze, Absätze, Kapitel und Teile bzw. Akte und Szenen oder Strophen, etc.) aus, die für Analyse und Interpretation wichtig sein kann. Auch layout-bezogene und typographische Eigenheiten wie Zeilen- und Seitenumbrüche können relevant sein. Auch Beziehungen zwischen mehr oder weniger großen Struktureinheiten und zwischen verschiedenen Texten sollten repräsentierbar sein.

3. Repräsentation editionswissenschaftlicher Phänomene. Editionswissenschaftlich konzipierte Textausgaben haben in der Regel den Anspruch, den Text nicht nur als strukturierte Zeichensequenz zu transkribieren, sondern auch

[8] Schon 1991 formuliert Michael Sperberg-McQueen einen Anforderungskatalog, der für die Entwicklung von TEI im Übrigen richtungsweisend war (Michael Sperberg-McQueen, „Text in the Electronic Age: Textual Study and Text Encoding, with Examples from Medieval Texts", *Literary and Linguistic Computing* 6, Nr. 1 (1991): 34–46, http://doi.org/10.1093/llc/6.1.34). Ein frühes literaturwissenschaftliches Plädoyer für die TEI ist Fotis Jannidis, „Wider das Altern digitaler Texte: philologische Textauszeichnung mit TEI", *Editio*, Nr. 11 (1997): 152–77. Eine ausführliche Reflexion über Anforderungen an digitale Texte aus Sicht der Editionswissenschaften ist Peter Shillingsburg, *From Gutenberg to Google: Electronic Representations of Literary Texts* (Cambridge: Cambridge Univ. Press, 2006), www.cambridge.org/us/academic/subjects/literature/printing-and-publishing-history/gutenberg-google-electronic-representations-literary-texts. Hier soll darüber hinaus auch die Textanalyse explizit berücksichtigt werden.

editorisch relevante Phänomene explizit zu machen und eventuelle editorische Eingriffe, die zum Prozess der Textkonstitution gehören, zu dokumentieren. Darüber hinaus ist es häufig erforderlich, den in einem Manuskript erkennbaren Schreibprozess oder komplexe Beziehungen zwischen mehreren Textfassungen festzuhalten. Eine hierfür geeignete Repräsentationsform muss die theoretischen Annahmen verschiedener editorischer Schulen flexibel unterstützen.

4. Repräsentation linguistischer Information. Nicht nur die Einzelwörter, sondern auch ihre grundlegenden Eigenschaften (Grundform, Wortart, Wortfeld) werden mit repräsentiert. Literaturwissenschaftliche Analysen haben ein intensives Interesse nicht nur an den Einzelwörtern als Zeichensequenz, sondern vor allem daran, wie ihre Eigenschaften auf verschiedenen Ebenen zusammenspielen, um auf komplexe Weise Bedeutungskonstitution zu erlauben. Daher sollte es möglich sein, auch Informationen wie die Grundform, die Wortart, die syntaktische Funktion oder das Wortfeld, die durch linguistische Annotation gewonnen werden können, mit zu repräsentieren.

5. Repräsentation von Kontext. Nicht nur der Text selbst, sondern auch sein Kontext und seine Überlieferungsgeschichte (einschließlich der Entstehungsgeschichte des digitalen Dokuments selbst) werden mit repräsentiert. Die Bedeutung literarischer Texte ist in großem Maße auch von ihrem Entstehungskontext (Autor, Datum, Ort, Verlag, Epochenzugehörigkeit, Gattungszugehörigkeit, etc.) abhängig. Zudem ist wesentlich, welche Ausgabe verwendet wurde und welche Prinzipien der Textkonstitution dieser Ausgabe sowie der neuen, digitalen Version zugrunde lagen. Eine Repräsentationsform sollte also auch diese Informationen beinhalten, ohne dass sie aber mit dem eigentlichen Text vermischt werden.

6. Für Menschen und Maschinen lesbar. Der digitale Text ist für die individuelle, interpretierende Lektüre ebenso geeignet wie für die algorithmische Verarbeitung und Analyse. In Zukunft wird literaturwissenschaftliche Arbeit mit immer größerer Selbstverständlichkeit zwischen der intensiven Lektüre eines Einzeltextes, der einfachen Suche nach Stichworten, der händischen, qualitativen Annotation von Texten und der Exploration großer Textsammlungen mit quantitativen Verfahren wechseln.[9] Die Repräsentationsform sollte es daher mit möglichst geringem Aufwand ermöglichen,

[9] Also zwischen *close reading* und *distant reading* im Sinne Franco Morettis oder der Macroanalysis im Sinne Matthew Jockers'.

verschiedene Perspektiven auf den Text bzw. andere Repräsentationformen zu generieren, die sich für verschiedene Herangehensweisen und Nutzungsszenarien eignen. Hieraus ergibt sich die Notwendigkeit für eine flexible, informationsreiche, digitale Repräsentationsform, denn aus ihr lassen sich verschiedene, spezifischere Formate ohne größeren Aufwand generieren, während der umgekehrte Weg wesentlich aufwändiger ist.

7. Langfristige Nutzbarkeit. Der Text ist nicht nur heute, sondern auch in Zukunft nutzbar. Der nicht unerhebliche Aufwand, der in die Erstellung adäquater Textrepräsentationen investiert wird, sollte also nur einmal und in Zukunft nicht erneut notwendig sein, zumindest nicht von Grund auf. Hieraus ergibt sich die Notwendigkeit, sich in möglichst vielen Aspekte einer Repräsentationsform auf etablierte Standards zu berufen und keine Formate zu wählen, die an eine bestimmte Plattform, ein bestimmtes Betriebssystem, bestimmte Programme oder Firmen gebunden sind. Dies ist mit dem Begriff der technischen Interoperabilität gemeint, welche die Grundlage für die langfristige Nutzbarkeit eines Textformats darstellt. Für die langfristige Nutzbarkeit eines solchen offenen Standards ist wesentlich, dass nicht nur eine technische Spezifikation vorhanden ist, sondern der Standard auch von einer breiten Community getragen und von einer verantwortlichen Institution gepflegt wird.

Tabelle 1 zeigt, in welchem Maße die im vorigen Abschnitt beschriebenen Repräsentationsformen von Text (hier nach den erwähnten Dateiformaten unterteilt) die genannten Anforderungen erfüllen.

Kriterium	PDF	TXT	DOCX	XHTML	TEI	XMI	TCF
1. Repräsentation der Zeichensequenz	o	+	+	+	+	+	+
2. Textstruktur/Layout	+	–	+	o	+	o	o
3. Editionswiss. Phänomene	–	–	–	–	+	o	o
4. Linguistische Information	–	–	–	–	o	+	+
5. Kontext/Metadaten	o	–	–	o	+	–	–
6. Menschen- und maschinenlesbar	o	+	o	+	+	–	o
7. Langfristige Nutzbarkeit	o	+	–	+	+	+	+

– = nicht erfüllt, o = teils erfüllt, + = weitgehend oder voll erfüllt

T. 1: Dateiformate und Anforderungen

Um es knapp zusammenzufassen: Die Stärke von PDF-Dateien, auch wenn sie Bild- und Textinformationen beinhalten, liegt in der visuellen Präsentation des Layouts des Dokuments. Dagegen wird die Textstruktur nicht explizit gemacht und das Format erfüllt auch darüber hinaus kaum eine Anforderung. Einfache, unstrukturierte Textformate wie TXT sind zwar gut von Menschen lesbar und bleiben langfristig nutzbar, weisen aber ebenfalls eine ganze Reihe von Schwächen auf; insbesondere kann nur wenig zusätzliche Information über die Zeichensequenz hinaus, seien es Textstruktur, editorische oder linguistische Informationen oder Metadaten. Stärker strukturierte, proprietäre Formate wie DOCX haben hier ebenfalls Schwächen, vor allem aber ist ihre langfristige Nutzbarkeit zweifelhaft. Ein offenes, semi-strukturiertes Format wie XHTML kann zwar auch manche Aspekte der Textstruktur repräsentieren und ist als offener Standard langfristig nutzbar, aber die Expressivität bezüglich zusätzlicher, spezifisch literaturwissenschaftlich relevanter Informationen und Metadaten ist eingeschränkt. Formate wie XMI und TCF wiederum haben Stärken bei der Repräsentation linguistischer Annotationen, sind aber nur in geringem Maße dazu geeignet, editionswissenschaftliche Phänomene zu repräsentieren und sind kaum menschenlesbar.

Es wird deutlich, dass sich ein Format wie TEI (und in eingeschränktem Maße XHTML), also offene, nicht darstellungsorientierte, semi-strukturierte Volltextformate, für die literaturwissenschaftliche Arbeit am Besten eignen. TEI repräsentiert explizit die Zeichensequenz, die Textstruktur, lokale editionswissenschaftliche Annotationen und dokumentbezogene Metadaten. Es ist langfristig nutzbar, da es auf dem weit verbreiteten Standard XML beruht und eine große, institutionalisierte Gemeinschaft von Nutzerinnen und Nutzern hinter ihm steht. Je nach Anwendungsszenario stellen noch stärker strukturierte, nicht-proprietäre Formate wie TCF eine Alternative dar, die sich für die linguistische Annotation besser eignen, jedoch Textstruktur und Kontext weniger detailliert repräsentieren. In der Praxis wird in den Literaturwissenschaften immer noch zu häufig mit sehr einfachen Textformaten gearbeitet, die weder für die Textkonstitution ausreichend expressiv und detailreich, noch für die Textanalyse ausreichend explizit und eindeutig sind. Entweder trifft die Enttäuschung ob der begrenzten Möglichkeiten und der mangelnden Subtilität beispielsweise von Suchabfragen in DOCX-Dokumenten dann das digitale Forschungsparadigma in den Geisteswissenschaften insgesamt, oder aber die tatsächlich vorhandenen Möglichkeiten digitaler Textformate für literaturwissenschaftliches Arbeiten bleiben unerkannt und damit ungenutzt. Denn die Wahl einer bestimmten Repräsentationsform ist auch jenseits technischer und praktischer Aspekte von entscheidender Bedeutung, wie Michael Sperberg-McQueen schon 1991 formuliert hat:

> Any electronic representation of a text embodies specific ideas of what is important in that text. A well-developed encoding scheme is thus in some sense a theory of the texts it is intended to mark up. [...] As scholars work more intimately with computers, the electronic texts they use ought to help them in their work, making easy the kinds of work scholars want to do with them. But tools always shape the hand that wields them; technology always shapes the minds that use it. And so as we work more intimately with electronic texts, we will find ourselves doing those things that our electronic texts make easy for us to do; reason enough to think in advance about what forms electronic texts should take.[10]

LiteraturwissenschaftlerInnen sind methodisch bestens dazu in der Lage, die Konsequenzen einer gewählten Repräsentationsform zu ermitteln und sollten dies auch für digitale Repräsentationsformen tun, selbst dann, wenn sie nicht selbst (digitale) EditionswissenschaflerInnen sind. Wie viel nach den Richtlinien der Text Encoding Initiative repräsentierte Texte der literaturwissenschaftlichen Forschung sowohl für die Textkonstitution als auch für die Textanalyse zu bieten haben, aber auch inwiefern sie die Modalitäten ihrer Nutzung beeinflussen, soll in den folgenden Abschnitten aufgezeigt werden.

1.3 Die Text Encoding Initiative

Die als *Guidelines* bezeichneten Richtlinien der Text Encoding Initiative werden seit 1987 von einer internationalen, stetig wachsenden und disziplinär breit gefächerten Gemeinschaft von Wissenschaftlerinnen und Wissenschaftlern entwickelt und gepflegt. Diese Gemeinschaft hat sich in einem Konsortium institutionalisiert und verfolgt das Ziel, eine wissenschaftsadäquate Repräsentation von Texten und Dokumenten aller Art zu ermöglichen, wobei ein starker Fokus auf geisteswissenschaftlich relevanten Text- und Dokumenttypen liegt. Die TEI ist damit nicht nur als ein *de facto* Standard für die Textrepräsentation (und als einer der wenigen internationalen, geisteswissenschaftlichen Standards überhaupt) zu beschreiben, sondern auch als eine von einer Gemeinschaft von Forschenden getragene Institu-

[10] Sperberg-McQueen, „Text in the Electronic Age", 34–5.

tion, die neben den Richtlinien selbst auch dazugehörige Ressourcen (wie Tools, Handreichungen, und eine Mailingliste) anbietet, eine Jahreskonferenz organisiert und eine Zeitschrift herausgibt.[11]

TEI wird von der Wissenschaft für die Wissenschaft entwickelt und wird laufend an weitere und neue Anforderungen angepasst. Wie die Wissenschaft selbst stetig fortschreitet, sind die Richtlinien der TEI erweiterbar und werden in der Tat ständig erweitert. Man kann als Wissenschaftler oder Wissenschaftlerin Einfluss auf die Entwicklung der Richtlinien nehmen und kann sich darauf verlassen, dass Änderungsvorschläge nach wissenschaftlichen Kriterien, nicht nach Marktfähigkeit oder Ähnlichem, beurteilt werden. Und weil dieser Anpassungsprozess schon seit 1987 kontinuierlich verfolgt wird, gibt es mittlerweile kaum noch ein editionswissenschaftlich relevantes Phänomen, das nicht in der einen oder anderen Form, meist sogar nach mehreren unterschiedlichen Strategien, in TEI repräsentiert werden könnte. Wenn Kodierungsstrategien letztlich theoretische Überzeugungen darüber ausdrücken, was Text ist und wie ein bestimmter Text funktioniert, muss der verwendete Standard flexibel sein, was die TEI ausdrücklich unterstützt. Die starke Verankerung der TEI in der Wissenschaft bedeutet auch, dass es mittlerweile nicht nur sehr viele Texte unterschiedlichster Art im TEI-Format gibt, sondern auch tausende Geisteswissenschaftlerinnen und Geisteswissenschaftler, die das Format verstehen und nutzen sowie Neueinsteigern mit Rat und Tat zur Seite stehen können.

TEI konzentriert sich auf Struktur und Bedeutung von Textelementen, weniger auf ihr Aussehen oder Layout. Genauer gesagt: TEI kodiert die Struktur des Texts und die Eigenschaften von Wörtern in Hinsicht darauf, was diese Strukturen sind oder welche Eigenschaften die Wörter haben. Wie diese Strukturen und Eigenschaften visualisiert werden sollen, ist vom jeweiligen Rezeptionskontext abhängig und kann daher separat definiert werden.[12]

---

[11] Für all diese Aktivitäten der TEI, siehe: www.tei-c.org. Eine sehr lesbare und frei verfügbare Überblicksdarstellung zur *Text Encoding Initiative* wurde in jüngster Zeit von Lou Burnard vorgelegt: Lou Burnard, *What Is the Text Encoding Initiative? How to Add Intelligent Markup to Digital Resources* (Marseille: OpenEdition Press, 2014), http://books.openedition.org/oep/426. In etwas knapperer Form diskutiert Fotis Jannidis Geschichte und Zukunft der TEI: Fotis Jannidis, „TEI in a Crystal Ball“, *Literary and Linguistic Computing* 24, Nr. 3 (2009): 253–65, http://doi.org/10.1093/llc/fqp015. Ebenfalls lesenswert: Susan Schreibman, „Digital Scholarly Editing“, in *Literary Studies in the Digital Age*, hrsg. von Kenneth M. Price und Ray Siemens (MLA, 2013), http://dlsanthology.commons.mla.org/digital-scholarly-editing.

[12] Dem gleichen Prinzip folgt die Kombination von HTML-Kodierung mit Stylesheets (CSS), wie sie im Webdesign üblich ist, oder auch die Arbeit mit Formatvorlagen in Textverarbei-

Die Repräsentation (im Sinne des Festhaltens und Speicherns) und die Präsentation (im Sinne der Visualisierung oder Darstellung) des Textes, die im Printmedium in Eins fallen, sind in der digitalen Textedition mit TEI zwei voneinander getrennte Aspekte. Dies führt zu einer erhöhten Flexibilität: zahlreiche Informationen über den Text können festgehalten und bei der Darstellung selektiv oder interaktiv visualisiert werden. Zudem kann die Visualisierung für verschiedene Kontexte in unterschiedlicher Weise erfolgen. Beispielsweise könnte ein TEI-Dokument mit vielen kodierten Ortsnamen für eine Ansicht im Browser in ein HTML-Dokument verwandelt werden, das für jeden Ortsnamen automatisch einen Link zum entsprechenden Wikipedia-Artikel oder zu einer Karte enthält. Das gleiche TEI-Dokument würde hingegen für eine gedruckte Ansicht in ein PDF-Dokument verwandelt werden, in dem die Ortsnamen lediglich für die bessere Erkennbarkeit fett gedruckt dargestellt würden.[13]

Auf einer stärker technischen Ebene, die aber ihre Bedeutsamkeit hat, ist zu erwähnen dass TEI ein prinzipiell interoperables Format ist, das unabhängig von einer bestimmten Software, Firma, oder Plattform ist. Auch wenn eine TEI-Datei auf einem Windows-Rechner erstellt wurde, ist sie auf einem Macintosh oder einem Linux-Rechner problemlos verwendbar.[14] Und weil TEI technisch gesehen wie bereits erwähnt XML ist, d.h. den Grundprinzipien eines extrem weit verbreiteten Datenformats folgt, kann es auch von einer äußerst großen Anzahl von sehr generischen, weit verbreiteten Tools und mit allen für XML entwickelten Techniken weiter bearbeitet werden. Einige weitere, grundlegende Eigenschaften von XML, die unabhängig von TEI sind und von XML gewissermaßen an TEI vererbt werden, sind noch erwähnenswert: die Möglichkeit, einige mit XML verwandte Technologien zu verwenden;[15] die Möglichkeit, ein XML-kodiertes Dokument auf seine Wohlge-

tungsprogrammen wie Word oder LibreOffice; TEI setzt die Trennung von Eigenschaften und Visualisierung jedoch noch konsequenter um.

[13] Für weitere Beispiele, siehe Christof Schöch und Johanna Wolf, „Die Visualisierung von Varianten in der Textedition: alte methodische Debatten im neuen Licht der digitalen Medien“, in *Variante und Varietät: Akten des VI. Dies Romanicus Turicensis*, hrsg. von Cristina Albizu u.a. (Pisa: Edizioni ETS, 2013), 189–206, https://hal.archives-ouvertes.fr/hal-00945358. Dieses sogenannte „single-source publishing“ hat sich u.a. auch im Bereich von Webseiten etabliert, die in Abhängigkeit der Bildschirmgröße unterschiedlich detaillierte Darstellungen anbieten.

[14] Dies setzt lediglich voraus, dass für die Zeichenkodierung UNICODE/UTF-8 verwendet wurde.

[15] Diese Technologien, zu denen XPath, XQuery und XSLT gehören, werden hier nicht disku-

formtheit zu überprüfen, d.h. auf die Einhaltung der Regeln von XML; und die Möglichkeit, ein XML-kodiertes Dokument auf seine Validität bezüglich eines bestimmten Schemas zu überprüfen. Nur auf das letzte dieser Themen, die Validierung, sei hier noch knapp eingegangen: Im Kern bedeutet dies, dass ein TEI-Dokument daraufhin überprüft werden kann, ob es den für ein Kodierungsprojekt als relevant erachteten Teil der Richtlinien der TEI konsequent und einheitlich respektiert. Dies bedeutet nicht nur, dass die editorische Arbeit zumindest teilweise auf (formale, nicht aber inhaltliche) Konsistenz überprüft werden kann, sondern auch, dass eine menschen- und maschinenlesbare Zusammenfassung der Kodierungsstrategie für ein Projekt vorliegt, was das Verständnis und die langfristige Nutzbarkeit einer Textedition erhöht. Viele Programme zur Bearbeitung von XML-Dateien unterstützen diese Art von Kohärenzprüfung.

Neben den zahlreichen Vorzügen der Repräsentation von Texten nach den Richtlinien der TEI sollten auch einige Aspekte nicht verschwiegen werden, unter denen TEI die Möglichkeiten der Textrepräsentation auf teilweise problematische Art einschränkt oder zumindest lenkt. Ein erster Aspekt betrifft den Umstand, dass die Richtlinien notwendiger Weise auf diejenigen Eigenschaften von Texten fokussiert ist, die in einem bestimmten Dokumenttyp immer wieder in erkennbar ähnlicher Weise vorkommen, seien es nun Strukturmerkmale wie Kapitel oder Absätze oder lokale Phänomene wie Personennamen oder das Auftreten von Metaphern. Ein anderes Vorgehen würde nicht nur die Idee eines von einer breiten Gemeinschaft geteilten Standards *ad absurdum* führen, es würde auch dem Prinzip der Vergleichbarkeit und Kategorisierbarkeit von Einzelphänomenen widersprechen. Zwar ist demnach festzuhalten, dass die letztlich einzigartigen Aspekte eines bestimmten Textes nicht im Fokus der TEI stehen; allerdings sind die bereits vorhandenen Möglichkeiten von einer außerordentlichen Detailfülle, Nuanciertheit und Präzision, die nicht unterschätzt werden sollten. Für die literaturwissenschaftliche Analyse ebenfalls interessante, sehr spezielle Eigenschaften von bestimmten Einzeltexten oder individuelle Abweichungen von einem regelhaft beschreibbaren System, sind nicht unmittelbar, wohl aber indirekt (bspw. durch individuelle, beschreibende Attribute oder andere, spezielle Mechanismen) repräsentierbar. Ein kaum vermeidbarer Nachteil von TEI ist, dass linguistische und literaturwissenschaftlich orien-

---

tiert; stattdessen sei auf die folgende, einführende Darstellung verwiesen: Helmut Erlenkötter, XML – *Extensible Markup Language von Anfang an* (Reinbek bei Hamburg: Rowohlt, [2]2008).

tierte Annotationen auf Wortebene zwar grundsätzlich möglich sind, aber insbesondere in Kombination mit textkritischen Auszeichnungen zu einer gewissen Unübersichtlichkeit führen und den Prozessierungsaufwand erhöhen können. Hier sind primär für einen solchen Zweck entwickelte Formate (wie die in Abschnitt 2 genannten) der TEI überlegen.

Trotz dieser zuletzt genannten Aspekte ist TEI insgesamt eindeutig das Mittel der Wahl für die Repräsentation von Texten, die für literaturwissenschaftliche Arbeit eingesetzt werden sollen. Einige wenige der Möglichkeiten zur systematischen Repräsentation von Texten, ihrer Struktur und ihres Kontextes, wie sie die Richtlinien der Text Encoding Initiative anbieten, werden daher im nächsten Abschnitt vorgestellt, bevor dann auch auf die Nutzung der TEI für die Textanalyse eingegangen wird.

2. Möglichkeiten der TEI bei der Textkonstitution: Prinzipien und Anwendungsbeispiele

Zunächst einmal ist festzuhalten, dass TEI eine spezifische Form von XML ist, also eine Auszeichnungssprache. Daraus ergibt sich zunächst ganz allgemein, dass in TEI repräsentierte Texte einerseits die Zeichenkette repräsentieren, andererseits weitere Informationen über die Zeichenkette direkt im Text mit markiert, d.h. ausgezeichnet werden. Dabei werden die Auszeichnungen durch spitze Klammern vom Text selbst unterschieden. Ein Einzelsatz in TEI, der lediglich die Satzgrenzen (mit dem öffnenden <s> und schließenden </s>-Tag) und einen Ortsnamen (als <placeName>) auszeichnet, könnte also folgendermaßen aussehen wie in Beispiel 2.

```
<s>Como todos los hombres de <placeName>Babilonia</placeName>,
he sido procónsul; como todos, esclavo.</s>
```

T. 2: Kodierung eines Satzes mit Ortsnamen

Die Auszeichnungen in spitzen Klammern werden Tags genannt; es gibt immer ein öffnendes und ein schließendes Tag. Die beiden zusammengehörigen Tags und ihr Textinhalt werden Element genannt. Ein Element kann auch Attribute mit bestimmten Werten haben, die das Element oder den Textinhalt weiter spezifizieren, sowie weitere Elemente enthalten. Im Beispiel 3 wurde mit einer Attribut-Wert-Kombination festgehalten, dass sich der Ortsname auf eine Stadt bezieht.

```
<s>Como todos los hombres de <placeName type="Stadt">Babilonia</placeName>,
he sido procónsul; como todos, esclavo.</s>
```

T. 3: Kodierung eines Satzes mit Attributen/Werten

Nach diesem Prinzip können im Textverlauf zahlreiche Informationen festgehalten und hunderte Phänomene charakterisiert werden. Lou Burnard beschreibt prägnant, wie sich die Richtlinien der TEI in ihrer Gesamtheit zu einem bestimmten Einzelprojekt verhalten:

> The TEI provides names and definitions for many hundred tags, together with rules about how they may be combined. More exactly, the TEI Guidelines define some five or six hundred different concepts, along with detailed specifications for the XML elements and element classes which may be used to represent them. Most, if not all, TEI documents need to use only a small amount of what is provided.[16]

In der Tat sind die Richtlinien der TEI inzwischen zu einem Kompendium textwissenschaftlich relevanter Phänomene geworden, das diese definiert, beschreibt, voneinander abgrenzt und an Beispielen illustriert und hohen Informationswert hat. Die TEI stellt Gruppen von Elementen (sogenannte Module) für Prosa, Lyrik und dramatische Texte bereit, außerdem spezielle Module unter anderem für Manuskripte, kritische Apparate, Wörterbücher, gesprochene Sprache und linguistische Korpora. Einzelprojekte werden demnach immer nur einen kleinen Teil der Richtlinien tatsächlich benötigen. Zu den grundlegenden Konzepten, die in TEI repräsentiert werden können, gehören insbesondere Informationen über die Textstruktur, Annotationen auf lexikalischer Ebene, texteditorische Informationen und Informationen über das Dokument.

In den Bereich der Informationen über die Textstruktur fällt die Auszeichnung der Makrostruktur eines Textes. Beispielsweise kann sich ein Roman in Vorworte und Haupttext gliedern, der Haupttext wiederum in Teile, Kapitel und Absätze. Ein Theaterstück kann sich in Vorwort, Prolog und Haupttext, der Haupttext wiederum in Akte, Szenen, Bühnenanweisungen und Reden gliedern, die Reden wiederum Sprechernamen und Sprechertext enthalten. Die TEI bietet für diese Struktureinheiten Elemente an: Unter anderem wird der Haupttext von voranstehendem und folgendem Peritext un-

[16] Burnard, *What is the TEI?*, 16. Die Richtlinien selbst sind unter folgendem Link einsehbar: www.tei-c.org/release/doc/tei-p5-doc/en/html.

terschieden, wobei das Element <body> den Haupttext beinhaltet, <front> u.a. für Vorworte oder Widmungen und <back> u.a. für Indices, Glossare oder Nachworte verwendet wird. Innerhalb dieser Elemente sind verschiedene Abschnitte mit ihren Titeln (in <div> und <head>) vorgesehen. Innerhalb von Abschnitten wiederum können Absätze und Sätze (in <p> und <s>), Verszeilengruppen und Verszeilen (in <lg> und <l>) oder Figurenreden (in <sp> für „speech") mit Sprechernamen (in <speaker>) und der Rede selbst (in <p> oder <l> bzw. <lg>) vorkommen. Beispiel 4 gibt einen kurzen Abschnitt aus Heinrich von Kleists *Zerbrochnem Krug* in TEI-Format wieder.

```
<body>
    <div type="auftritt">
        <head n="1">Erster Auftritt</head>
        <stage>Adam sitzt und verbindet sich ein Bein. Licht tritt auf.</stage>
        <sp>
            <speaker>LICHT.</speaker>
            <lg>
                <l>Ei, was zum Henker, sagt, Gevatter Adam!</l>
                <l>Was ist mit Euch geschehn? Wie seht Ihr aus?</l>
            </lg>
        </sp>
        <sp>
            <speaker>ADAM.</speaker>
            <lg>
                <l>Ja, seht. Zum Straucheln braucht's doch nichts, als Füße.</l>
                <l>Auf diesem glatten Boden, ist ein Strauch hier?</l>
                <l>Gestrauchelt bin ich hier; denn jeder trägt</l>
                <l>Den leid'gen Stein zum Anstoß in sich selbst.</l>
            </lg>
        </sp>
    </div>
</body>
```

T. 4: Kodierung von Theaterstücken

Innerhalb des Textes können Einzelwörter oder Wortfolgen ihren spezifischen Eigenschaften oder ihrer Bedeutung nach beschrieben werden, beispielsweise als Personenname (Element <persName>), als Ortsname (mit <pla-

ceName>) oder als Zeitausdruck (mit <time> oder <date>). Eine andere Gruppe von Elementen dient dazu, Wörter beispielsweise als Werktitel (also <title>), fremdsprachige Ausdrücke (mit <foreign>) oder emphatisch verwendete Begriffe (mit <emph>) auszuzeichnen. (Das Prinzip wurde oben bereits illustriert.) Hier wird deutlich, dass das Grundprinzip, nicht Aussehen, sondern Bedeutung oder Eigenschaften eines Worts zu markieren, Vorteile hat: Sowohl Titel, fremdsprachige Ausdrücke und emphatischer Wortgebrauch werden üblicherweise im Text gleichermaßen durch Kursivierung visualisiert und insofern nicht ausdrücklich unterschieden. Sie jeweils explizit zu benennen bedeutet allerdings auch, dass jeweils eine editorische Entscheidung und ggfs. Interpretation notwendig ist.

Bezüglich der textkritischen Informationen kann hier nicht einmal ansatzweise auf die äußerst umfangreichen und detaillierten Mechanismen eingegangen werden, die hierfür zur Verfügung stehen. Am Beispiel der punktuellen Korrektur oder Modernisierung von Texten soll nur in aller Kürze aufgezeigt werden, wie flexibel und detailliert die TEI hier ist. Das vereinfachte Beispiel 5 stammt aus der digitalen Edition des *Essai sur le récit* von Bérardier de Bataut. Der ursprünglich 1776 erschienene Text weist sowohl historische Grafien als auch orthographische Fehler auf, mit denen auf unterschiedliche Weise umgegangen werden kann. Erstens können solche Phänomene schlicht als solche markiert werden, ohne dass in den Text eingegriffen würde.

```
<p>Ce témoignage ici ne <sic>peut-être</sic> suspect. C’est
celui d’un <orig>Auteur</orig> de romans.</p>
```

T. 5: Verwendung von <sic> und <orig>

Die Elemente <sic> und <orig> sind jeweils dazu gedacht, offensichtliche Fehler bzw. historische Grafien u.ä. zu markieren. Möchte man statt der originalgetreuen Transkription einen korrigierten und modernisierten Text anbieten, kann diese editorische Intervention dokumentiert werden, vgl. Bsp. 6.

```
<p>Ce témoignage ici ne <corr>peut être</corr> suspect. C’est
celui d’un <reg>auteur</reg> de romans.</p>
```

T. 6: Verwendung von <corr> und <reg>

Mit Hilfe der Elemente <corr> und <reg> (für Korrekturen und Normalisierungen) kann nun nachvollzogen werden, an welchen Stellen vom Editor eine Veränderung gegenüber der Vorlage vorgenommen wurde. Um den Lesern genauer aufzuzeigen, worin die Veränderung genau liegt und wie die ursprüngliche Fassung lautete, können auch beide Varianten als Alternativen festgehalten werden, die durch das Element <choice> verbunden werden, vgl. Bsp. 7.

```
<p>Ce témoignage ici ne
    <choice>
        <sic>peut-être</sic>
        <corr>peut être</corr>
    </choice> suspect. C'est celui d'un
    <choice>
        <orig>Auteur</orig>
        <reg>auteur</reg>
    </choice> de romans.</p>
```

T. 7: Verwendung von <choice>

Für die Darstellung des Textes kann nun anschließend die eine oder andere Fassung gewählt werden, oder den LeserInnen interaktiv die Möglichkeit gegeben werden, selbst die jeweilige Fassung auszuwählen. Dies ist beispielsweise in der digitalen Edition des *Essai sur le récit* von 2010 umgesetzt, wie Abbildung 1 zeigt.[17]

Schließlich können mit Attributen weitere Informationen zu diesen Varianten festgehalten werden, unter anderem: Um welche Art von Fehler handelt es sich? Wer im Herausgeberteam oder in der Forschung hat diesen Fehler festgestellt? Wie sicher ist sich diese Person, dass es sich in der Tat um einen Fehler handelt? Hierfür stehen die Attribute type, resp (responsibility) und cert (certainty) zur Verfügung, deren Verwendung das Beispiel 8 an nur einem Element illustriert.

Es sei angemerkt, dass für texteditorische Informationen viele Dutzend weitere Elemente und Attribute verfügbar sind, die sich sowohl für klassi-

[17] Siehe François-Joseph Bérardier de Bataut, *Essai sur le récit, ou Entretiens sur la manière de raconter* (Paris : Charles-Pierre Berton, 1776). Édition électronique sous la direction de Christof Schöch, 2010, www.berardier.org.

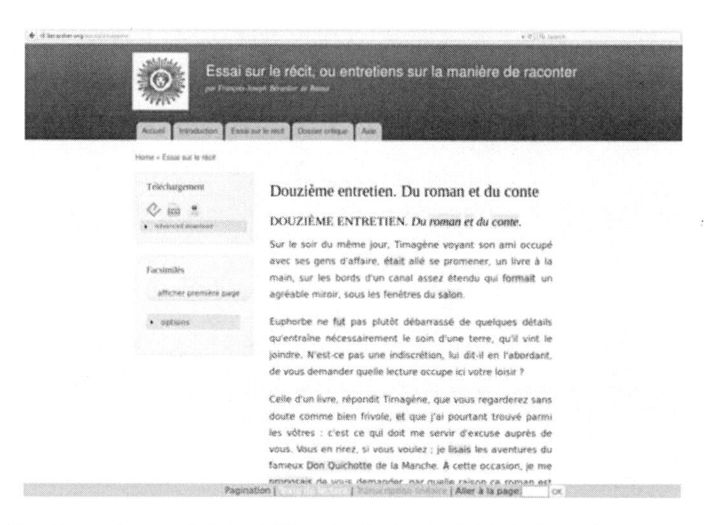

Abb. 1: Screenshot der digitalen Edition des *Essai sur le récit*, http://berardier.org, 2010.

```
<sic type="Interpunktion" resp="Delon-2011" cert="mittel">peut-être</sic>
```

T. 8: Verwendung von Attributen

sche kritische Editionen mit Apparat, als auch für genetische Texteditionen oder auch für Editionen mit dokumentzentrierter Perspektive eignen.[18]

In den ersten Jahrzehnten seiner Existenz war TEI in erster Linie auf den Text als solchen und auf seine hierarchische Struktur fokussiert, nicht auf die räumliche Anordnung und den materiellen Träger des Textes. Dies hat sich für bestimmte aktuelle Forschungsfragen aus dem Bereich der Bild/Text-Beziehungen und der *critique génétique* als hinderlich erwiesen. In neuerer Zeit hat die Community in diesem Bereich reagiert und unter anderem das TEI-Modul „Representation of Primary Sources" mit Blick auf die dokumentzentrierte Edition weiterentwickelt.[19] Das Modul erlaubt es nun beispielsweise, Informationen über die Eigenschaften des materiel-

[18] An weiterführenden Informationen interessierte Leser seien auf die *Guidelines* der TEI selbst verwiesen, aber auch auf hierauf spezialisierte Einführungstexte: Lou Burnard, Katherine O'Brien O'Keeffe und John Unsworth, Hrsg., *Electronic Textual Editing* (New York: MLA, 2006).

[19] Es handelt sich hier nebenbei um ein ausgezeichnetes Beispiel dafür, wie die Richtlinien der TEI auf Bedürfnisse der Community angepasst werden können, wenn eine gut koordinierte Initiative Vorschläge für Erweiterungen macht.

len Textträgers und über die räumliche Gliederung des Textes auf der Seite festzuhalten. Das Element <surface> definiert die Gesamtfläche eines texttragenden Objektes, <zone> beschreibt beliebige Bereiche innerhalb der Gesamtfläche, und <line> bezeichnet typographische Zeilen. Bestimmte Bereiche, beispielsweise einzelne Textblöcke, Marginalien oder einzelne Textzeilen können über räumliche Koordinaten in einem digitalen Faksimile präzise lokalisiert und mit dem transkribierten Text verknüpft werden.

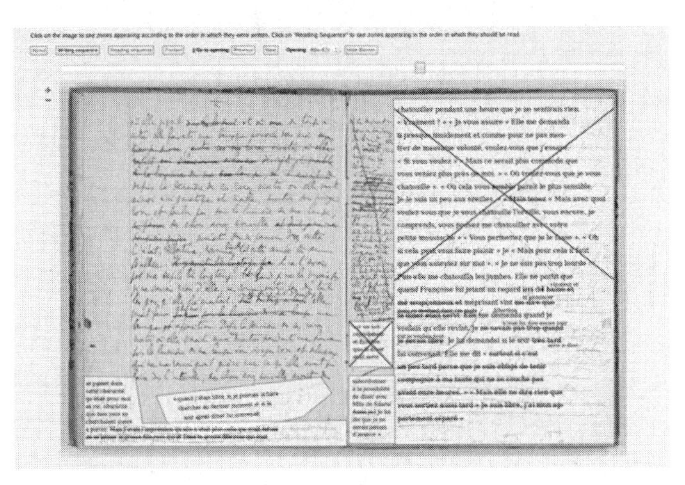

Abb. 2: Zonen und Schreibprozess am Beispiel eines Proust-Manuskripts, aus: *Autour d'une séquence et des notes du Cahier 46*

In Kombination mit erweiterten Möglichkeiten für die Darstellung von Textveränderungen und der Möglichkeit, diese verschiedenen Überarbeitungsphasen zuzuordnen, ergeben sich neue Möglichkeiten für die Dokumentation und Visualisierung von Schreibprozessen. Die strukturorientierte Ausrichtung der TEI erfährt auf diese Weise eine Ergänzung um die räumliche und zeitliche Dimensionen. Abbildung 2 zeigt einen Screenshot aus einer interaktiven Anwendung dieses neuen Paradigmas am Beispiel eines Proust-Manuskripts.[20]

Ein weiteres Merkmal von TEI-Dokumenten ist die Tatsache, dass sie sowohl den zu repräsentierenden Text selbst, als auch eine ganze Reihe von In-

[20] Abbildung 2 zeigt einen Screenshot aus *Autour d'une séquence et des notes du Cahier 46: enjeu du codage dans les brouillons de Proust*, hg. von Elena Pierazzo und Julie André, 2011, http://research.cch.kcl.ac.uk/proust_prototype/about.html. Bildlizenz: Creative-Commons Attribution Non-Commercial.

formationen über den Text (sogenannte Metadaten) in einem Dokument beinhalten. Die Bedeutung solcher Informationen für die langfristige Nutzbarkeit eines Dokuments in verschiedenen Kontexten ist kaum zu überschätzen, weil sie wesentliche Eigenschaften des Dokuments explizit machen und Kontextinformationen mit überliefern. Erneut gilt auch hier, dass insbesondere maschinenlesbare, standardisierte Metadaten besonders wertvoll sind. Da sich diese Informationen auf das gesamte Dokument beziehen, können Sie in einem eigenen Bereich zusammengefasst werden. Entsprechend besteht ein TEI-Dokument grundsätzlich aus einem sogenannten `<teiHeader>` (für die Metadaten) und einem `<text>`-Element (für den eigentlichen Textinhalt). Alle bisher besprochenen Phänomene und Elemente kommen in der Regel im `<text>` vor. Die folgenden Ausführungen beziehen sich auf den `<teiHeader>` (der in einem TEI-Dokument allerdings vor dem Haupttext platziert ist). Der teiHeader kann, vereinfacht gesagt, unter anderem die folgenden Arten von Informationen über den Text in mehr oder weniger strukturierter Form beinhalten:

- Um welchen Text handelt es sich? Hier werden unter anderem Autor, Titel und Herausgeber genannt, oder auch ein eindeutiger Identifier für Autor und Text eingebracht (im `<titleStmt>`).
- Auf welcher Quelle beruht der Text? Hier kann die dem digitalen Text zugrunde liegende Printausgabe oder andere Quelle genannt und beschrieben werden (in der `<sourceDesc>`).
- In welcher Form und unter welchen Bedingungen ist der Text verfügbar? Hier kann festgehalten werden, ob der Text urheberrechtlichen Beschränkungen unterliegt und nach welcher Lizenz er veröffentlicht wurde (Element `<publicationStmt>`).
- Nach welchen Prinzipien wurde der digitale Text erstellt? In diesem Teil kann beispielsweise dokumentiert werden, ob und wenn ja nach welchen Regeln der digitale Text normalisiert, modernisiert, strukturiert und annotiert wurde (in der `<encodingDesc>`).
- Welche grundlegenden Eigenschaften hat das Werk? Hier werden unter anderem das Datum der Erstpublikation, der Erscheinungsort, die Gattungszugehörigkeit oder auch die Länge und Sprache des Werks genannt (in der `<profileDesc>`).

Beispiel 9 illustriert einen `<teiHeader>` für ein spanisches Theaterstück, der einen Teil der genannten Informationen enthält.

```
<teiHeader>
    <fileDesc>
        <titleStmt>
            <title type=”main”>Examen de maridos</title>
            <title type=”short”>Examen</title>
            <author>
                <name type=”full”>Juan Ruiz de Alarcón</name>
                <name type=”short”>Alarcon</name>
                <idno type=”VIAF”>88975006</idno>
            </author>
            <editor xml:id=”js”>Jakob Stahl</editor>
        </titleStmt>
        <publicationStmt>
            <publisher>CLiGS</publisher>
            <availability status=”publicdomain”/>
            <date>2015</date>
            <idno type=”cligs”>te0123</idno>
        </pulicationStmt>
        <sourceDesc>
            <bibl type=”digital-source”>
                <ref target=”www.comedias.org”/>, <date>1998</date>.
            </bibl>
            <bibl type=”print-source”>
            Edición princeps, Secunda parte de <title>Las comedias de Don
            Juan Ruiz de Alarcón</title>, Barcelona, <date>1634</date>.
            </bibl>
        </sourceDesc>
    </fileDesc>
    <profileDesc>
        <textClass>
            <keywords>
                <term type=”genre”>comedy</term>
                <term type=”genrelabel”>comedia</term>
                <term type=”form”>verse</term>
            </keywords>
        </textClass>
    </profileDesc>
</teiHeader>
```

T. 9: Der teiHeader

An den beiden obigen, etwas längeren Beispielen lässt sich eine wichtige Eigenschaft von XML und damit von TEI-Dokumenten erkennen, nämlich die Tatsache, dass sie prinzipiell eine streng hierarchische Struktur haben. Diese kann durch die Einrückung sichtbar gemacht werden. Im obigen Header enthält das `<teiHeader>`-Element ein `<fileDesc>`-Element; dieses wiederum ein `<titleStmt>`-Element; dieses wiederum mehrere `<title>`-Elemente und ein `<author>`-Element, etc. Das zugrundeliegende Textmodell, das TEI von XML erbt, wird OHCO (Ordered Hierarchy of Content Objects) genannt und ist natürlich nur eines unter vielen möglichen Textmodellen.[21] Das hierarchische Textmodell sieht beispielsweise nicht vor, dass ein Satz über Absatzgrenzen hinweg verläuft; ein solches und weitere Phänomene überlappender Hierarchien, die in literarischen Texten durchaus vorkommen, können allerdings ebenfalls kodiert werden. Ein triviales Beispiel hierfür ist die Kodierung von Zeilenumbrüchen in einer bestimmten gedruckten Ausgabe, die natürlich meist nicht mit Satz- oder Absatzgrenzen übereinstimmen. Sie können mit einem sogenannten Milestone-Element (in diesem Fall `<lb/>` für *line break*) markiert werden, das selbst keinen Inhalt hat, sondern eine bestimmte Position im Text markiert. Das heißt, Druckzeilen werden nicht als Textabschnitt mit Anfang und Ende markiert, sondern es werden die Zeilenumbrüche markiert.

Während im Textbeispiel 10 aus Maupassants *Une Vie* die Satzstruktur mit öffnenden und schließenden Tags (also mit `<s>` und `</s>`) markiert wird, sind die typographisch relevanten Zeilenumbrüche jeweils mit einem leeren `<lb/>`-Element markiert.[22] Eine bestimmte typographische Zeile reicht dann von einem dieser Elemente zum nächsten. Das Attribut `ed` dient hier dazu, in verkürzter Form anzugeben, welcher Ausgabe diese Layoutinformation entspricht. Es könnten demnach auch die abweichenden Zeilenumbrüche mehrere Ausgaben kodiert werden. Weiterführende Informationen über die referenzierte(n) Ausgabe(n) können im `teiHeader` angeboten werden. Was hier aus Gründen der Darstellung an Druckzeilen illustriert wurde, gilt ebenso natürlich auch für Seitenzahlen.

Zusammenfassen lässt sich demnach festhalten, dass TEI ein reichhaltiger und flexibler *de facto* Standard für die Textkonstitution und Textrepräsentation ist. Die TEI ermöglicht die Erstellung wissenschaftlicher Editionen lite-

[21] Zu OHCO, siehe Steven DeRose u. a., „What Is Text, Really?" *Journal of Computing in Higher Education* 1, Nr. 2 (1990): 3–26.

[22] Der für die Darstellung des Beispiels hier gewählte, implizite Zeilenumbruch hat dagegen keine Bedeutung für das Dokument.

```
<div>
  <p>
    <s>Jeanne, ayant fini ses malles, s'approcha de la fenêtre,
    mais <lb ed="1975" /> la pluie ne cessait pas.</s>
  </p>
  <p>
    <s>L'averse, toute la nuit, avait sonné contre les carreaux
    et <lb ed="1975" />les toits.</s>
    <s>Le ciel, bas et chargé d'eau, semblait crevé, se
    <lb ed="1975" /> vidant sur la terre, la délayant en bouillie,
    la fondant comme <lb ed="1975" />du sucre.</s>
    <s>Des rafales passaient, pleines d'une chaleur lourde. <lb ed="1975" /></s>
    <s>Le ronflement des ruisseaux débordés emplissait les rues
    désertes <lb ed="1975" /> où les maisons, comme des éponges,
    buvaient l'humidité qui pénétrait <lb ed="1975" />au-dedans et
    faisait suer les murs de la cave au grenier.</s>
  </p>
</div>
```

T. 10: Textbeispiel aus Maupassant, *Une Vie*

rarischer Texte, die in ihrer Präzision und Zuverlässigkeit gedruckten Ausgaben in nichts nachstehen müssen und diesen durch ihre vielseitige Nutzbarkeit klar überlegen sind. (Eine Reihe von Webportalen, die Anlaufstellen für digitale Texte im TEI-Format sind, werden im Anhang zu diesem Beitrag genannt.) Ein entscheidender Mehrwert ist, dass die so sorgfältig und an einer Stelle festgehaltenen Informationen in vielfältiger Form visualisiert und präsentiert werden können: in unterschiedlichen Formaten (bspw. in HTML für die Ansicht am Bildschirm, als ePUB für die Lektüre auf dem E-Reader, und als PDF für den Druck), aber auch für unterschiedliche Zielgruppen (bspw. mit modernisiertem Text und Sachkommentaren für jüngere LeserInnen, mit Varianten und textkritischem Apparat für professionelle LeserInnen). Und nicht nur unterschiedliche Ansichten des Textes für unterschiedliche Lektüresituationen werden möglich, sondern die Informationen stehen darüber hinaus auch in maschinenlesbarer Form für qualitative und quantitative Analysen zur Verfügung. Dies gilt sowohl bei Texten geringerer Zahl und überschaubaren Umfangs als auch dann, wenn es um Textmengen geht, die nicht mehr ohne Weiteres überschaubar sind. Einige Möglichkeiten solcher Analysen sollen im folgenden Abschnitt aufgezeigt werden.

3. Möglichkeiten der TEI bei der Textanalyse: Prinzipien und Anwendungsbeispiele

Die Verwendung von TEI-kodierten Texten für die computergestützte, quantitative Textanalyse ist eine relativ neue Entwicklung, die durch die zunehmende Anwendung quantitativer Verfahren auf literarische Texte befördert wird. Grundsätzlich gilt, dass insbesondere die (maschinenlesbare) Auszeichnung von Strukturmerkmalen von Texten es bei der Textanalyse erlaubt, diese Information gezielt zu nutzen. Dadurch können Suchabfragen präziser gestellt werden und Vereinfachungen vermieden werden. Aber auch andere, in TEI-kodierten Texten vorliegende Informationen können für die literaturwissenschaftliche Analyse und Interpretation interessant sein, wie die folgenden Abschnitte zeigen möchten. Der digital vorliegende, strukturierte Text erleichtert die Bearbeitung etablierter Fragestellungen, ermöglicht aber auch ganz neue methodische Zugriffe auf Texte.[23]

3.1 Suche nach Personen, Orten oder Begriffen

In vielen Fällen richtet sich das Interesse einer literaturwissenschaftlichen Analyse auf bestimmte Elemente der fiktionalen Welt, wie beispielsweise Figuren oder Orte, oder auf bestimmte Referenzen, wie die auf andere Autoren und deren Werke, oder auf bestimmte Wörter, wie beispielsweise ein Konzept oder einen bestimmten Begriff.

Eine einfache Suche in einem unstrukturierten Textdokument fördert dabei häufig Treffer zu Tage, die eigentlich nicht relevant sind oder zumindest unterschieden werden sollten. Suchen wir beispielsweise in einer größeren Textsammlung nach der Zeichenkette „Madame Bovary“, werden wir in der Trefferliste sowohl Passagen finden, in denen die fiktionale Figur erwähnt wird, als auch Passagen, in denen Flauberts Romantitel erwähnt wird. Die Suche nach einem bestimmten Begriff in einem Theaterstück wird alle Treffer im gesamten Text zu Tage fördern, auch wenn das Interesse der Analyse

[23] Für eine einführende Darstellung, siehe Fotis Jannidis, „Methoden der computergestützten Textanalyse“, in *Methoden der literatur- und kulturwissenschaftlichen Textanalyse*, hrsg. von Ansgar Nünning and Vera Nünning (Stuttgart & Weimar: Metzler, 2010), 109–32. Für eine Reflexion über die methodischen Konsequenzen des digitalen Textes für die literaturwissenschaftliche Analyse und Interpretation, siehe auch Stephen Ramsay, *Reading Machines: Toward an Algorithmic Criticism* (Urbana Ill.: University of Illinois Press, 2011).

sich nur auf die Verwendung des Begriffs durch eine spezifische Figur richtet. Und die Suche nach Orten könnte daran scheitern, dass man vielleicht gar nicht weiß, welche Orte in einem Text vorkommen, sondern überhaupt erst einmal eine Liste aller Ortsnamen erstellen möchte.

In einem nach den Richtlinien der TEI kodierten Dokument können diese und viele weitere Verwendungsweisen und Kontexte einer Zeichenkette klar unterschieden und ausgezeichnet werden. Bei der Zeichenkette „Madame Bovary" handelt es sich um einen Buchtitel (kodierbar mit dem Element `<title>`) oder aber einen Personennamen (Element `<persName>`). Eine (beispielsweise mit einem sogenannten XPath formulierte) Suchabfrage in TEI-Dokumenten ist in der Lage, diese Information zu nutzen und bspw. nur diejenigen Zeichenketten „Madame Bovary" als Treffer anzuzeigen, die innerhalb des Elements `<title>` erscheinen. Ebenso wird in einem Theaterstück jede Figurenrede mit dem Sprecher verbunden, der für sie verantwortlich ist. Dadurch können bei der Suche nach einem Begriff die Treffer entweder auf die Reden einer oder mehrerer Figuren eingegrenzt, oder aber durch die Information über die dazugehörige Figur ergänzt werden.

Schließlich kann in einem in geeigneter Weise kodierten TEI-Dokument auch nach allen Zeichenfolgen gesucht werden, die sich in einem `<placeName>`-Element befinden. Ausgehend von solchen Daten können dann die erwähnten Orte auch mit geographischen Koordinaten versehen und/oder auf einer aktuellen oder historischen Karte angezeigt werden. Ein Beispiel für ein solches Vorgehen ist das *Map of Early Modern London*-Projekt, das eine historische London-Karte von 1561 mit Zitaten aus zahlreichen zeitgenössischen Werken verbindet, in denen bestimmte Straßennamen und andere Orte in London vorkommen.[24] Das Beispiel zeigt, wie durch eine derartige Kodierung und Visualisierung ein neuer, räumlich organisierter Blick auf literarische und nicht-literarische Texte enstehen kann.

Abbildung 3 zeigt einen Ausschnitt aus der interaktiven *Map of Early London*.[25] Hier wurde eine bestimmte Kirche (St. Alban Church, Wood Street) gelb hervorgehoben. Rechts erscheint eine Liste der Texte, in denen diese Kirche erwähnt wird.

[24] Map of Early Modern London-Projekt, siehe: http://mapoflondon.uvic.ca.

[25] Bildquelle: Screenshot aus dem *Map of Early Modern London*-Projekt, http://mapoflondon.uvic.ca, Creative Commons Attribution Share-Alike 4.0.

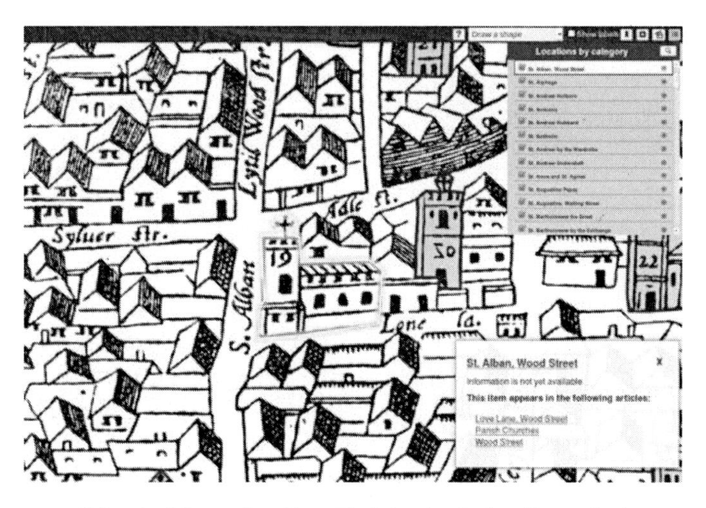

Abb. 3: Ansicht aus dem Map of Early London Project (Screenshot)

3.2 Kookkurrenzanalyse

Für die Nutzung von TEI-Auszeichnungen für die Textanalyse ist es nicht immer notwendig, die entsprechenden Suchabfragen selbst mit Hilfe von Technologien wie XPath zu formulieren. Es gibt auch benutzerfreundliche Software, die die Strukturinformationen in TEI-Dokumenten direkt ausnutzt. Ein solches Tool ist TXM, das den Import von TEI-kodierten Texten erlaubt.[26] Auch einfache TEI-Dokumente, die beispielsweise lediglich Informationen über Kapitel, Absätze und Sätze in TEI-kodierter Form beinhalten, können für bestimmte Suchabfragen sinnvoll eingesetzt werden. Ein Beispiel für eine solche Analyse, die von TXM unterstützt wird, ist die Kookkurrenz-Analyse. Die grundlegende Frage ist hier, welche Wörter in einem bestimmten Text ungewöhnlich häufig mit einem bestimmten anderen Begriff gemeinsam auftreten. Solche Analysen können beispielsweise Aufschluss darüber geben, wie ein bestimmter Begriff in einem Text bewertet wird.

Üblicherweise definiert man, um den Sachverhalt des „gemeinsamen Auftretens“ genauer zu bestimmen, ein „Fenster“ rund um das Zielwort, in dem nach anderen Wörtern gesucht werden soll. Als „gemeinsam auftretend“ gelten dann bspw. nur die Wörter, die höchstens zehn Wörter vor und zehn

[26] Zu TXM, siehe http://textometrie.ens-lyon.fr.

Wörter nach dem Zielwort auftreten. Nur diese gehen in die Berechnung der Häufigkeiten des gemeinsamen Auftretens ein. Dies erlaubt eine präzise Eingrenzung des Zielfensters, zugleich kann dies allerdings auch zu Ungenauigkeiten führen. Denn innerhalb dieses Fensters können ja auch Satz- oder Absatzgrenzen liegen. Es ist aber nun nicht gleich zu bewerten, ob ein bestimmtes Wort im gleichen Satz wie das Zielwort vorkommt, oder aber zwar auch in geringem Abstand, aber in einem anderen Satz oder Absatz.

Genau diese Tatsache berücksichtigt nun TXM, das die TEI-Auszeichnung für diese Art von Analyse nutzen kann. Beispielsweise ist es möglich, das Fenster um das Zielwort eben nicht als Anzahl von Wörtern, sondern als (dann wesentlich kleiner zu wählende) Anzahl von Sätzen vor oder nach dem Zielwort zu definieren. Somit ist es dann eben auch möglich, nur solche Wörter als „gemeinsam auftretend" aufzufassen, die im gleichen Satz wie das Zielwort auftreten, unabhängig von der Länge der Sätze. Ein solches Suchverfahren erhöht nicht nur die Genauigkeit der Analyse, es ist auch philologisch präziser.

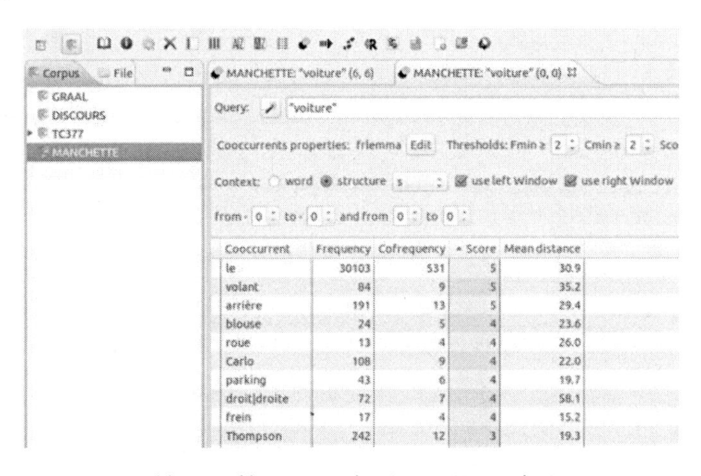

Abb. 4: Kookkurrenz-Analyse in TXM (Screenshot)

Abbildung 4 zeigt eine entsprechende Suchabfrage in TXM, in der eine Sammlung von Kriminalromanen Jean-Patrick Manchettes, die in TEI vorliegen, untersucht wurde. Die Abfrage zeigt die Wörter, die statistisch gesehen unerwartet häufig im gleichen Satz wie „voiture" auftreten: neben dem Artikel („la voiture", hier wird das Lemma „le" angezeigt) sind dies andere Teile des Autos oder spezifische, zum Autofahren gehörige Gegenstände. In der

Mitte des Screenshots sieht man, dass das Strukturmerkmal „s“ (für Satz) verwendet wurde, und im Abstand von „0“ Sätzen vor und nach dem Satz, der den Zielbegriff enthält, gesucht werden sollte.

3.3 Analyse der stilistischen Ähnlichkeit

Eine in der digitalen Philologie weit verbreitete Analysemethode vergleicht die Häufigkeiten von sehr vielen Einzelwörtern in mehreren Texten und ermittelt auf dieser Grundlage ein Maß für die (stilistische) Ähnlichkeit der Texte zueinander (die Methode wird meist Stilometrie genannt und verwendet unter anderem sogenannte Distanzmaße). Ein einschlägiger Anwendungsfall ist die Autorschaftsattribution, bei der Texte unbekannter oder umstrittener Autorschaft einem bekannten Autor zugeordnet werden sollen.[27]

Für solche Analysen ist es wichtig, nicht den gesamten in einer TEI-Datei enthaltenen Text zu berücksichtigen, sondern nur den Text, der auch tatsächlich vom mutmaßlichen Autor des fraglichen Textes geschrieben wurde und zum Haupttext gehört. Das bedeutet, man möchte Vorworte und Nachworte, aber sofern vorhanden auch editorische Anmerkungen von der Analyse ausschließen. (Technisch ausgedrückt: Man würde nur den Textinhalt des TEI <body>-Elements auswählen, dabei aber den Textinhalt aller vorhandenen <note>-Elemente löschen.) Denkbar wäre auch, zudem nur die Erzählerrede zu berücksichtigen, d.h. Überschriften und (direkte) Figurenrede auszuschließen, falls diese Information vorhanden ist. Bei Theaterstücken könnte man Bühnenanweisungen, Sprechernamen sowie Szenen- oder Akt-Angaben löschen. Vorausgesetzt, das TEI-kodierte Dokument enthält diese Informationen, ist ein solcher gezielter Zugriff auf den Text mit relativ einfachen Mitteln möglich.[28] Wollte man den gleichen Effekt mit einem unstrukturierten Textformat erreichen, müssten man mehrere separate Textfassungen erstellen und pflegen und jeweils die geeignete Textfassung auswählen.

---

[27] Einführend zu Stilometrie und Autorschaftsattribution: Hugh Craig, „Stylistic Analysis and Authorship Studies“, in *A Companion to Digital Humanities*, hrsg. von Susan Schreibman, Ray Siemens und John Unsworth (Oxford: Blackwell, 2004), 273–88; einen lesenswerten Überblick bietet Efstathios Stamatatos, „A Survey of Modern Authorship Attribution Methods“, *Journal of the Association for Information Science and Technology* 60, Nr. 3 (2009): 538–56, http://doi.org/10.1002/asi.v60:3. Für eine ausführliche Studie zu quantitativen Analysen auf stilistischer und thematischer Ebene, siehe Matthew L. Jockers, *Macroanalysis: Digital Methods and Literary History* (Champaign: University of Illinois Press, 2013).

[28] Beispielsweise mit einem Python-Skript von wenigen Zeilen, dass das Modul „lxml“ nutzt.

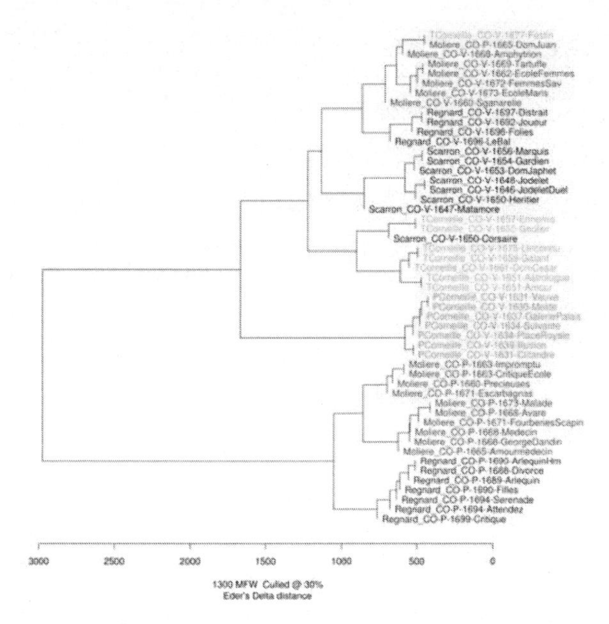

Abb. 5: Stilistische Ähnlichkeit von 54 französischen Komödien (Clustering in *stylo*)

Abbildung 5 zeigt ein Beispiel für eine solche Analyse, bei dem eine kleine Sammlung von französischen Theaterstücken auf ihre stilistische Ähnlichkeit hin untersucht wurde und wie eben beschrieben nur der Sprechertext für die Analyse berücksichtigt wurde. Es handelt sich um eine Reihe von Komödien verschiedener Autoren, die aufgrund der Häufigkeiten der 1100 häufigsten Wörter miteinander verglichen wurden. Je ähnlicher sich zwei Stücke stilistisch sind, desto näher stehen sie sich, vereinfacht gesagt, im Baumdiagramm. Auffallend ist, dass die wichtigste Dimension, nach der sich die Sammlung in zwei Gruppen gliedert, die Unterscheidung von Prosa und Vers ist und erst innerhalb dieser beiden Gruppen Autorschaft zum Tragen kommt (‚prose' und ‚vers' in den Beschriftungen der Stücke).[29]

[29] Das verwendete Tool ist stylo für R, siehe: https://sites.google.com/site/computationalstylistics/home. Die Parameter waren 1100 häufigste Wörter, 10 Prozent Culling, Distanzmaß Eder's Delta. Die zugrunde liegende Methode sowie das Beispiel werden ausführlicher diskutiert in: Christof Schöch, „Corneille, Molière et les Autres: stilometrische Analysen zu Autorschaft und Gattungszugehörigkeit im französischen Theater der Klassik", in *Literaturwissenschaft im digitalen Medienwandel*, hrsg. von Christof Schöch und Lars Schneider, Beihefte von Philologie im Netz 7 (2014): 130–57,

3.4 Inhaltliche Analyse mit „Topic Modeling"

Für eine eine weitere, statistisch avancierte, auf den Textinhalt bezogene Analysemethode größerer Textsammlungen können Strukturinformationen in TEI-Dokumenten genutzt werden. Solche Analysen werden seit einigen Jahren vornehmlich nicht mehr über eine Stichwortsuche unternommen, da hier beispielsweise nur nach Einzelwörtern, nicht aber nach Themen gesucht werden kann. Auch selbst erstellte Listen von thematisch verwandten Wörtern sind vor dem Vorwurf der Voreingenommenheit nicht sicher. Stattdessen nutzt man bei dem hier gemeinten Verfahren des Topic Modeling die Information darüber, welche Wörter immer wieder in verschiedenen Textabschnitten gemeinsam auftreten, um Gruppen semantisch verwandter Wörter zu entdecken und ihre Verteilung in einer Textsammlung zu ermitteln. Die dafür eingesetzte Methode wird seit gut zehn Jahren intensiv entwickelt und genutzt.[30]

Um die Methode, die für kürzere Dokumente wie Zeitungsartikel oder wissenschaftliche Artikel entwickelt wurde, auch für sehr umfangreiche literarische Texte wie beispielsweise Romane einsetzen zu können, müssen solche Texte vorab in mehrere kürzere Segmente zerlegt werden. Ein denkbares Vorgehen dafür wäre, die Texte einfach in Segmente gleicher Länge zu zerteilen und die Länge der Segmente dabei als eine bestimmte Anzahl von Wörtern festzulegen, beispielsweise 2000 Wörter. Bei diesem Vorgehen werden allerdings vorhandene strukturelle Einheiten wie Kapitel oder Absätze ignoriert. Da man annehmen kann, dass Kapitel in Romanen oder Szenen und Akte in Theaterstücken eine gewisse thematische Einheit darstellen, erscheint es sinnvoll, diese Einheiten bei der Segmentierung zu berücksichtigen. Zumindest aber sollten Einheiten wie Absätze oder Figurenreden bei der Segmentierung nicht aufgespalten werden. Da diese Einheiten in TEI-kodierten Dokumenten in der Regel markiert sind, ist dies besonders einfach möglich. Es steht zu erwarten, dass die resultierenden „topics" (etwa: Themen und Motive) dann eine größere Kohärenz oder zumindest eine größere Adäquatheit zu den zugrunde liegenden Texten haben werden, als bei

---

http://web.fu-berlin.de/phin/beiheft7/b7t08.pdf.

[30] Zwei lesenswerte Einführungen in die Methode des Topic Modeling: David M. Blei, „Probabilistic Topic Models", *Communications of the ACM* 55, Nr. 4 (2012): 77–84, http://doi.org/10.1145/2133806.2133826 sowie Mark Steyvers und Tom Griffiths, „Probabilistic Topic Models", in *Latent Semantic Analysis: A Road to Meaning*, hrsg. von T. Landauer u.a. (Laurence Erlbaum, 2006).

willkürlicher Segmentierung. Letzteres ist allerdings bisher nicht systematisch untersucht worden.

Abb. 6: Visualisierung von Topics als Wordcloud

Abbildung 6 zeigt eine Visualisierung mehrerer Topics als sogenannte Wordcloud. Jeder Topic wird aus automatisch ermittelten, immer wieder gemeinsam auftretenden Wörtern gebildet, die verschiedene Arten von semantischer Kohärenz aufweisen können (abstrakte Themen, erzählerische Motive, Orte der Handlung, fremdsprachige Begriffe, etc.). Je größer ein Wort in der Wordcloud dargestellt ist, desto wichtiger ist es in dem entsprechenden Topic. Hier sind vier Topics dargestellt, die man stark vereinfachend mit den folgenden Begriffen zusammenfassen könnte (von links oben im Uhrzeigersinn): Tod, Meer, Schreiben, Heirat.[31]

3.5 Konfigurationsanalyse bei Theaterstücken

Seit Anne Ubersfeld in den 1970er Jahren das Aktanten-Modell für die Analyse von Theaterstücken vorgeschlagen bzw. angepasst und populär gemacht hat, hat die Literaturwissenschaft das Interesse an den Beziehungen zwischen den Figuren in einem Theaterstück und an den resultierenden Figurenkonstellationen nicht mehr verloren.[32] Dieses Interesse hat eine neue

[31] Dieses und weitere Beispiele werden ausführlicher kommentiert in: Christof Schöch, „Topic Modeling Genre: An Exploration of French Classical and Enlightenment Drama", *Digital Humanities Quarterly* (2015), http://digitalhumanities.org/dhq.

[32] Zum Thema Figurenkonstellationen, siehe: Anne Ubersfeld, *Lire le Théâtre*, nouv. éd. rev, Lettres Belin Sup (Paris: Belin, 1996); Solomon Marcus, *Mathematische Poetik*, übers. von Edith Mândroiu (Bucureşti; Frankfurt/Main: Editura Academiei; Athenäum Verlag, 1973); Manfred Pfister, *Das Drama: Theorie und Analyse* (München: W. Fink, 1977).

Qualität angenommen, seit Theaterstücke in zunehmender Anzahl digital und, im besten Falle, auch im TEI-Format vorliegen. Denn wenn explizit kodiert ist, welche Figuren in welcher Szene auf der Bühne sind und wieviel Sprechertext jeweils auf sie entfällt, wird eine ganz neue Form der Analyse von Figurenkonstellationen möglich.

Beispielsweise kann die Information darüber, welche Figuren sich wann und wie oft im Verlauf des Stückes treffen, automatisch erhoben werden und für eine graphische Repräsentation der Figurenkonstellation genutzt werden. Auch Informationen zur Dichte des Figurennetzwerkes und Vergleiche über Autoren oder Epochen hinweg, werden möglich. Die Beziehungen zwischen den Personen können darüber hinaus weiter im Sinne einer Intensität der Interaktion qualifiziert werden, weil sich berechnen lässt, wer in Anwesenheit welcher anderer Personen wie viel spricht. (Klar ist, dass ein solcher rein quantitativer Ansatz nichts darüber aussagt, wie mehr oder weniger wichtig oder entscheidend diese Interaktionen sind, noch zwangsläufig etwas darüber, wer über die reine gemeinsame Anwesenheit auch tatsächlich aktiv interagiert.)[33]

Abbildung 7 zeigt das Figurennetzwerk von Lessings *Nathan der Weise* (1779), wie es sich bei automatischer Extraktion der Anwesenheit der Figuren pro Szene mit geringer Nachbearbeitung ergibt.[34] Je häufiger sich zwei Figuren treffen, desto näher stehen sie sich im Netzwerk; je dicker die Linie zwischen zwei Figuren ist, desto mehr sprechen die Figuren miteinander.

Als Fazit für den Nutzen TEI-kodierter Texte für die Textanalyse gilt: Texte in TEI und nicht als plain text oder Word-Datei vorliegen zu haben, ermöglicht den Literaturwissenschaften den intelligenten Zugriff auf die „Textdaten", der eigentlich wünschenswert ist, sowohl was die Binnenstruktur der Texte angeht, als auch was Phänomene wie Namen, Orte, Zeiten und vieles mehr sowie Textvarianten angeht. Wenn dazu dann noch linguistische Annotationen kommen, in der TEI-Datei selbst (die das unterstützt) oder als se-

[33] Die Methode literaturwissenschaftliche Netzwerkanalyse wird ausführlich besprochen von: Peer Trilcke, „Social Network Analysis (SNA) als Methode einer textempirischen Literaturwissenschaft", in *Empirie in der Literaturwissenschaft*, hrsg. von Philip Ajouri, Katja Mellmann und Christoph Rauen (Münster: Mentis, 2013), 201–47.

[34] Die Abbildung stammt aus dem LINA-Projekt von Frank Fischer, Mathias Göbel, Dario Kampkaspar, Peer Trilcke (2015), siehe http://dlina.github.io/369. Bildlizenz: Creative Commons Attribution 4.0 International. Siehe auch: Peer Trilcke, Frank Fischer und Dario Kampkaspar, „Digitale Netzwerkanalyse Dramatischer Texte", in *DHd-Tagung* (Graz, 2015), http://gams.uni-graz.at/o:dhd2015.v.040.

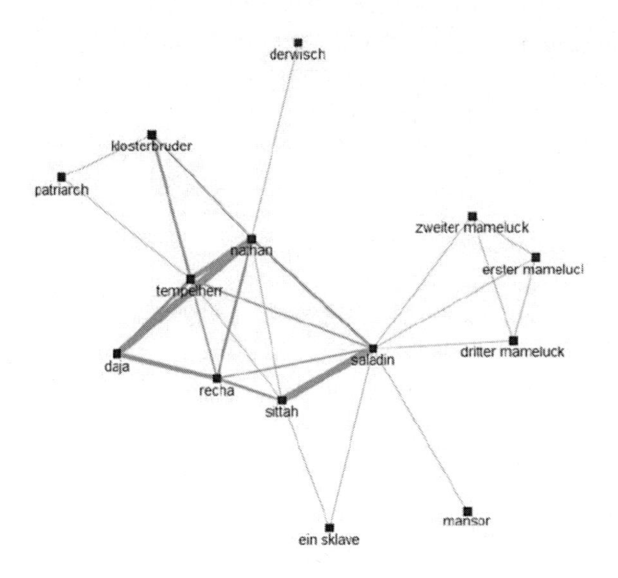

Abb. 7: Das Figurennetzwerk von Lessings *Nathan der Weise*

parate Annotation oder in einer anderen Form (beispielsweise in TCF), wird der Zugriff auf den Text noch differenzierter.

Fazit

Der vorliegende Beitrag hatte sich zum Ziel gesetzt, über adäquate digitale Repräsentationsformen von (literarischen) Texten für literaturwissenschaftliches Arbeiten zu informieren und einige der Möglichkeiten, die die Richtlinien der Text Encoding Initiative für die Textkonstitution und die Textanalyse anbieten, aufzuzeigen. Vor allem aber möchte der Beitrag damit ein Plädoyer leisten für die Nutzung von nicht-proprietären, semantisch orientierten, semi-strukturierten Textrepräsentationen wie TEI. Diese könnte man als „smart data" bezeichnen, weil sie nicht nur eine mechanische Reproduktion der Zeichenkette darstellen, sondern zahlreiche Annotationen zu bestimmten Textpassagen, Informationen über die Struktur des Textes sowie eine Kontextualisierung des Textes durch die Metadaten erlauben. Solche Daten bieten gegenüber anderen Repräsentationsformen von Text, wie digitale Faksimiles oder unstrukturierte, einfache Textdateien, erhebliche Vorteile. Die literaturwissenschaftliche Analyse kann umso nuancierter und präziser sein, je mehr Informationen bei der Textkonstitution festgehalten wurden. Dieser arbeitsintensive Prozess muss im Übrigen nicht immer vollständig von Hand erfolgen, denn durch quantitative Verfahren identifizierte Phänomene (wie beispielsweise bei der automatischen Erkennung von Personennamen) können auch automatisch in TEI-kodierte Dokumente eingetragen, dort ergänzt oder korrigiert und für die Visualisierung oder weitere Analysen genutzt werden. Textkonstitution und quantitative Textanalyse können hier Hand in Hand gehen.[35]

Aus der Darstellung folgt einerseits, dass sich die literaturwissenschaftliche Forschung nicht mit Repräsentationsformen von Text zufrieden geben sollte, die nur wenig differenzierte Analysemöglichkeiten ermöglichen. Andererseits sollte das digitale Medium als literaturwissenschaftliches Forschungsinstrument aber auch nicht auf der Grundlage von bestimmten Repräsentationsformen von Text, die in der Tat inadäquat sind, im Ganzen verdammt werden. Vielmehr ist es notwendig, hier ein klares Desiderat für zukünftige Forschung in den Literaturwissenschaften zu erkennen. In der Tat ist die Verfügbarkeit wesentlicher Teile einer literaturhistorischen Texttradition in zuverlässigen, standardisierten, aktuellen wissenschaftlichen Ansprüchen genügenden digitalen Textfassungen derzeit ein Desiderat. Trotz vieler guter Initiativen liegen selbst für die meisten Autoren, deren Werke unstrittig zum engeren Kanon der Literaturgeschichtsschreibung gehören, solche digitalen Referenzausgaben nicht vor. Dies gilt in der Mehrzahl der literaturwissenschaftlichen Teilfächer einschließlich der Romanistik, allerdings mit Ausnahme der Klassischen Philologie und der Germanistik. Die Verfügbarkeit solcher digitalen Textfassungen wäre aber eine wesentliche Bedingung dafür, dass literaturwissenschaftlich interessante Fragestellungen auch in größeren Textmengen auf ebenso subtile wie philologisch verlässliche Weise bearbeitet werden können. Zudem gilt: Je mehr Texte in TEI-kodierter Form vorhanden sind, desto größer werden die Vorteile der technischen Kompatibilität sowie der inhaltlichen Vergleichbarkeit der Texte für Analyse, Interpretation und Literaturgeschichtsschreibung. Denn wenn digitale Texte nicht in vielen unterschiedlichen Forma-

[35] Zum Begriff der „Daten“ in den Geisteswissenschaften, siehe Trevor Owens, „Defining Data for Humanists: Text, Artifact, Information or Evidence?“ *Journal of Digital Humanities* 1, Nr. 1 (2011), http://journalofdigitalhumanities.org/1-1/defining-data-for-humanists-by-trevor-owens sowie Christof Schöch, „Big? Smart? Clean? Messy? Data in the Humanities“, *Journal of the Digital Humanities* 2, Nr. 3 (2013): 2–13, http://journalofdigitalhumanities.org/2-3/big-smart-clean-messy-data-in-the-humanities.

ten, sondern in einem Standard wie TEI kodiert vorliegen, können Texte aus verschiedenen Quellen leichter zusammengeführt und so für spezifische Fragestellungen geeignete Sammlungen leichter erstellt werden. Das bedeutet, dass TEI nicht nur verstärkt genutzt werden sollte, sondern mehr noch, dass es der selbstverständliche Standard für die Repräsentation von Texten sein sollte. Damit hängt zusammen, dass verstärkt Kompetenzen im Bereich der digitalen Textkodierung und der Nutzung der Text Encoding Initiative als grundlegendes literaturwissenschaftliches Arbeitsinstrument im Studium und in der Doktorandenausbildung vermittelt werden sollten. Erst dann kann die Vision einer digitalen Literaturwissenschaft auf Grundlage umfangreicher Sammlungen verlässlicher Texte Realität werden.

⁂

Anhang: Hinweise für die weitere Beschäftigung mit TEI

Digitale Textedition

Burnard, Lou. *What is the Text Encoding Initiative?* Marseille: OpenEdition, 2014, http://books.openedition.org/oep/679.

———, Katherine O'Brien O'Keeffe und John Unsworth, Hrsg. *Electronic Textual Editing*. New York: MLA, 2006.

Hockey, Susan. *Electronic Texts in the Humanities*. Oxford: Oxford Univ. Press, 2000.

Sahle, Patrick. „Digitale Editionstechniken". In: *Digitale Arbeitstechniken für die Geistes- und Kulturwissenschaften*, hrsg. von Martin Gasteiner und Peter Haber, 231–49. Wien: UTB, 2009.

Shillingsburg, Peter. *From Gutenberg to Google: Electronic Representations of Literary Texts*. Cambridge: Cambridge Univ. Press, 2006.

Quantitative Textanalyse

Adolphs, Svenja. *Introducing Electronic Text Analysis: A Practical Guide for Language and Literary Studies*. London und New York: Routledge, 2006.

Blei, David M. „Probabilistic Topic Models". *Communications of the ACM* 55, Nr. 4 (2012): 77–84.

Jannidis, Fotis. „Methoden der computergestützten Textanalyse". In *Methoden der literatur- und kulturwissenschaftlichen Textanalyse*, hrsg. von Ansgar und Vera Nünning, 109–32. Stuttgart: Metzler, 2010.

Jockers, Matthew. *Macroanalysis: Digital Methods and Literary History*. Champaign: Univ. of Illinois Press, 2013.

Stamatatos, Efstathios. „A Survey of Modern Authorship Attribution Methods". *Journal of the Association for Information Science and Technology* 60, Nr. 3 (2009): 538–56.

Trilcke, Peer. „Social Network Analysis (SNA) als Methode einer textempirischen Literaturwissenschaft". In *Empirie in der Literaturwissenschaft*, hg. von Philip Ajouri, Katja Mellmann und Christoph Rauen. (Münster: Mentis, 2013): 201–47.

Beispiele für digitale Texteditionen in TEI

Ainsworth, Peter und Godfried Croenen, Hrsg. *The Online Froissart: A Digital Edition of the Chronicles of Jean Froissart*. Univ. Sheffield, www.hrionline.ac.uk/onlinefroissart/index.jsp.

Bohnenkamp-Renken, Anne, Silke Henke und Fotis Jannidis, Hrsg. *Goethes Faust: eine genetische Edition*. Würzburg, 2015, http://faustedition.uni-wuerzburg.de.

Emsley, Clive, Tim Hitchcock und Robert Shoemaker, Hrsg. *The Proceedings of the Old Bailey*. 2003–2015, www.oldbaileyonline.org.

Ertler, Klaus-Dieter, Alexandra Fuchs, Michaela Fischer und Elisabeth Hobisch, Hrsg. *Moralische Wochenschriften*. Univ. Graz, 2011, http://gams.uni-graz.at/context:mws.

Jansen, Leo, Hans Luijten und Nienke Bakker, Hrsg. *Vincent Van Gogh, The Letters*. Van Gogh Museum / Huyghens ING, 2014, http://vangoghletters.org/vg.

Rosselli Del Turco, Roberto, Hrsg. *The Digital Vercelli Book*. Pisa: CISIAU/Laboratorio di Cultura Digitale, 2013, http://vbd.humnet.unipi.it.

Tuck, John und Ronald Milne et al. *Codex Sinaiticus*. London: British Library, 2007. http://codexsinaiticus.org.

Vauthier, Bénédicte, Hrsg. *Manuscrito digital de Juan Goytisolo*, Univ. Bern, 2013. http://goytisolo.unibe.ch.

Wiering, Frans, Hrsg.*Thesaurus musicarum italicarum online*, Univ. Utrecht, 2000–2005. http://tmiweb.science.uu.nl.

Siehe auch: Patrick Sahle, *A Catalogue of Digital Scholarly Editions*, 2008–2015, www.digitale-edition.de/index.html.

Quellen für größere Textsammlungen in TEI

Digitale Bibliothek, TextGrid, www.textgridrep.de.

Deutsches Textarchiv, BBAW, www.deutschestextarchiv.de.

Théâtre classique, hrsg. v. Paul Fièvre, Paris-Sorbonne, www.theatre-classique.fr.

Biblioteca italiana, Università di Roma-Sapienza, www.bibliotecaitaliana.it.

Oxford Text Archive, Oxford University, http://ota.ox.ac.uk.

Weitere Ressourcen: Tools und Handreichungen

TEI by Example, hrsg. von Melissa Terras und Edward Vanhoutte, http://teibyexample.org (interaktives Tutorial).

Digitale Textedition mit TEI, Redaktion Christof Schöch, Göttingen: DARIAH-DE, 2014, https://de.dariah.eu/tei-tutorial (Schulungsmaterialien).

TXM: http://textometrie.ens-lyon.fr (Analysetool, das XML/TEI nutzt).

TXM-Kurzreferenz, von Christof Schöch, 2014 https://zenodo.org/record/10769 (Handreichung für den Einstieg in TXM).

TAPAS (TEI Archive, Publishing, and Access Service), Brown Univ., www.tapasproject.org.

jEdit mit XML-Plugins, http://jedit.org (kostenloser Editor, der XML/TEI unterstützt).

oXygen Editor, www.oxygenxml.com (sehr leistungsfähiger Editor mit spezifischer Unterstützung von TEI).

TextGrid Lab, https://textgrid.de (umfassende Arbeitsumgebung für digitale Editionen).

Realität und Wirklichkeit in der Moderne

Eine Projektbeschreibung

Susanne Knaller (Graz)

ZUSAMMENFASSUNG: Beschreibung der Online-Datenbank im Projekt „Realitätskonzepte in der Moderne"

SCHLAGWÖRTER: Realismus; Wirklichkeit; Ästhetik; Medialität; Moderne

I.

Das seit einigen Jahren aktive Projekt „Realitätskonzepte in der Moderne" geht gleichzeitig von einem speziellen und allgemeinen Interesse aus. Der individuelle Aspekt liegt in der persönlichen Neugier begründet, das komplexe Verhältnis zwischen Realitätsannahmen und Künsten historisch wie systematisch für die Moderne zu ergründen. Allgemein ist dieses Interesse aufgrund der Tatsache, da damit eine die moderne Kunst begründende wie bestimmende Frage aufgeworfen wird. Denn Realität ist nicht nur eine Erfindung der Moderne, sondern das Konzept bildet auch eine Voraussetzung für das Selbstverständnis der Künste seit 1700. Gleichzeitig mit dem Wunsch nach einer systematischen Untersuchung dieser These entstand auch das Desideratum, programmatischen Texte, die Aufschluss über die Relation Realität und die Künste geben können, zu sammeln und erstmalig in einer Anthologie zusammenzustellen.[1] Anders als eine Anthologie auf Papier, so stellte sich schnell heraus, würde eine Sammlung in digitaler

[1] Vgl. Susanne Knaller, *Die Realität der Kunst: Programme und Theorien zu Literatur, Kunst und Fotografie seit 1700* (München: Fink, 2015). Für die Datenbank siehe: http://gams.uni-graz.at/context:reko. Für die technische Umsetzung waren Hubert Stigler und Martina Scholger vom Zentrum für Informationsmodellierung (ZIM) der Karl-Franzens-Universität Graz verantwortlich. Die Anthologie steht im digitalen Respositorium von GAMS zur Verfügung. GAMS ist ein OAIS-konformes Asset Management System zur Verwaltung, Publikation und Langzeitarchivierung digitaler Ressourcen. Umgesetzt werden die digitalen Inhalte durch eine weitgehend XML-basierte Content-Strategie, die Verwendung standardisierter (Meta-) Dateiformate und die systeminhärenten Funktionalitäten.

Form einen interaktiven Zugang zu den Texten, die Sichtung mehrerer Textebenen, unterschiedliche Perspektiven und vor allem einen analytischen, begriffsorientierten Ansatz ermöglichen.

Vor einer Beschreibung der konkreten Überlegungen zu Begrifflichkeiten und Analyseverfahren, ein paar einführende Bemerkungen zu grundlegenden Konzepten des Projekts.

II.

Die modernen Künste handeln immer von Realität, sie beobachten Realitätsbegriffe wie sie auch selbst Realitäten konstruieren. Diese These setzt wiederum die Annahme von Realität und Wirklichkeit voraus. Zu diesem modernen Realitätsbegriff gehörten die Erfindung des selbstbewussten Subjekts und die Idee einer subjektiven wie objektiven, materiellen wie immateriellen Wirklichkeit. Unter ‚Realität' wird ein bestimmtes – erst mit der kartesianischen Wende – mögliches Differenz-Verhältnis von Subjekten und einem (menschlichen oder nicht-menschlichem) Anderen, von Empirie, Medien und Form verstanden. ‚Realität' können daher unterschiedliche Termini ausdrücken: Natur, Welt, Leben, Wirklichkeit, Dasein usw. Realität setzt Differenzen voraus, die erst mit den philosophischen und naturwissenschaftlichen Revolutionen seit dem 17. Jahrhunderts möglich werden. Die daraus resultierenden Begriffe, Konzepte, Annahmen und Argumentationsweisen sind in den einzelnen Diskursen und im Laufe der Jahrhunderte mit unzähligen Umschreibungen, Ergänzungen, Neuvorschlägen und Verwerfungen verbunden. Gleichzeitig zeigt sich trotz dieser ständig modifizierten Konzepte von Realität und Kunst eine gewisse Konstante an Problemstellungen und Lösungsvorschlägen. Das europäische Selbstverständnis basiert meist auf der Vorstellung, dass es eine Realität von Objekten gibt und dass diese darstellerisch zu fassen ebenso ein Problem bildet wie die Definition der jeweiligen Beobachterposition.[2] Diesem Wechselspiel zwischen Vielfalt und Wiederholung kann ein detailhaft Kausalitäten konstruierender und chronologisch-historisierender Ansatz nur bedingt gerecht werden. Denn damit würde die stete reflexive Auseinandersetzung der Moderne mit sich selbst unberücksichtigt bleiben. Hingegen zeigt ein systematisch-historischer und analytischer Ansatz entlang von Schlüsselbegriffen in Ästhetiken und Poetiken, wie ästhetische Realitätskonzepte immer wieder

[2] Knaller, *Die Realität der Kunst*, 12.

aufs Neue und doch in unaufhörlicher Auseinandersetzung mit den tradierten Modellen diskutiert werden.

Zur Auseinandersetzung mit diesen Grundfragen wurden zwei Formate mit unterschiedlichen Analyse- und Systematisierungszugängen gewählt – eine digitale analytische Anthologie und eine auf Argumenten aufbauende Monografie. Beide sind notwendigerweise auf unterschiedlichen Begriffskonzepten aufgebaut. Während für die Monografie auf diskontinuierlich in den Poetiken und Programmatiken wie Metatheorien auftauchende Schlüsselbegriffe zurückgegriffen wird, wurde für die Anthologie ein auf verschiedenen Ebenen wirksames Begriffsmodell gewählt.

III.

Neben einem begriffsorientierten Zugang für Monografie und Anthologie war auch noch die Prämisse leitend, dass „Realitäten" stets auf mehreren Ebenen stattfinden und ineinandergreifen. Zunächst finden sich auf einer ersten Ebene jene Wirklichkeiten, die mit künstlerischen und literarischen Verfahren konstruiert, formiert und erfahrbar werden. Dazu gehören der Ehebruch von Emma Bovary, das Macondo der Buendía und der Spiegel von Alice. Die Realität der Kunst meint aber auch solche Realitäten, die die Künste wiedererkennen oder entdecken lassen. Etwa Paris in Balzacs Romanen und auf Rodschenkos Fotografien, Napoleon im Drama von Grabbe und der Prater in einem Film von Carol Reed. Mögliche Welten wie im ersten Fall und empirische, referentielle Wirklichkeiten wie im zweiten führen unabdingbar in die Frage nach dem Realitätswert von Kunst und Literatur. Welche Realitätsqualität haben ein Gemälde, ein Film, eine Installation, die Farbe in einem Bild, die Linie in einer Zeichnung, der Buchstabe in einem Gedicht, der Ton in einem Musikstück? Das literarische Objekt, die künstlerische Arbeit und ihr Material sind in Wirklichkeiten wie als Wirklichkeit zu verorten. Kunst und Realitätsannahmen stehen auf allen drei genannten Ebenen in einem konstitutiven Verhältnis, das immer wieder bearbeitet und neu gesichtet werden muss. Moderne Realitäts- und Wirklichkeitsbegriffe enthalten wandelbare Konzepte von Wissen, Erkenntnis und Darstellung und behandeln Fragen von Wahrnehmung, Subjektivität und Formierung. Das sind Problemstellungen, die das moderne Kunstsystem konstituieren, das seine Karriere als ein besonderes System von Perzeption und Semiosis, Wissen und Erkenntnis im 18. Jahrhundert beginnt und in Ästhetiken reflektiert.[3] Die diversen Zugänge, Programme, Modelle und Formen, die daraus hervorgehen, werden in der Monografie und in der Anthologie an exemplarischen Beispielen vom 18. bis 21. Jahrhundert diskutiert. Ausgangspunkt für diese Untersuchung ist dabei ein „weicher" Realismus: Wirklichkeit ist dann, wenn wir über Wirklichkeiten nachdenken und zugleich wissen, dass wir gleichzeitig Teile dieser Wirklichkeit sind.[4]

IV.

Monografie und Anthologie folgen also – auf unterschiedliche Weise, die auch medial bedingt ist – einem begriffsorientierten Ansatz und dem Prinzip systematischer Diskontinuität. Beide Projektteile sind zugleich auch theoretisch orientiert, d. h. sie setzen sich mit programmatischen Schriften unterschiedlichster Provenienz auseinander: Essay, Manifest, Traktat, wissenschaftliche und philosophische Abhandlung. Die Autorinnen und Autoren kommen aus Kunst, Literatur, Wissenschaft, Philosophie usw. In allen Texten geht es um das besondere Verhältnis von Realität und Kunst. Die Lektüre der Monografie wird dabei von der Anthologie unterstützt. Viele der Texte in der Anthologie kommen auch in der Monografie zur Sprache, wenngleich beide Arbeiten ohne die andere eigenständig lesbar sind und einige Unterschiede aufweisen. Zum einen finden sich jeweils unterschiedliche Begrifflichkeiten. Nicht immer im Hinblick auf die Begriffswahl (die in der Monografie verwendeten Schlüsselbegriffe sind auch Teil des Registers der Anthologie), sondern hinsichtlich der Funktion und der Struktur der Begriffe. Während die Monografie Thesen vorführt und argumentiert, damit einen weiteren Text eröffnet und über den diskutierten legt, erlaubt die Anthologie anhand der eigens konstruierten Begrifflichkeiten mehrere Textschichten zu erschließen und Texte auch direkt miteinander zu vergleichen. Der Unterschied im Hinblick auf die verwendeten Begriffe lässt sich auch so beschreiben: Die Monografie greift auf Selbstbeschreibungskategorien der jeweiligen Epoche und Autorinnen und Autoren sowie auf in den Wissenschaften tradierte Beobachtungskategorien zurück (z. B. Illusion, Mimesis, Realismus usw.). Die Anthologie nimmt diese Begriffe auf, kann auch nicht auf sie verzichten, da sie oftmals diskursbegründend sind.

[3] Susanne Knaller, „Realitätskonzepte in der Moderne: ein programmatischer Entwurf", in *Realitätskonzepte in der Moderne: Beiträge zu Literatur, Kunst, Philosophie und Wissenschaft*, hrsg. von Susanne Knaller und Harro Müller (München: Fink, 2011), 11–28.

[4] Knaller, *Die Realität der Kunst*, 12.

Allerdings werden darüber hinaus Begriffskombinationen konstruiert, die über diese Termini hinausreichen und den Texten wie ihren Argumenten und Modi selbst geschuldet sind. Das wird im Folgenden genauer erläutert. Zunächst eine kurze Darstellung der Schlüsselbegriff in der Monographie.

V.

Im Kontext der monografischen, argumentativen Diskussion des Verhältnisses Realität und Künste wurden folgende Schlüsselbegriffe gewählt: Illusion, Mimesis, Realismus, Dokumentation, Authentizität, Original/Originalität, Kopie, Materialität, Immaterialität. Ästhetische Illusion, die zwischen mimetischer Täuschung, Ähnlichkeitsstrategien und Immersionswirkungen changiert, ist deshalb ein wichtiger Begriff, da sich von den jeweils favorisierten Illusionsmodi auf ästhetische und epistemologische Realitätskonzepte schließen lässt. So können moderne Illusionsmuster etwa auf die Kunst selbst gerichtet sein. Dann wird mit Illusion[5] ein konstruktives Moment bezeichnet, welches mit der ästhetischen Wende des 18. Jahrhunderts verdeutlicht, dass die Künste die Aufmerksamkeit von den Erkenntnis-, Wissens- und Moralimplikationen der künstlerischen Darstellungen auf die Form, das Material, den Kunstcharakter selbst lenken wollen. Bis heute zeichnet ästhetische Illusion damit ein Spannungsverhältnis zwischen Wahrheitsanspruch (Ähnlichkeit, Abbildung, Ideal etc.) und konstruktivem Individualismus aus. Zeitgenössische Programmatiken interessieren sich aber nur mehr bedingt für tradierte Illusionsverfahren. Die simultan zwischen den Zeiten und Räumen agierenden Neuen Medien oder auch schon avantgardistische Programme mit ihrem Ziel einer konsequenten Entdifferenzierung von Kunst und Nicht-Kunst verzichten auf Formen tradierter Illusionswirkung. Mimesis wiederum, ein Begriff, der im Laufe seiner Geschichte immer wieder eng mit Illusion verwoben ist, kann so, wie er im 18. Jahrhundert entworfen wird, als ein bis zum 19. Jahrhundert prägendes Modell gelten.[6] Zum einen definiert der im Mimesisbegriff enthaltene Auf-

[5] Hinderk M. Emrich, „Illusionen, die Wirklichkeit und das Kino“, in *...kraft der Illusion,* hrsg. von Gertrud Koch und Christiane Voss (München: Fink, 2006) 39–52, hier 39. Vgl. grundlegend Ernst H. Gombrich, *Art and Illusion: A Study in the Psychology of Pictorial Representation* (London: Phaidon, 1959).

[6] Hans Feger und Hans Richard Brittnacher, Hrsg., *Die Realität der Idealisten: Friedrich Schiller, Wilhelm von Humboldt, Alexander von Humboldt* (Köln, Weimar und Wien: Böhlau, 2008). Vgl. auch Birgit Erdle und Sigrid Weigel, Hrsg., *Mimesis, Bild und Schrift: Ähnlichkeit und Entstellung im Verhältnis der Künste* (Köln und Wien: Böhlau, 1996); auch Knaller, „Realitätskon-

trag, künstlerische und literarische Äußerungen in ein Verhältnis zu einer allumfassenden Natur zu setzen, die Künste und legt damit ihren Wissens- und Erkenntniswert fest. Kunst wie Literatur zielen auf Kongruenz mit Natur. Andererseits befinden sich Sprache wie Bild in ihrem Verhältnis zur Natur semiotisch auf doppeltem Boden. Denn mit der Geniepoetik und dem Anspruch kreativer, konstruktiver Kraft durch die Künste entsteht notwendigerweise ein Spannungsverhältnis zwischen künstlerisch eigenständiger Semiosis und Allgemeinheit beförderndem Transzendenzauftrag, zwischen Autonomieanspruch und Syntheseleistung, subjektiver Freiheit und objektivem Ideal. Dieser Konflikt zeigt sich im Nebeneinander unterschiedlicher Programmatiken. Eine Auseinandersetzung mit diesem Autonomie-Transzendenzparadoxon von Mimesis und von dieser auch abzugrenzen, stellt der moderne Realismus dar.[7] Unter Realismus im 19. Jahrhundert kann ein Dachbegriff verstanden werden, der vor allem eine Poetik bezeichnet, wie sie in ihren Grundlinien von Courbet und Champfleury beschrieben wurde, nämlich gegenwartsbezogene, gesellschaftskritische, historisch markierte und die Lebenswelt beobachtende und auch beeinflussende Kunst zu produzieren. Damit setzt sich Kunst mehr oder weniger von klassizistischen, romantischen und Mimesis-Poetiken ab, die Kunst als Transzendenz- oder transzendentales Erkenntnis- und Evidenzmedium begreifen. Auf unterschiedlichste Realitätsbegriffe zurückgreifend, sind jedoch Realismen vom 19. Jahrhundert bis heute an wichtigen Kunstprogrammen beteiligt. Denn „Realismus" ist vielfältig, kontrovers und variabel und einer der wichtigsten Schlüsselbegriffe der Moderne. Denn wenn man wie hier davon ausgeht, dass die Möglichkeiten und Selbstbeschreibungen der Künste der Moderne abhängig sind von ihrem jeweiligen Umgang mit Realitätsbegriffen und dieser Umstand wiederum jeweilige Verhältnisse zwischen Kunst und Nicht-Kunst bedingt, und wenn man des Weiteren für gültig erachtet, dass besonders seit der zweiten Hälfte des 19. Jahrhunderts die Verortung der Künste, ihr Verhältnis zu anderen Systemen im Kon-

zepte in der Moderne", 11–28. Auch Monika Ritzer, „Vom Ursprung der Kunst aus der Nachahmung: anthropologische Prinzipien der Mimesis", in *Anthropologie in der Literatur: poetogene Strukturen und ästhetisch-soziale Handlungsfelder*, hrsg. von Rüdiger Zymner und Manfred Engel (Paderborn: Mentis, 2004), 81–101.

[7] Vgl. Joachim Küpper, *Ästhetik der Wirklichkeitsdarstellung und Evolution des Romans von der französischen Spätaufklärung bis zu Robbe-Grillet: ausgewählte Probleme zum Verhältnis von Poetologie und literarischer Praxis* (Stuttgart: Steiner, 1987). Albrecht Koschorke, *Wahrheit und Erfindung: Grundzüge einer allgemeinen Erzähltheorie* (Frankfurt am Main: S. Fischer, 2012).

text eines radikal gesellschafts-, wissenschafts- und empirischen Realitäts- statt metaphysischen Naturbegriffs stehen, scheint es sinnvoll, als eine Leitdifferenz der Moderne die zwischen realistischen und nicht-realistischen Programmen zu setzen.[8] Die Differenzen liegen dabei in der Frage, ob explizit und Poetik konstituierend jeweils aktuelle Realitätsbegriffe und -verhältnisse bearbeitet werden oder ob die unabdingbare Auseinandersetzung mit Realitätsbegriffen kunstimmanente, selbstreferentielle und streng subjektive Verhältnisse/Referenzen generieren sollen. Dokumentation bildet schließlich einen vorläufigen Höhepunkt in der Linie Illusion-Mimesis-Realismus.[9] Dokumentarische Programme lassen sich als Folgen avantgardistischer Realismuspoetiken ebenso verstehen wie als Konsequenz der seit der zweiten Hälfte des 20. Jahrhunderts erfolgten Auflösungen zwischen Kunst/Nicht-Kunst. Vor allem in der bildenden und filmischen Kunst setzen sich Dokumentationsformen durch, die auf Kunst und Leben radikal entgrenzende Handlungs- und Aktionsszenarien setzen. Der Dokumentarismus ist eine Steigerung des schon in den Realismen und Avantgarden produktiven Wechselverhältnisses zwischen ästhetischen und alltäglichen Realitätsbegriffen. Anhand dieser Programme lässt sich zeigen, wie Illusionsästhetiken ab dem 20. Jahrhundert verstärkt zur Disposition stehen. Während bei Formen ästhetischer Illusion der Moderne davon ausgegangen wird, dass Kunst ein Vorbild oder zumindest einen Wahrnehmungscode als Ähnlichkeitsgenerator abbildet und damit eine (explizite) Realitätsdifferenz zwischen Wirklichkeit und Kunst angenommen wird, setzt der Dokumentarismus auf austauschbare, gestaltbare und auch wechselseitige Identität bereithaltende Realitätsverhältnisse.

Eng im Zusammenhang mit diesen inner- wie extrasystemischen Bedingtheiten von realistischen und dokumentarischen Poetiken stehen auch die Wert- und Legitimationsfragen umfassenden Begriffe Original/Origi-

---

[8] Knaller, *Die Realität der Kunst*, 93.

[9] Vgl. etwa Marie-Jeanne Zenetti, *Factographies: l'enregistrement littéraire à l'époque contemporaine* (Paris: Classiques Garnier, 2014). Christian Klein und Matías Martínez, *Wirklichkeitserzählungen: Felder, Formen und Funktionen nicht-literarischen Erzählens* (Stuttgart: Metzler, 2009). Boris Groys, „Kunst im Zeitalter der Biopolitik: vom Kunstwerk zur Kunstdokumentation", in *Dokumenta11_Plattform 5: Ausstellung*, hrsg. von Gerti Fietzek, Heike Ander und Nadja Rottner (Ostfildern-Ruit: Hatje Cantz, 2002), 107–13, hier 107. Frits Gierstberg, Hrsg., *Documentary Now! Contemporary Strategies in Photography, Film and the Visual Arts* (Rotterdam und New York: NAi, 2005). Vgl. auch Susanne Knaller, „Realismus und Dokumentarismus: Überlegungen zu einer aktuellen Realismustheorie", in *Realismus in den Künsten der Gegenwart*, hrsg. Dirck Linck, Michael Lüthy, Brigitte Obermayr u.a. (Zürich: Diaphanes, 2010), 175–89.

nalität und Kopie.[10] So bestimmen Original und Kopie ästhetische Wert- und Legitimationszuschreibungen auf höchst abstrakter Ebene – wie etwa im Mimesispostulat. Denn der „Originalcharakter" der Natur ist im 18. Jahrhundert unumstritten. Das wäre die epistemologische Komponente des Original/Kopie-Verhältnisses. Kunst ist als Mimesis stets und streng genommen nur Kopie. Künstlerisch behandelt, schafft aber das Vorbild Natur über ideale Kunst und Literatur wiederum neue Originale, die zur *imitatio* anhalten – das ist ein Grundgedanke von Klassizismen und Idealismen jeglicher Machart. Mit Original und Kopie lassen sich daher auch die im grundlegenden Moderne-Dilemma benannten Spannungsverhältnisse zwischen konstruktiver künstlerischer Semiosis und Transzendenzauftrag, subjektiver Freiheit und Wahrheitsanspruch diskutieren. Aber weder Original noch Kopie und auch nicht ihr Verhältnis zueinander sind zu vereindeutigen: weder in einem innersystemischen Modell und auch nicht im Zusammenspiel von ästhetischen und rechtlich-ökonomischen Vorgaben.[11] Um diese nicht aufhebbare Ambivalenz zu markieren, hat sich seit 1900 der Begriff Authentizität als Wert- und Beschreibungskategorie herausgebildet. Authentizität fragt anders als Original/Originalität stets nach den Legitimierungs- und Beglaubigungsinstanzen, nach dem Ort und dem Modus des Zusammenspiels der einzelnen kunstkonstituierenden Faktoren im Produktions- und Rezeptionsprozess wie der künstlerischen/literarischen Arbeit selbst und wird damit dem offenen Feld der Künste seit dem 20. Jahrhundert besonders gerecht. Authentisch ist deshalb das Ergebnis eines an einem bestimmten

[10] Vgl. etwa Umberto Eco, „Del falso e dell'autentico", in *Museo dei Musei*, hrsg. von Paolo Piazzesi (Firenze: Condirene, 1988), 13–8. Walter Benjamin, „Das Kunstwerk im Zeitalter seiner technischen Reproduzierbarkeit: zweite Fassung", in *Gesammelte Schriften*, Bd. 1.2, hrsg. von Rolf Tiedemann und Herman Schweppenhäuser (Frankfurt am Main: Suhrkamp, 1974), 471–508. Rosalind E. Krauss, „The Originality of the Avant-Garde", in *The Originality of the Avant-Garde and Other Modernist Myths* (Cambridge: MIT Press, 1986), 151–70. Arthur C. Danto, *Beyond the Brillo Box: The Visual Arts in Post-Historical Perspective* (New York: Farrar Straus Girou, 1992). Richard Shiff, „Representation, Copying, and the Technique of Originality", in *New Literary History: A Journal of Theory and Interpretation* 15 (1983–84): 333–63. Denis Dutton, Hrsg., *The Forger's Art: Forgery and the Philosophy of Art* (Berkeley, Los Angeles und London: Univ. of California Press, 1983). Bruno Latour und Adam Lowe, „The Migration of the Aura, or How to Explore the Original through Its Facimiles", in *Switching Codes: Thinking Through Digital Technology in the Humanities and the Arts*, hrsg. von Thomas Bartscherer und Roderick Coover (Chicago und London: Univ. of California Press, 2011), 275–97.

[11] Knaller, *Die Realität der Kunst*, 15.

Ort und zu einer bestimmten Zeit stattfindenden Beglaubigungsprozesses, der garantielos immer wieder einzusetzen hat.[12]

Eine Frage, die in diesem Zusammenhang genauer diskutiert werden kann, ist der Stellenwert des künstlerischen Materials. Dabei interessiert besonders der Aspekt Materialität – im Sinne einer Reflexion von Realitätsqualitäten, als Folge der Verschiebung der Interessenslagen von Inhalten auf Medien und Formen und als Konzept von Materialautonomie (oder -autarkie). Die schon mit dem Illusionsbegriff angesprochene reflexive Wende des 18. Jahrhunderts wird mit Materialität nochmals aufgegriffen. Es zeigt sich, dass eine Materialpoetik von der Aufwertung der Formen durch kreative Schöpfungskraft zur avantgardistischen Vorstellung der materiellen „Dinghaftigkeit", dem Objektstatus von grundlegenden Medien und Materialien wie Sprachzeichen, Linie, Farbe, Leinwand, Papier, Körper usw. und schließlich zur Virtualität der Neuen Medien reichen kann.[13] Materialität zeigt sich dann als Bedingung von Immaterialität wie umgekehrt.

VI.

Für die Anthologie spielen diese Schlüsselbegriffe und Diskurse insofern eine Rolle, als sie in den programmatischen Texten unterschiedlichster Genres explizit den Diskurs tragen und/oder in den verschiedenen Textschichten mit gestalten. Diese Schichten zu erreichen und damit auch den streng

[12] Knaller, *Die Realität der Kunst*, 15. Auch Susanne Knaller, *Ein Wort aus der Fremde: Geschichte und Theorie des Begriffs Authentizität* (Heidelberg: Winter, 2007), 20–1. Vgl. auch Jan Berg, „Techniken der medialen Authentifizierung Jahrhunderte vor der Erfindung des ‚Dokumentarischen'", in: *Documentary Creations*, Katalog zur gleichnamigen Ausstellung Kunstmuseum Luzern 26.2.–29.5.2005, hrsg. von Susanne Neubauer (Luzern, 2005), 67–78. Theodor W. Adorno, „Wörter aus der Fremde", in *Noten zur Literatur* 2 (Frankfurt am Main: Suhrkamp, 1961), 110–30. Jan Berg, Hans-Otto Hügel und Hajo Kurzenberger, Hrsg., *Authentizität als Darstellung* (Hildesheim: Universitätsverlag, 1997). Alessandro Ferrara, *Reflective Authenticity: Rethinking the Project of Modernity* (London und New York: Routledge, 1998). Erika Fischer-Lichte und Isabel Pflug, Hrsg., *Inszenierung von Authentizität* (Tübingen und Basel: Francke, 2000). Charles Taylor, *The Ethics of Authenticity* (Cambridge und London: 1992). Wolfgang Funk, Florian Groß und Irmtraud Huber, Hrsg., *The Aesthetics of Authenticity* (Bielefeld: transcript, 2012).

[13] Vgl. etwa Hans Ulrich Gumbrecht und K. Ludwig Pfeiffer, Hrsg., *Materialität der Kommunikation* (Frankfurt am Main: Suhrkamp, 1988). Alain Robbe-Grillet, „Une voie pour le roman future", in *Pour un nouveau roman* (Paris: Éditions de Minuit, 1963, 17–27). Rainer Grübel, „Die Kontrafaktur des Kunstwerks in der russischen Literatur und Kunst der Avantgarde", in *Der Blick vom Wolkenkratzer: Avantgarde – Avantgardekritik – Avantgardeforschung*, hrsg. von Wolfgang Asholt und Walter Fänders (Amsterdam: Rodopi, 2000), 313–48. Monika Wagner, *Das Material der Kunst: eine andere Geschichte der Moderne* (München: Beck, 2001).

argumentativen Diskurs einer Monografie zu verlassen, ermöglicht die digitale analytische Anthologie.

Für den interaktiven Zugang mit den Texten wurden zur Begriffssystematisierung zunächst Kategorien und Themen unterschieden. Erstere umfassen einzelne Begriffe und Termini wie kürzere Syntagmen. Themen hingegen stellen größere Texteinheiten dar. Das wären:

> REALITÄTSKONZEPT: Darunter sind Begriffe und Textstellen subsummiert, in denen allgemein Realitätstheorien vorgestellt und diskutiert werden. STRUKTUR-VERHÄLTNIS-FUNKTION: Das sind jene Begriffe und Textstellen, in denen darauf eingegangen wird, wie das Verhältnis Kunst-Realität dargestellt werden kann (soll oder muss) bzw. welche (ästhetische, gesellschaftliche, kulturelle) Funktion damit verknüpft ist. TEXTREPRÄSENTANT: Darunter finden sich besonders markante und die jeweiligen Theoriemodelle der Autorin/des Autors herausstellende Textstellen. WIRKUNG-ERGEBNIS: Das sind jene Begriffe und Textstellen, in denen das künstlerische In-ein-Verhältnis-Setzen von Kunst (oder Literatur usw.) und Realität als Wirkung und Ergebnis für Struktur und Rezeption der künstlerischen bzw. literarischen Arbeiten diskutiert und beschrieben wird.

Die Bezeichnungen der Kategorien selbst enthalten für Realitätskonzepte wichtige Konzepte, sind also selbst Teile der Textschichten. Gewählt wurden:

> ÄSTHETIK (ästhetische Begriffe), BESONDERER BEGRIFF (einzelne Denkansätze besonders markierende Konzepte oder individuelle Begriffsformationen), DISZIPLIN UND STIL (akademisch, künstlerisch und allgemein formierte Systeme, Paradigmen und Stile. Umfasst auch Benennungen von Vertreterinnen und Vertretern. Beispiel: Realismus/Realisten), EPISTEME (eng im Zusammenhang mit Realitätsbegriffen stehende Konzepte aus unterschiedlichen Wissensbereichen), EPOCHE UND STRÖMUNG (historische Epochenbegriffe und Strömungen. Umfasst auch Benennungen von Vertreterinnen und Vertretern. Beispiel: Impressionismus/Impressionisten), FELD (Wissens-, Gesellschafts- und Kulturbereiche), FORM (aus Medien hervorgegangene Formationen wie Gattungen), MEDIUM (technische und künstlerische Medien), PERSON (historische Personen), REALITÄTSBEGRIFF (konkrete oder metaphorische Beschreibungen für das Konzept ‚Realität'), WAHRNEHMUNGSFORM (Formationen und Effekte, die aus Wahrnehmungsvorgängen resultieren), WAHRNEHMUNGSMEDIUM (physische Medien und Medien der Sinneswahrnehmung).

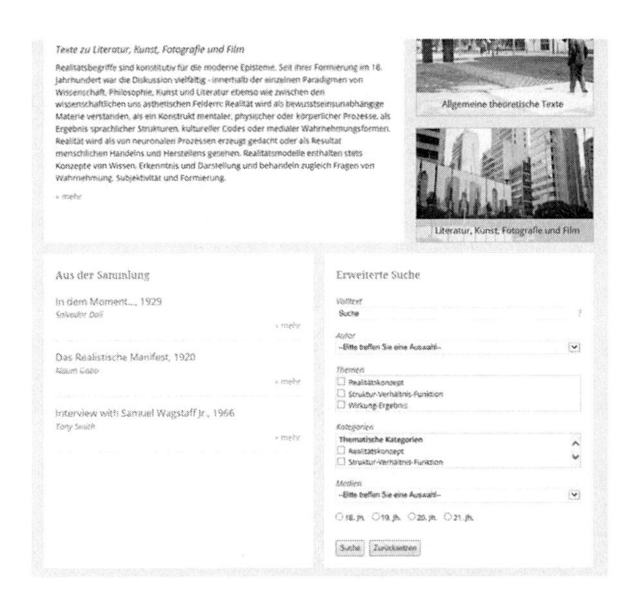

Abb. 1: Zugang 1: kombinatorische Suche

Die ZUORDNUNGEN erfolgten auf Basis des jeweiligen Diskurskontextes. Daher kommen manche Begriffe in verschiedenen Kategorien vor (etwa Realismus, Perspektive, Schein, Bild u.v.a.).

Sowohl Kategorien als auch Themen sind in einem Register verzeichnet. Diese Eintragungen zeigen, welche besonderen Begriffe, Begriffskombinationen und -konstellationen sich in den gesammelten Texten finden lassen. Für die einzelnen Texte wiederum wird eine spezifische Auswahl der Kategorien und Themen angezeigt, die jeweils aufgerufen werden können. Steigt man über das Register ein und wählt eine bestimmte Kategorie oder bestimmte Themen, dann werden all die Texte gezeigt, in deren Textschichten die jeweiligen Begriffe und Syntagmen gefunden werden können. Geht man hingegen direkt in einen einzelnen Text über das Textverzeichnis, wird an der Seite ein je spezifisches Register angeführt. Diese Kategorien und Themen können interaktiv kombiniert werden. Der prozessuale Zugang ermöglicht nicht nur konzeptuelle Zugänge, sondern auch Vergleiche zwischen den Texten.

Zu Texten und Begriffen gelangt man also von verschiedenen Seiten:

Zugang 1 Auf der Startseite ist eine kombinatorische Suche (Abb. 1) möglich. Dort lassen sich Kategorien, Themen, Autor/innen, Jahrhunderte, Medien sowie eine Volltextsuche eingeben. Man gelangt nach einer Auswahl zu einer Textliste und von dort in die Texte selbst bzw. zu den markierten Textstellen. In der Rubrik „Thematische Kategorien" finden sich Themen und Kategorien in einer Stelle kombiniert.

Zugang 2 Unter „Register" (Abb. 2) findet man die Auflistung der Themen und Kategorien samt aller Begriffe. Entscheidet man sich für ein Thema, dann werden sämtliche Begriffe, die auf einer weiteren Ebene damit verbunden wurden, aufgerufen. Diese wiederum führen zu Textstellen, über die in weiterer Folge die einzelnen Gesamttexte aufgerufen werden können.

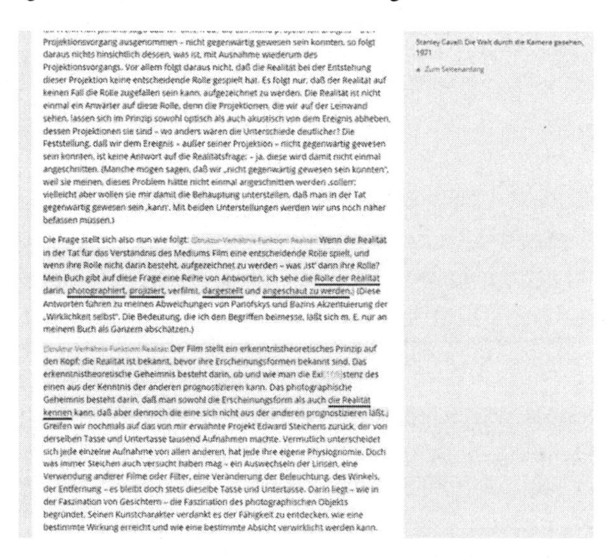

Projektionsvorgang ausgenommen – nicht gegenwärtig gewesen sein konnten, so folgt daraus nichts hinsichtlich dessen, was ist, mit Ausnahme wiederum des Projektionsvorgangs. Vor allem folgt daraus nicht, daß die Realität bei der Entstehung dieser Projektion keine entscheidende Rolle gespielt hat. Es folgt nur, daß der Realität auf keinen Fall die Rolle zugefallen sein kann, aufgezeichnet zu werden. Die Realität ist nicht einmal ein Anwärter auf diese Rolle, denn die Projektionen, die wir auf der Leinwand sehen, lassen sich im Prinzip sowohl optisch als auch akustisch von dem Ereignis abheben, dessen Projektionen sie sind – wo anders wären die Unterschiede deutlicher? Die Feststellung, daß wir dem Ereignis – außer seiner Projektion – nicht gegenwärtig gewesen sein konnten, ist keine Antwort auf die Realitätsfrage: – ja, diese wird damit nicht einmal angeschnitten. (Manche mögen sagen, daß wir „nicht gegenwärtig gewesen sein konnten", weil sie meinen, dieses Problem hätte nicht einmal angeschnitten werden ‚sollen'; vielleicht aber wollen sie mir damit die Behauptung unterstellen, daß man in der Tat gegenwärtig gewesen sein ‚kann'. Mit beiden Unterstellungen werden wir uns noch näher befassen müssen.)

Die Frage stellt sich also nun wie folgt: Wenn die Realität in der Tat für das Verständnis des Mediums Film eine entscheidende Rolle spielt, und wenn ihre Rolle nicht darin besteht, aufgezeichnet zu werden – was ‚ist' dann ihre Rolle? Mein Buch gibt auf diese Frage eine Reihe von Antworten. Ich sehe die Rolle der Realität darin, photographiert, projiziert, verfilmt, dargestellt und angeschaut zu werden.) (Diese Antworten führen zu meinen Abweichungen von Panofskys und Bazins Akzentuierung der „Wirklichkeit selbst". Die Bedeutung, die ich den Begriffen beimesse, läßt sich m. E. nur an meinem Buch als Ganzem abschätzen.)

Der Film stellt ein erkenntnistheoretisches Prinzip auf den Kopf: die Realität ist bekannt, bevor ihre Erscheinungsformen bekannt sind. Das erkenntnistheoretische Geheimnis besteht darin, ob und wie man die Existenz des einen aus der Kenntnis der anderen prognostizieren kann. Das photographische Geheimnis besteht darin, daß man sowohl die Erscheinungsform als auch die Realität kennen kann, daß aber dennoch die eine sich nicht aus der anderen prognostizieren läßt.) Greifen wir nochmals auf das von mir erwähnte Projekt Edward Steichens zurück, der von derselben Tasse und Untertasse tausend Aufnahmen machte. Vermutlich unterscheidet sich jede einzelne Aufnahme von allen anderen, hat jede ihre eigene Physiognomie. Doch was immer Steichen auch versucht haben mag – ein Auswechseln der Linsen, eine Verwendung anderer Filme oder Filter, eine Veränderung der Beleuchtung, des Winkels, der Entfernung – es bleibt doch stets dieselbe Tasse und Untertasse. Darin liegt – wie in der Faszination von Gesichtern – die Faszination des photographischen Objekts begründet. Seinen Kunstcharakter verdankt es der Fähigkeit zu entdecken, wie eine bestimmte Wirkung erreicht und wie eine bestimmte Absicht verwirklicht werden kann.

Stanley Cavell: Die Welt durch die Kamera gesehen, 1971

- Zum Seitenanfang

Abb. 2: Zugang 2: Register

Beispiel Thema „Realitätskonzept" ⟶ Subbegriffe: Ding, Erde, Leben, Natur, das Reale, Realität, das Seiende, das Sein, Welt, wirklich, das Wirkliche. Wählt man z. B. „Leben" ⟶ Textstellen von Kasimir S. Malewitsch, *Suprematismus. Die gegenstandslose Welt* (1927); Friedrich W. Nietzsche, *Über Lüge und Wahrheit im außermoralischen Sinne* (1873); Friedrich Schiller, *Über die Ästhetische Erziehung des Menschen. In einer Reihe von Briefen* (1795) ⟶ bei Auswahl eines Textes gelangt man ⟶ direkt in die Texte mit Markierungen des gewählten Begriffs.

Über das Thema „Textrepräsentant“ kommt man, da nicht an Begriffe geknüpft, direkt in die Textstellen und von da aus wiederum in die Gesamttexte.

Entscheidet man sich für „Kategorien“ als Zugang über das Register, werden dann jeweils alle Subbegriffe genannt, über die man zu den Textangaben kommt und von dort zu den Texten selbst. *Beispiel:* Kategorie „Realitätsbegriff“ ⟶ Auswahl Subbegriff: Dasein ⟶ Ernst Cassirer, *Über Wesen und Wirkung des Symbolbegriffs* (1925); Naum Gabo, *Die konstruktive Idee in der Kunst* 1920); Georg Wilhelm Friedrich Hegel, *Vorlesungen über die Ästhetik* (1825); Friedrich W. Nietzsche, *Über Lüge und Wahrheit im außermoralischen Sinne* (1873); Friedrich Schiller, *Über die Ästhetische Erziehung des Menschen. In einer Reihe von Briefen* (1795).

Zugang 3 Die Texte sind in einem Gesamtverzeichnis vermerkt. Von dort gelangt man direkt zu den Texten. An der Seite des Fließtextes werden jene Kategorien und Themen aufrufbar, die in den jeweiligen Texten markiert und verknüpft wurden (Beispiel Abb. 3).

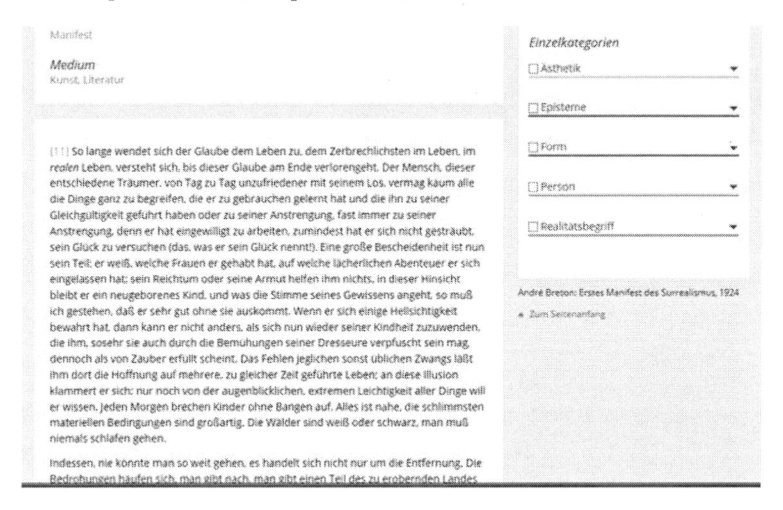

Abb. 3: Zugang 3: Gesamtverzeichnis

VII.

Abschließend zu einem letzten Beispiel.

Vorab ein kurzer Exkurs zur Übersetzungsfrage. Die Begrifflichkeiten sind auch der jeweiligen Übersetzung geschuldet. Daher wurden sie bei fremdsprachigen Texten stichprobenartig überprüft, bei wichtigen Begriffen stets gezielt. Dabei ergeben sich besonders mit der Übersetzung und Übertragung von Realitätsbegriffen Schwierigkeiten. Denn dt. ‚Realität' und ‚Wirklichkeit' sind in dieser Doppelung in den romanischen Sprachen z. B. nicht vorgesehen. Das ist eine Besonderheit der deutschsprachigen Begriffsverhältnisse, die seit dem 18. Jahrhundert und besonders mit Kant gültig wurde.[14] Dieser Umstand wird wiederum auch im Deutschen dadurch kompliziert, dass Realität und Wirklichkeit seit dem 20. Jahrhundert in der Umgangssprache wie auch in akademischen Texten häufig als Synonyme verwendet werden. Selbst im wissenschaftlichen Gebrauch ist eine ausführlich argumentierte Differenzierung selten. Für die Monografie als historische und systematische Untersuchung wurde daher stets ‚Realität' und ‚Wirklichkeit' verwendet, was auch begriffsgeschichtlich motiviert und durch das ins Verhältnis gesetzte Feld der Sprach- und Bildkünste begründet ist. Die doppelte Begrifflichkeit berücksichtigt das mit Realität und Wirklichkeit formulierbare prozessuale Spiel zwischen einer – wie auch immer epistemologisch und erkenntnistheoretisch verstandenen – Entität, Sachheit (Realität) und einem jeweils in Gang gesetzten und sich äußernden Werden bzw. Wirken (Wirklichkeit). Aber es wird anhand der Textschichten, die in der Datenbank offen gelegt werden, schnell klar, dass ‚Realität' und ‚Wirklichkeit' keinesfalls die einzigen semantisch verknüpfbaren Begriffe darstellen. Es fanden sich in den Texten jeweils epistemologisch wie poetologisch konditionierte 23 Substantiva, die für ‚Realität' und ‚Wirklichkeit' stehen können.

[14] Kant unterscheidet ‚Dasein' (Wirklichkeit) und ‚Realität' in seiner Kategorientafel im Sinne von Differenz zwischen Modalkategorien und Qualitätskategorien in *Kritik der reinen Vernunft*, hrsg. von Ingeborg Heidemann (Stuttgart: Reclam, 1989), bes. 150, 154ff., 218–9, 243–53. Vgl. auch Georg Wilhelm Friedrich Hegels Trias Realität, Wirklichkeit, Sache seit *Phänomenologie des Geistes* (1807). Vgl. dazu allg. Tobias Trappe, „Wirklichkeit", in *Historisches Wörterbuch der Philosophie*, Bd. 12, hrsg. von Joachim Ritter und Karlfried Gründer (Basel: Schwabe, 2004), 829–46; und die div. Artikel zu „Realität", in *Historisches Wörterbuch der Philosophie*, Bd. 8, hrsg. von Joachim Ritter und Karlfried Gründer (Darmstadt: Wiss. Buchgesellschaft, 1992). Auch den Aufsatz von Wolfgang Welsch, „‚Wirklich': Bedeutungsvarianten – Modelle – Wirklichkeit und Virtualität", in *Medien. Computer. Realität: Wirklichkeitsvorstellungen und Neue Medien*, hrsg. von Sybille Krämer (Frankfurt am Main: Suhrkamp, 1998), 169–212, hier 175, Fn. 12; sowie den Artikel „Realität" von Hans Heinz Holz in *Ästhetische Grundbegriffe: historisches Wörterbuch in sieben Bänden*, Bd.5, hrsg. von Karlheinz Barck, Martin Fontius, Dieter Schlenstedt u.a. (Stuttgart und Weimar: Metzler, 2003), 197–227, hier 198.

Nun zum abschließenden Beispiel: Aus dem umfangreichen programmatischen Œuvre von Italo Calvino wurde für die Anthologie der Vortragstext „I livelli della realtà in letteratura" (1978) gewählt, der später in der Essaysammlung *Una pietra sopra: discorsi di letteratura e società* (1980) veröffentlicht wurde. Der Text ergab folgende Themen und Kategorien: Struktur-Verhältnis-Funktion (bestimmende Begriffe sind hier Welt, Wirklichkeit), thematische Kategorien Struktur-Verhältnis-Funktion (zusätzliche zu dem oben markierten Themenbereich aufgerufene Begriffe: Realismus, realistisch), Wirkung-Ergebnis (Illusionismus), Einzelkategorien: Ästhetik (Autor, Figur, Form, Leser, Mise en abyme, Werk), Besonderer Begriff (Wahrheitsebene, Wirklichkeitsebene), Disziplin und Stil (Linguistik), Episteme (das Draußen, Erfahrung, Fiktion, innerhalb, das Neue, Tradition), Form (Metaliteratur, Metatheater, Metamalerei, Mythos), Medium (Spiegel, Sprache), Person (Barthes, Borges, Brecht, Cervantes, Flaubert, Gide, Homer, Shakespeare), Realitätsbegriff (Realität, Universum, Welt, Wirklichkeit). Anhand der Begrifflichkeiten zeigt sich, dass Calvino konkret auf die Realitätsfrage eingeht, das auch terminologisch durchspielt. Sein Objektbereich im Zusammenhang mit der Frage Literatur und Realität ist dezidiert einer der damals aktuellen Metaliteratur. Des Weiteren wird deutlich, dass der Text tradierte Zugänge/Konzepte mit neueren konfrontiert (Metaliteratur/Mythos, Tradition, Cervantes und Borges. Es geht Calvino auch um mehrere Realitätsebenen: die des Textes (siehe die Eintragungen unter „Ästhetik"), die Empirie wie Episteme (siehe Realitätsbegriffe). Die thematischen Textstellen wie die Textrepräsentanten führen syntagmatisch seine Konzepte vor. Calvinos Text wird in der Folge auch in der Monografie kurz aufgegriffen und dort in jene programmatische Phase eingeordnet, die sich in Folge des *linguistic turn*, der formalistischen wie poststrukturalistischen Zugänge zu Sprache in ihrer Realitätsqualität ergeben können. Das wird so beschrieben:

> Mit dem Formalismus und Strukturalismus sowie der Semiotik schließlich entsteht die weitreichende Vorstellung einer die Realität (oder Wirklichkeit) konstruierenden, wenn nicht erst konstituierenden *Zeichenwelt*. Konsequenterweise lässt sich damit auch der Text als Welt bzw. Realität denken. Calvinos von der Semiotik geprägte spielerische Poetik einer *ars combinatoria* reflektiert diese Vorstellung. Der Realitätsgehalt der literarischen Konstruktionen misst sich nicht mehr auf der Ebene von Referenzen oder Reproduktionen. Oder anders ausgedrückt: Die als real erfasste Materialität des litera-

rischen Textes macht eine strikte Differenz von Fiktion und Nicht-Fiktion obsolet.[15]

Das Calvino-Zitat, das diesem argumentierenden Kommentar unterlegt ist und sich auch in der Anthologie unter Struktur-Verhältnis-Funktion markiert findet, soll diese Projektbeschreibung auch abschließen. Auf diese Weise mündet diese Beschreibung eines argumentativen Metatextes (die Monografie) und einer Textschichten frei legenden Textsammlung in einen Ausgangstext ein. Damit werden aber weder Differenzen aufgehoben, noch ersetzt der eine Text den anderen. Calvino beschreibt diese Nicht-Austauschbarkeit von Realitäten und Texten:

> Am Ende dieses Vortrages merke ich, daß ich immer von „Wirklichkeitsebenen" gesprochen habe, während das Thema dieses Kongresses (zumindest im Italienischen) „Die Ebenen der Wirklichkeit" lautet. Der zentrale Punkt meines Vortrages liegt vielleicht gerade darin: die Literatur kennt nicht *die* Wirklichkeit sondern nur die *Ebenen.* Ob es *die* Wirklichkeit gibt, von der die verschiedenen Ebenen nur Teilaspekte sind, oder ob es nur die Ebenen gibt, das kann die Literatur nicht entscheiden. Die Literatur kennt die *Wirklichkeit der Ebenen* und das ist eine Wirklichkeit, die sie vielleicht besser kennt, als man sie durch andere Erkenntnismethoden kennenlernen könnte. Das ist schon sehr viel.[16]

[15] Knaller, *Realität der Kunst,* 46.

[16] Italo Calvino, „Die Ebenen der Wirklichkeit in der Literatur", in *Kybernetik und Gespenster: Überlegungen zu Literatur und Gesellschaft,* hrsg. von Susanne Schoop (München und Wien: Hanser, 1984), 140–56, hier 156. Im ital. Original: „Al termine di questa relazione m'accorgo d'aver sempre parlato di ‚livelli di realtà' mentre il tema del nostro convegno suona (almeno in italiano): ‚I livelli della realtà'. Il punto fondamentale della mia relazione forse è proprio questo: la letteratura non conosce la realtà ma solo livelli. Se esista la realtà di cui i vari livelli non sono che aspetti parziali, o se esistano solo i livelli, questo la letteratura non può deciderlo. La letteratura conosce la realtà dei livelli e questa è una realtà che conosce forse meglio di quanto non s'arrivi a conoscerla attraverso altri procedimenti conoscitivi. È già molto." Calvino, „I livelli della realtà in letteratura", in *Una pietra sopra: discorsi di letteratura e società* (Torino: Einaudi, 1980), 310–23, hier 323.

Spielräume des sozialen Subjekts

Simon Stone inszeniert *Rocco und seine Brüder* nach Luchino Visconti

Judith Frömmer (München)

ZUSAMMENFASSUNG: In seiner Theater-Adaptation von Luchino Viscontis Film ROCCO E I SUOI FRATELLI inszeniert Simon Stone in den Münchner Kammerspielen das Drama einer italienischen Familie als modernes Migrationsdrama. Die Kollision etablierter räumlicher Ordnungen der globalisierten Welt findet ihr ästhetisches Widerlager im theatralischen Spiel der Figuren, das gleichzeitig die Suche nach dem Ort des Theaters performiert.

SCHLAGWÖRTER: Visconti, Luchino; Stone, Simon; Intermedialität; Raumtheorie; Kammerspiele München; Theaterinszenierung; Rocco e i suoi fratelli

Vom Schauplatz zum Spielplatz

Rocco und seine Brüder suchen nach einem Platz in der Welt. Man weiß nicht genau, woher sie und ihre Mutter kommen, als sich der Vorhang hebt und den Blick auf die Bühne freigibt (Abb. 1). Auch wohin es gehen soll, wissen sie zunächst nicht so genau. Sie hoffen, erstmal beim ältesten Bruder Vincenzo unterzukommen, dessen Spuren sie im virtuellen Raum von SMS, WhatsApp und Instagram verfolgen. In Viscontis Film ROCCO E I SUOI FRATELLI kommen die Parondi-Brüder mit ihrer Mutter Rosaria aus einem Dorf in Lukanien nach Mailand, um dort Fortüne zu machen. Bei Simon Stone könnte sich der Flughafen, an dem sie mit ihrem Gepäck stranden, in nahezu jeder beliebigen Stadt befinden. Ja, allein der Obertitel weist diesen Nicht-Ort[1], den die Parondi auf der Bühne der Münchner Kammerspiele mit einem Sammelsurium an Taschen, Hausrat und einem Katzenkäfig besetzen, überhaupt als Flughafen aus.

Ähnlich verhält es sich mit den meisten Bühnenorten des Stücks, die allein durch die Ortsangabe einer Leuchtschrift als „Restaurant in der Stadt", „in der Wohnung", „Kino" oder „Boxclub" konkretisiert werden und somit in

[1] Zur (a-)sozialen Dimension solcher sinnentleerter Übergangsräume der „Übermorderne" vgl. Marc Augé, *Non-lieux: introduction à une anthropologie de la surmodernité* (Paris: Éd. du Seuil, 1992).

Abb. 1: Die Ankunft auf der Bühne, ©Thomas Aurin

einer beunruhigenden Weise leer und abstrakt bleiben. Nationale und kulturelle Eigenheiten sind im Schauplatz des Theaters, den es, seiner Etymologie folgend, als solchen inszeniert, nahezu aufgehoben. Gerade im Verzicht auf das, was Victor Hugo in seiner Polemik gegen die klassischen Einheitsregeln mit dem Schlagwort der „couleur locale" für das Theater der Romantik reklamiert hat,[2] wird die Bühne hier aber zum Schauplatz der Globalisierung, in dem sich geschichtliche und gesellschaftliche Dynamiken verdichten: Das einzig Beständige in dieser Welt ist ein weltverschlingender Transit, in dem den Menschen perfiderweise in der Vermehrung des verfügbaren Raumes ihre Orte abhanden kommen, weil diese ihre spezifische Qualität und insbesondere ihren sozialen Charakter einbüßen.[3]

In Stones Inszenierung ist der Zuschauer versucht, wenn nicht sogar angehalten, den leeren Bühnenraum mit den Bildern der aktuellen Flüchtlingskatastrophe auszufüllen, die über die Decken und Matratzen der Parondi von Beginn der Aufführung an heraufbeschworen wird. Wer Viscontis Film gesehen hat, kann zudem versuchen, die mitunter unerträgliche Leere im intermedialen Dazwischen seiner Imagination mit den imposanten Schwarz-

[2] Siehe das berühmte Vorwort zu *Cromwell*, hier zitiert nach: Victor Hugo, *Théâtre complet*, Bd. I, hrsg. von J.-J. Thierry und Josette Mélèze (Paris: Gallimard, 1963), 409–54, hier v. a. 436–7.

[3] Bezugspunkt hier abermals Augé, *Non-lieux*.

Weiß-Bildern anzureichern,[4] die der trostlosen Welt des Neorealismus immerhin zu einer Art ästhetischen Rettung verhelfen: beispielsweise in der grandiosen Aussprache Roccos mit Nadia auf dem Dach des Mailänder Doms; aber auch in der Ermordung Nadias durch Simone, in der Visconti die Kreuzigung Christi *nach-* und (in ihrer ganzen Heillosigkeit) *ent*stellt (vgl. Abb. ??).[5] In Nadias sinnentleertem Opfertod am See spiegelt Visconti durch die Parallelmontage Roccos sinnlosen Kampf im Ring. Während Nadia vom Opferlamm, dessen Symbolik in ihrem weißen Pelz aufgerufen wird, um letztlich auf den qualvollen Todeskampf ihres jeder geistigen Botschaft entkleideten Körpers zurückgeworfen zu werden, zum *homo sacer* wird,[6] der getötet, aber nicht geopfert werden darf, kann Rocco weder seinen Bruder Simone erlösen, noch einen Märtyrertod sterben. Perfiderweise ist er gerade durch seinen Erfolg dazu verdammt, weiter zu kämpfen.

Solche spektakulären Visionen, in denen die Heillosigkeit der Welt signifikanterweise nur im Zeichen des Christentums auf die Kinoleinwand gebannt werden kann, scheinen in Simon Stones Visconti-Adaptation völlig zu fehlen. An die Stelle von Viscontis Allegorien der Heillosigkeit tritt die leere Bühne einer zeichenlosen Welt.

Die einzigen Räume, die hier überhaupt Gestalt annehmen, sind zum einen der Boxring, zum anderen ein *terrain vague* außerhalb der namenlosen Stadt. In beiden Fällen handelt es sich um transitorische Orte, die in Zwischenräumen angesiedelt sind, gleichzeitig aber auch die utopische Hoffnung auf einen beständigeren Ort bergen: Der Boxring vertreibt den Verlierer und verbindet sich für den Sieger mit der Hoffnung auf einen sozialen Aufstieg jenseits der Kampfzone. Das *terrain vague* ist ein Provisorium, das der Konstruktion von etwas Bleibendem harrt. In der Zwischenzeit bietet es einen zeitlich wie räumlich unbestimmten Raum, der – ähnlich wie der Boxring – zur Kampfzone, aber auch zur Spielfläche werden kann.

Der Boxring, in dem die Brüder Parondi nacheinander ihr Glück versuchen, ohne dass es ihnen wirklich gelänge, sich aus seinen Grenzen heraus zu boxen, wird in Stones Inszenierung noch stärker als bei Visconti zum Modell der Regulierung sozialer Aggression, die beständig droht, in Tot-

[4] Theoretisch und methodisch grundlegend hier Irina O. Rajewsky, *Intermedialität* (Tübingen u. a.: Francke, 2002).

[5] Zu solchen christlichen Sinndimensionen im Nachkriegskino vgl. auch die Beiträge in Uta Felten und Stephan Leopold, Hrsg., *Le dieu caché? Lectura christiana des italienischen und französischen Nachkriegskinos* (Tübingen: Stauffenburg, 2010).

[6] Vgl. Giorgio Agamben, *Home sacer: il potere sovrano e la nuda vita* (Torino: Einaudi, 1995).

Abb. 2: Simones Ermordung Nadias, die in Viscontis ROCCO E I SUOI FRATELLI im Wechselschnitt zu Roccos entscheidendem Sieg im Boxring dargestellt wird

Abb. 3: Über Stones Boxring leuchten die Sterne des Star-Spangled Banner, ©Thomas Aurin

schlag und Anarchie auszuarten. Hier gibt es nur Gewinner, die sich weiter nach oben boxen, oder Verlierer, die den Ring verlassen müssen, um andernorts weiterzukämpfen. Während in Viscontis ROCCO E I SUOI FRATELLI die Fratelli d'Italia auf der Suche nach einem nationalen Champion gegeneinander kämpfen, der mit seinem Dialekt auch seine regionale Identität verliert, wird der Boxring bei Stone in den imperialistischen Farben des Star-Spangled Banner zum schreckenerregenden Mikrokosmos weltumspannender sozialer Konkurrenz und Ausgrenzung (Abb. 3).

Am besten scheint es noch denen zu ergehen, die sich, wie die Brüder Vincenzo und Ciro, aus dem Boxring in den bürgerlichen Privatraum zurückziehen; oder aber, wie Rocco, im Ring eine Rolle spielen, von der er sich zu distanzieren weiß. Er hasst das Boxen und benutzt die Rolle des Champions, um Geld zu verdienen. Simone hingegen, der seinen Wiener Akzent ebenso wenig wie sein Übergewicht loswird, findet nirgends Halt, weil der Boxkampf für ihn zur sozialen Realität geworden ist, der er buchstäblich nicht gewachsen ist. Die Unförmigkeit in Person, passt er einfach nirgends hin und nirgendwo hinein. Er wird zur Gegenfigur kultureller Integration.

Doch der Boxring ist nicht die einzige Spielfläche des sozialen Dramas. Im Falle seiner Visconti-Adaptation beschränkt sich Stones Inszenierung nicht auf jenes Repräsentations- und Identifikationstheater, das man in der Presse häufig mit seinem Namen in Verbindung bringt. Das ästhetische Spiel erschöpft sich ebenso wie der Raum, den Stones Bühne eröffnet, nicht in einer Mimesis bestehender sozialer Welten. So spielt ein Großteil der Szenen auf dem *terrain vague* außerhalb der Stadt, einer „exterritorialen Zone",[7] die jenseits gesellschaftlicher Räume und ihrer Regeln angesiedelt ist. Sie wird zum Experimentierfeld für die Figuren, die jedoch genauso ausgebrannt sind, wie das Autowrack, das diesen Zwischenraum dominiert.

Wolfram Nitsch hat das *terrain vague* über seinen „unbestimmte[n] Status als provisorische Leerstelle" charakterisiert, der in der Literatur „eine nachhaltige ästhetische Faszinationskraft und [e]in heute mehr denn je spürbares poetisches Potential begründet".[8] In der literarischen und der filmischen Tradition, von der seine Begriffsgeschichte kaum zu trennen ist,

---

[7] Diesen Begriff entnehme ich ebenso wie zahlreiche Anregungen zu künstlerischen Ausgestaltungen und Funktionen des *terrain vague*: Wolfram Nitsch, „Topographien: zur Ausgestaltung literarischer Räume", in *Handbuch Literatur & Raum*, hrsg. von Jörg Dünne und Andreas Mahler (Berlin u. a.: De Gruyter, 2015), 30–40, v. a. 35–6.

[8] Vgl. Wolfram Nitsch, „Terrain vague: zur Poetik des städtischen Zwischenraums in der französischen Moderne", *Comparatio* 5 (2013): 1–18, hier 2.

konnte das *terrain vague* zur „leeren Bühne einer frei umherschweifenden Imagination" werden.[9] Vom 19. Jahrhundert an oszilliert der Status des *terrain vague* dort, wie Nitsch anhand zahlreicher Beispiele vom romantischen und realistischen Roman des 19. Jahrhunderts bis hin zum Film und zur Lyrik des 20. Jahrhunderts zeigt,[10] zwischen dem eines utopischen Raumes, der bezeichnenderweise häufig durch spielende Kinder repräsentiert wird, und dem einer beunruhigenden Zone der Transgression.

Ähnliche Funktionen hat das *terrain vague* auch in *Rocco und seine Brüder*, wo es gleichermaßen zum Ort der Liebe, aber auch zum Ort des Verbrechens wird, wobei beide hier – wie im übrigen auch die Schauplätze von *terrain vague* und Boxring – nahezu nahtlos ineinander übergehen: Prostitution wird zur Liebe und umgekehrt, wobei die Liebe ebenso wie die Ehe immer schon dem Verdacht der Prostitution ausgesetzt ist. Die erotische Vereinigung wird zur Vergewaltigung, welche die Paarbeziehungen gleichzeitig stiftet und zerstört und schließlich zum Mord wird. Bei Stone wird die Bühnenfläche des *terrain vague* gleichzeitig zum Ort des theatralischen Spiels, an dem die Schauspieler, allen voran Samouil Stoyanov als Simone und Brigitte Hobmeier als Nadia, so richtig in Fahrt kommen. Noch weniger als im Boxring und den anderen gesellschaftlichen Orten, die auf der Bühne repräsentiert werden, ist das Schauspiel auf dem *terrain vague* an Regeln gebunden: Es muss hier nicht zwangsläufig repräsentieren und gewinnt einen ästhetischen Eigenwert, der über das soziale Drama einer Migrantenfamilie hinausgeht. Hier gewinnt Stones Inszenierung eine poetologische Dimension, die man bei all den nahezu penetranten Verweisen auf das aktuelle Tagesgeschehen nicht übersehen sollte. Diese poetologische Dimension erschöpft sich dabei keineswegs in einer selbstreflexiven Metapoetik des Theaters, sondern besteht vor allem auch in der poetischen Schöpfung einer Spielfläche, die den Ort des Theaters seit jeher ausmacht.

Gleichzeitig Ermöglichungsstruktur und Produkt dieses Spiels im Raum, ist das Theater ein intermediärer Ort, der sowohl innerhalb als auch außerhalb der räumlichen Ordnung der Gesellschaft angesiedelt ist. Gegenwärtig ist es als gesellschaftliche Institution nicht mehr selbstverständlich, ja es ist in gewisser Weise selbst zum *terrain vague* geworden, dessen gesellschaftlicher und künstlerischer Status neu zu bestimmen ist. Indem es die soziale

---

[9] Nitsch, „Terrain vague", 9.

[10] Vgl. hierzu auch die Dokumentation auf der Website des von der DFG geförderten Forschungsprojekts: www.terrainvague.de.

Welt im dramatischen Spiel (re-)produziert, wird das Theater in Stones *Rocco und seine Brüder* einerseits zur performativen Metapher des sozialen Raumes, der es seinerseits hervorbringt, nicht zuletzt um sich selbst zum Schauplatz zu machen. Durch die extreme Reduktion des Bühnenbildes, wodurch die Präsenz des Schauspiels als einer den Raum allererst hervorbringenden performativen Praxis gesteigert wird, geht der dargestellte (bzw. gespielte) soziale Raum in dieser Inszenierung nahezu vollkommen im szenischen Raum auf.[11]

Nicht zuletzt durch den permanenten Raumentzug, der paradoxerweise gerade aus der globalen Erweiterung der Räume erwächst, bringt die soziale Welt umgekehrt das Schauspiel hervor. Dieses kreist hier vor allem um die Suche und das Einnehmen von Orten, ob es sich nun um Wohnungen, Kinos, Hotelzimmer oder Frauen handelt. Alle diese Orte dienen gleichermaßen als Kampfzone wie als Spielfläche. Das Theater wird somit zum Umschlagplatz von Aggression in Spiel und *vice versa*. In beiden Fällen handelt es sich um Praktiken der Eroberung des sozialen Raumes, der indes nicht einfach vorhanden ist, sondern durch das Handeln der Figuren allererst konstituiert werden muss. Im Theater dominiert dabei die spielerische Dimension des Handelns, die dort als solche zur Schau gestellt werden kann. Als performativer Raum eröffnet das Theater hier Möglichkeiten, die über eine reine Mimesis der sozialen Welt hinausgehen, zumal die Arten der Nutzung und Realisierung dieser poetischen und theatralischen Potenziale hier nicht fest gelegt sind.[12] In Stones Inszenierung wird das *terrain vague* zur Projektionsfläche dieses sozialen Spiels, das sich indessen, wie Rocco und seine Brüder, im Kampf gegen eine feindliche Außenwelt zu erschöpfen droht.

Kollisionen

Während beispielsweise die verschiedenen Wohnungen der Parondi bei Visconti den sozialen Aufstieg der Familie in der Materialität der Schauplätze nachzeichnen, finden Rocco und seine Brüder bei Stone allein auf der Bühne den Ort, der ihnen in der Welt verweigert wird. Auf emblematische Art und

[11] Zu Theorien der Konstruktion bzw. Performativität des sozialen Raums vgl. die Texte und insbesondere auch die Einleitung von Jörg Dünne in der Sektion „Soziale Räume" in *Raumtheorie: Grundlagen aus Philosophie und Kulturwissenschaften*, hrsg. von Jörg Dünne und Stephan Günzel (Frankfurt a. M.: Suhrkamp, 2006), 286–368, sowie Sabine Friedrich, „Raum und Theatralität", in *Handbuch Literatur & Raum*, hrsg. von Jörg Dünne und Andreas Mahler (Berlin u. a.: De Gruyter, 2015), 105–14 sowie die jeweils dort angegebene Forschungsliteratur.

[12] Vgl. Erika Fischer-Lichte, *Ästhetik des Performativen* (Frankfurt a. M.: Suhrkamp, 2004).

Weise gelingt es dem Theater, die Ortlosigkeit der globalisierten Welt in der Multiplikation sinnentleerter Orte in Szene zu setzen. Gerade indem er die räumliche Ordnung der Gesellschaft dekonstruiert, scheint Stone dem Theater als Schauplatz dessen, dem die Welt keinen Ort einräumt, seinen Raum in der Sphäre des Sozialen zurückzuerobern: als Spielfläche, die allein dem Einbruch eines unkontrollierbaren globalisierten Außenraumes in das Innere (sei es unserer Kultur, sei es des Subjekts) Widerstand leistet – allerdings, und das gilt für die Figuren ebenso wie für deren Schauspieler, um den Preis einer Verausgabung, in der jeder Hoffnungsschimmer immer schon dessen Auslöschung birgt. Entsprechend verlassen Stones Darsteller die Bühne der Kammerspiele nahezu ebenso erschöpft wie die Figuren, die sie spielen.

Wenn Kunst und Literatur, wie Jurij Lotman dargelegt hat, mit den semantischen Gegensatzpaaren, die sich im Kunstwerk mit topologischen Oppositionen verbinden, ein Kulturmodell modellieren,[13] dann inszeniert Stones Theater-Adaptation von Viscontis ROCCO E I SUOI FRATELLI den Zusammenbruch einer solchen kulturellen Ordnung. Im Zuge beständig wachsender Mobilität scheinen Grenzen als solche zu verschwinden.[14] Bedeutete die Zugreise, welche die Familie Parondi bei Visconti von ihrem Dorf in Süditalien nach Mailand in den Norden führte, noch eine ereignishafte Grenzüberschreitung und war damit sujetkonstitutiv, so hat Migration im Angesicht der Flüchtlingsbewegung der letzten Jahre ihren Ereignischarakter verloren, zumal sich die Grenzen zwischen den Teilräumen beständig verschieben. Man könnte hier mit Lotman von einer „Kollision" sprechen, deren radikalisierte Form er über ein „Bestreben des inneren Raumes, sich zu verteidigen, die Grenzen zu festigen, und das des äußeren Raumes, den inneren zu zerstören, die Grenze niederzureißen" charakterisiert.[15]

Diese Kultur permanenter Grenzüberschreitungen und -verletzungen hat Folgen für die Ausgestaltung sozialer und künstlerischer Räume. Die etablierten Raumsemantiken der sozialen Welt und ihre spatialen Metaphoriken wie *In*tegration, sozialer *Auf*stieg, *Exil* oder *Aus*grenzung können diese Bewegungen nicht mehr bewältigen. Umso wichtiger werden künstlerische

---

[13] Vgl. Jurij M. Lotman, *Die Struktur literarischer Texte* (1972), übersetzt von Rolf-Dietrich Keil (München: Fink, ^{4}1993), 212–3 *et passim*.

[14] Zu solchen Formen der Kollision der räumlichen Ordnung vgl. Jurij M. Lotman, „Zur Metasprache typologischer Kultur-Beschreibungen", in Jurij M. Lotman, *Aufsätze zur Theorie und Methodologie der Literatur und Kultur* (Kronberg i. Ts: Scriptor Verlag, 1974), 228–377, hier v. a. 359–60.

[15] Lotman, „Zur Metasprache typologischer Kultur-Beschreibungen", 359.

Räume wie das Theater, wo soziale Konstruktionen von Raum auf der Bühne spielerisch erprobt werden können. Dieser spielerische Charakter bedeutet indes nicht, dass das Spiel des Theaters nicht sehr schnell sehr ernst werden kann. Gerade hierin liegt die Wucht von Stones Inszenierung, in der das Spiel blitzschnell in eine Aggression umschlägt, die indes nicht im Spiel aufgeht. Auch wenn Rocco im Ring eine Rolle spielt, ist damit keineswegs die Brutalität seines Kampfes getilgt, dessen Gegner ebenso namenlos wie unbedeutend bleiben und der in dieser „Unmenschlichkeit" am Ende ins Leere läuft.

Im Laufe des Stückes wird immer unklarer, wofür hier eigentlich gekämpft wird. In der Welt, von der Rocco und seine Brüder umgeben sind, gibt es im Grunde nur einen Raum, für den es sich wirklich zu kämpfen lohnt: die Innenwelten der Liebe. Eben dieser an sich schon prekäre Innenraum ist aber der permanenten Gefährdung durch den Außenraum ausgesetzt. Das Schauspiel um Rocco und seine Brüder kann diesen Innenraum der Liebe nur andeuten, da er, sobald er sich im Außen manifestiert, zur Kampfzone zu werden droht.

Migranten

Die für den sozialen Raum konstitutive Opposition von Innen und Außen kollabiert im theatralen Spiel, das kein Inneres mehr nach Außen kehrt, gleichzeitig aber den einzigen Widerstand darstellt, den die Figuren den aggressiven Penetrationsversuchen der Außenwelt entgegensetzen können. In der mehr oder minder aggressiven Verteidigung ihres Innenlebens droht ihnen dabei jede innere Identität abhanden zu kommen. Sie verfügen über keine „innere Burg", mit der die frühneuzeitliche Mystikerin Teresa von Avila ihre Seele verglich. Vielmehr erschöpft sich moderne Innerlichkeit zunehmend in der Verteidigung gegen den Außenraum: sei es durch Kleidung, sei es durch Sport, sei es durch Aggression. Im Boxkampf rebellieren die Parondi-Brüder gegen die Positionen und Hierarchien des Außenraums, um sich ihnen gleichzeitig zu unterwerfen.

Die Parondi sind, wie sie selbst, aber auch das Programmheft zur Aufführung fast schon zu deutlich herausstellen, Migranten. Stone inszeniert diese Migration als solche, als Bewegung die sich ohne Start- und Zielpunkt im offenen Raum der Bühne vollzieht. Der Zuschauer bekommt bei Stone nur eine vage Vorstellung davon, wo Rocco und seine Brüder herkommen: aus einem Dorf, das von Armut, Instabilität und Ausbeutungsverhältnissen geprägt ist. Ihr Vater ist dort bei der Feldarbeit zusammengebrochen. In Stones Inszenierung wird das Foto des Vaters, das Viscontis Rosaria ostentativ auf dem Herzen trägt, in ein flüchtiges, aber grausames Sprachbild übersetzt. Mit dem Kopf des Vaters, der, wie Rosaria auf der Bühne berichtet, am Trecker klebte, ohne dass der Zuschauer erfährt, wie er dort hingekommen ist, hat die Familie ihr Oberhaupt verloren. Die Mutter drängt daher zur Neuorientierung, ohne dass ihr und ihren Söhnen klar ist, an welchen Ort sie diese Suche nach einer neuen Identität konkret führen könnte.

Zunächst soll der älteste Bruder das Vakuum füllen, das der Tod des Vaters entstehen ließ. Doch Vincenzo ist dazu mehr schlecht als recht in der Lage. Während sein Vater als Bauer zum Leidwesen seiner Frau auf der Stelle trat, weil er seine Heimat nicht verlassen wollte, hat Vincenzo in der Stadt, wie seine Mutter nach der ersten Begegnung feststellt, vielleicht nicht den Kopf, aber den Verstand verloren: „Die Stadt hat dich verrückt gemacht." So verrückt ist Vincenzos Plan, in der Gründung einer neuen Familie Halt und denjenigen sozialen Ort zu finden, den er mit der Heimat verloren hat, am Ende aber auch wieder nicht – zumal er im Boxring gescheitert war, noch bevor die Handlung einsetzt. Vincenzo ist kein Champion und das weiß er auch. Er hat in der neuen Stadt schnell seine Grenzen erkannt, die seine Brüder noch ausloten. Schon bei Visconti hatte Vincenzo, ohne sich mit langer Trauerarbeit am Verlust des Vaters und der Heimat aufzuhalten, den Boxring schnell durch das ärmliche, aber warme Nest eines kleinbürgerlichen Familienidylls ersetzt. „Fidanzata" und „camera" sind für ihn, wie es dort über ihn hieß, „la stessa roba". Ob es ihm mit dieser Strategie in der Stadt letztlich besser ergehen wird als seinem Vater auf dem Land, bleibt aber sowohl bei Visconti als auch bei Stone ebenso dahingestellt, wie die Natur der Verbindung mit Ginetta, die als Muttersubstitut – zum Leidwesen Rosarias – mit harten Bandagen zu kämpfen weiß.

Vincenzos Brüder boxen indes weiter, um einen Ort zu finden, der ihnen beständig verweigert wird. Wenn Simon Stone Viscontis ROCCO E I SUOI FRATELLI, der ein Film über die Fratelli d'Italia und ein Italien auf der womöglich scheiternden Suche nach Ursprung, Einheit und Identität ist, in ein Migrationsdrama übersetzt, dann steht dabei die Zersetzung etablierter (räumlicher) Ordnungen durch Mobilität auf dem Spiel. Es geht nicht um das woher oder das wohin, sondern um eine Migration, der das Subjekt als solches unterworfen ist. Identitäten können in *Rocco und seine Brüder*, wenn überhaupt, nur durch Liebe oder Kampf erzeugt werden, wobei die Liebe sich oft nur als Spielart der (Auto-)Aggression entpuppt.

Nach der Heirat Vincenzos organisiert sich die Bruderhorde der Parondi vornehmlich um zwei weibliche Zentren: zunächst ihre ehrgeizige Mutter, die sie zum gesellschaftlichen Aufstieg anstachelt, weil ihr eigener Platz in der Welt letztlich von der männlichen Hierarchie und demjenigen Kopf abhängt, der in ihrem Dorf am Trecker kleben blieb; und dann die Prostituierte Nadia, die sich als Trophäe für Champions in Szene zu setzen weiß, deren Identität aber einzig über die sie penetrierenden Männer erzeugt und in der letzten gewaltsamen Durchbohrung Simones völlig ausgelöscht wird. „Was soll ich tun? Mich ausradieren?“, fragt sie Vincenzo bereits bei ihrem ersten Auftritt. Da ist sie zunächst auf der Flucht vor ihrem Vater, dem ihre „Life Choices“ nicht gefielen. Die Frage ist, worin in diesem Leben überhaupt die Wahl besteht: Selbst wenn sie sich nicht ausradiert, nimmt sie nie einen Standpunkt ein, der unabhängig von ihren Männern wäre. Doch kann das Bild ihrer schönen Leiche, die bei Stone im Boxring zurückbleibt, auch keine männliche Ordnung mehr stabilisieren.[16] Unermüdlich boxt die Bruderhorde der Parondi weiter, wobei Ihnen die Preisgelder dabei nahezu gleichgültig zu sein scheinen. Simones Mord an Nadia wird bei Stone wie bei Visconti nicht so sehr als Gewaltverbrechen, denn als logische Konsequenz eines Frauenlebens inszeniert, das im Grunde nur als Produkt fortschreitender Grenzverletzungen, nur über das beständige Eindringen von außen in ein weibliches Innen möglich ist. Dieses Innen bleibt bei Nadia, wie bei allen anderen Figuren eine unheimliche Leerstelle, ein Hohlraum, den die Prostituierte den Männern bereitwillig zur Verfügung stellt. Letztlich handelt es sich dabei um ein Analogon zum leeren Innenraum des Boxrings, der von den Männern eingenommen wird (Abb. 4).

Stone holt den Titelhelden Rocco, der in Viscontis Film als zu allen Opfern bereite Christusfigur stilisiert wird, auf den Boden der Tatsachen dieser Welt zurück. Ihm scheint die Identitätsfindung des Migranten noch am besten zu gelingen. Emsig arbeitet er in einer Boutique, die an die Stelle der symbolträchtigen Reinigung getreten ist, wo der Saubermann Rocco in Viscontis Film seine erste Anstellung findet. Als Kontrafaktur der christlichen Taufe wird die Symbolik der Reinigung, wie sie sich beispielsweise auch in den

[16] Zu den kulturstabilisierenden Funktionen der weiblichen Leiche vgl. hingegen: Elisabeth Bronfen, *Over Her Dead Body: Death, Femininity, and the Aesthetic* (Manchester u. a.: Routledge, 1992).

Abb. 4: Tod Nadias (Brigitte Hobmeier) in Stones Inszenierung, ©Thomas Aurin.

Duschräumen des Boxclubs vollzieht, in den allegorischen Bildern Viscontis zum Sinnbild der problematischen Identitätsfindung des italienischen Migranten, der, wie Simone vor seinem ersten großen Boxkampf, seine süditalienische Herkunft abwäscht, um danach als angeblicher Lombarde in den Ring zu steigen. Während Simone an diesen Wechselduschen der Identität zugrunde geht, beherrscht Rocco die Regeln des Boxrings, weil er weiß, dass sie fiktiv sind und außerhalb seiner Seile ihre Gültigkeit verlieren.

Gerade in Stones Inszenierung erfährt der Zuschauer allerdings zu keiner Zeit, was in Rocco wirklich vorgeht. Seine Identität erschöpft sich im Grunde in der Anpassung an die Außenwelt, von der er sein Innenleben durch die gestählte Hülle seines durchtrainierten Körpers abzuschotten weiß. Was unter dieser makellosen Oberfläche verborgen sein könnte, ist nicht Teil des Spiels, das aber den Preis ihrer Erzeugung erkennen erahnen lässt. Von außen besehen – und das ist die einzige Perspektive, die uns das Theater einnehmen lässt – ist selbst der Mustersohn Rocco eine prekäre Figur der Integration, die sich, wenn überhaupt, nur über die Adaptation der eigenen Oberfläche an das Außen vollzieht. Hier liegen vielleicht auch die Grenzen des Theaters, das Identität nur im Außen performieren, aber eben nicht als Essenz begründen kann. Einmal davon abgesehen, dass die Grenzen des theatralischen Spiels zwar, wie die Seile des Boxrings durchlässig sind, seine Regeln aber in der sozialen Welt nur eine beschränkte Gültigkeit haben.

Simon Stone ist dafür bekannt, klassische Vorlagen auf emotionale Weise für die Gegenwart zu adaptieren. Doch die Gefühle, die seine Inszenierung von *Rocco und seine Brüder* zweifelsohne transportiert, sind Produkt eines Spiels, dessen Grenzen das Theater neu ausloten, ja vielleicht noch aggressiver ausweiten muss, wenn es nicht zum belanglosen Divertissement werden will. Als potenziell aggressives Spiel kann es sich im Außenraum nur um den Preis permanenter Kollisionen behaupten, die auch vor dem Innenleben des Zuschauers, ja sogar vor dessen potenziellen Aggressionen nicht Halt machen. Die Innerlichkeit des modernen Menschen ist dabei gleichermaßen Boxring wie *terrain vague*: Raum einer Aggression, die es zu regulieren gilt, aber auch Spiel- und Experimentierfläche für die permanente Migration, die dem Selbst nicht nur in der globalisierten Welt abverlangt wird.

La risa que pellizca a la realidad

PERDIENDO EL NORTE (2015) de Nacho G. Velilla

Romina Irene Palacios Espinoza (Wien)

RESUMEN: PERDIENDO EL NORTE (2015), tercer largometraje de Nacho G. Velilla, tematiza a través de un filtro cómico, la migración a raíz de la crisis financiera española y el difícil proceso de adaptación a las nuevas culturas anfitrionas, logrando en el espectador la risa y la reflexión sobre un fenómeno lamentablemente imperante.

PALABRAS CLAVE: comedia, migración, estereotipo, intertextualidad

Hugo (Yon Gonzáles) y Braulio (Julián López), amigos con vasta experiencia académica, ven en la migración la última alternativa de sus vidas. Frente al desempleo y a la reducción de fondos para la investigación como consecuencia de la crisis en España, deciden tomar el toro por las astas sin prever las dificultades que conlleva la migración en un país cuya cultura e idiosincrasia dista ampliamente de la suya.

El destino es la cosmopolita Berlín. Hugo y Braulio, convencidos por las declaraciones de un compatriota en un programa televisivo que retrata las experiencias de españoles en diferentes ciudades del mundo, deciden marcharse a la capital alemana. Esta es presentada en el programa como una ciudad sedienta de mentes brillantes y de profesionales en busca de un puesto laboral.

La llegada a esta ciudad es representada por el edificio de la BERLIN HAUPTBAHNHOF, enmarcando las figuras de un Hugo y un Braulio llenos de optimismo. Desde el primer momento se enfrentan a dificultades, las cuales aparecen por lo general como consecuencia de problemas comunicativos, puesto que ambos no saben hablar alemán.

Poco a poco se va presentando el conglomerado de personajes que acompañarán a los protagonistas en Berlín, promoviendo estos situaciones cómicas, momentos de reflexión y sobre todo, enredos de alto calibre, los cuales teñirán de risa el vía crucis vivido por Hugo y Braulio al chocarse con la dura realidad: nada de lo esperado se cumple, ni el trabajo deseado, ni la beca de investigación ni tampoco las expectativas previstas por sus familiares y amigos. Por más títulos, experiencia profesional y talento que tengan, la suerte no está de su lado, ni del lado de muchos jóvenes españoles. Esta juventud, que otrora había sido proclamada como "la generación mejor preparada de la historia", es ahora tristemente vista como "una generación perdida".

⁂

Los estereotipos en función de la risa

A modo de narrador intrínseco, Hugo abre la primera escena presentándose a sí mismo y a Braulio, y poniendo acento sobre sus antecedentes profesionales condecorados con licenciaturas y másteres. Una vez hecho este preámbulo en cámara lenta, se produce una interrupción tanto del *slow motion* como de la canción que acompaña este efecto visual (que hasta el momento es el *Danubio Azul* de Johann Strauss)[1] a través de un encontronazo entre Hugo y Braulio. Dicha interrupción contextualiza el lugar y tiempo de acción de los personajes: ambos se encuentran ya en Berlín, trabajando 10 horas diarias en un local turco de *kebap*. Mediante un *flashback* se sitúa a Braulio y Hugo un año antes de su estancia en Berlín, cuando vivían en España y Braulio trabajaba en un proyecto de investigación, mientras que Hugo llevaba dos años buscando trabajo. Esto sirve como punto de partida para dar a conocer al espectador las causas que demandan a los jóvenes a buscar el futuro en otras tierras.

⁂

El trasfondo narrativo de PERDIENDO EL NORTE tiene trazos claramente dramáticos. Sin embargo y aunque Velilla y los guionistas (Oriol Capel, David S. Olivas, Antonio Sánchez y el mismo Nacho G. Velilla) hayan partido de estos trazos, les han dado un giro, ironizando la tragedia y creando la risa en el espectador mediante hechos ampliamente conocidos.

Aunque PERDIENDO EL NORTE se construye bajo las parámetros de una comedia, existe un entrecruce de subgéneros. Es así como el mismo Velilla des-

[1] La elección de esta canción se presenta como un elemento cuestionable, pues esta es introducida como cortina musical del contexto alemán en el que desenvuelve el proceso migratorio y de adaptación de Hugo y Braulio. Sin embargo, el *Danubio azul* es la composición de Johann Strauss (hijo), de procedencia austriaca. Una lectura personal considera esta decisión como una imprecisión por parte del director y del grupo de guionistas. Dicha imprecisión puede ser el resultado de una imagen general que se tiene de ciertos elementos, que a pesar de su procedencia austriaca suelen ser reconocidos como alemanes. Algunas de estas imprecisiones que se han hecho *vox populi,* sobre todo en países de habla hispana, son por ejemplo que Adolfo Hitler era alemán o que Austria es una ciudad de Alemania. Es por ello probable que la elección del *Danubio azul* responda justamente a la identificación y difusión equívoca de piezas y personajes austriacos como referentes alemanes.

cribe su película como "una comedia romántica sobre la estructura de una comedia social".[2]

Javier Ocaña[3] del diario *El País* ha etiquetado esta película como una especie de comedia romántica clásica que muestra momentos esporádicos de *screwball comedy.*

La aglomeración de oposiciones, una de las características típicas de la *screwball comedy,* es referente perceptible en esta película. Tales oposiciones, manejadas a modo de parejas antagónicas, conceden el carácter cómico a PERDIENDO EL NORTE. La comicidad en este largometraje se soporta sobre el uso y el juego de estereotipos, estos reconocidos como las ideas e imágenes que promueven ambivalencias y antagonismos.

El protagonismo de la fuerte dicotomía en el binomio España-Alemania se hace presente desde antes de la llegada de Hugo y Braulio a Berlín. La inclusión de un *mise en abyme* representado mediante la transmisión del programa televisivo *Españoles por el mundo,* pone de relieve las primeras ideas de contraste entre España y Berlín, esta última exhibida como imagen sinécdoque de toda Alemania. En este programa, Benjamín Garijo (Arturo Valls) se presenta como un zaragozano que vive ya 4 años en Berlín y ahora trabaja como "técnico especializado en gestión medioambiental de residuos". Él equipara España frente a Alemania a través de una fuerte dicotomía: En España, por un lado, él no tenía trabajo, ni casa, ni futuro. Alemania, por otro, ofrece las oportunidades que España no da, es el país donde se encuentran todas las oportunidades de trabajo y lo mejor de todo, *ellos* sí invierten en el talento. La inserción de este show televisivo se deja leer como punto decisivo, pues genera la reacción de los protagonistas fomentando un cambio en el trayecto argumental, además de ofrecer una primera imagen de la fuerte oposición que muestra la pareja dicotómica España-Alemania.

La visión estereotípica de los españoles hacia los alemanes y viceversa, se muestra en el contacto de Hugo y Braulio con sus futuros conciudadanos. Un primer encuentro toma lugar a su llegada en Berlín. En esta situación se subraya la visión alemana que se tiene de los españoles, obviamente influen-

[2] Esta declaración ha sido hecha por Nacho G. Velilla en una entrevista conducida por Àlex Montoya de *Fotogramas.* Àlex Montoya, "Alemania, Mon Amour", *Fotogramas &DVD. La primera revista de cine* 2057 (2015), s.p. www.fotogramas.es/Peliculas/Perdiendo-el-norte/Alemania-mon-amour, consultado el 2 de noviembre del 2015.

[3] Javier Ocaña, "La rancia actualidad," *El País,* 5 de Marzo 2015, http://cultura.elpais.com/cultura/2015/03/05/actualidad/1425581704_964242.html, consultado el 29 de octubre del 2015.

ciada por referencias a noticias e informaciones sobre la crisis española, la cual es de conocimiento mundial.

Braulio, haciendo gala de sus básicos conocimientos de alemán, intenta pedir ayuda a una transeúnte. La pronunciación literal e hispanizada de las palabras alemanas convierten un "Können Sie mir helfen?" en una frase apenas entendible. Pero, una esperanza de comprensión se revela al mencionar Braulio que él y Hugo son españoles. Esta declaración logra captar la empatía de la transeúnte, reaccionando esta no de la manera esperada por los muchachos: tras decirle a Braulio "Spanier? Armer Junge", la mujer le acerca un par de monedas a modo de limosna.

Los estereotipos subrayan las marcadas diferencias culturales entre ambos grupos. Esta enfatización crea las primeras chispas de comicidad, puesto que los estereotipos conducen a malos entendidos, confusiones y enredos[4]. El proceso de entrevistas por el que atraviesan Hugo y Braulio en busca de empleo se representa en la película como un contexto singular, pues permite observar cómo se hace uso del estereotipo y cómo se reacciona a éste.

En un correo electrónico dirigido a su padre, Hugo le va relatando sobre las primeras entrevistas que van teniendo él y Braulio, aunque maquillando la realidad.

Hugo le cuenta lo bien que está saliendo todo, como "la marca España abre muchas puertas", lo rápido que se han adaptado al carácter alemán, aludiendo a que "las diferencias entre norte y sur"[5] están solo en sus cabezas. Simultáneamente a esta narración acompañan imágenes que se revelan como contrapuesto a lo relatado por Hugo, pues él ni Braulio han tenido éxito en las entrevistas. Por ejemplo, en una entrevista, el jefe de la empresa se burla de

[4] Al parecer, esta estrategia ha encontrado éxito en España, pues PERDIENDO EL NORTE, siguiendo las huellas de otra comedia plagada de estereotipos OCHO APELLIDOS VASCOS, dirigida por Emilio Martinez-Lázaro (2014), ha llegado a convertirse en la película española más taquillera en el 2015.

[5] Joep Leerssen en referencia a la oposición entre norte y sur indica que este activa una matriz invariable de características respecto de las naciones o países a los que concierne. Cualquier oposición Norte-Sur adscribirá al grupo del Norte un temperamento más "frío", opuesto por lo tanto a la "calidez" de su homólogo del Sur. El patrón estructural "Norte frío/-Sur cálido" implica, respecto al carácter asignado al grupo del Norte, características como un carácter más cerebral, individualista, menos agradable, aunque más responsable y digno de confianza. El temperamento del Sur se opone al ser más sensual, colectivista y agradable, sin embargo, menos responsable, en relación con los del Norte. cf. Joep Leerssen, "La retórica del carácter nacional. Un panorama programático," en *El juego con los estereotipos. La redefinición de la identidad hispánica en la literatura y el cine postnacionales*, ed. Nadia Lie (Bruxelles: Lang, 2012), 67.

Hugo al escuchar que viene de España y que aspira al puesto de gestor financiero, suponiendo que el ser español y la dirección de un puesto financiero son ideas incompatibles.

La frialdad y la puntualidad, estereotipos típicos alemanes de gran vigencia, se ponen también de manifiesto en estas entrevistas, mostrando a Hugo y Braulio como el modelo del español informal e impuntual. En referencia a esto, al querer saludar Braulio con un beso a su interlocutora en una entrevista, esta responde sorprendida y con una extensión de mano, lo que vislumbra una actitud fría y deja en claro la distancia entre ella y Braulio. A este gesto, Braulio justifica su saludo con beso debido a su naturaleza *latina* caracterizada por ser *besucones*. Tal reacción puede ser interpretada a través de la idea de Elien Declerq[6], quien indica que las comunidades migratorias se sirven de estereotipos como táctica para responder a la imagen que la cultura denominadora se hace de ella, además de que dicha recuperación de estereotipos proponga diferentes modos de creación de efectos serios, lúdicos y paródicos.

***

En Berlín, Hugo y Braulio comparten un piso con otros españoles, Carla (Blanca Suárez) y su hermano Rafa (Miki Esparbé). En el mismo edificio vive Andrés Hernández (José Sacristán), quien llegó a Berlín como *Gastarbeiter* movido por la ola migratoria de los años '60, resultado de una tormentosa crisis económica que azotaba a España. La adaptación de estos integrantes a la cultura alemana y su actitud frente a los nuevos migrantes responde a los años que llevan viviendo ahí. Carla reside en Berlín unos 5 años. Ella trabaja en una oficina y estudia arquitectura. Además domina el idioma alemán, lo que le ha facilitado la inserción en esta cultura y la interacción con otros alemanes. Es así que no llama la atención que Carla sea el único personaje que es presentado en contacto directo con un personaje alemán y sin barreras o dificultades. El contacto de los demás personajes con alemanes se caracteriza por un diálogo accidentado que impide una correcta comunicación entre emisor y receptor y por un uso elevado de estereotipos al momento de referirse a ellos, como por ejemplo en el caso de Rafa que para nombrar a Franz (Richard Pena), pretendiente alemán de su hermana, le llama "come salchicha".

---

[6] Cf. Elien Declerq, "La postura del migrante frente a su estereotipo: una táctica de negociación," en *El juego con los estereotipos: la redefinición de la identidad hispánica en la literatura y el cine postnacionales*, ed. Nadia Lie (Bruxelles: Lang, 2012), 90.

A pesar de que Andrés vive en Berlín más de la mitad de su vida, no se llega a percibir una adaptación total a la cultura alemana y más bien, su grupo de interacción parece consolidarse en el grupo formado por sus compatriotas y vecinos, también migrantes.

⁂

El espacio de referencia de esta diáspora española se encuadra en el edificio donde habitan, el cual se sitúa en el barrio de *Kreuzberg*, conocido como la pequeña Estambul. La vivienda donde se hospedan Hugo y Braulio es propiedad de Marisol Ramos (Malena Alterio) y Hakan Atmat (Younes Bachir), una pareja que vive aproximadamente 10 años en Berlín. Ambos administran un local donde venden Kebap.

A través de una panorámica horizontal de la cámara, que permite el reconocimiento del contexto espacial, se presenta la entrada de Hugo y Braulio en este barrio. Mujeres con velo, una bandera turca, puestos de venta de kebap y carteles o símbolos que hacen referencia a Turquía son los elementos, que aunque algo exagerado, permiten contextualizar el futuro ambiente de convivencia de Hugo y Braulio. Al utilizar este barrio como escenario de interacción de los personajes españoles, los estereotipos cobran aún mayor nitidez puesto que se sirven de los símbolos que construye el compendio del barrio de Kreuzberg, la comunidad turca en Alemania, y la confluencia de la cultura española y del idioma español en el personaje de Hakan. A Hakan se le muestra como un hombre machista y viril. Su virilidad se pone a prueba cuando descubre que es estéril, rompiendo así las ilusiones de Marisol de convertirse pronto en madre.

Hakan es un turco que habla español aunque no presta cuidado a la sintaxis o a la gramática. Su alemán presenta también ciertas debilidades, sin embargo, con ímpetu y trabajo arduo ha logrado tener su propio restaurante.

Estas situaciones en las que Hakan se expresa en un alemán o en un español confuso, resultan en pautas de comicidad para el público.

Los estereotipos presentados en PERDIENDO EL NORTE, aunque rozan constantemente con el cliché, son la representación de las imágenes que se tienen sobre el *Otro*. De manera idónea se observan los estereotipos a través de las ideas de Jean-Louis Dufays[7], quien los define como las representaciones, ideas y creencias sobre un determinado grupo de personas. Estos

[7] Cf. Jean-Louis Dufays, "La relación dual con los estereotipos, un indicador de la recepción contemporánea," en *El juego con los estereotipos: la redefinición de la identidad hispánica en la literatura y el cine postnacionales*, ed. Nadia Lie (Bruxelles: Lang, 2012), 46.

estereotipos se presentan en armonía con configuraciones temáticas, frases hechas y escenas que movilizan a la vez una ideología compartida. El uso y juego de estereotipos en PERDIENDO EL NORTE permite la construcción de un guion de fácil recepción por parte del espectador.

PERDIENDO EL NORTE: emigración española e intertextualidad

El tema de la migración, considera Elien Declercq[8], implica abordar el fenómeno del estereotipo, lo cual refleja comportamientos de la cultura receptora hacia los migrantes.

La inmigración en España ha sido ampliamente discutida y representada, tanto en películas como en documentales, presentando diferentes miradas sobre este asunto. Películas con esta temática aportan diversas perspectivas que acercan al espectador a la comprensión de un fenómeno complejo como las migraciones contextualizando las diásporas[9].

Menores en número son las películas y documentales que retratan el tema de la emigración española. Algunas muestras de ello son *El tren de la memoria*, documental producido por Marta Arribas y Ana Pérez (2005) y la comedia dramática *Un franco, 14 pesetas*, de Carlos Iglesias (2006).[10]

Una película en particular, que indaga en el tema de la migración de españoles a Alemania y que ha quedado en la memoria del público español es *¡Vente a Alemania, Pepe!* (1971). Esta película dirigida por Pedro Lazaga aborda con gracia la realidad de muchos emigrantes durante la década de los 60. Esta ola migratoria, aunque teñida de tragedia, es presentada en la película envuelta en un manto cómico construido sobre estereotipos. El argumento de *¡Vente a Alemania, Pepe!* relata la historia de Angelino (José Sacristán), quien después de emigrar, vuelve de visita a su aldea aragonesa, mostrando los lujos que la vida en Alemania le ha permitido adquirir. Encandilado por las historias contadas por Angelino, Pepe (Alfredo Landa) decide seguir los pasos de su amigo y se enrumba a Múnich. Al llegar, se da cuenta que todo

---

[8] Cf. Declercq, "La postura del migrante frente a su estereotipo," 87.

[9] Cf. María Eugenia González Cortés y Raquel Seijas Costa, "Inmigración y cine en la ficción cinematográfica española (2011–2015)," en *VIII Congreso sobre Migraciones Internacionales en España* (Granada: Universidad de Granada, 2015), s.p.

[10] Con respecto a esta película, indican María Eugenia González Cortés y Raquel Seijas Costa que la exageración de algunos patrones de conducta y del uso de estereotipos responden a un intento de dar comicidad a ciertos personajes: el presunto millonario que lleva dinero a Suiza en una maleta, la atracción de las suizas hacia el español bajito, los celos y el control que ejercen las mujeres españoles sobre sus esposos, etc. Cf. González Cortés y Seijas Costa, "Inmigración y cine en la ficción cinematográfica española (2011–2015)," s.p.

lo contado por Angelino era una mentira, la cual sostenía para mantener la imagen del migrante triunfador ante su familia y sus amigos.

Los paralelos intertextuales entre *¡Vente a Alemania, Pepe!* y PERDIENDO EL NORTE parten de la presencia de Juan Sacristán, Angelino en la película de Lazaga y Andrés en la de Nacho G. Velilla, lo cual parece ser una estrategia intencional de este último, puesto que así se construye un puente mental no solo entre ambas películas y las maneras como se desarrollan dichos temas en función de la comicidad, sino también entre ambas olas migratorias, que aunque difieren en la forma, son análogas en las consecuencias. Dificultades impuestas por barreras en la comprensión lingüística determinan respuestas de choque cultural entre los protagonistas de ambas películas y la comunidad anfitriona.[11]

La paulatina pérdida de la memoria de Andrés, condicionada por un cuadro de Alzheimer, se puede leer como una metáfora de este puente intertextual, que tiene como trasfondo el carácter dramático que conlleva toda migración y que no hace diferencia entre generaciones. Los momentos de delirio de Andrés llevan a este a confundir a Rafa con Pepe, marcando una referencia clara del puente temático entre la película de Lazaga y la de Velilla.

La memoria, como dispositivo de resguardo de nuestros recuerdos y vivencias, se presenta en Andrés como salida hacia el olvido de un pasado turbulento y trágico, y de la aceptación de un nuevo panorama, el cual lamentablemente no difiere mucho de aquel que él conoció.

En el personaje de Andrés se pronuncia repetidamente las diferencias entre la generación del '60 y la actual: aquella, que en las peores condiciones tuvo que abandonar a sus familias para emigrar a las metrópolis de Europa, y esta generación, cantera de jóvenes de clase media, que a pesar de contar con una vasta preparación académica, la crisis los obliga a emigrar, aunque un poco a su suerte, pues solo algunos poseen en el mejor de los casos un contrato de trabajo pre-establecido.

***

En el cartel publicitario de la película se observa la aclaración "Basada en miles de historias reales. Desgraciadamente". Velilla cuenta en una entrevista a

[11] Verena Berger y Miya Komori observan también un marcado enfrentamiento en el contexto cultural y lingüístico entre los protagonistas emigrantes y los alemanes en *¡Vente a Alemania, Pepe!* y en *Un franco, 14 pesetas*. Cf. Verena Berger y Miya Kamori, "La estética de la emigración: la figura del emigrante en el cine español y portugués", *Quaderns de cine* 6 (2011): 22.

la revista de cine en línea *La noche americana*[12] el proceso de producción de la película, y cómo una de las fases fundamentales fue la documentación basada en entrevistas de los protagonistas reales de la ola migratoria actual y de aquellos de la década de los 60. La historia de PERDIENDO EL NORTE encuentra fuente verídica en la historia de unos jóvenes entrevistados por Velilla y Co., que después de haber visto un programa tipo *Españoles por el mundo* apuestan por un futuro en el extranjero, en aquel caso, Noruega. Una vez llegados a este país, todas sus expectativas se destruyeron dando paso a una realidad inesperada y llena de obstáculos.

⁂

La cantera de la que se sirve el guión de esta película es, sin duda, la realidad misma: la de una migración presentada como última salida ante la crisis financiera, la cual encuentra coordenadas análogas en la crisis ocurrida aproximadamente medio siglo atrás. Esta realidad es la que da las pautas para el manejo de los estereotipos. El juego de los estereotipos en un contexto cómico se resuelve en un juego de espejos, pues permite al espectador a través de la risa, visualizarse en la mirada ajena y resolver la imagen que los *Otros* poseen del *Nosotros*, convirtiendo la risa en un conjunto de análisis y crítica de uno mismo.

[12] La noche americana hace su presencia en *YouTube* como el *Canal de nocheamericana*. Canal de nocheamericana, "Perdiendo el Norte-Nacho G. Velilla," YouTube, www.youtube.com/watch?v=b9KfCJeDh4k, consultado el 29 de octubre del 2015.

Heldentum und Heroisierungsstrategien in Alberto Rondallis Film ANITA E GARIBALDI

Robert Lukenda (Mainz-Germersheim)

ZUSAMMENFASSUNG: Der folgende Beitrag rezensiert den 2013 erschienenen Film ANITA E GARIBALDI vor dem Hintergrund eines zumindest in Italien vorherrschenden gesellschaftlichen Klimas, in dem der italienische Nationalheld sich zwar weiterhin einer hohen Medienpräsenz erfreut, aber längst zum Gegenstand ideologisch konnotierter Vergangenheitsdebatten avanciert ist. Wie zu sehen sein wird, lehnt sich der Film, in dessen Mittelpunkt Garibaldis Heldentaten in Südamerika und die Beziehungsgeschichte zwischen dem Revolutionär und seiner späteren Frau Anita stehen, in seiner Verstrickung intimer Begebenheiten mit dem Wirken auf der großen historischen Bühne dezidiert an Garibaldis eigene Sicht der Dinge an, die dieser selbst in seinen Memoiren an den Tag gelegt hatte.

SCHLAGWÖRTER: Film; Rondalli, Alberto; Anita e Garibaldi: Antes de Heróis; Garibaldi, Giuseppe; Garibaldi, Anita; Mythos; Heroismus; Erinnerungskultur; Risorgimento; italienischer Nationalheld; Südamerika

ANITA E GARIBALDI: ANTES DE HERÓIS (de.: GARIBALDI – HELD ZWEIER WELTEN), DVD, Regisseur: Alberto Rondalli, portugiesisch (Polifilmes, 2013).

***

Wie der für seine Arbeiten zu *luoghi della memoria* bekannte Historiker Mario Isnenghi vor einigen Jahren in einem Essay bemerkte, ist es mittlerweile in der italienischen Öffentlichkeit nicht unüblich, „schlecht über Garibaldi zu sprechen“.[1] Zwar hat das Land ein ambivalentes Verhältnis zur eigenen nationalen Vergangenheit und tut sich mit einer konsensfähigen Deutung der vielfach politisch instrumentalisierten und ideologisch verklärten Geschichte traditionell schwer – wie etwa 2007 anlässlich der Feiern zum zweihundertjährigen Geburtstag des Einigungshelden Giuseppe Garibaldi sowie auch einige Jahre später beim umfangreichen Festprogramm zum einhundertfünfzigjährigen Staatsjubiläum 2011 zu beobachten war. Dennoch hat Isnenghi eine neue Vehemenz konstatiert, mit der separatistische und populistische Gruppierungen wie die *Lega Nord* ihre antinationalen Gegen-Erinnerungen artikulieren. Diese schrecken auch nicht davor zurück, den

[1] Vgl. Mario Isnenghi, *Garibaldi fu ferito: storia e mito di un rivoluzionario disciplinato* (Roma: Donzelli, 2007), 3.

Vorkämpfer für die Einheit Italiens pauschal zum Urheber sämtlicher politischer Missstände in Italien zu erklären und ihn schlichtweg als Kriminellen zu deklarieren.

Trotz bzw. vielleicht auch gerade wegen der zunehmend aggressiveren Demontage der nationalen Einheitssymbole in Teilen von Politik und Gesellschaft und der schon 1978 erfolgten Ausrufung des „post-risorgimentalen" Zeitalters[2] hat sich in den letzten zwei Jahrzehnten das Interesse der Forschung am Mythos Garibaldi nachhaltig belebt. Ein Grund hierfür dürfte sicherlich das europaweit zu beobachtende Interesse für das Thema der nationalen Identität sein. Eine große Rolle mag auch der zunehmende Einfluss der Kultur- und Medienwissenschaften innerhalb der Historiographie sein, wobei mit den Schwerpunkten ‚kollektives Gedächtnis' und ‚Erinnerungskulturen' Forschungsfelder entstanden sind, die nach wie vor Konjunktur haben. In diesem Zusammenhang sind nicht zuletzt die Fiktionalisierungs- und Mythisierungsstrategien, mediale und narrative Facetten, die Garibaldi zu einem der ersten globalen Stars der politischen Moderne machten, in den Fokus gerückt.[3]

Erstaunlich hartnäckig behauptet sich der ‚Mythos Garibaldi' zudem als Bestandteil einer zeitgenössischen Populärkultur, in Italien wie auch etwa in Südamerika: nicht nur was die Benennung von Straßen und Plätze angeht, liegt der Name Garibaldi weit vorne. Auch *cantautori* und Rockgruppen haben ihm zahlreiche Lieder und *songs* gewidmet. Zudem ist Garibaldi eine der meistverfilmten historischen Persönlichkeiten Italiens. Eine kurze Internet-Recherche ergab 21 Verfilmungen, darunter auch südamerikanische Produktionen wie eine brasilianische Telenovela mit immerhin sechzig Episoden (GARIBALDI, L'EROE DEI DUE MONDI, Originaltitel: A CASA DAS SETE MULHERES, Brasilien 2003)[4] – nichts Ungewöhnliches, zumal der Revolutionär eine Figur ist, die im historischen Gedächtnis Südamerikas ihren fes-

[2] Sergio Romano, *Storia d'Italia dal Risorgimento ai nostri giorni* (Milano: Longanesi, 1998), 390–1.

[3] Auch über den nationalen Tellerrand Italiens hinaus erfreut sich eine kulturwissenschaftlich ausgerichtete Garibaldi-Forschung zur Zeit großer Beliebtheit: Stellvertretend sei an dieser Stelle auf die monumentale Studie von Lucy Riall, *Garibaldi: Invention of a Hero* (New Haven u.a.: Yale University Press, 2007) hingewiesen. Vgl. auch Robert Lukenda, „‚Viva Garibaldi!': Heldentum und mediale Inszenierung am Übergang zur politischen Moderne", *helden. heroes. héros: E-Journal zur Kultur des Heroischen* 2, Nr. 2 (2014), 93–105, www.sfb948.uni-freiburg.de/e-journal/ausgaben/022014/helden_heroes_heros_2_2_2014.pdf-1.

[4] Vgl. diesbezüglich die jedoch unvollständige, in Teilen lückenhafte Auflistung unter http://it.wikipedia.org/wiki/Giuseppe_Garibaldi_nella_cultura_di_massa, Zugr. am 1.10.2015.

ten Platz hat (Statuen Garibaldis finden sich beispielsweise auf Plätzen in Brasilien und Argentinien, und in Uruguay gibt es ein Garibaldi-Museum). Bekanntermaßen erwarb er sich schon zu Lebzeiten den Beinamen ‚Held zweier Welten', weil er seine revolutionäre Karriere in Südamerika startete und sich mit einer Gruppe italienischer Exilanten in Freiheits- und Unabhängigkeitsbewegungen in Brasilien und Uruguay engagierte. Auch nach seiner Rückkehr nach Italien präsentierte sich Garibaldi in der Öffentlichkeit gerne in der Kluft eines Gaucho und kultivierte damit gezielt sein Image als freiheitsliebender Einzelgänger, der auf zivilisatorische Annehmlichkeiten und eine bürgerliche Lebensweise verzichtet und seine Existenz voll und ganz dem Kampf gegen Absolutismus und Tyrannei widmet. Damit traf er auch im Europa des 19. Jahrhunderts den Geschmack eines durch die romantische Literatur geprägten Publikums, das nach unkonventionellen Helden verlangte).

Seit 2013 existiert mit ANITA E GARIBALDI des italienischen Regisseurs Alberto Rondalli (dt. GARIBALDI: HELD ZWEIER WELTEN) nun eine weitere brasilianische Produktion, die sich mit Garibaldis Engagement in Südamerika befasst. Genau gesagt: mit seiner Rolle im Unabhängigkeitskampf der kleinen Republiken Rio Grande do Sul und Santa Catarina vom brasilianischen Kaiserreich. Damit wird hier ein Lebensabschnitt beleuchtet, der Garibaldis Ruf als Revolutionär und mutiger Freiheitskämpfer begründete und der nicht zuletzt in seinen 1872 veröffentlichten Memoiren zum Gegenstand romantischer Verherrlichung avancierte. Wie es der Originaltitel bereits aussagt, steht jedoch nicht allein die Figur des Revolutionärs und seine Heldentaten, sondern die Beziehungsgeschichte des Paares Anita und Giuseppe Garibaldi im Mittelpunkt des Geschehens (einen Nebenschauplatz bildet Garibaldis Freundschaft zum ebenfalls italienischstämmigen Revolutionär Luigi Rossetti, gespielt von Antonio Buil Pueyo). Insofern liegt die deutsche Übersetzung mit dem Titel GARIBALDI: HELD ZWEIER WELTEN inhaltlich daneben. Garibaldi hatte während seiner Zeit in Südamerika die Brasilianerin Ana Maria de Jesus Ribeiro da Silva, genannt „Anita", kennengelernt und geheiratet. Anita sollte ihn fortan auf seinen revolutionären Expeditionen begleiteten. Nach Garibaldis Rückkehr nach Italien und dem gemeinsamen Engagement in der Verteidigung der Römischen Republik von 1849 starb sie auf der Flucht vor den feindlichen österreichischen Truppen nahe der Lagune von Comacchio.[5] Nicht zuletzt aufgrund dieses tragischen Ereignis-

[5] Mit Filmen wie Mario Caserinis ANITA GARIBALDI (1910), Aldo De Benedettis ANITA

ses bekam Garibaldis Vita damit den Stempel der Leidensgeschichte aufgedrückt. Auch in dieser Hinsicht erschien sein Leben den Zeitgenossen als romantisch-tragisches Melodram – „da liebt man den Helden und weint mit ihm", wie schon seine Bewunderin George Sand bemerkte.[6]

Vorab sei angemerkt, dass dieser Fokus auf der Beziehung und dem Gefühlsleben des Helden und seiner Partnerin auf einen zentralen Bestandteil des Mythos Garibaldi rekurriert, der schon im 19. Jahrhundert seine Popularität sicherte: Auf den Schlachtfeldern der nationalen Revolution brillierte ein „Ritter", der mit den Worten George Sands nicht nur durch die „hinreißende [...] Kraft seines patriotischen Glaubens", sondern zugleich durch sein „edles Aussehen"[7] Aufmerksamkeit weckte – ein tapferer Kriegsheld, der sich zugleich jedoch als viriler, einfühlsamer Mann gab und die interessierte Öffentlichkeit auch an seinem Seelenleben teilhaben ließ. Das Bild des charismatischen, gutaussehenden Revolutionärs, der die „Frauen liebte"[8], wurde von einer Vielzahl an Biographen, Journalisten und Begleitern Garibaldis gepflegt und auch in den Reihen der demokratisch orientierten Nationalbewegung in Italien kultiviert, um die Massen für die revolutionären Ziele zu begeistern. In weiten Teilen ging es jedoch auf Garibaldis persönliche Selbstinszenierung zurück, zumal er nicht nur zahlreiche Biographen bereitwillig mit intimen Details aus seinem Gefühls- und Liebesleben versorgte, sondern auch selbst als in seinen Memoiren Einblicke in sein Gefühls- und Liebesleben offenbarte.[9]

Insofern scheint es als durchaus passend, wenn sich der Film dezidiert an die Memoiren bzw. die memorialistische Perspektive Garibaldis anlehnt:

O IL ROMANZO D'AMORE DELL'EROE DEI DUE MONDI (1927) oder auch mit der italienisch-brasilianischen Koproduktion ANITA: UNA VITA PER GARIBALDI, die sich mit der Figur der revolutionären Heldin und Frau Garibaldis auseinandergesetzt hat. Dass Anita Garibaldi auch in Italien als nationale Heldenfigur verehrt wurde, beweist eine Bronzestatue, die ihr zu Ehren 1932 auf dem römischen Gianicolo errichtet wurde (Abb. 1).

[6] George Sand, „George Sand über den Krieg in der Lombardei", in Giuseppe Garibaldi, *Die Memoiren Giuseppe Garibaldis*, hrsg. von Alexandre Dumas père (Wiesbaden: Marix, 2007), 355–67, hier 359.

[7] Sand, *George Sand über den Krieg*, 361.

[8] Lucy Riall, „Garibaldi: The First Celebrity", *History Today* 8 (2007), www.historytoday.com/lucy-riall/garibaldi-first-celebrity, Zugr. am 17.06.2013.

[9] Mit dieser Art des medialen *self-fashioning* nahm Garibaldi gewissermaßen eine Strategie vorweg, die sich heutzutage größter Beliebtheit erfreut. Zum Tragen kommt sie nicht zuletzt dort, wo Prominiente (oder solche, die es werden wollen) ihr Beziehungsleben gezielt nach außen tragen und sich z.B. über *homestories* in der Regenbogenpresse im Gespräch halten.

So beginnt die Handlung nach einer einführenden Sequenz historischer Stiche, in denen der historische Ereignishorizont des Filmes (1839–1849) festgehalten ist – gezeigt werden u.a. Zeichnungen, die Garibaldis Engagement für die Unabhängigkeit der Republiken Rio Grande do Sul und Santa Catarina (1839) darstellen, Szenen aus dem Familienleben mit Anita und den gemeinsamen Kindern, ihre gemeinsame Rückkehr nach Italien bis zur Flucht aus Rom und Anitas Tod (1849) – mit dem Bild des gealterten Garibaldi (Gabriel Braga Nunes), wie er einsam in einem Zimmer seine Memoiren niederschreibt. Damit entspinnt sich die Handlung aus einem Prozess persönlicher Erinnerung, aus dem Blickwinkel des Helden, der die Geschichte seiner Beziehung zu Anita im Zusammenhang der dramatischen politisch-militärischen Ereignisse rekapituliert. Garibaldis Erinnerungen setzen bei der Flucht des Paares aus Rom ein. Diese erste Sequenz persönlicher Vergangenheitseindrücke schließt mit dem Bild der todkranken Anita (Ana Paula Arosio) auf einem Schiff vor der Küste Ravennas und nimmt damit, ohne dass ihr Tod jedoch zu sehen ist, das tragische Ende ihrer Beziehung bereits vorweg.

Unvermittelt erfolgt dann die Rückblende in das Jahr 1839: Gezeigt wird das Heimatdorf Anitas im brasilianischen Urwald und damit der Ausgangspunkt ihrer Liaison. Präsentiert wird die junge Anita, wie sie ihren alltäglichen Geschäften nachgeht, ihr Boot über einen Fluss steuert, um ihrem deutlich älteren (ersten) Ehemann – einem Schuster – das Essen zu bringen. Der Film zeichnet das Porträt einer unglücklichen, nachdenklichen Frau, die in eine Ehe mit einem deutlich älteren, etwas lethargischen und ihr gegenüber indifferenten und Mann gezwungen wurde. Im Gegensatz zu diesem verfügt sie jedoch über ein glühendes Temperament und blickt auch den politischen Ereignissen, den sich abzeichnenden revolutionären Kämpfen in ihrer Heimat, mit großem Interesse entgegen. In der letzten Einstellung dieses Porträts ist sie dabei zu sehen, wie sie – auf einem Felsen sitzend – nachdenklich auf das aufgewühlte Meer blickt. Eben diesem stürmischen Meer sollte bald darauf ihr zukünftiger Liebhaber entsteigen, was den schicksalhaften, man möchte fast sagen, von der Vorsehung herbeigeführten und damit natürlich mythischen Charakter dieser Verbindung unterstreicht.

Von der auf die Brandung blickenden Anita springt der Film ebenso unverhofft zu Garibaldi. Präsentiert werden Szenen und Taten aus seiner Zeit in Südamerika, die den Revolutionär als mythischen Helden erscheinen lassen: Garibaldi, wie er nach einem Schiffbruch just an jenem Strand dem tosenden Meer entsteigt, wo eben noch Anita saß; Garibaldi, wie er den Tod seiner italienischen Mitstreiter betrauert, die bei diesem Unglück ihr Leben verloren; Garibaldi, wie er in der Pose des einsamen, nachdenklichen Helden seinen Gedanken nachgeht, während seine Weggefährten etwas abseits um ein Lagerfeuer versammelt sind; Garibaldi, der einen Rebellenangriff auf einen kaiserlichen Stützpunkt in Laguna führen soll und dabei – in einer typischen David-gegen-Goliath-Konstellation – als todesmutiger Korsar und Schiffskapitän gegen eine feindliche Übermacht triumphiert.

In Laguna kreuzen sich schließlich die Wege von Anita und Garibaldi. Dabei ist es der zerstreut und gelangweilt wirkende Held, der – infolge von Reparaturarbeiten auf seinem Schiff zur Untätigkeit verdammt – Anita erblickt und sofort von ihr fasziniert ist. Der Film fokussiert die transgressive Dimension der sich entwickelnden Liebesbeziehung, die – ganz im Stile von Garibaldis „antibürgerlichem", freigeistigen Lebensmodell, das sich jenseits gängiger Konventionen und konservativer Denkmuster erhebt – als ein Hinwegsetzen über die Sitten und Moralvorstellungen ihres soziokulturellen Umfeldes inszeniert wird: auf der einen Seite Garibaldi, der in der Rolle des Eroberers und Herzensbrechers einer verheirateten Frau nachstellt, sich den Unmut der frommen lokalen Bevölkerung zuzieht und mit seinem amourösen Abenteuer nach Ansicht Rossettis die Loyalität der Menschen zur gerade ausgerufenen Republik gefährdet (man beachte in diesem Zusammenhang die im Film gezeichnete Rollenteilung: Während Garibaldi als romantischer Held erscheint, der als tapferer Kämpfer brilliert, jedoch mit seinem Temperament und seinem Tatendrang nicht für ein Dasein als revolutionärer Funktionär geeignet ist, bekleidet Rossetti die Position des Strategen und rationalen Kopfes der Revolution, der den impulsiven Garibaldi des Öfteren zur Räson rufen muss); auf der anderen Seite steht Anita, deren Ehemann sich zwar mit den kaiserlichen Truppen aus Laguna davongemacht hat, die jedoch letztlich, da sie sich mit Garibaldi einlässt, trotz allem Ehebruch begeht und von ihren Mitmenschen deswegen misstrauisch beäugt wird. Insofern zeichnet der Film hier das Porträt einer Frau, die aus der traditionellen Rolle als Gattin ausbricht, gegen ihr trostloses Schicksal rebelliert und den heimischen Herd verlässt, um selbst aktiv in die Geschichte einzugreifen. In diesem Zusammenhang ist dem Film v.a. daran gelegen, Anitas Entwicklung (man könnte auch sagen, ihre „Emanzipation") sowohl in der Beziehung zu Garibaldi als auch auf revolutionärer Bühne zu zeigen und ihre im Fortlauf des Filmes zunehmend aktivere Rolle in den Kämpfen, ihre

Abb. 1: Anita als reitende, kämpfende Amazone: Mario Rutelli, Bronzestatue (1932) von Anita Garibaldi auf dem Gianicolo, Rom.

Wandlung von einer „gewöhnlichen" Frau aus dem Volk in eine politische Heldin, zu verdeutlichen.

Schon als Garibaldi Anita kennenlernt, erscheint diese zwar als schüchterne, jedoch willensstarke und auch widerspenstige Frau, die sich auch körperlich gegen Garibaldis Nachstellungen zu wehren weiß (auch hier erscheint Garibaldi als Eroberer, der zunächst auf Widerstand stößt, diesen jedoch, nicht ohne sich ein paar Blessuren einzufangen, bricht). Ihr physisches Geschick demonstriert sie kurz darauf, indem sie ihrem Verehrer davongaloppiert. Die risorgimentale und später faschistische Ikonographie Anitas hat sie vielfach zu Pferde, in der Doppelrolle einer kämpferischen Amazone und zugleich einer führsorgliche Mutter dargestellt, wie sie – ein Kind an der Brust stillend – in entschlossener, reitender Pose (Abb. 1) den revolutionären Abenteuern begegnet. In den bisweilen knapp gehaltenen Dialogen, die manchmal den Eindruck erwecken, dass hier weniger zwei Individuen als vielmehr zwei Figuren der Zeitgeschichte sprechen, denen man symbolisch aufgeladene Botschaften, Tugenden und Ideale in den Mund gelegt hat, manifestieren sich dabei Anitas charakterliche Voraussetzungen, die sie zur zukünftigen Heldin auf Augenhöhe an der Seite ihres Partners prädestinieren:

Abb. 2: Filmstill aus ANITA E GARIBALDI, 55:16

GARIBALDI (*vor einer Schlacht*): Hast du Angst?
ANITA (*nach kurzer Stille*): Nein! (58:12–58:31)

Auch widersetzt sie sich den Anweisungen ihres Partners, nicht an Kampfhandlungen teilzunehmen und in Deckung zu bleiben. Auf dem Höhepunkt dieser Entwicklung sieht man eine revolutionäre Kämpferin, die nicht mehr nur in einer passiven Rolle die Gewehre für die männlichen Soldaten präpariert (Abb. 2), sondern die selbst aktiv den ersten Schuss abgibt und damit an der Seite Garibaldis eine revolutionäre Vorreiterrolle einnimmt. Dieses Wirken auf der politisch-militärischen Bühne wird dabei immer wieder durch Szenen unterbrochen, in denen die Intimität der Liebesbeziehung dargestellt wird und die das Paar beispielsweise nackt und engumschlungen in einer kleinen Hütte am Strand zeigen (Abb. 3).

Mit seiner Vermischung von privater, intimer und öffentlicher Sphäre verschreibt sich der Film damit letztendlich einer Perspektive, die den Grundmechanismus und das Erfolgsgeheimnis des Mythos Garibaldi – mit den Worten Rialls ein zentraler Bestandteil der „Garibaldi Formula“[10] – offen legt. Wie oben angedeutet, bezieht der Film den Plot, in dem Liebes- und Abenteuergeschichte mit den großen politischen Fragen der Zeit kombiniert werden, gewissermaßen von Garibaldi selbst. Dass der Film bei aller Hervorhebung von heroischem Gestus, von Leid und idealistischer Aufopferung

[10] Vgl. Riall, *Garibaldi*, 128–63.

Abb. 3: Filmstill aus ANITA E GARIBALDI, 1:01:42

nicht vollends ins Melodramatische abdriftet, liegt daran, dass er in einem brasilianischen Kontext jenen Aspekt andeutet, der auch in Italien lange Zeit in der offiziellen Erzählung über die nationale Einigungsgeschichte verdrängt wurde: die Tatsache, dass die revolutionären Umbrüche vielfach von Gewalt und Repressionen gegen die ansässige, vorgeblich zu befreiende Bevölkerung begleitet wurden und auch Garibaldis Truppen sowohl in Südamerika als auch in Italien daran beteiligt waren. So wird der *capitano del popolo*, wie Garibaldi sich selbst immer wieder gerne nannte, im Film an einer Stelle von der bisweilen desillusionierenden revolutionären Realpolitik eingeholt: Einem Befehl folgend, muss er als loyaler Diener der revolutionären Obrigkeit schweren Herzens eine repressive militärische Maßnahme gegen die Bevölkerung von Santa Catarina durchführen, worüber er verzweifelt ist und Trost bei Anita sucht.

Besonders in Italien fällt ANITA E GARIBALDI in eine Zeit, in der – wie eingangs geschildert – eine heroische Perspektive auf das Risorgimento nicht gerade *en vogue* ist. Hiervon zeugt etwa der zum einhundertfünfzigsten Staatsjubiläum veröffentlichte Film NOI CREDEVAMO (Italien 2010, Regie: Mario Martone). In diesem Film wird ein Blick auf die italienischen Unabhängigkeitskriege geworfen, der zum einen die niederschmetternde, blutige und grausame Realität des Einheitskampfes zeigt und zum anderen das Schicksal jener „gewöhnlichen" jungen Patrioten und Kämpfer in den Vordergrund rückt, die in der offiziellen Historiographie von der Heldenriege Garibaldi, Mazzini und Cavour überstrahlt werden – ein Film über das Risorgimento, in dem Garibaldi nahezu komplett fehlt. Zu Anfang wurde hervorgehoben, dass dieser Umstand auf eine europaweit zu beobachtende Sinnkrise des „heroischen“ oder „monumentalen“ Gedächtnisses zurückzuführen ist, dessen – wie Etienne François betont –„zentrale Figur [...] der Held und Kämpfer war“.[11] Trotz aller inhaltlichen und programmatischen Differenzen und entgegen der im Film ANITA E GARIBALDI offensichtlichen Heroisierungsstrategien, die nur zu gerne bekannte Narrative – Abenteuergeschichten, Heldentaten und leidvolle Erfahrungen – bemühen, offenbart sich in diesen Filmen jedoch eine gemeinsame Tendenz, Geschichte auch abseits der großen, „ab- oder zu Ende“ erzählten Historie sichtbar zu machen und damit mehr oder weniger ausführlich jene Verstrickungen des Sentimentalen und Politischen in den Mittelpunkt zu rücken, denen im Zeitalter des nationalen Aufbruchs sowohl die bekannten als auch unbekannten Protagonisten unterworfen waren. Es ist offensichtlich, wem sich eine solche filmische Perspektive auf die politischen, sozialen und kulturellen Umbrüche des 19. Jahrhunderts in Italien verdankt: Viscontis GATTOPARDO, dem es in besonderer Prägnanz gelang, die großen Umwälzungen des *Ottocento* auf die Ebene des Privaten herunterzubrechen.

[11] Etienne François, „Erinnerungsorte zwischen Geschichtsschreibung und Gedächtnis: eine Forschungsinnovation und ihre Folgen“, in *Geschichtspolitik und kollektives Gedächtnis*, hrsg. von Harald Schmid (Göttingen: V & R unipress, 2009) 23–35, hier 25.

Kulturalität im Film OCHO APELLIDOS VASCOS

Ironisches Spiel mit baskischen und andalusischen Klischees

Claudia Schlaak (Mainz)

SCHLAGWÖRTER: Film; regionale Identität; kulturelle Vielfalt; Baskisch; Andalusisch

OCHO APELLIDOS VASCOS, dt. ACHT NAMEN FÜR DIE LIEBE, Regie: Emilio Martínez-Lázaro, 98 Min. (Spanien: Lazonafilms, Kowalski Films, Telecinco Cinema, 2014).

⁂

Der Film OCHO APELLIDOS VASCOS (oder auf Deutsch 8 NAMEN FÜR DIE LIEBE) feiert in Spanien und darüber hinaus seit 2014 großen Erfolg in den Kinos. Regie führte Emilio Martínez-Lázaro, die Schauspieler in den Hauptrollen sind Clara Lago, Dani Rovira, Carmen Machi und Karra Elejalde. Es handelt sich um eine Komödie, die mit Witz, Charme, Romantik, Koketterie und vielen Turbulenzen aufwartet. Es ist sicher nicht übertrieben, den Film als ein Muss für Romanisten, in jedem Fall Hispanisten, und für jede/n, der das ironische Spiel mit regionalen Eigenarten liebt, zu bezeichnen.

In dem Film werden typische baskische und andalusische Klischees sowie die daraus abzuleitenden regionalen bzw. lokalen Besonderheiten thematisiert. Hierfür stehen die beiden Protagonisten, Rafa, der aus Andalusien stammt, und Amaia aus dem Baskenland. Aber auch die weiteren Charaktere, u.a. der Vater von Amaia oder die Freunde und Mitbewohner von Rafa, sind Stellvertreter der jeweiligen Kultur. Die spezifische Kulturalität, die viele Autonome Regionen in Spanien aufweisen und die erst seit dem Tod des Diktators Franco 1975 nach langer Unterdrückung wieder öffentlich dargestellt werden können, – 1979 wurde zum Beispiel der Status der *Comunidad Autónoma del País Vasco* gewährt – wird in diesem Film beispielhaft an sehr kontrastiven Beispielen aufgegriffen. Auffällig ist, dass die beiden Kulturen als sehr gegensätzlich und sich auch gegenseitig ablehnend dargestellt werden, wobei stark auf Stereotype und regionale Kulturstandards zurückgegriffen wird. Man kann regelrecht Feindseligkeiten feststellen, die gegenüber den Anderen/Fremden bestehen und geäußert werden. In einer andalusischen Bar werden zum Beispiel ganz selbstverständlich bösartige Witze über Basken gerissen. Oder Andalusier werden als faul dargestellt und von den Basken so auch bezeichnet; sie würden nicht arbeiten und nur feiern. Oder Basken seien alle Unabhängigkeitskämpfer, Hinterwäldler und unfreundlich. Klischees über Klischees werden im Film aneinandergereiht.

Die Thematik, die in dem Film aufgegriffen wird, ist ganz sicher nicht neu. Auch in anderen romanischen Ländern feierte die Filmindustrie mit diesem Genre bereits große Erfolge, wenn man beispielsweise an die Komödie BIENVENUE CHEZ LES CH'TIS (deutsch: WILLKOMMEN BEI DEN SCH'TIS) denkt, die 2008 ein großer Erfolg in den Kinos in Frankreich und darüber hinaus war: Mehr als 20 Millionen Zuschauer sahen den Film[1]. Das Aufgreifen kultureller Eigenheiten scheint demnach derzeit ein Garant für einen erfolgreichen Film zu sein, denn auch die bisherigen Zuschauerzahlen in Spanien sprechen dafür, dass das Spiel mit regionalen, kulturellen und sprachlichen Identitäten und den damit einhergehenden Vorurteilen im Film beim Kinopublikum besonders gut ankommt. Bis 2015 haben bereits etwa 10 Millionen Zuschauer den Film OCHO APELLIDOS VASCOS gesehen.[2]

Allein der Titel des Films greift ein typisches Klischee auf, nämlich wird in einer Szene thematisiert, dass ein jeder waschechter Baske sich auf viele Nachnamen, abgeleitet aus den Familien väterlicher- und mütterlicherseits, beziehen kann, die er selbstverständlich alle problemlos aufzählen kann. Rafa, der junge Andalusier aus Sevilla, der sich in Amaia verliebt, soll ihren Vater – Typus kompromissloser, naturverbundener und rauer Ur-Baske – kontrafaktisch überzeugen, dass er auch Baske ist und hierzu gehört eben das Aufzählen von acht Nachnamen, die er beim ersten Treffen zwischen Vater in einer Bar aufsagt (siehe Abb. 1). Rafa stammelt die Namen Gabilondo, Urdangarín, Zubizarreta, Arguiñano, Igartiburu, Erentxun und Otegui heraus. Da er aber nur auf 7 „echte" baskische Nachnamen kommt, nennt er noch als achten den Namen Clemente. Hierbei handelt es sich wohl um Namen berühmter Fußballer, denn Rafa schaut in der Bar auf das Plakat einer Fußballermannschaft, um sich Anregungen zu holen. Der Vater wird sofort misstrauisch, da Clemente nun kein typisch baskischer Name sei.

---

[1] „Willkommen bei den Sch'tis", http://de.omdb.org/movie/8265-bienvenue-chez-les-chtis, Zugr.: 30.11.2015.

[2] „En abierto: ‚Ocho apellidos vascos' se estrena en simulcast en Telecinco y Cuatro", http://www.telecinco.es/t5cinema/cine_2014/ocho_apellidos_vascos/Mediaset-Espana-simulcast-Telecinco-apellidos_0_2081625407.html, Zugr. 30.11.2015.

Abb. 1: Erstes Treffen zwischen „Brautvater", Amaia und Rafa, Stills aus www.youtube.com/watch?v=YfopzNHLp40, Zugr.: 29.12.2015

Die Handlung des Films ist recht einfach gestrickt. Rafa verliebt sich in Amaia in einer Flamencobar in Andalusien. Sie wollte dort ursprünglich mit Freundinnen ihren Junggesellinnenabschied feiern. Ihr baskischer Verlobter hat sie jedoch sitzengelassen; nun hat sie einen Berg Schulden und ist frustriert – und sitzt dazu noch in einem typischen Kostüm einer Flamencotänzerin (siehe Abb. 2) in der Flamencobar in Sevilla und regt sich in ziemlich angetrunkenem Zustand darüber auf, dass der Barmann Rafa öffentlich Witze über Basken erzählt.

Sie kontert lautstark und beschimpft die Andalusier. Die Hitze des Gefechts führt dazu, dass sie sich kennenlernen, begehren und eine Nacht miteinander verbringen. Amaia übernachtet bei Rafa – sie schläft jedoch ein, bevor es zum Sex kommt. Als sich Amaia am Morgen aus der Wohnung davonschleicht, vergisst sie jedoch ihre Tasche. Der verliebte Rafa will diese nun ins Baskenland bringen, da er seine Angebetete für sich gewinnen und sie von der Rückkehr nach Andalusien überzeugen will. Alle seine Freunde und sein Mitbewohner versuchen ihn davon abzubringen. Es sei doch aussichtslos. Rafa lässt sich jedoch nicht abbringen und damit nimmt die Geschichte ihren weiteren Lauf. Rafa muss für Amaia vor ihrem Vater so tun, als ob er ihr ursprünglicher, und damit baskischer, Verlobter wäre – Tochter und Vater hatten lange keinen Kontakt zueinander; nur so hat Rafa überhaupt eine Chance wieder in Kontakt mit Amaia zu treten, die ihm gegenüber bei seiner Ankunft im Baskenland sehr abweisend ist. Um jeden Preis möchte Rafa aber die Frau seines Herzens erobern – wenn da nur nicht die die Situati-

Abb. 2: Amaia in einer Flamencobar in Andalusien

on verkomplizierenden kulturellen Unterschiede, regionalen Eigentümlichkeiten und lokalen Besonderheiten wären. Verkomplizierend hinzukommt, dass Amaias Vater von seiner Frau verlassen wurde, und zwar pikanterweise für einen Mann aus Andalusien. Es kommt zu unangenehmen Situationen, Missverständnissen und vielen Schwierigkeiten. Doch nichtsdestotrotz verlieben sich Amaia und Rafa schließlich im Laufe der Verwicklungen ineinander und am Ende wird tatsächlich Hochzeit gefeiert.

Das Spiel mit baskischen und andalusischen Klischees und Vorurteilen ist die Stärke des Films, zugleich aber auch sein Schwachpunkt. Mit regionalen Klischees, lokalen Eigenarten und stereotypenhaften Vorurteilen wird im Film in vielfacher Weise gespielt. Auch wenn Emilio Martínez-Lázaro bewusst versucht, liebevoll und witzig die Voreingenommenheiten zu thematisieren und damit auch zum Nachdenken über die Bedeutung der eigenen (kulturellen) Identität anregt, bleibt doch zu kritisieren, dass dies nicht immer ausgezeichnet gelingt. Stellenweise ist das Aufgreifen von Klischees bzw. Vorurteilen sehr plump und oberflächlich. Nichtsdestotrotz thematisiert der Film auch, welche Schwierigkeiten und Hürden, sowie zugleich Chancen und Potenziale, bestehen, wenn unterschiedliche Sprach-/Kulturgemeinschaften aufeinander treffen und sich annähern. Er zeigt, dass die jeweiligen Gruppen – Rafa stellvertretend für die Andalusier und Amaia für die Basken – voll mit Vorurteilen und Engstirnigkeiten sind: Der aus dem sonnigen Sevilla stammende Andalusier, der glaubt Humor und Charme gepachtet zu haben, stellt sich das Baskenland als traurig-düster und verregnet vor – bei der Fahrt im Bus wird es Richtung Baskenland draußen immer dunkler und das Wetter verschlechtert sich. Andalusien liegt im Süden Spaniens an der Mittelmeerküste mit in der Regel trockenem Klima. Das Baskenland liegt dagegen im Norden Spaniens am Atlantik und am Fuße der Pyrenäen. Hier ist das Wetter sehr viel wechselhafter. Das Baskische bildet in der Romania zudem eine sprachliche Enklave. Allein durch die besonderen sprachlichen Charakteristika des Baskischen – bis heute konnte keine Verwandtschaft mit anderen Sprachen nachgewiesen werden; das Baskische kann weder der indogermanischen noch der uralischen Sprachfamilie zugeordnet werden[3] – kommt es in gewisser Weise zu einer Isolierung der Sprecher und der Region an sich. Dadurch ist das Baskenland auch eine Art Enklave in Spanien, in die man wie Rafa als Durchschnitts-Andalusier nicht häufig reist. Rafa wird also mit einem mächtigen Gewittersturm empfangen und damit zunächst voll in seinen Vorurteilen bestätigt. Weiterhin hält er die Menschen hier für mürrisch und verdrießlich, wenn nicht gar grob und hinterwäldlerisch. Dieses Bild wird jedoch schon bei der Ankunft in Amaias Heimatort aufgebrochen: Der Regen hat sich verzogen und die Stadt präsentiert sich darüber hinaus sauber, modern und gepflegt. Die Menschen spielen in den Straßen – natürlich das typisch baskische Ballspiel Pelota – und sind freundlich. Ein weiteres Klischee wird bedient, als Rafa sich bei seiner „erzwungenen Verwandlung“ in Amaias baskischen Verlobten in die Rolle eines Autonomiekämpfers für das Baskenland hineinmanövriert – einfach weil er denkt, alle Basken müssten ja Unabhängigkeitskämpfer und Mitglied der Untergrundorganisation ETA sein –, damit er den Vater und die Freunde von Amaia von sich überzeugen kann. Weitere Regionaltypika, die den Filmzuschauern begegnen: Dem Magen des Andalusiers bekommen die derben baskischen Speisen nicht. Auch sind die Begrüßungen im Baskenland eher locker und kameradschaftlich, während in Andalusien eine herzliche Umarmung dazugehört. Des Weiteren ist Rafa ziemlich erschrocken darüber, wie die Basken und auch seine Angebetete sich kleiden und frisieren. Während er Amaia in Andalusien in einem wunderschönen Kleid, wie es eine Flamencotänzerin trägt, kennenlernte, pflegt sie hier einen regionaltypischen eher alternativen Kleidungsstil. Palästinensertücher, lockere T-Shirts mit Motiven, Kapuzenpullover oder

[3] Cf. Inititativ e.V.- Verein für Demokratie und Kultur von unten, Hrsg., *Das Baskenland: demokratischer Ausnahmezustand und der Ruf nach Freiheit und Selbstbestimmung*, (Duisburg, 2003), 32 oder Brigitte Rolssenn, *Das Euskara – Das Baskische: Überlebenskampf einer kleinen Sprache und Kultur. Eine soziolinguistische Untersuchung der Situation des Baskischen in Frankreich*, (München: Frank, 1985), 9.

Trainingsjacken sind ihr Stil. Klar wird im Laufe des Films in jedem Fall, dass Rafas anfängliches Ziel, Amaia mal so schnell aus dem in seiner Vorstellung so finsteren Baskenland zu „retten", nicht so einfach zu erreichen ist. Seine wunderschöne Angebetete will einfach nicht in die andalusische Sonne zurückgeholt werden, denn sie fühlt sich in ihrer Heimat wohl und fest verwurzelt.

Durch die Gegenüberstellung der beiden Sprach- und Kulturgemeinschaften, Andalusier versus Basken, thematisiert Emilio Martínez-Lázaro die kulturelle Vielfalt Spaniens. Er zeigt dadurch auch, dass sich Kollektive immer durch bestimmte Merkmale von anderen Kollektiven unterscheiden. Gerade historische Gemeinschaften, die durch Geschichte und Gegenwart sowie den damit einhergehenden spezifischen Entwicklungen enge Verbindungen mit- und untereinander geschaffen haben, drücken sich über Symbole, Verhaltensweisen, positive und negative Attribute aus. Deutlich wird in dem Film, dass dieses Identitätsgefühl bzw. das Beharren auf identitären Markern tief verankert ist. Es drückt sich besonders deutlich aus, wenn eigene Sprachen bestehen, denn eine kollektive Identität ist stets im kommunikativ erworbenen und historischen Wissen der Sprecher verwurzelt.[4] Diese Merkmale sind für den Sprach- und Kulturerhalt von Gemeinschaften immens wichtig, „denn jede Gruppenbildung verlangt nach Merkmalen, welche die neu entstehende Gruppe von anderen Gruppen erkennbar abgrenzt wie zum Beispiel Kleidung, Abzeichen, Sprache [...] sowie nach einem Mindestmaß an interner Homogenität"[5]. Dies wurde bereits in mehreren empirischen Studien und weiteren Abhandlungen zu den Regional- und Minderheitensprachen in der Romania, unter anderem auch zur baskischen Sprachgemeinschaft[6], nachgewiesen. Sportarten, Tänze, Musik, aber auch kollektive und individuelle Charaktereigenschaften sowie Traditionen sind über die Sprache hinaus wichtige Identitätsmarker. In Filmen, wie jenem von Martínez-Lázaro, wird vor allem mit diesen kulturellen Markern

[4] Bernd Schäfer und Bern Schlöder, „Nationalbewußtsein als Aspekt sozialer Identität", in *Geschichte und Geschichtsbewusstsein*, hrsg. von Paul Leidinger und Dieter Metzler (Münster: Schnell, 1990), 309–46.

[5] Jan Wirrer, „Staat – Nation – Sprache: eine Gleichung, die – fast – nie aufgeht. Minderheiten und Regionalsprachen in Europa", in *Sprachen in Europa: Sprachpolitik, Sprachkontakt, Sprachkultur, Sprachentwicklung, Sprachtypologie*, hrsg. von Dieter Metzing (Bielefeld: Aisthesis, 2003), 21–52; hier 27.

[6] Claudia Schlaak, *Das zweigeteilte Baskenland: Sprachkontakt, Sprachvariation und regionale Identität in Frankreich und Spanien*, (Berlin/New York: de Gruyter, 2014); Ibon Zubiaur, *Wie man Baske wird*, (Berlin: Berenberg, 2015).

Abb. 3: Demonstration im Baskenland im Film OCHO APELLIDOS VASCOS

und traditionellen Eigenarten gespielt. Sprache spielt im Medium Film in der Regel ebenfalls eine wichtig Rolle, doch in OCHO APELLIDOS VASCOS wird trotzdem die baskische Sprache oder Andalusisch nur bedingt realisiert. Wir hören zwar die unterschiedliche Aussprache bei der Realisierung des Spanischen bzw. die dialektale Vielfalt oder stellenweise wird auch versucht, die baskische Aussprache nachzuahmen – doch nur vereinzelt wird die wirkliche Bedeutung der Sprache thematisiert. In der deutschen Synchronisation werden zudem die verschiedenen Varietäten überhaupt nicht mehr realisiert; hier sprechen alle Protagonisten ausschließlich Deutsch (ohne irgendeinen Akzent, eine markante Eigenart etc.). Rafa, der sich ja als ein echter Baske ausgibt, der sich zudem in seiner Rolle für die Unabhängigkeit des Baskenlandes einsetzt, wird in einer Szene aufgefordert die Reden, mit denen er seine Kumpanen in einer Bar und auf einer Demonstration (siehe Abb. 3) anheizen soll, doch auf Baskisch zu halten. Rafa kann sich nach einem kläglichen Versuch, Baskisch zu sprechen, nur durch einen Trick herauswinden, indem er nämlich behauptet, dass es wichtig sei, die Aussagen und Forderungen des baskischen Volkes laut auf Spanisch zu äußern, damit auch die Vertreter des spanischen Staats und Nicht-Basken diese verstehen könnten.

Seit Jahrhunderten ist die kulturelle und sprachliche Abgrenzung vom französischen und vom spanischen Staat ein wesentliches Merkmal der baskischen Gesamtregion. Man geht von etwa 3 Millionen Einwohnern auf einer Grundfläche von zirka 20.000 Quadratkilometern aus.[7] Die meisten Basken erklären, dass die vier historischen Provinzen im Südbaskenland (also auf spanischem Gebiet) und die drei Provinzen im Nordbaskenland (also auf französischem Gebiet) ein unteilbares Baskenland darstellen, es handelt sich um ein Territorium „qui n'est ni français, ni espagnol. Plus proprement pyrénéen, en majeur part péninsulaire [...]"[8]. Daher ist es in der Wahrnehmung vieler Basken für die Wahrung der eigenen Identität so wichtig, auch die baskische Sprache sprechen zu können.

Durch die Gegenüberstellung von Andalusien und dem Baskenland anhand der beiden Hauptfiguren, aber auch anhand der Familien und Freunde von Amaia und Rafa, wird die Bedeutung der Autonomen Regionen in Spanien, also in einem stark föderal geprägten Nationalstaat, thematisiert. Dass ein Film ein solch brisantes politisches Thema aufgreift – immerhin gibt es ganz aktuelle Bestrebungen nach Unabhängigkeit von Spanien in Katalonien und immer virulent im Baskenland – und es gleichwohl schafft, zu einem solchen Erfolg zu werden, ist schon erstaunlich. Aber vielleicht ist das Thematisieren dieses „heißen Eisens" auf spielerische Art auch gerade der entscheidende Grund für den Erfolg. In der politik- und regionalwissenschaftlichen Forschung ist in den letzten Jahren wiederholt festgestellt worden, dass in Europa die Bedeutung der Regionen wieder gewachsen ist. Es bilden sich zum Teil starke regionale Identitäten heraus, da die affektive Bindung zur (historischen) Region meist stärker ausgeprägt ist als zur Europäischen Union oder zum Nationalstaat selbst, da in der unmittelbareren Gemeinschaft ein stärkeres Zugehörigkeits- und Zusammengehörigkeitsgefühl ausgeprägt wird. In Regionen ist meist ein engeres soziales Netzwerk als bei Nationen vorhanden, da die Mitglieder durch einen näheren Kontakt miteinander verbunden sind[9] und auch die Herausbildung einer Identität

[7] Vgl. Jean Haritschelhar, *Être basque*, (Toulouse: Editions Privat, 1983), 26; Robert Trask, *The history of basque*, (London: Routledge Verlag, 1997), 3 oder Zuazo, Koldo, „The Basque Country and the Basque Language: an overview of the external history of the Basque language", in *Towards a History of the Basque Language*, hrsg. von José I. Hualde, Joseba A. Lakarra und Robert Trask (Amsterdam: Benjamins, 1995), 5–30; hier 5.

[8] Pierre Narbaitz, *Le matin basque ou Histoire ancienne du peuple vascon*, (Paris: Librairie Guénégaud, 1975), 11.

[9] Vgl. u.a. Manfred Bornewasser und Roland Wakenhut, „Nationale und regionale Identität: zur Konstruktion und Entwicklung von Nationalbewußtsein und sozialer Identität", in *Ethnisches und nationales Bewußtsein: zwischen Globalisierung und Regionalisierung*, hrsg. von Manfred Bornewasser und Roland Wakenhut (Frankfurt am Main: Peter Lang, 1999), 41–64 oder vgl. Hans-Georg Pott, „Nationale und regionale Identitäten im Zeitalter der Globalisie-

„entlang historisch vermittelter, kultureller, wirtschaftlicher oder politischer Grenzziehungen“[10] bedingt wird. So werden mentale Grenzen geschaffen, denn bei Identität geht es immer um „die Verständigung auf ein Eigenes und die Abwehr eines Fremden“[11], welches sich über Symbole darstellt. Deswegen hat es auch Rafa ganz besonders schwer, seine Geliebte von sich zu überzeugen. Er kommt schließlich aus Andalusien und sie aus dem Baskenland. Das geht scheinbar gar nicht zusammen.

Im Film wird zudem deutlich, dass die sprachliche und kulturelle Identität, die von Geburt an ausgeprägt wird, einem Menschen Grenzen in seiner eigenen Reflexion setzt. Rafa, der als Charmeur und Womanizer den Typus Vollblut-Andalusier vertritt, kämpft um seine Liebe, Amaia – Typus sture Baskin –, die in ihrer Einstellung, in ihren Ansichten und ihrer Meinung ebenfalls durch ihre Kultur geprägt wurde. Die Liebe zwischen den beiden Menschen kann jedoch eine ganze Weile nicht zur Entfaltung kommen, weil ihnen ihre Kulturen und Traditionen im Weg stehen. Sie überlagern jeglichen Kontakt miteinander. Rafa ist voller Vorurteile gegenüber Basken. Er muss im Laufe des Films nun nicht nur seine Einstellung ändern, sondern, da die Abneigung der Kulturen gegenseitig ist, auch Amaia und – vielleicht noch schwieriger – ihre Familie überzeugen, dass er der richtige ist. Es sei daran erinnert, dass er mit Amaia bevor er ins Baskenland kommt nur eine unspektakuläre Nacht, in der nichts richtig lief, hatte, sich aber in sie verliebte. Daher scheint er schon wiederholt ins Zweifeln zu kommen, ob die kulturellen Unterschiede, Klischees und Vorurteile, die er in sich selbst trägt und die auch die anderen prägen, überwindbar sind.

Grundsätzlich könnte man aus dem Kampf gegen Vorurteile und Klischees auch einen ernsten, dramatischen Film machen. Sicher zeichnet es den Regisseur aus, dies in eine leichte Liebeskomödie mit viel Kreativität, Fantasie und Ideenreichtum verpackt zu haben und so das Thema an eine größere Zielgruppe zu transportieren. Kritisch angemerkt werden muss je-

---

rung“, in *Regionalität als Kategorie der Sprach- und Literaturwissenschaft*, hrsg. von Instytut Filologii Germańskiej der Uniwersytet Opolski (Frankfurt am Main: Peter Lang, 2002), 113–22.

[10] Massimo Martini und Roland Wakenhut, „Regionale Identität in Franken und in der Toskana“, in *Ethnisches und nationales Bewußtsein: zwischen Globalisierung und Regionalisierung*, hrsg. von Manfred Bornewasser und Roland Wakenhut (Frankfurt am Main: Peter Lang, 1999), 67–83, hier 68.

[11] Hermann Kurzke, „Regionalhymnen und kulturelle Identität“, in *Regionalität als Kategorie der Sprach- und Literaturwissenschaft*, hrsg. von Instytut Filologii Germańskiej der Uniwersytet Opolski (Frankfurt am Main: Peter Lang, 2002), 141–52.

Abb. 4: Gemeinsame Bootstour mit der ganzen Familie (hier Mercedes und Amaias Vater)

doch, dass mit den Vorurteilen und Klischees nicht immer sehr feinfühlig umgegangen wird. Es muss naturgemäß offen bleiben, ob ein kultursensiblerer Umgang dem Witz und Erfolg des Films geschadet hätte. Dass während einer Demonstration ein Molotow-Cocktail fliegen muss und alle Basken als Freiheitskämpfer dargestellt werden, bedient aber ein doch sehr von Stereotypen geprägtes Bild und lässt auch wenig Raum von Reflexionen beim Rezipienten. Doch glücklicherweise ziehen sich die Plattitüden nicht durch den ganzen Film. Positiv ist zudem auch, dass es einen Charakter gibt, der als Typus dafür steht, dass man Vorurteile auch abbauen kann. Rafa lernt auf der Hinfahrt ins Baskenland in einem Bus die ältere Dame Mercedes kennen, die ebenfalls aus Andalusien stammt und für die Liebe ins Baskenland gezogen ist. Sie gibt sich später als seine Mutter aus und stimmt auch Amaias Vater milde. So kommen sich auch Amaias Vater und Rafas „Mutter" durch gemeinsame Aktivtäten (siehe Abb. 4) näher.

Mercedes stellt von vornherein klar, dass es ihr im Baskenland sehr gefällt, auch wenn sie ihre Heimat manchmal vermisst und an andalusische Traditionen, zum Beispiel das Kochen eines regionaltypischen andalusischen Essens, zu dem sie Rafa einlädt, festhält. Damit widerspricht sie Rafas Vorurteilen und stellt gewissermaßen eine Brückenbauerin zwischen den Kulturen da.

Bei der Bewertung des Films und vor allem der Frage nach der Realisierung der Kulturalität muss ferner kritisch konstatiert werden, dass es stellenweise zu einer rein folkloristischen Darstellung kommt. Bei der grundsätzlichen Frage nach der sprachlichen und kulturellen Identität liegen

Selbstbehauptung der Identität und folkloristische Darstellungen oft eng beieinander. Im Kontext der Erhaltung sprachlicher und kultureller Regionalität ist Folklore jedoch sehr kritisch zu bewerten, da hiermit oft auch ein Verlust des Authentischen verbunden ist, denn Traditionen werden häufig so für kommerzielle und/oder touristische Zwecke stereotypisiert. In OCHO APELLIDOS VASCOS werden einige Traditionen der Kulturgemeinschaften sehr folkloristisch dargestellt. Die Szene in der Flamencobar in Sevilla, als sich die Baskin Amaia und der Andalusier Rafa kennenlernen, ist ein Beispiel. Sie zeigt überschminkte Frauen und Männer und auch Amaia trägt – wohl im Rahmen ihres Junggesellinnabschieds – ein typisches Kostüm einer Flamencotänzerin. Es bleibt unklar, ob der Regisseur auf diese Art kritisch mit der andalusischen Kultur ins Gericht geht, weil er darauf aufmerksam machen will, dass der Flamenco nur noch zu aus dem ursprünglichen Kontext gerissenen Schauzwecken aufgeführt wird, um aufwendige Kostüme zu präsentieren und als Schauspiel auf einer Feier statt wie früher tatsächlich vom Volk ganz alltäglich praktiziert zu werden. In jedem Fall thematisiert der Film in seiner Gesamtheit, dass volkstümliche Eigenheiten und Traditionen wichtig sind für die Identitätsvergewisserung, jedoch auch Gefahren bergen, wenn es sich lediglich um eine künstliche Pflege von Traditionen handelt.

Der Film OCHO APELLIDOS VASCOS ist besonders jenen zu empfehlen, die etwa BIENVENUE CHEZ LES CH'TIS mochten. Das Thema bleibt in der Romania aktuell und bewegt die Menschen. Auch wenn Toleranz, Akzeptanz und Offenheit in modernen demokratischen Gesellschaften mehr denn je selbstverständlich sein sollten, wird durch den Film deutlich, dass Voreingenommenheiten, Engstirnigkeiten und sogar Vorurteile nach wie vor auch in einem offenen Europa existieren. Der Film trägt demnach, zwar nicht immer ganz tiefgründig, aber doch einladend, dazu bei, über eingefahrenen Denkweisen nachzudenken. Zwar zeigt er die Kulturen sehr schematisch, doch steckt natürlich in jeder Überspitzung mindestens ein Körnchen Wahrheit. Sonst würde der Rezipient die kulturellen Bezüge gar nicht erkennen. Über das offene Herangehen an andere Kulturen wird jeder, wie auch Rafa, sehr schnell feststellen, dass diese interessant und bereichernd für den eigenen Horizont sind.

Geschichte der Romanistik

Elsässische Romanistikprofessoren vor und im Ersten Weltkrieg 429
(mit einem Anhang einschlägiger Dokumente)
Frank-Rutger Hausmann

Philologie im Horizont der Geschichtlichkeit von Sprache und Text 459
Zum Tagungsband von Wulf Oesterreicher und Maria Selig
Olaf Müller

Die Ursünde der Philologie? 473
Zu M. A. Lenz' Arbeit *Genie und Blut* über Rassedenken in der italienischen Philologie
Manfred Hinz

Quellen einer noch zu schreibenden Fachgeschichte: *Romanistik als Passion III* 479
Maria Selig

Elsässische Romanistikprofessoren vor und im Ersten Weltkrieg

(mit einem Anhang einschlägiger Dokumente)

Frank-Rutger Hausmann (Freiburg i. Br.)

Zusammenfassung: Auf der Basis der vorhandenen Forschungsliteratur, insbesondere aber von verstreut publizierten Briefen und Autobiographien sowie unbekannten Archivalien, wird die Karriere von vier aus dem Elsass stammenden Romanistikprofessoren (Philipp August Becker, Heinrich Alfred Schneegans, Friedrich Eduard Schneegans und Ernst Hoepffner) in der Zeit vor und im Ersten Weltkrieg nachgezeichnet, von denen keiner, trotz hoher Qualifikation, zum Nachfolger seines von 1880 bis 1909 in Straßburg lehrenden Lehrers Gustav Gröber berufen wurde.

Schlagwörter: Fachgeschichte; Erster Weltkrieg; Elsass; Straßburg; Kaiser-Wilhelms-Universität Straßburg; Gröber, Gustav; Becker, Philipp August; Schneegans, Heinrich Alfred; Schneegans, Friedrich Eduard; Hoepffner, Ernst

Straßburg im Elsass besitzt eine bis zum Jahr 1567 zurückreichende Universitätstradition. Die in diesem Jahr gegründete Akademie entwickelte sich bis 1621 zur Universität. Nach der Annexion Straßburgs durch Frankreich im Jahr 1681 blieb sie als städtische, deutsche und protestantische Universität erhalten, die jedoch in Konkurrenz zu einer katholischen Akademie vor Ort trat. Im Gefolge der Französischen Revolution wurde sie für aufgelöst erklärt, nach der napoleonischen Reorganisation des Bildungswesens in eine französischsprachige Académie umgewandelt, in der die Fakultäten weitgehend unverbunden nebeneinander standen.[1]

Die nach dem siegreichen Abschluss des Deutsch-Französischen Krieges und der Annexion des Elsass am 1. Mai 1872 eröffnete, ab 1877 als Kaiser-

[1] Trude Maurer, „Vorposten – oder auf verlorenem Posten? Die Universitäten Straßburg und Jur'ev 1872/87–1918", *Zeitschrift für Ostmitteleuropa-Forschung* 56 (2007): 500–37; Reiner Möhler, „Litteris et patriae – zweimal deutsche Universität Straßburg zwischen Wissenschaft und Germanisierung (1872–1918 und 1941–1944)", in *Tour de France: eine historische Rundreise. Festschrift für Rainer Hudemann*, hrsg. von Armin Heinen, Schriftenreihe des Deutsch-Französischen Historikerkomitees 4 (Stuttgart: Steiner, 2008), 57–169.

Wilhelms-Universität bezeichnete Straßburger Hochschule unterstand keinem deutschen Bundesstaat, sondern dem Reichskanzler. Statutenänderungen bedurften gar der Genehmigung des Kaisers. Die Professoren und sonstigen Lehrkräfte fühlten sich mehrheitlich „zum Einsatz für das Reich verbunden“, glaubten, „eine nationale Mission“ zu erfüllen. Gelegentlich wurde die Universität als „Reichsuniversität“, häufiger jedoch als „deutsche Universität“ bezeichnet. Über die Ausgestaltung dieser Universität war im Vorfeld ihrer Eröffnung intensiv diskutiert worden. Sie sollte an der neuen Grenze zu Frankreich als eine deutsche Modelluniversität entstehen, bei der alte Zöpfe abgeschnitten wurden. So wurde eine „Rechts- und Staatswissenschaftliche Fakultät“ errichtet, die mathematisch-naturwissenschaftlichen Fächer wurden aus der Philosophischen Fakultät herausgelöst, neue Fächer wie Pharmazie, Ägyptologie, Musikwissenschaft, Kunstwissenschaft, Christliche Archäologie, Anglistik, Geschichte und Staatsentwicklung der Vereinigten Staaten von Amerika usw. wurden erstmals mit Lehrstühlen ausgestattet.[2] Nicht zu vergessen ist das monumentale Bauprogramm der 1870er und 1880er Jahre, dessen Ergebnisse noch heute zu bewundern sind.[3]

Leider wurden die elsässischen Wünsche[4] an die neue Universität, wie sie der Mediziner Charles Schützenberger (1809–81) in einem Memorandum vom 30. April 1871 artikuliert hatte und die darauf hinausliefen, die intellektuellen Bedürfnisse der Elsässer (und Lothringer) stärker zu berücksichtigen als die „impatiences ultra-germaniques de quelques universitaires d'outre-Rhin“, nicht erfüllt. Sie hätten die Universität wieder in die Lage

[2] Eckhard Wirbelauer, „Eine Reichsuniversität in Straßburg? Konzepte für die Universitätsgründung nach dem Deutsch-Französischen Krieg (1870/71)“, in *Schule und Bildung am Oberrhein in Mittelalter und Neuzeit*, hrsg. von Ursula Huggle und Heinz Krieg, Forschungen zur oberrheinischen Landesgeschichte [im Druck]. – Zu den Naturwissenschaften vgl. *La Science sous influence: l'université de Strasbourg, enjeu des conflits franco-allemands 1872–1945*, hrsg. von Elisabeth Crawford und Josiane Olff-Nathan (Strasbourg: La Nuée Bleue, 2005).

[3] Sebastian Hausmann, *Die Kaiser-Wilhelms-Universität Strassburg: ihre Entwicklung und ihre Bauten*, mit Benutzung amtlicher Quellen bearbeitet (Strassburg: Heinrich, 1897). Immer noch lesenswert sind die beiden Einleitungskapitel „Die Entwicklung der alten Strassburger Hochschule 1538–1870“, 1–20, und „Die Kaiser-Wilhelms-Universität 1872–1897“, 21–64.

[4] Will man die elsässische Mentalität dieser Zeit verstehen, lese man z.B. die Memoiren des Nationalökonomen Lujo Brentano (1844–1931), der von 1882–88 in Straßburg lehrte: *Elsässer Erinnerungen* (Berlin: Reiß, 1917), bes. 49–50. Eine Übersicht über weitere Zeugnisse liefert Birgit Tappert in ihrem gehaltvollen Aufsatz „Heinrich Schneegans und die beiden Curtius“, in *Lingua et Traditio: Geschichte der Sprachwissenschaft und der neueren Philologien*, Festschrift für Hans Helmut Christmann zum 65. Geburtstag, hrsg. von Richard Baum u.a. (Tübingen: Gunther Narr, 1994), 501–15, hier Anm. 11.

versetzt, als Vermittler zwischen Frankreich und Deutschland zu fungieren, was die alte Straßburger Universität so lange geleistet hatte. Doch die Stimmen des deutschen Nationalismus tönten zu laut. Immerhin hatte der Gründungsbeauftragte der neuen Universität, der badische Politiker Franz Freiherr von Roggenbach (1825–1907), sich mit Schützenbergers Vorschlägen beschäftigt und sich davon anregen lassen. In seinem Abschlussgutachten vom April 1872 empfahl er u. a. die Ernennung eines Professors für Französische Literaturgeschichte, nach Möglichkeit eines Franzosen, sowie die Möglichkeit für die einheimischen Dozenten, zumindest während der Anfangsjahre auf Französisch zu lehren. Auch der mit Roggenbach bekannte und einflussreiche Philosoph Wilhelm Dilthey (1833–1911) hatte in einem Entwurf einen Lehrstuhl für Romanistik empfohlen. Dass es schließlich zu zwei getrennten Lehrstühlen für Romanistik und Anglistik kam, Fächern, die bis dahin von einem Professor unterrichtet worden waren, ist auf das Geschick des Universitäts-Kurators Karl Ledderhose (1821–99) zurückzuführen. Er brachte das Reichskanzleramt dadurch in Zugzwang, dass er vorgab, mit dem Anglisten Bernhard ten Brink (1841–92)[5] und dem Romanisten Carl Eduard Böhmer bereits Berufungsverhandlungen geführt zu haben, die kurz vor dem Abschluss stünden. Dabei kam ihm zugute, dass sich der zweite Lehrstuhl einige Jahre lang durch Umverteilung der Mittel finanzieren ließ.[6]

Da der jeweilige Inhaber des Straßburger Romanistiklehrstuhls, *à tort ou à raison*, die höchste wissenschaftliche Französischkompetenz im Elsass verkörperte,[7] konnte er sich besonderer öffentlicher Aufmerksamkeit sicher sein, sowohl von elsässischer als auch von altdeutscher Seite. Nicht alle Berufenen[8] haben die in sie gesetzten Erwartungen erfüllt. So ist das Urteil über

[5] Zu ten Brink, der bei Diez in Bonn Romanistik studiert hatte, vgl. Gunta Haenicke und Thomas Finkenstaedt, *Anglistenlexikon 1825–1990*, Augsburger I&I-Schriften 64 (Augsburg: Universität Augsburg, 1992), 326–7.

[6] Vgl. Renate Haas und Albert Hamm, *The University of Strasbourg and the foundation of continental English studies: a contribution to a European history of English studies = L'Université de Strasbourg et la fondation des études anglaises continentales: contribution à une histoire européenne des études anglaises = Die Universität Straßburg und die Etablierung der Anglistik auf dem Kontinent: ein Beitrag zu einer europäischen Geschichte der Anglistik*, Europäische Studien zur Ideen- und Wissenschaftsgeschichte 16 (Frankfurt a.M.: Peter Lang, 2009), 175–94.

[7] Das Straßburger Seminar hieß nicht etwa „Seminar für romanische Philologie", sondern „Seminar für romanische Sprachkunde"!

[8] Vgl. auch Alexander M. Kalkhoff, *Romanische Philologie im 19. und frühen 20. Jahrhundert: institutionengeschichtliche Perspektiven*, Romanica Monacensia 78 (Tübingen: Narr, 2010), 284.

den ersten Lehrstuhlinhaber, Carl Eduard Böhmer (1827–1906; Straßburger Professor 1872–79),[9] höchst kritisch, das über den dritten, Wilhelm Arnold Cloëtta (1857–1911; Straßburger Professor 1909–10), überwiegend negativ,[10] das über den vierten, Oskar Schultz-Gora (1860–1942; Straßburger Professor 1911–18/19), zumindest ambivalent.[11] Allein der zweite, Gustav Gröber (1844–1911), der die Straßburger Romanistik fast dreißig Jahre (1880–1909) lang

[9] Vgl. dazu Strasbourg, Archives Départementales du Bas-Rhin (ADBR), Fonds de l'Université de Strasbourg, 1869–1919, AL 103, 324 [die genaue Auswertung der Straßburger romanistischen Personalakten bleibt einer weiteren Untersuchung vorbehalten]. Weiterhin Haas und Hamm, *The University of Strasburg*, 196: „Angesichts der verschiedenen Nationalismen hatte der Deutsche Böhmer als der erste und primäre Vertreter der Romanistik eine viel schwierigere Aufgabe. Roggenbachs späte Empfehlung, einen Lehrstuhl für französische Literatur zu schaffen und mit einem Franzosen zu besetzen, hatte man ignoriert, und nach nur einem Jahr beschwerte sich die Prüfungskommission, dass Böhmer zuviel historische Grammatik und Altfranzösisch verlange und so Lehrermangel zu produzieren drohe. [...]. Böhmer zog sich daraufhin noch weiter in seine Forschungen zum Provenzalischen und Italienischen zurück und überließ die Lehrerbildung mehr oder weniger ten Brink, der regelmäßig Vorlesungen über die französischen Klassiker und französische Metrik sowie das *Rolandslied* anbot. Ein Wrack, obwohl er erst Anfang Fünfzig war, trat Böhmer nach nur sieben Jahren zurück, und sein Verständnis seines Amts wurde zum Gegenstand öffentlicher Diskussion. Merkwürdigerweise haben Historiker dieses Fiasko fast völlig ignoriert. Vielleicht war es außerhalb von Straßburg nicht so offensichtlich, da Böhmer sich erholen konnte, während seines 27jährigen Ruhestands seine Forschungen fortführte und dabei bspw. die von ihm begründeten *Romanischen Studien* weitere sechzehn Jahre herausgab". – Vgl. auch Stephan Roscher, *Die Kaiser-Wilhelms-Universität Straßburg 1872–1902*, Europäische Hochschulschriften III, 1003 (Frankfurt a.M.: Peter Lang, 2006), 166–8, 377–8.

[10] Vgl. Strasbourg, ADBR, Fonds de l'Université de Strasbourg, 1869–1919, AL 103, 349; s. auch den Beitrag der Jenenser Studenten in der *Straßburger Post*, Nr. 885, Donnerstag, 4. August 1910, zit. bei Ursula Hillen, *Wegbereiter der Romanischen Philologie: Ph. A. Becker im Gespräch mit G. Gröber, J. Bédier und E. R. Curtius*, Bonner Romanistische Arbeiten 47 (Frankfurt am Main: Peter Lang, 1993), 59.

[11] Vgl. Strasbourg, ADBR, Fonds de l'Université de Strasbourg, 1869–1919, AL 103, 695. So schreibt John E. Craig, *Scholarship and Nation Building: The University of Strasbourg and Alsatian Society 1870–1939* (Chicago und London: The University of Chicago Press, 1984), 179, über den pro-französischen *Cercle des étudiants alsaciens-lorrains*: „Many participated in the demonstrations provoked by certain professors' insensitive remarks or actions. (Among the targets were the jurist Paul Laband and two Romance philologists, Wilhelm Cloëtta and Oscar Schultz-Gora". Leider fehlen nähere Angaben. Liest man jedoch einige Beiträge Schultz-Goras aus der unmittelbaren Zeit nach 1918, kann man unschwer auf überlaute deutschnationale Töne rückschließen: „Die Deutsche Romanistik und der Krieg", *Internationale Monatsschrift für Wissenschaft, Kunst und Technik* (Berlin und Leipzig, 1916): Sp. 733–50; „Die deutsche Romanistik in den letzten zwei Jahrzehnten. Vortrag, gehalten am 5. Oktober 1920 auf der 17. Tagung des Allgemeinen Deutschen Neuphilologenverbandes", *Archiv für das Studium der Neueren Sprachen* 141, NS 41 (1921): 208–21. – Der nationalkonservative Karl Voretzsch sieht das in seinem Nachruf naturgemäß anders, vgl. „Oskar Schultz-Gora 1860–1942: sein Leben und Schaffen (Halle

vertrat,[12] wird von allen, die seinen Namen erwähnen, als herausragender Repräsentant seines Fachs gewürdigt.[13] Will man wissen, worauf dieses Lob gründet, lese man den Artikel, den Ernst Robert Curtius seinem verehrten Lehrer aus Anlass von dessen 100. Geburtstag am 4. Mai 1944 gewidmet hat. Darin stellt er nicht nur den weiten Horizont Gröbers heraus, sondern unterstreicht vor allem sein philosophisch untermauertes Methodenbewusstsein, das sich nicht nur, wie gelegentlich behauptet, an älteren Texten bewiesen habe.[14] Seine Arbeiten dienten, so fährt Curtius fort, „einem Erkenntnisideal, welches die Ermittlung des empirischen und des historischen Tatbestandes nur als Vorstufe für eine genetische Ursachenforschung“ betrachte:

> Es darf idealistisch heißen, indem es vom Lautlichen zum Geistigen, von der Empirie zur genetischen (und d. h. sowohl psychologischen wie kulturgeschichtlichen) Betrachtung aufsteigt. Aber es ist ein kritischer, d. h. der Grenzen des Erkennbaren bewußter, nicht ein spekulativer Idealismus. Er steht oberhalb der Debatten über Positivismus und in der Sprachwissenschaft (448).

Nach Friedrich Christian Diez (1794–1876) wurde Gröber zum bedeutendsten deutschsprachigen Romanisten des 19. Jahrhunderts, der eine große Zahl von Schülern anzog, darunter zahlreiche Elsässer, die, wie schon zuvor die Zürcher,[15] die spezifisch „deutsche“ Romanistik offenbar höchst attraktiv fanden.

---

a.S.: Niemeyer, 1943), 8: „Auch hier [i.e. Straßburg] hat er es verstanden, die Anhänglichkeit seiner Hörer zu gewinnen, und wenn deren eigene Mitarbeit in der Zahl der Dissertationen nicht so zum Ausdruck kommt wie in Königsberg und später Jena, so liegt es daran, daß wenige Jahre nach dem Beginn seiner Lehrtätigkeit in Straßburg der Krieg ausbrach und ebenso wie anderwärts das Studium lahm legte“.

[12] Vgl. Strasbourg, ADBR, Fonds de l'Université de Strasbourg, 1869–1919, AL 103, 409.

[13] Der von Böhmer 1875 habilitierte Karl Vollmöller (1848–1922) wurde bereits zum WS 1867/77 nach Erlangen fortberufen, so dass er keine tiefen Spuren in Straßburg hinterlassen hat, vgl. Strasbourg, ADBR, Fonds de l'Université de Strasbourg, 1869–1919, AL 103, 767.

[14] Ernst Robert Curtius, „Gustav Gröber und die Romanische Philologie“, *Zeitschrift für romanische Philologie* 67 (1951): 257–88, hier zit. nach *Gesammelte Aufsätze zur romanischen Philologie* (Bern und München: Francke, 1960), 428–55.

[15] Anne-Marguerite Fryba-Reber, „De Gustav Gröber à Arthur Piaget (1872–1895): l'Institutionnalisation de la Philologie romane en Suisse“, in *Portraits de Médiévistes Suisses (1850–2000): une profession au fil du temps*, hrsg. von Ursula Bähler und Richard Trachsler, Publications Romanes et Françaises CCXLVI (Genève: Droz, 2009), 33–58: „On supposera à juste titre que, vu la durée de son passage, Gröber n'a pas pu jouer un rôle important à Zurich, et ce malgré le succès de son enseignement: le choix de Gröber n'en reste pas moins significatif de l'état d'esprit innovateur de la faculté des lettres décidée à accorder à la philologie romane un statut valorisant“, 38.

Betrachtet man die Liste der zuvor erwähnten Straßburger Romanistikprofessoren, so fällt auf, dass sich kein Elsässer darunter befindet. Das mag für die beiden ersten Lehrstuhlinhaber in der Gründungsphase des Fachs noch einleuchten, nicht jedoch für Gröbers und Cloëttas Nachfolge in den Jahren 1909 und 1910/11. Jetzt fehlte es nicht an elsässischen Kandidaten, die in Frage gekommen wären, und zudem alle Schüler Gröbers waren: Philipp August Becker (1862–1947) aus Mülhausen, Heinrich Schneegans (1863–1914),[16] sein Vetter zweiten Grades Friedrich Eduard Schneegans (1867–1942), beide aus Straßburg, und Ernst Hoepffner (1879–1956) aus Runzenheim (Rountzenheim, Kanton Bischwiller).[17] Alle waren Vertreter des protestantischen Bildungsbürgertums im Elsass, die drei Letztgenannten bezeichnenderweise Schüler des renommierten Protestantischen Gymnasiums in Straßburg, als dessen Scholarch (Unterrichtsinspektor) Hoepffner[18] später (ab 1938) amtieren sollte.

Wie Craig darlegt, wurde von Elsässern, die nach Straßburg berufen werden sollten, zunächst eine Berufung an eine Universität im Alt-Reich (ersatzweise in Österreich oder der Schweiz) erwartet, was mit dem an allen deutschen Universitäten in der Regel beachteten Prinzip der Vermeidung von „Hausberufungen" übereinstimmte.[19] Alle zuvor Genannten konnten eine derartige Berufung oder Ernennung aufweisen: Becker war 1893 nach Budapest und 1905 nach Wien, Heinrich Schneegans 1898 nach Erlangen, 1900 nach Würzburg und 1908 nach Bonn berufen worden; Friedrich Eduard Schneegans, ursprünglich Französischlektor, war nach seiner Habilitation 1902 zum etatmäßigen außerordentlichen Professor in Heidelberg avanciert, und Ernst Hoepffner war 1911 Ordinarius in Jena geworden. Es muss also andere Gründe geben, die einer Berufung der Genannten im Weg standen, denen im Folgenden nachgegangen werden soll.

---

[16] Vgl. Strasbourg, ADBR, Fonds de l'Université de Strasbourg, 1869–1919, AL 103, 724.

[17] Aus Runzenheim stammte auch der Theologe Gustav Adolf Anrich (1867–1930), später Straßburger Professor, vorletzter Rektor der Universität und Vater des Historikers Ernst Anrich (1902–2001), des Gründungsdekans der Reichsuniversität in den Jahren 1940/41. Sein Großvater Eduard Anrich (1835–1868) war übrigens der Runzenheimer Amtsvorgänger von Hoepffners Vater Theodor Eugen (1850–1926). – Zur Person vgl. Strasbourg, ADBR, Fonds de l'Université de Strasbourg, 1869–1919, AL 103, 443.

[18] Pierre Schang und Georges Livet, Hrsg., *Histoire du Gymnase Jean Sturm: berceau de l'Université de Strasbourg 1538–1988* (Strasbourg: Éd. Oberlin, 1988), 471, bes. 411 (Foto).

[19] Craig, *Scholarship and Nation Building*, 170–2; Trude Maurer, *„... und wir gehören auch dazu": Universität und ‚Volksgemeinschaft' im Ersten Weltkrieg*, 2 Bde. (Göttingen: Vandenhoeck & Ruprecht, 2015), I, 101.

Gröbers Wunschkandidat für seine Nachfolge war Philipp August Becker, den er zwar promoviert, nicht jedoch habilitiert hatte (die Habilitation erfolgte 1890 durch Gottfried Baist [1853–1920] in Freiburg i. Br.). Ursula Hillen hat in ihrer Edition der Briefe, die Becker von Gröber erhalten hat, die Gründe dargelegt,[20] die ihn aus dem Rennen um die Gröber-Nachfolge nahmen: Es war ein Plagiatsvorwurf, den der in Nürnberg und später in München tätige Gymnasialprofessor Arthur Ludwig Stiefel (1852–1915)[21] gegen Beckers *Geschichte der spanischen Literatur* (Straßburg: Trübner, 1904) erhoben hatte.[22] Becker, kein ausgewiesener Hispanist, hatte diesen Teil für die fünfbändige, ursprünglich auf Ungarisch erschienene *Geschichte der Weltliteratur* (Budapest 1903f.) auf Bitten des Herausgebers, seines Pester Kollegen Gustav Heinrich (1845–1922), verfasst und sich dabei an anderen spanischen Literaturgeschichten (vor allem von Adolf Friedrich Schack, Adolf Schaeffer, Ludwig Lemcke, Gottfried Baist und George Ticknor) „orientiert". Stiefel, ein eifriger und kundiger Rezensent, wiederholte seine vernichtende Kritik ein Jahr später im 10. Band der *Kritischen Jahresberichte über die Fortschritte der Romanischen Philologie*, woraus eine Passage wiedergegeben werden soll, da Hillen diese erneute Kritik nicht erwähnt:

> PHILIPP AUGUST BECKER schrieb eine spanische Literaturgeschichte, an der nichts sein Eigentum ist als die zahlreichen Stilblüten, die nichtssagenden Charakteristiken, die vielen Verstösse gegen Grammatik, Sprachgebrauch und Stil; alles übrige ist aus den Kompendien von Baist, Ticknor, Schack, Schäffer, Menendez y Pelayo u.s.w. zusammengetragen, aber leider nicht immer in freier Wiedergabe, sondern ausserordentlich häufig unter wörtlicher Benützung der Hilfsbücher, ohne dass diese ‚Entlehnungen' kenntlich gemacht oder die Quellen angegeben wären. Dabei wimmelt das kleine Buch trotz der trefflichen Führer von Unrichtigkeiten aller Art. Diese Arbeitsweise

[20] Hillen, *Wegbereiter*, 50–9. – Beckers Rechtfertigungsschrift wird von Hillen auf den S. 490–500 ediert.

[21] Hier einige Hinweise und Präzisierungen zu Stiefels Biographie (ich stütze mich dabei auf mein im Entstehen begriffenes *Romanistenlexikon*, das nicht nur Hochschulromanisten verzeichnet): Nach Archivrecherchen in Nürnberg und München hieß Stiefel (1852–1915) eigentlich Abraham Lesser mit Vornamen. Mit Genehmigung der Oberbayrischen Regierung änderte er 1900 den ersten Vornamen in Arthur (den zweiten hatte er selbständig gegen Ludwig getauscht), offenbar, um seine jüdische Abkunft zu verschleiern. Er stammte aus Hammelburg, war zunächst Reallehrer in Nürnberg, dann in München, wo er auch als Fremdsprachenprofessor an der Industrieschule unterrichtete. Er hat eine ansehnliche Zahl von Rezensionen zur französischen, italienischen und spanischen Literaturgeschichte in diversen romanistischen Zeitschriften veröffentlicht.

[22] Stiefel, in *Studien zur vergleichenden Literaturgeschichte* 9 (1909): 114–23 u. 269–71.

> muss um so mehr befremden, als Becker in seinen zahlreichen Rezensionen gegen hochverdiente Leistungen oft in den schärfsten Tonarten loszieht und seit ein paar Jahren auch ‚in cosas de España' ein gewichtiges Wort mitzureden sucht.[23]

Becker legte Stiefels Kritik als einen persönlichen Racheakt aus, verfasste auch eine „Verteidigungsschrift", die jedoch nicht im Druck erschien, da der Verlag Trübner ihm die Kosten der Drucklegung aufbürden wollte. Als Kandidat für Gröbers Nachfolge war er beschädigt, und so kam er nicht auf die erste Liste (sie umfasste auf Platz 1 Heinrich Schneegans, auf Platz 2 Heinrich Morf [1854–1923] und an dritter Stelle Carl Appel [1857–1934], die jedoch alle absagten). Auf der zweiten Liste stand er zunächst zwar an erster Stelle, wurde dann aber wegen der nicht ausgeräumten Vorwürfe wieder heruntergenommen, und selbst ein Minderheitsvotum seines Lehrers und Gönners Gröber, dem sich der Altgermanist Ernst Martin (1841–1910) anschloss, konnte ihn nicht rehabilitieren. Die Kommission setzte diesmal Wilhelm Cloëtta und Oskar Schultz-Gora an die erste und Karl Vossler (1872–1949) an die zweite Stelle. Berufen wurde, wie eingangs ausgeführt, der Schweizer Cloëtta (1884 von Vollmöller in Göttingen promoviert, 1893 wohl unhabilitiert nach Jena berufen), den die Studenten aber schon bald wegen seines Unterrichts- und Prüfungsstils ausbuhten und boykottierten, so dass er am 18. Oktober 1910 auf eigenen Wunsch emeritiert wurde. Als Grund des vorzeitigen Entpflichtungswunsches gab er ein Augenleiden an; er ist bereits am 24. September 1911 verstorben. Becker, seit 1905 Nachfolger des angesehenen Adolfo Mussafia (1835–1905) in Wien (den zweiten Listenplatz bei dieser Berufung erlangte Heinrich Schneegans, den dritten Karl Vossler), verlor infolge der Causa Stiefel offenbar sein Interesse an Straßburg oder galt dort auch 1911 noch als unberufbar; er nahm 1917 einen Ruf nach Leipzig an.[24] Die Straßburger „Schmach" hatte selbst Gröber nicht lindern können, der seinen Lieblingsschüler am 17.10.1909 zu trösten versuchte:

---

[23] Stiefel, in *Kritischer Jahresbericht über die Fortschritte der romanischen Philologie* 10 (1906): II, 257–8.

[24] Die Frage von Beckers Staatsangehörigkeit konnte nicht mit Sicherheit geklärt werden. Da er 1872 nicht für Frankreich optiert hatte, wurde er Deutscher, der möglicherweise durch die Berufung nach Pest auch noch die österreichisch-ungarische Nationalität erhielt. Von Plänen, nach 1918 ins Elsass zurückzukehren und den Leipziger Lehrstuhl mitsamt der deutschen Staatsangehörigkeit gegen eine Existenz im Elsass als Franzose einzutauschen, ist nichts bekannt.

> Daß mein Nachfolger nun Cloëtta geworden ist, dem ich in der neuen Woche das Seminar mit Bibliothek und Inventar zu übergeben haben werde, wird Ihnen bekannt geworden sein, ich werde dabei immer an den erhofften Nachfolger denken [müssen], der in seinem Heimathlande im Sinne desselben und der gefestigten Traditionen gewirkt haben würde und wohl kaum ersetzt werden wird. Mit Freuden hätte ich es wenigstens begrüßt, wenn ich durch Ihre Widerlegung der hier ohne weiteres und trotz meiner Einwände acceptierten Kritik Stiefels der Facultät die Nichtigkeit seiner Beweise hätte dartun und das Unrecht nachweisen können, das sie sich und dem Lande zugefügt hat. Schade, daß Sie sich mit Dr Gruiter [=Walter de Gruyter, seit 1907 alleiniger Eigentümer des Verlags Trübner] nicht haben verständigen können.[25]

Ganz anders verhielt es sich mit Heinrich Alfred Schneegans, der nach der Ablehnung eines Rufs nach Rostock am 23. Juni 1887 zum Ausgleich immerhin Straßburger Extraordinarius geworden war, was den damaligen akademischen Usancen entsprach. Die Ablehnung des Rostocker Rufs hatte er in einem Brief vom 23. Juni 1897 (Straßburg) an Hermann Suchier (1848–1914) in Halle mit materiellen, nicht mit lokalpatriotischen Argumenten begründet:

> Sie werden sich gewiß auch gewundert haben, daß ich die selbständige Stellung in Mecklenburg der doch nicht ganz unabhängigen hier nicht vorgezogen habe. Die Gründe, die mich dazu veranlaßt haben, möchte ich bei dieser Gelegenheit doch nicht versäumen, Ihnen auseinander[zu]setzen, da ich Wert darauf lege, daß meine Handlungsweise nicht falsch beurteilt werde. Es liegt ja nahe anzunehmen, daß ich deshalb abgelehnt habe, weil ich Elsässer bin, und wie soviele meiner Landsleute meine Heimat nicht verlassen möchte. Und doch liegt die Sache bei mir ganz anders. Erstens bin ich Keiner von denen, die nichts Höheres achten als den Münsterturm des guten alten Straßburg, ich bin, dadurch, daß meine Eltern in Italien wohnen, vielleicht mehr dort zu Haus als in Straßburg, bin auch sonst sehr viel herumgekommen und hätte bei meiner großen Reiselust, sehr gern den mir bis dahin unbekannten Norden kennen gelernt. Leider waren aber die pecuniären Anerbietungen in Rostock so minimal, daß ich, der ich Familienvater bin und auf mein Gehalt oder Nebeneinkünfte angewiesen bin, ernstliche Bedenken von vorn herein haben mußte. Durch die große Thätigkeit, die ich hier in der Stadt neben meinem Lectoramt entwickelte, durch Abhalten aller möglichen Curse für Damen z.B. u.s.w. konnte ich mich über Wasser halten, in Rostock

[25] Hillen, *Wegbereiter*, 371 (Brief CXLI).

wäre das Alles weggefallen, und wäre ich auf das Gehalt allein angewiesen gewesen.[26]

Den Rostocker Ruf auf den Lehrstuhl von Karl Bartsch (1832–88), der zwischenzeitlich mit dem Germanisten Reinhold Bechstein (1833–1894) besetzt worden war, nahm 1897 übrigens mit Rudolf Zenker (1862–1941) ein weiterer Gröber-Schüler an, der allerdings von Schneegans 1899 während seines kurzfristigen Erlanger Ordinariats dort habilitiert worden war.

Ein Straßburger Ordinariat war jedoch eine ganz andere Verlockung und zugleich Herausforderung als ein Ruf ins ferne Rostock. Da der erste, von französisch gesonnenen Elsässern als „Kollaborateur" getadelte Rektor der „deutschen" Straßburger Universität, der Theologe Johann Friedrich Bruch (1792–1874), Schneegans' Großvater mütterlicherseits gewesen war,[27] verfügte er über gute Beziehungen vor Ort, und so ist es kein Wunder, dass ihm, dem bereits dreimal an andere Universitäten Berufenen und im Fach Hochangesehenen, als erstem die Gröber-Nachfolge angetragen wurde. Er lehnte sie überraschenderweise ab, nicht zuletzt weil er kurz zuvor (7. Dezember 1908) die Sukzession Wendelin Foersters (1844–1915) in Bonn angetreten hatte. Vermutlich gab es schon damals Sperrfristen, zumal beide Universitäten preußisch waren. Craig betont jedoch das besondere Interesse des Ministeriums an Schneegans' Berufung, das nicht auf der Einhaltung von Fristen bestanden habe, weil dieser im Unterschied zu anderen Elsässern als deutsch-

[26] Vgl. Birgit Tappert, „Heinrich Schneegans", in *Romanistik: eine Bonner Erfindung*, in Zusammenarbeit mit Richard Baum und Birgit Tappert hrsg. von Willi Hirdt, 2 Halbbde. (Bonn: Bouvier, 1993), 231–320 bzw. 1069–227 (Dokumentation), hier 1081.

[27] Zur Familiengeschichte Bruch vgl. den umfangreichen Stammbaum von Françoise Bernard Bries „Les Bruch", http://www.pages-tambour.com. Zum „Amtsträger" Bruch vgl. Craig, *Scholarship and Nation Building*, 32–3. Lesenswert sind Bruchs Erinnerungen: *Johann Friedrich Bruch: seine Wirksamkeit in Schule und Kirche 1821–1872*, aus einem handschriftlichen Nachlass hrsg. von Th. Grad (Strassburg: Heitz, 1890), hier 85–6: „Meine Ernennung erfolgte schon anfangs April und wurde sogleich durch die Zeitungen bekannt gemacht. Alsbald ließen sich aber auch mißbilligende Stimmen in Straßburg und dem Elsaß vernehmen. Personen, die mir bisher befreundet gewesen, wandten sich von mir ab; einige scheuten sich nicht, mich öffentlich anzuklagen. Diese Aeußerungen der öffentlichen Mißbilligung waren mir sehr empfindlich, zumal sie sich mit der Reue vereinigten, die ich selbst darüber empfand, die mir angetragene Rectoratswürde nicht absolut ausgeschlagen zu haben. [...] Indessen, was war zu thun? – Ich nahm an der Inaugurationsfeier der Universität in meiner Eigenschaft als Rector theil, beantwortete die Ansprache, mit welcher der Herr Oberpräsident die Feierlichkeit eröffnete, und die Begrüßungen der Abgeordneten der deutschen, österreichischen und schweizerischen Universitäten, und wurde wenige Tage nachher sämmtlichen Professoren als der Rector für das Sommersemester vorgestellt".

freundlich gegolten habe. Er habe jedoch abgelehnt, weil er der Meinung gewesen sei, ein deutschfreundlicher Elsässer, der in Straßburg französische Literatur lehre, würde es allzu schwer haben.[28]

Da Schneegans von Beckers gescheiterten Straßburger Ambitionen wusste und mit ihm eng befreundet war, war er angesichts seines eigenen Erfolgs in einem gewissen Dilemma. Er versuchte, es mit dem folgenden Brief (Bonn, 19.7.1909) zu lösen, wobei er den an ihn ergangenen Ruf herunterspielte und von dem Zweitplatzierten Heinrich Morf, dem Drittplatzierten Carl Appel und anderen Kandidaten plauderte:

> Besten Dank für Deine freundlichen Zeilen. Ich hätte Dir schon früher geschrieben, aber die Einrichtung des neuen Hauses neben den sonstigen Berufsarbeiten nahm mich so sehr in Anspruch, daß ich nicht zum Schreiben kam. Daß Morf in Str[aßburg] ablehnte, hat mich nicht so sehr gewundert, seitdem ich ihn in Frankfurt als König der Academie und von allen Seiten so sehr geschätzt gesehn habe. Bei Appel dagegen hat es mich gewundert. Auch seine hiesigen Freunde sagten mit Bestimmtheit, er sehne sich nach dem Westen! Im Ministerium rechnete man auch bestimmt mit seiner Annahme. Was wird ihn bewogen haben, in Br[eslau] zu bleiben? Vielleicht der Umstand, daß er sehr angesehen und beliebt dort war, vielleicht auch das Bewußtsein, daß er für Str[aßburg] zu wenig Neufranz. konnte. In letzter Zeit erschienen in der Presse Artikel, die gegen Gröber gerichtet waren und sich über seine mangelhafte Kenntnis des Neufranz. aufhielten. Vielleicht wird er davon gehört haben und Angst auch für sich bekommen haben. Oder sollte ihn Tobler für Berlin haben wollen? Er ist ja Tobler's Schüler. – Chi lo sa? Was jetzt wird, ist mir ganz unbekannt. Ich hatte seiner Zeit noch bevor die Sache an mich kam, Gröber dringend gebeten Dich auf die Liste zu setzen, und ich weiß, daß er es gerne getan hätte, aber von Seiten der Facultät, ich weiß nicht von wem, erfuhr er Widerspruch. Ich glaube, daß es die Kaibel'sche Geschich-

[28] Craig, *Scholarship and Nation Building*, 398, Anm. 23, unter Hinweis auf ADBR: AL 103, 262 und dort enthaltene Briefe von Schneegans an Ernst Stadler und von diesem an Ludwig Elster aus der zweiten Mai- und der ersten Junihälfte 1909. Becker kommentiert die Entscheidung für Bonn in seinem einfühlsamen Nachruf (*Germanisch-Romanische Monatsschrift* 6 [1914]: 609–14) auf Schneegans mit einem besseren materiellen Angebot, dem größeren Prestige des ehemaligen Diez-Lehrstuhls und dem herzlichen Wohlwollen der Kollegen, geht aber nicht auf den Straßburger Ruf ein: „Das Gefühl, die bleibende Stätte gefunden zu haben und sich frei für die Zukunft einrichten zu können, hob sein Bewußtsein, wenn ihn auch manchmal inmitten der lieblichen Gartenstadt mit ihrer herrlichen Umgebung ein leises Heimweh nach dem alten Straßburg, nach Illstaden und Münsterglocken beschleichen wollte, ein Sehnen nach dem Elsaß, das er in Bayern nicht kannte" (613).

> te[29] ist, die man Dir nachträgt. Würdest Du denn Str[aßburg] annehmen? Ich glaube doch gewiß? Wenn du willst, schreibe ich Koeppel und Ziegler deshalb. Ich halte es für sehr wahrscheinlich, daß wenn eine neue Liste gemacht wird, wohl erst für den Sommer, Du die besten Chancen hättest. Gr[öber] hat ja früher auch an M[eyer]-L[übke] gedacht, aber seitdem er Würzburg abgelehnt hat und in Wien zurückgehalten worden ist, hat er es, glaube ich, für unmöglich gehalten, daß er noch käme. Er wird aber wohl direkt mit M. L. darüber correspondirt haben. Zenker und Voretzsch würden nie in Betracht kommen, eher Behrens oder gar Vossler.[30]

Während von Becker keine pro-elsässischen Äußerungen überliefert sind, war Schneegans ein überzeugter Elsässer und zugleich anerkannter elsässischer Mundartdichter, dessen Theaterstück *Der Pfingschtmondâa vun hütt ze Dâa* als Gegenstück zu Johann Georg Daniel Arnolds *Pfingsmontag* (1816) wie auch sein Einakter *Was d'r Steckelburjer vun d'r Université saaue*, anlässlich des 25. Geburtstags der Universität im Jahr 1897 aufgeführt, besonders hervorzuheben sind.[31] So sehr Schneegans seine Heimat liebte, war er doch Realist und hatte sich mit der deutschen Annexion abgefunden. Vermutlich war ihm sein Vater Carl August (1835–98) dabei Vorbild. Der Überzeugung nach Autonomist, war dieser 1871 zunächst Deputierter der in Bordeaux tagenden französischen Nationalversammlung geworden, hatte noch im gleichen Jahr die Redaktion des liberalen *Journal de Lyon* in der titelgebenden Stadt übernommen, war aber nach der französischen Niederlage nach Straßburg zurückgekehrt und in deutschen Dienst getreten. Ab 1877 gehörte er dem „Oberkonsistorium der Evangelischen Kirche Augsburger Konfession von Elsaß und Lothringen" an, amtierte eine Zeitlang als Ministerialrat in der Abteilung des Inneren der neuen Regierung für Elsaß-Lothringen und wurde 1880 deutscher Konsul in Messina, 1888 Generalkonsul in Genua.[32] Sein Sohn Heinrich, der als Kind die Belagerung seiner Vaterstadt durch die Preußen miterlebt hatte, war kosmopolitisch erzogen und dreisprachig, denn er hatte Schulen in Lyon, Straßburg und Messina besucht, ehe er 1883 am Protestantischen Gymnasium in Straßburg das Abitur ablegte. Außer romanis-

[29] Nicht geklärt; vermutlich handelte es sich um eine Auseinandersetzung mit dem Schauspieler und Molière-Herausgeber Franz Kaibel (1880–1953).

[30] Textwiedergabe bei Tappert, „Heinrich Schneegans", 1099–100. – Tappert, wie Hillen eine Bonner Romanistin, hat das Leben von Heinrich Schneegans ausführlich dokumentiert.

[31] Vgl. Tappert, „Heinrich Schneegans", 1168–213.

[32] Lesenswert sind seine Erinnerungen mit dem Titel *Memoiren: ein Beitrag zur Geschichte des Elsasses in der Übergangszeit* (Berlin: Paetel, 1904), die Heinrich Schneegans hrsg. hat. Über die Familienverhältnisse findet sich ein kurzer Hinweis auf S. 26 Anm.

tischen und literarischen Arbeiten, z.T. in Elsässerdeutsch, hatte er sich auch politisch geäußert, wobei seine Aufsätze „Die gegenwärtige Stimmung des Reichslandes" (1900) bzw. „Die Aufhebung des Diktaturparagraphen" (1902) besonders aufschlussreich sind. In beiden betont er den deutschen Wunsch, mit Frankreich in Frieden zu leben, und lobt zugleich die allmähliche Gleichstellung der Elsässer mit den anderen Bürgern des Deutschen Reichs, auch wenn diese nicht unumstritten war. Ein elsässischer Bundesstaat mit einheimischer Dynastie im Verband des Deutschen Reichs dünkte ihn langfristig die beste Lösung, um dieses Ziel zu erreichen.[33] Wenn er sich als im Altreich lebender und lehrender Elsässer (sein Freund Becker spricht von einem „freiwilligen Exil")[34] scheinbar in eine neutrale Beobachterrolle begab und die politische Auffassung der „guten Elsässer" dahingehend charakterisierte, sie wollten weder protestlerisch französisch noch offen reichsdeutsch, sondern streng partikularistisch für sich bleiben, so dürfte das auch seiner eigenen, autonomistisch angehauchten Meinung entsprochen haben, zu der er sich jedoch als loyaler deutscher Beamter nicht eindeutig bekannte. Man könnte ihn, wie schon seinen Vater, einen „Vernunftdeutschen" nennen. Anzumerken bleibt, dass es auch zwei seiner drei Brüder auf Dauer nach Deutschland zog, Gustav[35] und Alfons (Alphons).[36]

Schneegans, 1863 als Franzose geboren und durch die Option seines Vaters für Frankreich im Jahr 1872, die auch die unmündigen fünf Kinder mit einbezog, zunächst (bis 1874) weiterhin Franzose,[37] wurde der viele Elsässer bewegende Loyalitätskonflikt, den der Ausbruch des Ersten Weltkriegs hervorrief, durch seinen frühen Tod am 6. Oktober 1914 in Bonn erspart. Bei sei-

[33] Vgl. beide Texte bei Tappert, „Heinrich Schneegans", 1198–213.

[34] Becker, „Heinrich Schneegans", 615.

[35] Gustav Edmund (Gustave Edmond) (17.5.1865 Straßburg – ? Bad Kissingen), praktischer Arzt.

[36] Karl Alfons/Charles Alphonse (12.12.1867 Straßburg – 27.6.1946 Freital) war Architekt und Städteplaner, 1900–04 Stadtbaumeister in Berlin, 1904–12 Entwurfsingenieur bei der Bauverwaltung der Fried. Krupp AG, Essen, seit 1912 o. Prof. f. Hochbau u. Entwerfen an der TH Dresden, Verf. von *Handbuch der Architektur*.

[37] August Schneegans, *Memoiren*, 229: „Ich hielt es aber für korrekt, wenn ich mich wieder tätig mit Politik beschäftigen wollte, zuerst meine Option zurückzuziehen und mich in meiner Heimat wieder naturalisieren zu lassen. Der Entschluß wurde mir nicht leicht, ich verhehle es nicht. Im Gegenteil, diese ganze Zeit ist für mich eine Zeit furchtbarer Kämpfe gewesen. Ich ging also auf das Bürgermeisteramt, machte Herrn Back gegenüber diese Erklärung und wurde wieder Bürger meiner Heimatstadt. Man hat mir das als Verrat vorgeworfen! Ein Straßburger, der wieder Straßburger wird, nachdem er ausgewandert war, sollte ein Verräter sein? Schöne Logik!"

nem in Heidelberg lehrenden Vetter Friedrich Eduard hingegen erzeugte der Weltkrieg ein schier unlösbares Gewissensproblem. Friedrich Eduard, der sich später nur noch Frédéric-Edouard nennen sollte, war knapp vier Jahre jünger als sein Vetter Heinrich, in dessen romanistischem Schatten er lange stand. Sein Vater Karl-Friedrich (Charles-Frédéric; 1822–90)[38] war der letzte Direktor des ehrwürdigen Straßburger Protestantischen Gymnasiums vor 1871 gewesen, und an diesem Gymnasium legte der Sohn 1885 die Reifeprüfung ab, studierte Klassische und Romanische Philologie in seiner Vaterstadt und schloss 1891 das Studium mit Staatsexamen und Promotion bei Gustav Gröber ab. Ein Jahr später, nachdem er an der Hamburgischen Gelehrtenschule sein Seminarjahr absolviert hatte, wurde er Französischlektor in Heidelberg, wo er sich, von Fritz Neumann (1854–1934) betreut, am 1. Mai 1897 habilitierte. Am 16. November 1900 wurde er außerordentlicher, am 23. Juli 1902 etatmäßiger außerordentlicher Professor. Seine wissenschaftlichen Arbeiten waren bis dahin ausschließlich mediävistisch. Er konnte und wollte den Gröber-Schüler nicht verleugnen. Nach Gröbers Tod übernahm er die Herausgabe der „Bibliotheca Romanica". Im Jahr 1903 heiratete er Anna Lichtenberger, die Tochter des Sorbonne-Germanisten Charles-Ernest Lichtenberger (1847–1913) und Spross einer bedeutenden elsässischen Familie, die trotz ihrer ursprünglich deutschen Herkunft (die Vorfahren waren aus Sachsen ins Elsass zugewandert) nach 1872 geschlossen nach Frankreich übergesiedelt war.

Schneegans zeigte nach Meinung einiger Fachkollegen, wir schreiben inzwischen das Jahr 1915, allzu pro-französische Neigungen, und man verdächtigte ihn der Spionage, da er sich um französische Kriegsgefangene kümmerte, die in der Volksschule Sandgasse in der Heidelberger Altstadt untergebracht waren. Der Theologe und Philosoph Ernst Troeltsch (1865–1923), Vorstand des Lazaretts, hielt es für nötig, ihn bei seinen Lazarett-Besuchen von einer Militärperson begleiten zu lassen. Dies führte zu einem tiefen Zerwürfnis mit dem seit 1903 aus Gesundheitsgründen beurlaubten Nationalökonomen und Soziologen Max Weber (1864–1920), der Troeltsch Chauvinismus und unehrenhaftes Verhalten vorwarf und auf Dauer seine Beziehungen zu ihm abbrach. Man muss diese Vorgeschichte kennen, um die Zuspitzung der folgenden Ereignisse zu verstehen.[39]

---

[38] *Histoire du Gymnase Jean Sturm*, 316–7, 357–8.

[39] Vgl. dazu ausführlich Karl Hampe, *Kriegstagebuch 1914–1919*, hrsg. von Folker Reichert und Eike Wolgast, Deutsche Geschichtsquellen des 19. u. 20. Jahrhunderts 63 (München: Olden-

Am 1. Juli 1915 bat Schneegans zur größten Überraschung seiner Kollegen[40] und der Heidelberger Universitätsspitze das Großherzoglich Badische Ministerium des Kultus und Unterrichts in Karlsruhe um Entlassung aus dem Staatsdienst, da er mit seiner Familie in die Schweiz übersiedeln wolle, um dort eine Stelle als Gymnasialprofessor anzunehmen. Dieser zu diesem Zeitpunkt ungewöhnliche Antrag sorgte nicht nur in der Heidelberger Universität, sondern noch mehr im Ministerium für allergrößte Aufregung, da ein derartiger Schritt, sobald er bekannt wurde, im Inland, aber besonders im feindlichen Ausland, zu unvorhersehbaren Reaktionen führen konnte. Der Hochschuldezernent Victor von Schwoerer (1865–1943) ersuchte auf Drängen des Heidelberger Prorektors, des Theologen Johannes Bauer (1860–1933), die Philosophische Fakultät und den engeren Senat um Aufklärung, ob disziplinarische Maßnahmen einzuleiten seien. Die Fakultät (Sitzung vom 12. Juli) betonte in ihrer Stellungnahme zwar die persönliche Integrität von Schneegans, warnte jedoch zugleich vor den politischen Folgen, die aus der Übersiedlung entstehen könnten [Dok. I, S. 451]. Bauer fasste die Stellungnahmen von Engerem Senat und Fakultät in einem Brief vom 20. Juli 1915 an von Schwoerer zusammen und gab eine folgenschwere Empfehlung:

> Den einstimmig gefaßten Beschluß in Sachen Schn[eegans] erhalten Sie gleichzeitig.[41] Sie sehen, daß wir uns bestimmt ausdrücken, daß Gefahr vor-

bourg, 2004), 41–3 („3. Der Fall Schneegans"), hier 210 (Eintrag vom 11.3.1915).

[40] Hampe, *Kriegstagebuch 1914–1919*, 250 (Eintrag vom 4.7.1915): „Professor Schneegans scheint nun endlich aus seinem Protestlerherzen keine Mördergrube mehr machen zu wollen. Er nimmt seine Entlassung aus dem Universitätsdienst und will in Rücksicht auf die Konflikte, unter denen seine französische Frau (immerhin eine geborene Lichtenberger) leidet, sich in der Schweiz Erwerb suchen. Das läßt denn doch auf undeutsche Gesinnungen auch bei ihm schließen; sonst wäre dergleichen doch unmöglich. Ob etwa die Militärbehörde ihn internieren läßt? Ein sicherer Kantonist ist er nicht, und könnte doch manches erzählen; ob freilich wirklich Gefährliches, ist mir zweifelhaft. Man sieht aus solchen Fällen, wie unmöglich ein Hinundherschwanken zwischen zwei Nationen ist. – Bedauerlich bleibt der Fall für unsre Universität".

[41] Ganz so einstimmig kann dieser Beschluss nicht gewesen sein, denn Hampe vermerkt zum 13.7.1915 (*Kriegstagebuch 1914–1919*), 253–4: „Die Debatte über den Fall war nicht ganz erquicklich. Eine Hälfte der Fakultät befürchtet, der Fall könne vom feindlichen Ausland ausgenützt werden, um so mehr, als gerade die Familie Schneegans, aber ein andrer Zweig, 1871 die bedeutendsten Anhänger für Deutschland lieferte; man hält danach für praktisch, Schneegans nicht in die Schweiz zu lassen, die vielleicht nur eine Vorstufe für Frankreich sein würde. Ich stehe dieser Auffassung nahe, wenn ich auch den direkten Antrag auf Paßverweigerung nicht für zweckmäßig hielt. Die andre Hälfte der Mitglieder mit Gothein etc. war für mildere Auffassung und fand den Schritt sogar zum Teil korrekt. Aber daß Schneegans sich im Herzen mehr als Franzose fühlt, wenn auch wesentlich unter Einfluß seiner Frau, ist nun

> handen ist, daß Schn[eegans] die Reise in die Schw[eiz] eventuell unter dem Druck seiner Verwandten in deutsch-feindlichem Sinn benutzen wird. Mehr als dies können wir nicht sagen. Es ist nun Ihre Sache, Entscheidungen über die zu ergreifenden Maßnahmen zu treffen. Darüber steht uns kein Urteil zu. Nun wurde gestern in der Sitzung, in der der von mir formulierte Antrag ohne große Debatte und ohne Änderung angenommen wurde, der Wunsch ausgesprochen, ich möchte Ihnen privatim noch mitteilen, daß man gehört hat, Schn[eegans] wolle am 1. August schon umsiedeln, mit Sack und Pack. Ob dies richtig ist, weiß ich nicht. Aber da Schn[eegans] bis zum 1. Oktober noch Beamter ist, dürfte es vielleicht angezeigt sein, ihm den Paß zu verweigern.[42]

Die Pässe wurden allen Familienmitgliedern (jedoch unabhängig von Bauers Stellungnahme) auf Veranlassung des Generalkommandos durch das Bezirksamt Heidelberg am 24. Juli abgenommen. Die Familie, zu der auch Schneegans' Mutter gehörte, verließ Heidelberg im August, möglicherweise um Abstand zu gewinnen, und ging zunächst nach Schonach bei Triberg, Ende September nach Baden-Baden. An sie gerichtete Post wurde zensiert, z.T. auch einbehalten, Polizei und Militär (XIV. Armeekorps, Stellvertretendes Generalkommando) arbeiteten bei der Überwachung eng zusammen.

Für Schneegans setzte sich besonders Max Weber (1864–1920) ein, was nach dem Streit mit Troeltsch nicht weiter verwundert. Weber konnte jedoch weder den Leiter des Bezirksamtes Heidelberg, Karl Philipp Jolly (1857–1923), immerhin seinen Vetter[43], Unterredung vom 12. Oktober 1915, [Dok. II, S. 453], noch die Heidelberger Philosophische Fakultät umstimmen. Sie erneuerte ihr Votum am 26. Oktober d. J. und stellte sich zugleich auf den für sie bequemen Standpunkt, da Schneegans seit dem 1. Oktober der Universität nicht mehr angehöre, gehe sie die ganze Sache auch nichts weiter an.[44] Erst nach langem Hin und Her und nachdem Schneegans eine feste Stelle in Neuchâtel erhalten hatte,[45] durfte er am 8. März 1916 mit seiner Familie legal

---

ganz klar. Er sieht die Konflikte namentlich in der nationalen Färbung des Schulunterrichts, wodurch seine Kinder in Zwiespalt zu seiner Frau gerieten etc. Gegen solche Lauen und innerlich Feindseligen hört da doch alle Rücksicht auf!"

[42] Zit. nach Weber, *Briefe 1915–1917*, 120.

[43] Weber, *Briefe 1915–1917*, 876.

[44] Vgl. insgesamt die seinerzeit als geheim eingestufte Akte Karlsruhe GLA, 456 F 9 Nr. 345 (PA Schneegans), sowie ebd. seine PA 235/2479.

[45] Vgl. seinen handschriftlichen Brief vom 16.1.1916 an das Bezirksamt, in dem er schreibt: „Durch Beschluss des Staatsrats des Cantons Neuenburg vom 11. Januar 16 ist mir eine Lehrerstelle für den deutschen Unterricht an dem Cantonalgymnasium in Neuenburg übertragen worden. Die Ernennung zu der durch den Rücktritt von zwei Lehrern freigewordenen Stelle

in die Schweiz übersiedeln.[46] Seine Ausreise wäre fast noch gescheitert, weil die „Zentralpolizeistelle des Ministeriums für Elsaß-Lothringen" in Straßburg am 3. März 1916 beim Stellv. Generalkommando des XIV. Armee-Korps unter Berufung auf eine Auslands-Elsässer betreffende „Kaiserliche Verordnung" vom 1. Februar d. J. geltend machte, Schneegans dürfe nur ausreisen, wenn er zuvor seine Entlassung aus der deutschen Staatsbürgerschaft beantrage, wodurch er staatenlos geworden wäre und in seiner neuen Heimat Schwierigkeiten bei der Berufsausübung bekommen hätte. Das Stellv. Generalkommando hielt die Kaiserliche Verordnung jedoch nicht für anwendbar, und man ließ Schneegans mitsamt seiner Familie ziehen.[47] Es erstaunt, dass sich Schneegans trotz dieser zahlreichen Widrigkeiten noch 1917, jetzt mit der Bezeichnung „Prof. Neuenburg", in *Kürschners Deutschen Literatur-Kalender* (Sp. 1508) aufnehmen ließ. Wollte er doch nicht alle Brücken zur deutschen Wissenschaft abbrechen?

Max Weber hatte Schneegans' Sache von Beginn an zu seiner eigenen gemacht, wobei er außerordentliche Zivilcourage bewies, da er den Militärbehörden trotzte [Dok. V, S. 457]. Inmitten der allgemeinen Kriegshysterie erscheint er wie ein Prediger in der Wüste. An Heinrich Rickert (1863–1936) schrieb er Ende Januar 1916, er gedenke nicht zu schweigen, und sei es um den Preis seines Ausscheidens aus der Fakultät.[48] Außer Max Weber[49] engagierten sich namentlich der Kultur- und Wirtschaftshistoriker Eberhard Gothein (1853–1923) [Dok. III, S. 455] sowie der Theologe Hans von Schubert (1859–1931) [Dok. IV, S. 456] für Schneegans, deren Sondervoten zum Bericht

lautet auf den 1. Mai 1916 (resp. Ostern dieses Jahres). Ich beehre mich hierdurch Euer Hochwohlgeboren [=Jolly] um die Erlaubniss nach der Schweiz übersiedeln zu dürfen und um die Zurücksendung der mir zurückgezogenen Pässe ergebenst zu bitten. Da meine Mutter Frau Direktor C.F. Schneegans-Imp (aus Strassburg, geb. den 14. Dez. 1835), die seit dem Monat Mai 1915 bei uns wohnt uns nach der Schweiz begleiten soll, bitte ich statt des in ihrem Besitz befindlichen Reisepasses für das Inland ihr einen Pass nach der Schweiz ausstellen zu wollen. Ich erlaube mir zugleich um die Erlaubnis zu bitten meine Möbel, Bücher usw., die noch in meiner Wohnung in Heidelberg, Moltkestr. 6 sich befinden, nach der Schweiz überführen zu dürfen" (Karlsruhe GLA, 456 F 9 Nr. 345, Bl. 72–3)

[46] Vgl. Heidelberg, UA PA 2233.

[47] Karlsruhe,GLA 456 F 9 Nr. 345, Bl. 84–7.

[48] Max Weber, *Briefe 1915–1917*, hrsg. von Gerd Krumeich und M. Reiner Lepsius in Zusammenarbeit mit Birgit Rudhard und Manfred Schön (Tübingen: J.C.B. Mohr [Paul Siebeck], 2008), 266.

[49] Die Vorgänge sind, soweit Max Webers Intervention betroffen ist, einlässlich dargestellt, die Eingabe kritisch ediert, in Max Weber, *Briefe 1915–1917*, 120–5. Webers bisher unveröffentlichter Brief vom 16.1.1916 an Schneegans wird als Dok. V hier erstmals publiziert.

Bauers nebst den bereits zitierten Dokumenten diesen Fall aus erweiterter Perspektive beleuchten.[50] Es gab also auch während des Kriegs couragierte Professoren, die sich in ihrem Rechtsempfinden nicht von nationalem Pathos blenden ließen! An feindseligen Stimmen sei hingegen der Theologe Ludwig Lemme (1847–1927) zitiert:

> Es war doch recht beklemmend, in diesem Kriege wieder zu beobachten, wie in manchen Mischehen deutscher Männer mit französischen … Frauen die deutsche Gutmütigkeit französischer Leidenschaftlichkeit … gegenüber das angeblich stärkere Geschlecht zum schwächeren Teil der Ehe stempelte. Wo war da der Charakter?[51]

Selbst „Sippenhaft" schien damals möglich. Als im Mai 1917 Schneegans' entfernter Dresdner Vetter Alfons, der Bruder des verstorbenen Bonner Romanisten, seine kranke Mutter in Thun besuchen wollte, geriet er wegen der Namensgleichheit in Schwierigkeiten. Er räumte sie dadurch aus, dass er den Polizei- und Grenzschutzbehörden mitteilte, er sei noch nie in Heidelberg gewesen, kenne zwar den dortigen Verwandten seit seiner Jugendzeit, habe ihn aber seit den achtziger Jahren nicht mehr gesehen und wisse nichts von ihm, da sie nicht miteinander korrespondierten.[52] Er endete: „Wie ich gehört habe, soll derselbe wegen undeutscher Gesinnung abgesetzt worden sein, wer mir aber dies erzählte, weiss ich nicht mehr".[53]

Unmittelbar nach Kriegsende kehrte Friedrich Eduard Schneegans aus der Schweiz ins Elsaß zurück und wurde zunächst als Französischlehrer an seiner alten Schule, dem Protestantischen Gymnasium, eingestellt. Als 1926 der Lehrstuhl für französische Literatur des Mittelalters und der Renaissance, den zuvor der renommierte Gustave Cohen (1879–1958) innegehabt hatte, frei wurde, übertrug man Schneegans zunächst für zwei Jahre die Vertretung, bis er dann Cohens offizieller Nachfolger wurde. Im Jahr 1936 wurde er emeritiert.[54]

---

[50] Vgl. auch Michael Maurer, *Eberhard Gothein (1853–1923). Leben und Werk zwischen Kulturgeschichte und Nationalökonomie* (Köln: Bohlau, 2007), 194, wo Gothein nach einer Abendeinladung folgendes Kurzporträt des Ehepaars Schneegans liefert: „Schneegans, der andere Romanist, scheint ein feiner, etwas stiller Mann zu sein, mit einer zarten kleinen Frau".

[51] Zit. nach Christian Jansen, *Professoren und Politik: politisches Denken und Handeln der Heidelberger Hochschullehrer 1914–1935*, Kritische Studien zur Geschichtswissenschaft 99 (Göttingen: V & R, 1992), 111.

[52] Vgl. oben Anm. 36.

[53] Karlsruhe, GLA 456 F 9 Nr. 345, Bl. 90–4.

[54] Zur Biographie vgl. Ernest Hoepffner, „Frédéric-Édouard Schneegans (1867–1942)", in *Mémorial des années 1939–1945*, Publications de la Faculté des Lettres de l'Université de Strasbourg

Wenden wir uns zum Schluss dem vierten Gröber-Schüler, Ernst Hoepffner, zu. Der Sohn eines protestantischen Pfarrers aus Runzenheim war 1903 von Gröber promoviert, 1906 habilitiert worden, kam aber als Straßburger Privatdozent schwerlich für den Gröber-Lehrstuhl in Frage (Vermeidung von Hausberufungen). Im Todesjahr seines Lehrers wurde er nach Jena geholt; ein Jahr später übernahm er als sein Nachfolger die Herausgeberschaft der angesehenen *Zeitschrift für romanische Philologie.*[55] Sein weiterer Werdegang ist für unser Thema insofern aufschlussreich, als er gut einen Monat (15. Dezember 1918) nach dem Waffenstillstand vom 11. November um seine Entlassung als Jenenser Professor bat [Dok. VI, S. 458] und nach Straßburg zurückkehrte, wo ihm ein Lehrstuhl für französische Sprache und Literatur übertragen wurde, den er bis 1948 innehatte.[56] Er hielt sich zum Zeitpunkt seiner „Kündigung" noch in Jena auf und argumentierte, etwas verklausuliert, wie folgt: Bliebe er in Jena, komme das einer Option für Deutschland gleich mit der Konsequenz, dass er nie mehr ins Elsass zurückkehren dürfe. Mit seiner Rückkehr nach Straßburg werde er hingegen automatisch Franzose, könne am Wiederaufbau seiner Heimat mitwirken und deren „elsässische Eigenart" zu bewahren helfen.

In dem „Éloge funèbre" vom 26. Oktober 1956, der den Mittelalterhistoriker Charles-Edmond Perrin (1887–1974), Vizepräsident der *Académie des Inscriptions et Belles Lettres,* zum Verfasser hat, wird Hoepffners Schritt etwas anders dargestellt:[57]

> La victoire des Alliés en 1918 permit à Ernest Hoepffner de rentrer en Alsace et de réaliser son vœu le plus cher: dès 1919 il était nommé professeur de philologie romane à la Faculté des Lettres de l'Université française de Strasbourg; il devait y enseigner jusqu'en 1948, date à laquelle il sollicita sa mise à la retraite. C'est dire que pendant près de trente ans, il a partagé les destinées de sa Faculté dans la bonne comme dans la mauvaise fortune [...]. La mauvaise for-

103 (Paris, 1947), 87–97 (mit Foto u. Bibliogr.); Dagmar Drüll, *Heidelberger Gelehrtenlexikon 1803–1932* (Berlin: Springer, 1986), 241; Kalkhoff, *Romanische Philologie*, 23, 31, 42, 43, 44, 57, 61, 281. – Die Nachkriegspersonalakte Strasbourg, ADBR 1740 W 9 (Dossier personnel de Friedrich Eduard Schneegans) ist leider noch gesperrt.

[55] Kurt Baldinger, „Der Max Niemeyer Verlag und die Romanistik", in *Beiträge zur Methodengeschichte der neueren Philologien: zum 125jährigen Bestehen des Max Niemeyer Verlags*, hrsg. von Robert Harsch-Niemeyer (Tübingen: Max Niemeyer Verlag, 1995), 161–91, hier 182 (mit Foto Hoepffners).

[56] Die Nachkriegspersonalakte Strasbourg, ADBR 1007 W 787 (Dossier personnel d'Ernest Hoepffner) ist leider noch gesperrt.

[57] *Comptes rendus des séances de l'Académie des Inscriptions et Belles Lettres* 100 (1956): 396–401.

> tune valut à Ernest Hoepffner des épreuves particulièrement pénibles. Replié à Clermont avec sa Faculté, coupé de l'Alsace, privé de sa riche bibliothèque personnelle, il continua à mener sa vie laborieuse de professeur et de savant; surveillé par l'occupant, guetté par la Gestapo, il fut emprisonné durant quelques jours lors des tragiques événements qui, en novembre 1943, mirent en deuil l'Université de Strasbourg (397–8).

Auch die Tatsache, daß sein drei Jahre jüngerer Bruder Robert (1882–1972), von Hause aus Rechtsanwalt, 1914 als Frankophiler verhaftet und mit seiner Familie bis zum Kriegsende nach Kassel verbannt wurde,[58] spricht für die profranzösische Grundeinstellung der Brüder, die zu äußern karrierehemmend war. Doch während Friedrich Eduard Schneegans mit seinem mutigen Amtsverzicht mitten im Krieg für sich und seine Familie ein hohes Risiko einging und nur dank der Fürsprache einflussreicher Kollegen sowie des Stellenangebots aus Neuchâtel in die Schweiz gelangte, wartete Ernst (hinfort Ernest) Hoepffner das Kriegsende ab, um sich dann für das siegreiche Frankreich und gegen das besiegte Deutschland zu entscheiden. Ein Schelm, wer dabei an Opportunismus denkt! Es war allerdings das Schicksal zahlreicher Elsässer, die zwischen Frankreich und Deutschland hin- und her gerissen wurden, als illoyal oder undankbar zu erscheinen.

Hoepffner wurde seine Entscheidung vermutlich dadurch erleichtert, dass eine französische Kommission unter Leitung des aus Beblenheim stammenden und an der Sorbonne lehrenden Historikers Christian Pfister (1857–1933), die Ende 1917 vom französischen Kriegsministerium eingesetzt worden war, vorgeschlagen hatte, allen alt-elsässischen Straßburger Professoren ihre Professuren zu belassen, um böses Blut zu vermeiden. Aus dem gleichen Grund wurde auch drei an innerdeutschen Universitäten lehrenden Elsässern Straßburger Professuren angeboten, darunter Hoepffner.[59] So konnte er an dem mit viel Pomp am 22. November 1919 begangenen Festakt teilnehmen, an dem neben lokaler Straßburger Prominenz aus Politik und Wissenschaft auch der französische Staatspräsident Raymond Poincaré und die Marschälle Joffre, Foch und Pétain zugegen waren, um die Université française de Strasbourg einzuweihen. Nach jetzt offizieller Auffassung handelte es sich nicht um eine Neugründung, sondern, nach neun-

[58] Vgl. den Eintrag auf http://www.geni.com. – Der Vater der beiden, der Pfarrer Theodor Eugen Hoepffner (1850–1926), wird jedoch 1871 als deutschfreundlich eingestuft, vgl. Anthony J. Steinhoff, *The Gods of the City: Protestantism and Religious Culture in Strasbourg, 1870–1914* (Leiden und Boston: Brill, 2008), 503, bes. 181.

[59] Craig, *Scholarship and Nation Building*, 221.

undvierzig Jahren, sollte endlich der Beginn der Vorlesungen von 1870 (sic) gefeiert werden.[60] Die „altdeutschen“ Professoren waren längst des Landes verwiesen worden; eine nicht geringe Zahl hatte Zuflucht in Freiburg i. Br. gefunden. So heißt es von Cloëttas Nachfolger Schultz-Gora:

> Seine Trauer um das unglückliche Vaterland sollte noch durch die Bitternis seines persönlichen Schicksals verschärft werden. Aus Straßburg ausgewiesen und heimatlos geworden, hat er sich mit seiner Familie eine Zeit lang in Freiburg im Breisgau aufgehalten. Dort erhielt er den Ruf auf das durch den Weggang von Ernst Hoepffner erledigte Ordinariat in Jena, und hier fand er neuen Lehrstuhl und neue Heimat, der er bis an sein Lebensende treu geblieben ist.[61]

Schultz-Gora hatte demnach Glück im Unglück, denn er profitierte von Hoepffners Jenenser Amtsverzicht, ohne den er vermutlich noch einige Zeit auf eine Berufung hätte warten und materielle Bedrückung erdulden müssen.

Hoepffner fühlte sich in Straßburg sogleich sehr wohl, und als Gustave Cohen an die Sorbonne gewechselt war, schrieb er ihm (2.2.1926), ob er sich dort nicht überarbeite. Er selber ziehe seine paar Dutzend Straßburger Studenten den Hunderten in Paris vor, denn mit einer so großen Zahl könne man kaum in persönlichen Kontakt treten.[62] Hoepffner war rasch zu einem hundertprozentigen Franzosen geworden, der offenbar auch keine Kontakte mehr zu deutschen Kollegen unterhielt. In der ihm 1949 gewidmeten Festschrift[63] findet sich unter den Subskribenten zwar die Freiburger Universitätsbibliothek, jedoch kein einziger deutscher Romanist, es sei denn, man wolle den in Baltimore (Johns Hopkins) lehrenden Emigranten Leo Spitzer (1887–1960) noch zu diesem Kreis zählen. Möglich, dass es 1949 noch zu früh für eine Rehabilitierung deutscher Romanisten in einer französischen Festschrift war. Möglich auch, dass die von Gestapo und Wehrmacht am 25. November 1943 gegen die nach Clermont-Ferrand evakuierte *Université de Strasbourg* durchgeführten Durchsuchungen und Verhaftungen, die Hoepffner miterleben musste (er wurde für eine Woche in Haft genommen),[64] sein

[60] Anke Dörner, „,Der Freiburger Universität unauslöschlichen Dank‘: die Auflösung der Reichsuniversität Straßburg im November 1918 und ihre Aufnahme durch die Universität Freiburg“, *Freiburger Universitätsblätter* 145 (Sept. 1999): 131–41, hier 131.

[61] Voretzsch, *Oskar Schultz-Gora*, 1943, 9.

[62] Craig, *Scholarship and Nation Building*, 246.

[63] *Mélanges de Philologie Romane et de Littérature Médiévale offerts à Ernest Hoepffner ... par ses élèves et ses amis* (Paris: Les Belles Lettres, 1949), vii–xii (Liste des souscripteurs).

[64] Ernest Hopffner, „La rafle du 25 novembre 1943), in *De l'Université aux Camps de Concentration: témoignages strasbourgeois* (Paris: Les Belles Lettres, 1947), 9–12.

Deutschlandbild nachhaltig getrübt hatten, doch das Fehlen deutscher Kollegen in der ihm gewidmeten Festschrift ist dennoch auffällig. Interessant ist der Hinweis des Romanisten Friedrich Schürr (1888–1980), der von 1915–18 Italienischlektor in Straßburg, und von 1941–44 Romanistikordinarius an der (zweiten) „Reichsuniversität" Straßburg gewesen war. In seinen Erinnerungen berichtet er von einer Begegnung mit Hoepffner nach dem Krieg, die er leider nicht genau datiert: „Noch nach Jahren erklärte mir mein Nachfolger auf dem Lehrstuhl in Straßburg, als ich ihn auf einem Romanistenkongreß traf, spontan: ‚Vous n'avez pas laissé de mauvais souvenirs à Strasbourg'. Schön, wir haben keine schlechten Erinnerungen in Straßburg hinterlassen, wohl aber unsere ganze Einrichtung".[65] Diese Bemerkung ist nicht nur wegen des Schlusssatzes deplatziert, sondern vor allem deshalb, weil Hoepffner nie sein Vorgänger gewesen war und erst Ende 1944 an seinen angestammten Platz hatte zurückkehren können.

Erwähnen wir zum Abschluss, dass andere Gröber-Schüler wie Heinrich Gelzer (1883–1945; 1908 von Gröber promoviert, 1913 in Jena von Ernst Hoepffner habilitiert) oder Ernst Robert Curtius (1886–1956, 1910 von Gröber promoviert, 1913 von Heinrich Schneegans in Bonn habilitiert) aufgrund ihres Alters nicht für eine Gröber-Nachfolge in Frage kamen, da nach 1911 in Straßburg keine romanistische Vakanz mehr auftrat. Das hier berichtete Schicksal der vier Gröber-Schüler spiegelt gut das Dilemma deutsch sozialisierter elsässischer Wissenschaftler in der Zeit vor und im Ersten Weltkrieg: Ihnen wurden weitreichende Entscheidungen für oder gegen Deutschland bzw. Frankreich abverlangt, die auch für ihr berufliches Schicksal entscheidend waren. Wer wie Friedrich Eduard Schneegans und Ernst Hoepffner für Frankreich optierte, entschied sich letztlich auch gegen eine mehrsprachige Romanistik nach deutschem Modell, die sowohl Textphilologie als auch Literatur- und Sprachgeschichte mehrerer romanischer Sprachen ohne epochale Bindung implizierte, wohingegen sie sich im wieder französisch gewordenen Strasbourg fast ausschließlich mit französischer Literatur des Mittelalters und der Renaissance zu befassen hatten, was ihren Neigungen offensichtlich entgegenkam.

[65] Friedrich Schürr, „Wie ich Romanist wurde", *Carinthia* 158 (1968): 116–35, hier 127; Maurer, *„und wir gehören auch dazu"*, 762.

Dokumentenanhang[66]

I.

Dokument

Abschrift.
Universität Heidelberg. Heidelberg, den 16. Juli 1915.
Philosophische Fakultät.

An den engeren Senat. Den a.o. Prof. Dr. Schneegans betr.
Auf die uns vom engeren Senat zugewiesene Anfrage des Gr. Ministeriums vom 10.ds.Mts. beehrt sich die Fakultät auf Grund der Besprechung in einer Sitzung das Folgende zu antworten.

Die Fakultät ist durch das Entlassungsgesuch von Prof. Schneegans vollkommen überrascht worden; auch privatim hat dieser erst am vorhergehenden Tage dem ihm befreundeten Fachkollegen F. Neumann von seiner Absicht Mitteilung gemacht. Irgend welche Misshelligkeiten oder Auseinandersetzungen mit der Fakultät liegen dem Entlassungsgesuch nicht zu Grunde. S. hat in dem beiliegenden Brief an mich, der seine offizielle Mitteilung über das Gesuch begleitete, als Grund angegeben: die Rücksicht auf seine aus Frankreich stammende Frau, die unter den Schwierigkeiten der Lage seit dem Ausbruch des Krieges seelisch sehr gelitten habe, und den Wunsch, durch die Uebersiedlung in die Schweiz ihr und den Seinigen noch schwerere Konflikte zu ersparen. In demselben Sinne hat er sich zu den Herren Gothein, F. Neumann und C. Neumann ausgesprochen.

S. ist von der Fakultät als Persönlichkeit und als Gelehrter und Lehrer geachtet und geschätzt worden; die Fakultät hat ihre Hochschätzung noch im letztvergangenen Jahr dadurch kundgegeben, dass ihm auf ihren Antrag die Hälfte der Jubiläumsstiftung verliehen worden ist. Er hat auch das Vertrauen der Nichtordinarien genossen, die ihn zu ihrem Vertreter gewählt haben. Um so peinlicher ist // daher die Fakultät durch den jetzigen Schritt berührt.

Die Frage des Entlassungsgesuches und der nach seiner Genehmigung sich anschliessenden Auswanderung des Prof. Schneegans darf nicht allein von der persönlichen Seite der Angelegenheit als ein menschlich begreiflicher Konflikt beurteilt, sondern muss vor allem auch unter dem Gesichtspunkt seiner politischen Folgen erwogen werden. Die Familie Schneegans gehört zu den ersten elsässischen Familien, die sich seiner Zeit auf den Boden des Frankfurter Friedens gestellt haben; ein Vetter des Vaters von Prof. S., der spätere Generalkonsul August Schneegans, noch 1871 Deputierter in Bordeaux, trat zuerst von den Elsässern in engere Beziehungen zu Bismarck und führte sich und seine Gesinnungsgenossen im Jahre 1877 im Reichstage mit den Worten ein: „Wir treten vor Sie als deutsche Abgeordnete eines deutschen Landes". Eine ähnlich politische Stellung hat auch sein Vetter, der Justizrat Ferdinand Schneegans, eingenommen. Umsomehr Aufsehen würde es auch

[66] Bis auf Dok. II sind alle Dokumente unpubliziert.

im Auslande erregen, wenn jetzt während des Krieges, der über die Zukunft Elsass-Lothringens für immer entscheiden wird, ein deutscher Hochschullehrer dieser Familie das Reich aus dem zugestandenen Grunde verlässt, dass er seinen deutsch empfindenden Kindern nicht eine ausgesprochene deutsche Erziehung geben will und dass er damit einen Schritt tut, dessen Wirkung in der Folge voraussichtlich die Aufgabe des deutschen Staatsbürgerrechtes für ihn und seine Nachkommen sein wird. Während des Krieges kann es nicht ausbleiben, dass die französische Presse den Vorfall als einen Triumph ihres Landes und als eine Niederlage des deutschen Gedankens im Elsass ausbeuten wird; schon das Erscheinen von S. in der Schweiz würde voraussichtlich auch der welsch-schweizerischen Presse bei deren bekannter Haltung Anlass zu unerwünschten Kommentaren geben, die, abgesehen von allem anderen, auch dem Ansehen der Universität Heidelberg wenig förderlich sein würden.

Es ist gewiss von Herrn Prof. S. nach seiner ganzen Art zu erwarten, dass er persönlich keinen Anteil an einer solchen Ausbeutung seines Schrittes nehmen würde; wenn er auch mit der oben erwähnten Haltung seiner weiteren Familie niemals übereingestimmt und mit der Zeit immer reservierter sich verhalten hat, so hat er sich doch nur in ethischen und kulturellen Bestrebungen kosmopolitischer und pazifistischer Natur betätigt, die seiner innersten Gesinnung entsprechen; er hat sich auch vertraulich ausdrücklich dahin geäussert, dass seine Uebersiedlung in die Schweiz von ihm nicht als eine Einleitung zur Uebersiedlung nach Frankreich gedacht sei. Dagegen hat die Fakultät pflichtmässig mitzuteilen, dass der Entschluss zu dem Entlassungsgesuch auf den Einfluss seiner leidenschaftlich als Französin empfindenden Frau zurückgeht. Sie entstammt der bekannten elsässischen Gelehrten- und Schriftstellerfamilie Lichtenberger, die äusserlich und innerlich für Frankreich optiert hat. Wenngleich einzelne Glieder dieser Familie auch als Vermittler der französischen und deutschen Kultur (wenngleich in einem uns innerlich nicht geneigten Sinne) aufgetreten sind, so hat gegenwärtig doch André Lichtenberger, Vetter von Frau S. und Nachfolger ihres Vaters an der Sorbonne, mit mehrfachen nach den Zeitungsnachrichten sehr deutschfeindlichen Angriffen während des Krieges gezeigt, welcher Geist in der Familie lebt, die sich leider in diesem Konflikt deutsch-elsässischer und französisch-elsässischer Gesinnung als die stärkere und bestimmendere erwiesen hat.

gez. A. Hettner.[67]

[67] Der Geograph Alfred Hettner (1859–1941) amtierte zu diesem Zeitpunkt als Dekan.

II.

Abschrift Heidelberg, den 6. September 1915.

An Gr. Bezirksamt Heidelberg.
Dem bisherigen etatmäßigen a. o. Professor Dr. Ed. Schneegans, bisher hier, jetzt Schonach b. Triberg, welcher nebst Familie, nach der Schweiz zu übersiedeln beabsichtigt sind s.Zt. hier die Pässe entzogen und es ist ihm dies vom hiesigen Großh. Bezirksamt mit dem Bemerken eröffnet worden: daß Gründe dafür nicht angegeben werden dürften. Die Pässe sind ihm auch seither nicht erneut zugestellt worden.

Die Anlässe und Zwecke dieser Maßregel im Allgemeinen sind natürlich weder dem Betroffenen noch irgend jemandem sonst zweifelhaft. Soweit sie in hier zirkulierenden Befürchtungen über sein künftiges Verhalten bestehen, sind sie für jeden mit den Tatsachen wirklich Vertrauten nicht nur durchaus unbegründet, sondern müssen teilweise als geradezu phantastisch bezeichnet werden. Soweit dafür hier zirkulierende „Tatsachen" mit in Betracht gezogen sein sollten (die auch mir bekannt geworden sind), sind diese ohne jegliche Ausnahme Produkte der Angst und des Klatsches, teilweise geradezu von sogenannten „Kriegspsychosen". Ich bin diesen Behauptungen systematisch bis zur Feststellung der Urheber nachgegangen und beabsichtige diese, im Interesse des gesunden Menschenversandes und unseres guten Rufes, ohne alle Rücksichtnahme auf ihre Person und Stellung zur Verantwortung zu ziehen, sobald der geeignete Augenblick dafür gekommen sein wird.

Nicht nur nach Ansicht des Unterzeichneten, welcher mit Professor Schneegans und seiner Frau seit Langem verkehrt, über seine außerdeutschen Familienverhältnisse, Ansichten und Absichten orientiert ist, selbst im Elsaß gedient hat und dasselbe auch sonst kennt, sondern auch nach derjenigen anderer, und zwar kompetenter, Beurteiler können die Folgen der Maßregel so überaus nachteilig für das politische und nationale Interesse Deutschlands sein, daß m.E. kein gut Unterrichteter, sei er auch ein einfacher Privatmann, also auch der Unterzeichnete nicht, es unterlassen darf, sich unter allen Umständen von der eigenen Mitverantwortlichkeit zu entlasten. Nur diesen Zweck verfolgt dieses Mitteilung, die mündlich zu ergänzen ich jeder Instanz gegenüber bereit bin und welche ich an diejenige Stelle gelangen zu lassen anheimstelle, welche die Entziehung der Pässe verfügt hat.

Professor Schneegans selbst ist zwar – wie jeder, der ihn kennt, weiß – ganz unfähig, die jetzt gegen ihn getroffene Maßregel von sich aus jemals an die Presse, es sei direkt oder indirekt, gelangen zu lassen. Mir ist aber durch Schweizer Beziehungen, insbesondere auch durch den jetzt von Heidelberg nach Zürich berufenen und übersiedelten bisherigen ordentlichen Professor Dr. Fritz Fleiner ganz genau bekannt, daß angesehene Kreise der deutschen Schweiz entschlossen sind, die Angelegenheit *unbedingt in der Schweizer Presse zur Sprache zu bringen*, wenn die Maßregel nicht endlich aufgehoben wird. Es liegt nicht in unserer Macht, dies zu hindern. Welchen Widerhall aber solche Erörterungen in der Presse nicht nur der feindlichen, sondern gerade auch der neutralen Länder finden und welche Rückwirkungen sie im Elsaß gerade bei den zahlreihen nicht französisch Gesinnten erzeugen würden, braucht wohl nicht ausgeführt zu werden. Ich bemerke noch, daß zwar z. Zt. Erörterungen über eine Berufung des Prof. Schneegans auf einen ordentlichen Lehrstuhl in Bern schweben, daß es aber, soweit ich unterrichtet bin, bei der großen Zahl der Bewerber unsicher ist mit welchem Resultat. In jedem Fall wäre die Schaffung eines „Falles Schneegans", wie sie jetzt sicher bevorsteht, ein politisch überaus schwerer Fehler, für welchen später auch nicht der Schatten einer Entschuldigung durch wirklich zu befürchtende und dadurch abzuwendende Nachteile zu finden sein würde. Mit dieser seiner Ansicht glaubt der Unterzeichnete, so unmaßgeblich sie gewiß ist, nicht zurückhalten zu dürfen, da er Grund zu der Annahme hat, besser als die meisten Persönlichkeiten über die wirklichen Tatsachen unterrichtet zu sein.

Dr. Max Weber

inaktiver ordentlicher und ordentlicher Honorarprofessor an der Universität z. Zt. Hauptmann der Landwehr a.D. und Militär. Mitglied der Reserve-Lazarett-Kommission Heidelberg.[68]

[68] Kopie mit hsl. Verbesserungen Webers in: Karlsruhe, GLA 235/2479 (PA Schneegans); danach erfolgte die Edition in Weber, *Briefe 1915–1917*, 123–5 [Unterschrift falsch aufgelöst und hier stillschweigend verbessert!].

III.

[Votum von Eberhard Gothein, zw. dem 21. u. 25. Oktober 1915]

Ich habe sowohl in der Fakultät wie im Senat die möglichst milde Behandlung des Falles Schneegans vertreten und habe namentlich nie gebilligt, daß in den Gutachten der Fakultät Frau Schneegans in einer, wie mir auch jetzt scheint, fachlich unzutreffenden und persönlich zu scharfen Weise zum Ausgangs- und Mittelpunkt der Erörterungen gemacht worden ist. Die Tatsachen, die Herr Kollege Weber und ihm folgend Herr Geheimrat Jolly anführen, scheinen mir richtig, ich ziehe jedoch andere Folgerungen aus ihnen. Es ist m.E. ganz ausgeschlossen, daß der Senat oder die Fakultät eine Untersuchung der einzelnen Vorgänge, die Sichtung der Tatsachen vom blossen Gerede unternimmt. Dazu müßten wir Schneegans und seine Frau, verschiedene Collegen und ihre Frauen vernehmen, wozu wir weder das Recht noch die Möglichkeit, am Wenigsten aber die Lust haben. Uns genügt die von S. Magnifizenz angeführte Tatsache, die Schneegans selber wiederholt als Ursache seines Ausscheidens angegeben hat, daß er, um das Verhältnis der Kinder zur Mutter zu wahren, sein Amt aufgegeben hat und auswandern will. Ich bin sehr geneigt, dieses Motiv menschlich milde zu beurteilen, da ich weiß, das Schneegans schwer mit sich gekämpft hat und daß von antideutscher Gesinnung bei ihm nicht die Rede ist, aber daß in Kriegszeiten die Consequenzen dieses Entschlusses auf ihn zurückfallen, ist m.E. selbstverständlich. Deshalb stimme ich der von Sr. Magnifizenz vorgeschlagenen Antwort durchaus zu. Nur den Schlußsatz: „auch in Bezug auf die Wirkung etc." bitte ich wegzulassen, zumal er sachlich keine Bedeutung hat. Im Gegenteil würde ich es nicht nur um unseres früheren, lange Zeit hochgeschätzten Collegen willen sondern auch damit die leidige Angelegenheit aus der Welt geschafft wird, begrüssen, wenn sich die Berufung nach Bern verwirklichte. Es würde sich dann schon aus internationalen Gründen von selber verstehen, daß er die Entlassung aus dem Reichsverband erhielte. In der Antwort an das Ministerium brauchen wir dieser Hoffnung keinen Ausdruck zu verleihen, aber ebenso möchte ich selber vermieden sehen, was wie eine Aufforderung zur Strenge gegen Schneegans ausgelegt werden könnte, zumal das Ministerium selber anführt, daß die Verweigerung der Pässe eine rein militärische Angelegenheit ist, die also gar nicht zur Competenz der Civilbehörden gehört. Gothein.[69]

[69] Hsl. Vermerk in: Heidelberg, UA PA 2233 (Schneegans, Eduard Friedrich).

IV.

[Votum von Hans von Schubert, zw. dem 21. u. 25. Oktober 1915]

Auch ich habe an den Beratungen nicht teilgenommen, aber so viel von der Sache gehört, dass ich glaube mit gutem Gewissen dem Votum des Senats v. 19.VII. beitreten und demnach den Vordersätzen und dem wesentl. Sinne nach auch dem Hauptsatz der vorliegenden Antwort an den Minister zustimmen zu können. Dennoch empfinde ich wegen der Wendung „schliessen wir uns ganz der Beurteilung des Min. in diesem Falle an" innere Schwierigkeiten. Das Minist[erium] bezeichnet als entscheidend die Tatsache, dass S. „sich nicht habe entschliessen können, seinen Kindern eine deutsche Erziehung zu geben". Das entspricht aber nicht den eigenen Angaben von S., nicht dem Votum des Senats v. 19. J. und nicht den Angaben im Votum Gotheins auf der umstehenden Seite. Das Motiv von S. war vielmehr das nach S.' Meinung unerträglich gewordene Verhältnis zwischen der Mutter und den scharf deutsch empfindenden Kindern, deren überaus lebhaftes, wildes Temperament jeder Neuenheimer kennt. Dass S. dieses Motiv für ausreichend hielt und den traurigen Zuständen nicht abzuhelfen wusste, ist seine Schuld, eine Schuld mehr der Schwäche. Er ist wie so viele den durch den Krieg geschaffenen Zuständen nicht mehr gewachsen gewesen. Er hat geglaubt, nur so die Autorität der Mutter und den Frieden des Hauses retten zu können. Da ich demnach unmöglich sagen kann, dass ich mich „ganz der Beurteilung des Min. anschliesse", verzichte ich lieber auf meine Stimme. Vielleicht liesse sich übrigens eine Wendung finden, die mein Bedenken behöbe. Man kann in dieser heiklen Sache nicht vorsichtig und korrekt genug sein. Ich würde es nicht für ausgeschlossen halten, dass man dem Herrn Minister mitteilt, die als entscheidend angeführte Tatsache der Weigerung deutscher Kindererziehung entspreche nicht ganz unseren Auffassungen, d.h. den nur zu sicherer Kenntnis gekommenen Tatsachen. Es könnte sonst passieren, dass in einer sich anschliessenden Pressepolemik dieser Punkt in den Vordergrund gezerrt wird und die Differenz ausgebeutet wird.

vSchubert.[70]

[70] Hsl. Vermerk in: Heidelberg, UA PA 2233 (Schneegans, Eduard Friedrich).

V.

[Max Weber an Friedrich Eduard Schneegans]

Heidelberg 10/1 16
Verehrter Herr Kollege!
Sie schreiben mir, Ihre Korrespondenz würde vermutlich kontrolliert. Möglich, aber für mich ganz gleichgültig. Es ist mir nur angenehm, wenn die beteiligten Personen wissen, was ich denke und woran ich auch Ihnen, – wenn Sie jetzt auch nicht mehr ein Reichsdeutscher sein wollen, sondern ein Deutsch-Schweizer, – keinen Hehl zu machen Anlaß finde. Der Erz-Schafskopf, welcher – er sei wer es wolle, diese Maßregel gegen Sie verfügt hat, wird vielleicht Grund haben, dies: daß er sich nicht pflichtgemäß über die Sachlage und die möglichen Konsequenzen informiert hat, zu bedauern. Für mich hat die Sache mit Ihrer Person gar nichts zu thun. Sondern mit reichs-deutschen politischen Interessen, die mich veranlassen werden, diese Sache nicht ruhen zu lassen. Ich so wenig wie, natürlich, Sie werden sie in die Presse bringen. Aber Jedermann weiß: daß sie unweigerlich zu einer Presse-Affäre wird, wenn das so weiter geht. Deshalb bin ich darüber so desperat.

Sie wissen, daß ich trotz der Gewissenskonflikte, in welche die Stellungnahme Ihrer Kinder Sie beide brachte, gewünscht hätte, der Schritt, der mich nicht überraschte, wäre vermieden worden. Daß das nicht leicht möglich war, weiß ich auch. Daß es Ihnen nur zur Ehre gereicht, nicht – *wie es* „klug" gewesen wäre – erst eine Stellung zu suchen und dann zu gehen (wenn Sie in der Schweiz angestellt sind, haben Sie ja deren diplomatische Vertretung zur Verfügung), ist klar und von den objektiven Kollegen (Neumann, Gothein, Boll etc.) anerkannt. Ist in Bern nichts geworden? Ich nehme es nach Ihrem Briefe an.

Dieser Krieg kann noch endlos dauern. Der Schlüssel des Friedens liegt in Frankreich. So lange selbst die Sozialisten dort von „Plebiszit" im Elsaß reden – würden unsere Gegner etwa in Marokko, Tunis, Algerien, Ägypten, Indien, Malta, Gibraltar, Estland, Livland, Lithauen, der Ukraine, dem Kaukaus – alles Völker, die sie zum Krieg mit uns verwerten, ein „Plebiszit" akzeptieren? – ist auch nur von Verhandlungen gar keine Rede. Bei uns wird – es ist kein Geheimnis – Vorbereitung für 1917 getroffen. Meine – im deutschen Interesse – für Belgien u.s.w. annexionsfeindliche Stellung kennen Sie. Aber an den Rhein können wir Frankreich nirgends lassen. – Genug! Ein Pazifist wie Sie kann ich nicht sein. Das liegt in zu weiter Ferne.

Ich hoffe dringend, daß die gesunde Vernunft in Ihrer Angelegenheit – rechtzeitig, ehe ein Skandal entsteht – siegen wird. Aber garantieren kann das Niemand. Bitte empfehlen Sie mich herzlich Ihrer lieben Frau.

Mit den besten Grüßen Ihr ergebenster Max Weber[71]

[71] Original mit Umschlag (offenbar dem Adressaten nicht zugestellt) Karlsruhe, GLA Sign. 456 F 9 Nr. 345, Bl. 67–71. Der Brief fehlt in Weber, *Briefe 1915–1917*, weil den Editoren diese 1990 inventarisierte eigene Akte der Militärverwaltung unbekannt war. (Ich danke Herrn Prof. Dr. Konrad Krimm, GLAK, für geduldige Hilfe bei der Entwirrung dieses Sachverhalts)

VI.

[Ernst Hoepffner an den Dekan der Philosophischen Fakultät Jena]

Spektabilität!
Hiermit teile ich Ihnen ergebenst mit, daß ich am heutigen Tage dem Herrn Kurator mein Gesuch um Entlassung aus meinem Amte als ordentlicher Professor der roman. Philologie in der hiesigen Universität eingereicht habe, und bitte Sie zur Neubesetzung der Stelle die erforderlichen Schritte zu tun.

Ich brauche wohl kaum zu sagen, daß mir dieser nach reiflicher Überlegung gefaßte Entschluß nicht leicht geworden ist, daß es mir im Gegenteil unendlich schwer fällt, meiner mir so lieb gewordenen Tätigkeit zu entsagen und aus dem Kreise der Fakultät auszuscheiden, in der ich von Anfang an nur freundliches Entgegenkommen und die liebenswürdigste Kollegialität gefunden habe. Ich darf wohl bei dieser Gelegenheit bereits meinen herzlichsten Dank für das bewiesene Wohlwollen aussprechen. Ich weiß aber, daß der Schritt, den ich tue und der mich in eine sehr ungewisse und wenig erfreuliche Zukunft führt, leicht mißdeutet und falsch ausgelegt werden kann, und ich darf daher wohl die Gründe, die mich dazu bewegen, hier mitteilen, so wie ich sie ungefähr in meinem Schreiben an den Herrn Kurator angegeben habe.

Wie noch mehrere meiner Landsleute, die denselben Schritt wie ich haben tun müssen, bin ich durch die politischen Verhältnisse vor die Wahl gestellt worden, entweder meine Heimat Elsaß-Lothringen verlieren zu müssen oder aber zum Ausländer zu werden und damit zur Weiterführung meines Amtes im Staatsdienst unfähig zu werden. Schweren Herzens habe ich mich für die zweite dieser Alternativen entschieden. Es bestimmte mich dazu weniger die Tatsache, daß ich den Verlust meiner Heimat und die völlige Trennung von meinen nächsten Angehörigen nur schwer verwinden könnte, als vielmehr das Bewußtsein, daß mein Land für die bevorstehende schwere Übergangszeit aller Kräfte bedarf, die ihm dienen können und wollen, daß es meine unabweisbare Pflicht ist, seinem Rufe zu folgen und nach Kräften mitzuarbeiten an der Erhaltung unserer elsässischen Eigenart, die uns nicht genommen werden soll.

Ich hoffe hiermit Verständnis und eine gerechte Beurteilung zu finden.

Hochachtungsvollst und ergebenst
E. Hoepffner[72]

[72] Original UAJ, Bestand M, Nr. 627, Bl. 235^{v}–236^{r}. Der Brief ist in ungeübter schülerhafter Sütterlinschrift verfasst, so als ob der Schreiber sein „Deutschtum" noch einmal unter Beweis stellen wollte. – Ich danke Martin Vialon (Oldenburg) für kritische Lektüre dieses Beitrags.

Philologie im Horizont der Geschichtlichkeit von Sprache und Text

Zum Tagungsband von Wulf Oesterreicher und Maria Selig

Olaf Müller (Mainz)

SCHLAGWÖRTER: Rezension; Fachgeschichte; Philologie; Disziplingenese; Wissenschaftsgeschichte; Oesterreicher, Wulf; Selig, Maria

Wulf Oesterreicher und Maria Selig, Hrsg., *Geschichtlichkeit von Sprache und Text: Philologien – Disziplingenese – Wissenschaftshistoriographie* (Paderborn: Wilhelm Fink, 2014), 332 S.

⁂

Aus einer Tagung, die im Jahr 2009 im Kloster Seeon am Chiemsee stattfand, sind die vierzehn Beiträge hervorgegangen, die der im Sommer 2014 erschienene Band über *Geschichtlichkeit von Sprache und Text* vereint. Elf deutschsprachige und jeweils ein französischer, spanischer und italienischer Essay widmen sich aus verschiedenen disziplinären Perspektiven einer Fülle von Themen, die die Herausgeber in drei Themenfelder gliedern.

Der Vorgeschichte der Geisteswissenschaften gelten Beiträge zum Geschichtsdenken bei Giambattista Vico (Jürgen Trabant), zu Leibniz als Sprachhistoriker und -theoretiker (Stefano Gensini), zu Lessing als Philologe (Jörg Schönert) und, wenn man die Arbeiten von Paulin Paris noch einer vorwissenschaftlichen Phase zurechnen will, zum Ausdifferenzierungsprozess der französischen (mediävistischen) Literaturwissenschaft, der sich in den Arbeiten von Paulin Paris und seinem Sohn Gaston nachverfolgen lässt (Ursula Bähler).

Die Entwicklung der universitären Beschäftigung mit Literatur in Frankreich, wie sie Vater und Sohn Paris repräsentieren, berührt auch das zweite Themenfeld, nämlich die Institutionalisierungsprozesse in den Geisteswissenschaften im 19. und 20. Jahrhundert, denen des Weiteren die Beiträge zur historischen Wende in den Rechtswissenschaften (Dieter Simon), zur Etablierung der orientalischen Philologie an den deutschen Universitäten (Sabine Mangold), zur Fachgeschichte der Romanischen Philologie zwischen

1820 und 1890 (Alexander M. Kalkhoff und Johanna Wolf), zum Konzept der Historizität von Sprache und Text bei Menéndez Pidal (José Jesús de Bustos Tovar und Julio Arenas Olleta) und zu den fachwissenschaftlichen Zäsuren in der deutschen Germanistik der 1920 und 1960er Jahre (Wilhelm Voßkamp) gelten.

Das dritte Themenfeld vereint Beiträge, die sich mit den Perspektiven beschäftigen, die sich für die heutigen Sprach- und Textwissenschaften aus der Reflexion ihrer Geschichte ergeben. Für diese, wie auch für die meisten anderen Essays, die der Band versammelt, gilt dabei als übergreifende Fragestellung das von Wulf Oesterreicher beschriebene Problem der „invertierten Teleologie" in vielen fachgeschichtlichen Arbeiten. Damit ist die Neigung gemeint, alternative Entwicklungsmöglichkeiten, die in bestimmten historischen Situationen bestanden hätten, als irrelevant zu betrachten und nur die Vorgeschichte dessen zu rekonstruieren, was sich schließlich historisch durchgesetzt hat. In seinem Aufsatz „Über die Geschichtlichkeit der Sprache" hat Oesterreicher das 2005 folgendermaßen formuliert: „Wenn man das Neue [...] mit dem sich durchsetzenden ‚Wandel' identifiziert, werden die historischen Situationen inhärenten konkreten Möglichkeiten, die in [...] konkurrierenden Innovationsgestalten liegen, verkannt". In diesem Sinn untersucht Markus Messling Foucaults Äußerungen zur Genealogie des Rassismus und Saids Darstellung des orientalistischen Diskurses und zeigt, wie bei beiden in einer solchen „invertierten Teleologie" ein hegemonialer Diskurs als alternativlos rekonstruiert wird, obwohl in der vermeintlichen Konsolidierungsphase dieser Diskurse durchaus andere Stimmen vernehmbar gewesen wären. Besonders Herder und Wilhelm von Humboldt seien in solchen undifferenzierten Lesarten immer wieder zu Vorläufern rassistischer oder orientalistischer Diskurse gemacht worden, da man ihre Positionen aus der ex-post-Perspektive missverstanden habe.

Ähnliche Blicke auf übersehene Alternativen der Disziplinentwicklung gelten Ferdinand de Saussures Semiotik, die François Rastier vor dem Hintergrund von Saussures historischen Textstudien aus dem Nachlass neu liest, sowie Benedetto Croces Verhältnis zur Historiographie (Sarah Dessì Schmid und Jochen Hafner). Jörn Rüsen[1] und Wulf Oesterreicher[2] entwerfen in den beiden abschließenden Essays geisteswissenschaftliche For-

[1] Jörn Rüsen, „Vom Geist der Geisteswissenschaften", 275–86.

[2] Wulf Oesterreicher, „Sprachwissenschaft und Philologie im Horizont der Geschichtlichkeit von Sprache und Text", 287–330.

schungsperspektiven, die die spezifischen Stärken historisch informierter Arbeit an Sprache und Text auch in Zukunft fruchtbar machen sollen.

Jürgen Trabant weist in seinem Beitrag zu Giambattista Vico[3] daraufhin, dass dieser weniger historisch argumentiere, als Erich Auerbachs einflussreiche Übersetzung der *Scienza nuova* das nahe lege. Vico sei gerade nicht der Begründer eines modernen Geschichtsdenkens im Sinne des Historismus, denn sein Dreischritt aller menschlichen Entwicklung von der göttlichen über die heroische zur menschlichen Zeit gelte prinzipiell und überall: „Die Vicosche Geschichte vernachlässigt [...] gerade jenes Besondere, Partikulare, Individuelle, das für die moderne Geschichtlichkeit so essentiell ist" (41). Genau diese Universalität sei aber die andere Voraussetzung für die Möglichkeit von Wissenschaft bei Vico: scientia debet esse de universalibus et aeternis, d.h. dass die „Wissenschaft vom mondo civile [...] gerade keine Geschichte im modernen Sinn [ist], sondern *Wissenschaft*, das heißt Aufsuchung universeller und ewiger Gesetze des Politischen und des mit diesem verknüpften Sprachlich-Semiotischen: Sie ist allgemeine Wissenschaft der Gesellschaft und allgemeine Sprach- oder Zeichenwissenschaft" (42).

Stefano Gensini untersucht Leibnizens Beitrag zur Wissenschaft der natürlichen Sprachen, der besonders in der Entdeckung der radikalen Geschichtlichkeit der Sprachen innerhalb der europäischen Kulturen liege. Bemerkenswert seien auch seine Leistungen für die Entwicklung einer universell gültigen, phonetischen Schreibweise, die erst Ende des 19. Jahrhunderts durch die International Phonetic Association umgesetzt wurde.

Markus Messling[4] zeigt die verzerrenden Effekte einer ex-post-Perspektive am Beispiel von Foucaults Deutung von Humboldts energeia-Begriff. In seiner Rekonstruktion der Genealogie des Rassismus versteht Foucault aus dem homogenisierenden Zwang seines Systems heraus den Begriff falsch und verkehrt ihn geradezu in das Gegenteil dessen, was er bei Humboldt bedeutet – nämlich u.a. ein kritisches Potential gegenüber anti-universalistischen und tendenziell rassistischen Positionen in der Sprachenfrage, wie sie Friedrich Schlegel im Blick auf die nicht-indoeuropäische Welt vertrat. Für ein rassisches Verständnis von Sprache, wie es bei den historisch-vergleichenden Sprachwissenschaftlern angelegt gewesen sei und wie es dann Gobineau tatsächlich formuliert habe, sei Humboldts Sprachdenken

[3] Jürgen Trabant, „Wie ‚geschichtlich' ist Vicos mondo civile?", 31–47.

[4] Markus Messling, „‚Energeia': vom Sprechen der Völker. Michel Foucault und das Problem der Historizität in der Philologie", 67–82.

vollkommen unanfällig gewesen. Ähnliches gelte für Edward Said, der sich zwar auf Foucault und Gramsci berufe, letztlich aber nur dem homogenisierenden, machtpessimistischen Ansatz Foucaults folge und Gramscis Sensibilität für die „Inkonsistenz des Materials sowie alternative Muster und Praktiken des Denkens" außer Acht lasse (76). Messling macht dagegen Positionen stark, die sich bereits im Austausch Wilhelm von Humboldts mit dem Asienwissenschaftler Eugène Jacques finden, und die Kurt Mueller-Vollmer als „Linguistik der Befreiung" bezeichnet hat (77). Ähnliche Ansätze zur Kritik eurozentrischen Denkens in der Hochzeit dessen, was Said nahezu ausnahmslos als den europäischen Orientalismus identifiziert, fänden sich u.a. bei Jean-Pierre Abel-Rémusat in seinem „Discours sur le génie et les mœurs des peuples orientaux" (1843). Es müsse der Geschichte der Philologien deshalb darum gehen, gegen die ausschließliche Sicht auf hegemoniale Diskurse abweichende, individuelle Sprechereignisse und damit die historischen Alternativen, die bestanden haben, zur Sprache zu bringen.

Jörg Schönert[5] untersucht Lessings philologische Tätigkeit aus seiner Zeit als Wolfenbütteler Bibliothekar, insbesondere in der von Lessing dort herausgegebenen Reihe *Zur Geschichte und Literatur*. Am Beispiel von Lessings Arbeiten lasse sich für die Zeit von 1750 bis 1820 „die Emergenz der Neuphilologien aus der Editorik der Klassischen Philologie im Zusammenhang mit der Verwaltung eines riesigen Wissensfundus [...] studieren" (86), obwohl Lessing selbst abwertend von diesen Arbeiten als „Moosen und Schwämmen" sprach, die den eigentlichen Stamm seiner Produktivität parasitär gefährdeten. Lessings editorische und philologische Praxis lasse sich als Vorwegnahme von Interessen und Strategien deuten, die von der Universalgelehrsamkeit bereits in Richtung auf den Historismus und die Fragestellungen der sich um 1800 entwickelnden Neuphilologien verweisen (88). Als eine Art Gegenprogramm zu Bodmers und Breitingers mediävistischen Arbeiten, die auf eine Wiederbelebung der Minnesängerzeit zielten, habe Lessing, der selbst Editionen von Hugos von Trimberg *Renner* und von Ulrichs von dem Türlin *Willehalm* geplant hatte, die Barockliteratur, besonders die schlesische Barockliteratur (Logau, Scultetus, vor allem dessen „Österliche Triumphposaune") stark zu machen versucht. Außerdem habe er Bodmer und Breitinger auf deren eigenem Spezialgebiet Nachlässigkeiten nachgewiesen, indem er 1773 in einem Artikel in *Zur Geschichte und Literatur* zeigte,

[5] Jörg Schönert, „Lessing als Philologe: seine Projekte und Publikationen zur Geschichte der deutschen Sprache und Literatur ", 83–98.

dass die 1757 von Bodmer und Breitinger aus Handschriften veröffentlichten *Fabeln aus den Zeiten der Minnesänger* bereits 1461 in Buchform erschienen waren, die beiden Schweizer also ihre philologischen Hausaufgaben vor der Publikation nicht richtig gemacht hätten.

Dieter Simon[6] zeichnet die Disziplingenese der modernen Rechtsgeschichte nach. Erst die Einsicht in die Geschichtlichkeit von Rechtstexten ermögliche den Beginn der rechtshistorischen Forschung im modernen Sinn. Gleichzeitig habe diese Wende auch das Ende des römischen Rechts als eines unmittelbar anwendbaren Rechts eingeleitet: Nur als geschichtslose Texte konnten die römischen Rechtstexte immer wieder auf verschiedene Gegenwarten angewandt werden, oder, wie Simon formuliert, der „Schritt von der historischen Rechtsschule zur akademischen Rechtsgeschichte" bedeutete für die Rechtshistoriker des römischen Rechts gleichzeitig den „Schritt aus der praktischen Jurisprudenz in die juristische Nutzlosigkeit" (111).

Sabine Mangolds Beitrag zur orientalischen Philologie[7] unterstreicht zunächst, dass der Kanon der Sprachen und Kulturen, die unter dem Obertitel „Orientalistik" (oder morgenländische Studien etc.) behandelt wurden, noch bis weit ins 19. Jahrhundert erheblich variierte und lange auch noch Sanskrit und die indogermanischen Sprachen umfasste, die dann aber an eigene Lehrstühle ausgelagert wurden. Die Geburt der orientalischen Studien an deutschen Universitäten habe sich ab dem 16. Jahrhundert aus der Erkenntnis der Geschichtlichkeit des biblischen Texts ergeben, dessen Voraussetzungen es nun auch außerhalb der lateinischen und griechischen Überlieferung zu studieren galt, was Kenntnisse des Hebräischen, Aramäischen, Syrisch-Chaldäischen und Arabischen erforderlich machte. Die Dozenten des Fachs befanden sich daher oft in einer Zwischenstellung zwischen der philosophischen und der theologischen Fakultät. Für eine nichttheologische Begründung des Studiums der orientalischen Sprachen und insbesondere des Arabischen konnten sich die deutschen Orientalisten um 1800 dann auf die Arbeiten von Sylvestre de Sacy berufen, der sich in Paris an der *École spéciale des langues orientales vivantes* auf das Studium des Arabischen als einzelner Sprache und vor allem auch als Dichtungssprache konzentrierte, die er, ähnlich wie Herder, auch als Ausdruck des „Volksgeistes" verstand.

[6] Dieter Simon, „Die rechtshistorische Wende", 99–114.

[7] Sabine Mangold, „Etablierung der orientalischen Philologie an den deutschen Universitäten", 115–30.

Da Sacy dabei noch eher unhistorisch verfahren ist und Gefahr lief, essentialistisch das arabische Wesen bestimmen zu wollen, hat Edward Said ihn als einen der Begründer des modernen europäischen Orientalismus ausgemacht. Die Historisierung aber, die dann auch in der Orientalistik im Lauf des 19. Jahrhunderts zum wissenschaftlichen Ideal wurde, hatte sich in der Regel noch der teleologischen Konstruktion unterzuordnen, dass auch die historisch gesehene orientalische Kultur der europäischen Gegenwartskultur unterlegen und nur eine Vorstufe dazu war, die sich ab einem gewissen Punkt nicht weiterentwickelt habe.

Die Fachgeschichte der Romanischen Philologie im 19. Jahrhundert entwickeln Alexander M. Kalkhoff und Johanna Wolf[8] aus einer systemtheoretischen Perspektive. Das Problem der „invertierten Teleologie" sprechen sie unter Rückbezug auf Kosellecks Unterscheidun g zwischen Strukturen, die man erzählen und Ereignissen, die man beschreiben müsse, an. Die Aufgabe des Erzählers der romanistischen Fachgeschichte sei es unter dieser Prämisse, aus der Kette der Ereignisse, die sich aus den Quellen extrapolieren lassen, eine Beschreibung der Strukturen abzuleiten, die die Möglichkeit der Ereignisse darstellbar macht und gleichzeitig den Blick auf die Offenheit des Entscheidungsraumes in der ex-ante-Perspektivierung lenkt.

Der Begriff Philologie taucht in der fachgeschichtlichen Erzählung mit drei verschiedenen Bedeutungen auf, als Methode, als Wissensform und als Fach, Letzteres allerdings erst ab dem 19. Jahrhundert. Den Unterschied zwischen der ex-ante und der ex-post-Perspektive verdeutlichen sie am Beispiel von Friedrich Diez, der zur Zeit des Erscheinens seiner Grammatik, die ex-post zum Gründungsdokument der wissenschaftlichen Romanistik erhoben worden ist, noch keineswegs die romanische Philologie als eine reine Sprachwissenschaft verstanden habe. Vielmehr habe auch Diez anfangs noch ein gewissermaßen kulturwissenschaftliches Interesse an der Textwelt gehabt und Philologie als eine „partizipative Verstehenswissenschaft" im Sinne Humboldts und des Neuhumanismus aufgefasst. Im Anschluss an seine Grammatik habe sich das Fach dann aber in die positivistische Richtung entwickelt, die damals für Modernität und Wissenschaftlichkeit gestanden habe. Mit Gustav Gröbers Grundriss sei dann Ende des 19. Jahrhunderts eine „Schließung des Handlungsraumes" zur Stabilisierung eines geschlossenen wissenschaftlichen Systems und zur ökonomischen Absiche-

[8] Alexander M. Kalkhoff und Johanna Wolf, „Kontingenz: Zufall und Kalkül. Zur Fachgeschichte der romanischen Philologie (1820–1890)", 131–52.

rung erfolgt. Durch die Institutionalisierung werden die Möglichkeiten des Fachs, die diskursiv ab den 1820er Jahren noch vorhanden waren (so z. B. die „partizipative Verstehenswissenschaft" oder auch ethisch-pädagogische Fragen) nicht völlig abgeschnitten, aber auf exotische Positionen verdrängt, für die dann in Zeiten der dominanten positivistischen Textphilologie noch Forscherfiguren wie Hugo Schuchardt oder Karl Vossler stehen.

Am Beispiel der wissenschaftlichen Viten von Paulin Paris und seinem Sohn Gaston zeichnet Ursula Bähler die Entwicklung der „romanischen Philologie" in Frankreich im 19. Jahrhundert[9] nach, auch wenn dieser Titel als Lehrstuhlbezeichnung in Frankreich nicht existiert. In den seltenen Fällen, in denen „philologie romane" als Zusatz zur Lehrstuhlbeschreibung auftaucht, ist damit mittelalterliche Textphilologie gemeint. Die Tätigkeitsgebiete, die an den französischen Lehrstühlen bedient werden, decken sich aber im Laufe des 19. Jahrhunderts weitgehend mit denen, die in Deutschland unter dem Oberbegriff „romanische Philologie" zusammengefasst werden. Die Disziplingeschichte der romanischen Philologie in Frankeich lasse sich für das 19. Jahrhundert, wie Bähler anschaulich macht, als Geschichte der bewussten Distanzierung Gastons von seinem Vater Paulin erzählen. Gaston Paris, den sein Vater zum Erlernen der für geisteswissenschaftliche Arbeit mittlerweile unumgänglichen Sprache nach Deutschland geschickt hatte, studierte in Bonn bei Friedrich Diez (was, wie Bähler nahelegt, eher kurzfristig entschieden wurde und keinem speziellen mediävistischen Lehrplan des Vaters für den Sohn geschuldet war) und dann in Göttingen Klassische Philologie und deutsche Literatur. Nach der militärischen Niederlage Frankreichs im deutsch-französischen Krieg formulierte er sehr deutlich, dass die Nationalphilologie in Deutschland und auch die romanische Philologie schon vor dem Krieg eine antifranzösische Stoßrichtung gehabt hätten. Das Verhältnis zu Diez, dessen Grammatik Gaston übersetzt, während Paulin sie vermutlich nie wirklich gelesen habe, werde, wie überhaupt das Verhältnis zur historisch-komparativen Methode, auch in Frankreich im Lauf des 19. Jahrhunderts zum disziplinären Ausschlusskriterium. Wer diese Methode nicht beherrsche, könne auch kein akzeptierter Wissenschaftler sein. Man könne angesichts des naturwissenschaftlichen Anspruchs der Sprachforschung, der sich daraus entwickelt, sogar mit Thomas S. Kuhn von einem neuen Paradigma sprechen, auch wenn Gaston Paris gleichzei-

[9] Ursula Bähler, „Von Paulin Paris (1800–1881) zu Gaston Paris (1839-1903): zur Geschichte der Romanischen Philologie in Frankreich", 153–84.

tig ganz unwissenschaftlich in den mittelalterlichen Texten so etwas wie den Ausdruck eines Nationalgefühls suche, ein „sentiment commun, [...] cet amour dans lequel tous les citoyens d'une nation fraternisent": „La littérature est l'expression de la vie nationale". Das halte ihn aber nicht davon ab, seine wissenschaftlichen Wahrheitsansprüche auch in der Dreyfus-Affäre hochzuhalten. Trotz der letztlich nationalistischen Begründung des eigenen philologischen Tuns ist die Arbeit im Detail vor allem der Wahrheit und einer Erkenntnis ohne Rücksicht auf die nationale Herkunft verpflichtete. Diese Verpflichtung auf die unvoreingenommene Wahrheitssuche lässt Gaston Paris, wie auch viele andere wichtige Philologen, dann in der Dreyfus-Affäre für eine Revision des Prozesses eintreten, wozu Bähler einen sehr beeindruckenden Brief von Gaston Paris an seinen Freund, den Historiker Albert Sorel, zitiert, in dem Paris Sorels Eintreten für die Sache der Dreyfus-Gegner als Verrat am „esprit scientifique" bezeichnet.

Die wissenschaftliche Methode, die Gaston Paris in seinem opus magnum *Histoire poétique de Charlemagne* (zuerst 1865) entwickelt hat, wird in Spanien von Ramón Menéndez Pidal und seinen Schülern, insbesondere Amado Alonso und Rafael Lapesa, rezipiert und weiterentwickelt, wie José Jesús de Bustos Tovar und Julio Arenas Olleta zeigen. Auch in Spanien ist es eine radikale Historisierung der Forschung, die ab dem späten 19. Jahrhundert als Ausweis von Wissenschaftlichkeit gelten kann. Ein institutionelles Symbol dieser Historisierung wurde das Centro de Estudios Históricos, das 1910 unter der Leitung von Menéndez Pidal seine Arbeit aufnahm und 1939 nach dem Sieg der Faschisten im Spanischen Bürgerkrieg geschlossen wurde. Die Autoren verorten die ideologischen Prämissen der Arbeit von Don Ramón in den Ansichten der Angehörigen der Generation von 98, die den spanischen Sonderweg in Europa zu erklären und Spaniens Anschluss an die Moderne herzustellen versuchen. Pidal bezieht sich für die wissenschaftliche Modernisierung Spaniens, die größtenteils außerhalb der traditionellen Universität erfolgte, auf die deutschen Wissenschaften, wofür er als Student noch von seinem Lehrer Antonio Sánchez Moguel kritisiert wurde. Sánchez Moguel habe ihn einst bei der Lektüre von Diezens Grammatik erwischt und ihn gewarnt, dass ihn das im Kopf ganz wirr zu machen drohe, da die deutschen Werke erst noch der Aufarbeitung durch einen lateinischen Verstand bedürften. Menéndez Pidal habe die historische Linguistik bereits als Dialektologie verstanden und betrieben, was ihn auch davor bewahrt habe, Sprache und Nation in einen besonderen Zusammenhang zu zwingen, wenn er auch noch von einer spirituellen Einheit von einzelnen Sprachgemeinschaften ausgegangen sei. Mehr noch als Menéndez Pidal selbst, waren dann seine Schüler Amado Alonso und Rafael Lapesa von den Ideen der idealistischen Philologie Karl Vosslers beeinflusst. Die Funktion eines längeren Exkurses (198–202) zur Lexikographie des Siglo de Oro am Beispiel des *Tesoro de la lengua castellana* von Sebastián de Covarrubias hat sich mir bei der Lektüre nicht ganz erschlossen, abschließend weisen die Autoren aber noch auf die Bedeutung der Vorarbeiten von Menéndez Pidal und seinen Schülern für eine Sprachgeschichte hin, die interne und externe historische Faktoren des Sprachwandels berücksichtige.

François Rastier[10] betont den diachronen Anteil an Saussures Forschungen, da er sich auch intensiv mit historischen Texten befasst habe und bezeichnet Saussures Semiologie daher vor allem als eine Textsemiotik: Saussures allgemeine Linguistik stütze sich auf das Studium poetischer und mythologischer Texte, insbesondere nachzulesen in dem riesigen Corpus unveröffentlichter Arbeiten zu Anagrammen in der antiken Literatur, in der Sanskritüberlieferung der Veden und im Hildebrandslied. Bislang habe die Forschung diese Textanalysen Saussures aber kaum untersucht (bis zu 90 % von Saussures Werk sind bekanntlich noch nicht ediert), geschweige denn in Beziehung zu seinen linguistischen Forschungen gebracht. Rastier meint aber, dass die linguistischen Arbeiten Saussures ohne diese textanalytischen Untersuchungen nicht richtig verstanden werden können und bezieht diese Einschätzung sogar auf den *Cours de linguistique générale*, was nicht unwidersprochen geblieben ist.[11] Wie Saussures Nachfolger Hjelmslev und Coseriu richtig erkannt und konsequent fortgesetzt hätten, handele es sich bei Saussures Linguistik deshalb im eigentlichen Sinne um eine Textlinguistik. In der mittlerweile edierten Nachlassschrift *De l'essence double du langage* werde dieser enge Zusammenhang und die Bedeutung von Saussures Textstudien für seine allgemeine Linguistik besonders deutlich.

Über Benedetto Croces historische und geschichtstheoretische Arbeiten, vor allem am Beispiel seiner Schriften über die Geschichte Neapels, informieren Sarah Dessì Schmid und Jochen Hafner.[12] Croce nehme sich Vico

---

[10] François Rastier, „La formation de la sémiotique saussurienne et l'historicité spécifique des sciences de la culture", 213–30.

[11] Vgl. auch das Themenheft von *Langages* 185, 2012, über „L'apport des manuscrits de Ferdinand de Saussure".

[12] Sarah Dessì Schmid und Jochen Hafner, „‚Geschichte des Geistes', Geschichte Neapels: Benedetto Croce und die Historiographie", 231–54.

als Verbündeten in seinem Kampf gegen den Positivismus und beziehe sich für seine Philosophie des absolut historisch gedachten Geistes ansonsten vor allem auf Hegel. Seine zwischen 1902 und 1909 erschienenen Werke *Estetica come scienza dell'espressione e linguistica generale* (1902), *Logica come scienza del concetto puro* (1909) und *Filosofia della pratica. Economia ed etica* (1909) decken unter dieser Prämisse die vier philosophischen Wissenschaften Ästhetik, Logik, Ökonomie und Ethik ab, wobei letztere als praxisbezogene Wissenschaften Croce zufolge nur Pseudobegriffe hervorbringen. Die einzige Realität ist für Croce der Geist, was er als „absoluten Idealismus" bezeichnet, den er später „absoluten Historismus" nennt. Dass Croce mit seinen Arbeiten zur Historiographie Teil des geschichtswissenschaftlichen Diskurses in Deutschland war, zeigt der Auftrag von 1909, für den Mohr-Verlag in Tübingen in der Reihe „Grundriss der philosophischen Wissenschaften" ein Handbuch der Geschichtsphilosophie zu verfassen. Croce machte daraus im Arbeitsprozess allerdings ein Buch *Zur Theorie der Geschichte und Historiographie*, weil er, wie er dem Verlag schreibt, die Geschichtsphilosophie radikal ablehne. Die Geschichte wird ihm zur zentralen Wissenschaft, und alles wird ihm zu Geschichte, auch seine eigene Biographie, die er in einigen Abschnitten der *Storie e leggende napoletane* verarbeitet. In den Gründungsstatuten des *Istituto italiano per gli studi storici* hielt Croce 1946 fest, dass der Bezug auf Sprache, den die universitäre Historikerausbildung seines Erachtens zu sehr in den Vordergrund stelle, auf Kosten einer profunden philosophischen Ausbildung gehe, die für angehende Historikerinnen und Historiker wichtiger sei. Sein Institut sollte diese Ausbildung ergänzen und langfristig zu deren Integration auch in den universitären Betrieb beitragen. Für die italienische Wissenschaftsgeschichte ist am Fall Croce bemerkenswert, dass damit entscheidende Methodenfragen, die zur Innovation des Fachs beigetragen haben, außerhalb der universitären Institutionen im Ein-Mann-Betrieb des Privatgelehrten weiterentwickelt wurden.

Wilhelm Voßkamp stellt in seinem Beitrag[13] die Frage nach der Möglichkeit von Paradigmenwechseln im Kuhnschen Sinne in der Literaturwissenschaft. Am Beispiel der deutschen Germanistik der 1920er und 1960er Jahre soll gefragt werden, auf welchen der drei Ebenen Wissen, Institution und Leistung Veränderungen erfolgen müssen, damit man von Neuem in der Wissenschaft sprechen kann. Voßkamp nimmt an, dass auf mindestens zweien dieser Ebenen Veränderungen eintreten müssen, damit man

[13] Wilhelm Voßkamp, „Das Neue als Verheißung", 255–74.

von Diskontinuität und der Möglichkeit des Neuen sprechen könne. Zu Beginn des 20. Jahrhunderts seien es vor allem lebensphilosophisch und transzendentalphilosophisch inspirierte Ansätze gewesen, die als Neuerungsverheißungen den veralteten Positivismus des 19. Jahrhunderts ablösen sollten. Nach dem Ersten Weltkrieg lässt sich dann institutionell in wichtigen Neuberufungen, u.a. aus dem George-Kreis, und mit der Gründung der *Deutschen Vierteljahrsschrift für Literaturwissenschaft und Geistesgeschichte* (1923) eine Distanzierung von der philologischen Tradition beobachten, die diesen Neuerungsverheißungen Rechnung zu tragen scheint. Außerdem werde als Leistungsanspruch an das Fach nun stärker eine nationale Bildung gefordert. Insgesamt seien die 1920er Jahre mit ihrer Wende zur Geistesgeschichte und dem stärkeren Auftrag, nationale Bildung zu erteilen, daher als Paradigmenwechsel zu verstehen, der alle drei Ebenen, also Wissen, Institution und Leistung, berühre. Die Nazizeit habe dem gegenüber keinen entscheidenden Einschnitt bedeutet. Abgesehen davon, dass zu den möglichen außerphilologischen Bezugsgrößen nun auch noch Rassismus und Antisemitismus kommen, ändere sich prinzipiell an der Arbeitsweise der Germanistik wenig. Der nächste grundlegende Einschnitt erfolge erst in den 1960er Jahren mit einer Rhetorik der Krise einer als „bürgerlich", „deutsch" und antidemokratisch kritisierten Germanistik, der eine gesellschaftlich engagierte Wissenschaft entgegengesetzt wird, die sich für ihre Methoden an den Kommunikations- und Sozialwissenschaften sowie am linguistisch orientierten Strukturalismus ausrichtet.

Zu dieser methodengeschichtlichen Expansion kommt seit Mitte der 1960er Jahre eine institutionelle, die sich an der Zunahme der Studierendenzahlen und der Vermehrung des wissenschaftlichen Personals ablesen lässt; vergleichbare Entwicklungen seien auch für die DDR in den 1960er Jahren zu beobachten. Die Rhetorik des Neuen und die Behauptung von Originalität lasse sich im Anschluss an den Einschnitt der 1960er Jahre in den immer zahlreicher und kurzlebiger werdenden „turns" wiederfinden: Diese permanenten Erneuerungen seien aber immer nur vor dem Hintergrund der „Bewahrung [des] philologischen Erbes" der Disziplin möglich, die dem Neuen ein „Experimentierfeld" biete.

Jörn Rüsens Essay[14] nimmt die Entstehung des Begriffs ‚Geisteswissenschaften' im 19. Jahrhundert und die Krise der so bezeichneten Disziplinen schon am Ende desselben zum Ausgangspunkt, um nach den Qualitäten und

[14] Jörn Rüsen, „Vom Geist der Geisteswissenschaften", 275–86.

Kompetenzen der Geisteswissenschaften zu fragen, die die unter diesem Begriff versammelten Fächer auch in Zukunft gesellschaftlich notwendig machen werden. Dazu nennt er fünf Qualitäten der „kulturellen Fähigkeit der Sinnkompetenz", wie er Bildung definiert, und hebt drei Leistungen hervor, die diese Fähigkeit der Sinnkompetenz zu vollbringen habe: Verstehen, Kritik und Utopie. Bedroht seien die Geisteswissenschaften von einem „Geistverlust", dem Rüsen Vorschläge entgegenhält, wie man „die Geisteswissenschaften [...] durch kritische Revision ihrer mit dem Geistbegriff bezeichneten Grundlagen zukunftsfähig [...] machen" könne. Dazu müssten die Geisteswissenschaften „sich ihrer anthropologischen Grundlagen neu versichern und die menschheitliche Dimension der hermeneutischen Erfahrung im Blick auf die Fülle kultureller Unterschiede neu zur Geltung bringen". Sie sollten sich außerdem auf eine „Menschheitsdimension" beziehen, für die die Geisteswissenschaften sich anthropologisch und historisch einen neuen Universalismus erarbeiten und ihren traditionellen eurozentrischen Charakter überwinden müssten. Sie könnten so zur „Avantgarde eines neuen menschheitlichen interkulturell verfassten Humanismus" werden. Ihre Aufgabe sei es dabei aber immer auch, „Leiden und Sinnlosigkeit in die kognitiv verfassten Prozeduren geisteswissenschaftlicher Sinnbildung zu integrieren".

In seinem mehr als vierzigseitigen Schlussbeitrag, der die zentralen Themen des Bandes noch einmal bündelt und auf ein Zukunftsprogramm für die Philologien hin perspektiviert, hat der 2015 verstorbene Wulf Oesterreicher so etwas wie ein wissenschaftliches Testament hinterlassen.[15] Er skizziert darin zunächst die Disziplingenese der Sprachwissenschaft vom Anthropologicum der allgemeinen Sprachreflexion und Sprachbetrachtung, die auch auf vorwissenschaftlicher Ebene schon sehr anspruchsvoll werden können, bis zur Ausdifferenzierung einer eigenen, auf Sprache um ihrer selbst willen gerichteten und nicht mehr fremdbestimmten wissenschaftlichen Beschäftigung mit Sprache. Die disziplinäre Matrix dafür wurde, wie für fast alle im vorliegenden Band untersuchten Wissenschaften, um 1800 entwickelt. Erst um 1800 sei ein Begriff von Sprache entwickelt worden, der der Geschichtlichkeit des Objekts Sprache gerecht werden konnte. Und erst mit der Entdeckung des Sanskrit und der Entwicklung des historischen Sprachvergleichs und der Morphologie seien die Arbeiten von Bopp, Rask

[15] Wulf Oesterreicher, „Sprachwissenschaft und Philologie im Horizont der Geschichtlichkeit von Sprache und Text", 287–330.

und dann Jacob Grimm und damit ein historisches Verständnis der Sprachentwicklung möglich geworden. Das historisch-vergleichende Paradigma habe es der Sprachwissenschaft erlaubt, sich als Disziplin zu konstituieren.

Nach dieser Rekapitulation der Bedeutung des historischen Bewusstseins für die Entstehung der modernen Sprachwissenschaft kommt Oesterreicher zum Hauptteil seines Essays, der ein „[f]orschungspragmatisches Plädoyer für die neuphilologischen Fachstrukturen" bietet. Zum Dialog zwischen Literaturwissenschaft und Sprachwissenschaft, den er prinzipiell noch für möglich hält, schlägt er die Bearbeitung von Querschnittsthemen vor, die eine reflexive Interdisziplinarität erfordern würden. Als mögliche gemeinsame Arbeitsfelder nennt er Sprachtheorie, Forschung zu Mündlichkeit-Schriftlichkeit, Diskussion der Thesen der New Philology, Text-Kontext-Relationen im Rahmen einer sozialen Semiotik, Kanonbildung und Zensur und Wissen in Texten und Semantiken historischer Sinnwelten.

In einem nächsten Schritt skizziert Oesterreicher „genuin linguistische Forschungsthemen und ihre Bezüge zur Textwissenschaft". Darunter nennt er Textlinguistik, sprachlichen Ausbau, Diglossie und Plurizentrik, Sprachgeschichte, älteste romanische Sprachdenkmäler, Sprachwandeltheorien und Grammatikalisierungsforschung, Innovation und sprachliche Kreativität, Sprachstilistik, Varietätenlinguistik, literarische Texte als Korpora, Korpuslinguistik und Textinterpretationen. Oesterreicher schließt mit einem starken Plädoyer für die Philologien und die Möglichkeiten philologischen Arbeitens. Aus forschungspragmatischen Gründen spreche daher viel für die philologischen Fachstrukturen mit ihrer Verbindung von Linguistik und Literaturwissenschaft. Die Philologien als Fächer sollten bei wichtigen Querschnittsthemen interdisziplinäre Gespräche anregen, anleiten und kritisch begleiten. Dieser engagierte und aspektreiche Grundsatztext, der nebenbei ein philologisches Forschungsprogramm für mehrere Jahrzehnte skizziert, stellt einen passenden Schluss für diesen informativen und vielseitig anregenden Band dar, der auch die Notwendigkeit und Nützlichkeit fachgeschichtlicher Selbstreflexion demonstriert. Für eine Fortsetzung des hier begonnenen Gesprächs wären eventuell Beiträge aus der Klassischen Philologie und der Anglistik und Amerikanistik wünschenswert, da hier das Verständnis von Philologie jeweils eigene Entwicklungen genommen hat und unter dem Aspekt der „invertierten Teleologie" interessante Resultate zu erwarten wären.

Die Ursünde der Philologie?

Zu M. A. Lenz' Arbeit *Genie und Blut* über Rassedenken in der italienischen Philologie

Manfred Hinz (Passau)

SCHLAGWÖRTER: Rezension; Fachgeschichte; Rassedenken; italienische Philologie; Lenz, Markus Alexander; Philologie und Rassismus

Markus Alexander Lenz, *Genie und Blut: Rassedenken in der italienischen Philologie des neunzehnten Jahrhunderts* (Paderborn: Fink, 2014), kart., 405 S.

⁂

Die vorliegende Doktorarbeit, entstanden im Kontext der Emmy Noether-Nachwuchsgruppe „Philologie und Rassismus im 19. Jahrhundert" an der Universität Potsdam, führt ein nach Zahl und Umfang nachgerade erschlagend umfangreiches Textcorpus zum Thema der anthropologischen oder ethnischen Übertragungen philologischen Wissens im 19. Jh. in Italien vor[1]. Sie beschränkt sich dabei vernünftigerweise nicht auf die professionellen Philologen, sondern bezieht auch sprachmorphologische Ausführungen von Historikern (z.B. Cesare Cantù, Cesare Balbo, Giandomenico Romagnosi, Gabriele Rosa u.a.), „polytechnischen" Gesellschaftsreformern (Carlo Cattaneo) sowie Literaten (Manzoni, Leopardi, Carducci) mit ein. Grundthese, die all dies Material zusammenbringt, ist die historische Annahme, „Rassismus (sei) die Ursünde der Philologie" (19), der man aber durchaus entgegensteuern könne und die somit nicht alternativlos sei. In der Tat genügt ein Blick in die Schriften des Altphilologen Friedrich Nietzsche, vor allem etwa in *Wir Philologen*, um zu erkennen, dass die Philologie eher geeignet ist, substanzialistische Voraussetzungen aufzulösen, als sie festzuklopfen.

[1] Einen Überblick über das Gesamtprojekt bieten Philipp Krämer, Markus A. Lenz und Markus Messling, Hrsg., *Rassedenken in der Sprach- und Textreflexion: kommentierte Grundlagentexte des langen 19. Jahrhunderts* (Paderborn: Fink, 2015). Der Sammelband bietet (in Auszügen) einige Grundlagentexte aus allen (west-) europäischen Philologien, in denen die Verbindung zwischen sprachmorphologischen und anthropologischen Überlegungen gezogen, oder aber verweigert wird.

Seit der Entdeckung des Sanskrit durch William Jones in der Mitte des 18. Jhs., drehten sich die sprachhistorischen und -vergleichenden Debatten des 19. Jhs. im wesentlichen um den Gegensatz zwischen indoeuropäischen und semitischen Sprachen, der durch Friedrich Schlegel, Max Müller, Ernest Renan, Arthur de Gobineau u.a. (in unterschiedlicher Weise) rassenkundlich aufgeladen und fixiert wurde. Die Attraktivität des arisch-semitischen Schemas vor allem nach 1861, als die Nation sich zwar politisch, jedoch nicht linguistisch konstituiert hatte, führt der Autor, wie ich denke, zutreffend darauf zurück, dass dieses Narrativ eine griffige (und ebenso eschatologische) Alternative zur klerikalen Geschichtserzählung bereitstellte (106) und folglich im politischen Kontext des Verhältnisses zwischen italienischer Monarchie und katholischer Kirche interpretiert werden muss. Die vorliegende Arbeit nimmt jedoch darüber hinaus noch Untersuchungen des Japanischen, Chinesischen, Koptischen sowie nordkaukasischer Sprachen u.a. auf, soweit sie von italienischen Philologen der Epoche angestellt wurden, was die Übersichtlichkeit der Argumentation manchmal akut gefährdet. Mit der Vorführung all dieser Texte erobert der Autor zumindest der deutschsprachigen Romanistik echtes Neuland, denn von wenigen Ausnahmen abgesehen (z.B. Ugo A. Canello) sind sie bislang sehr wenig frequentiert worden. Die italienische Forschungslage allerdings sieht ganz anders aus, man denke nur an die Arbeiten von Sebastiano Timpanaro, die in Deutschland auch nicht die Prominenz erlangt haben, die ihnen gebührt hätte.

Die Diagnose des Rassismusgrades und -typus in der italienischen Philologie des 19. Jhs. fällt erfreulich differenziert aus. Zu Beginn des Jahrhunderts hatten die Italiener zunächst als „Pelasger" (vgl. 71–3), „Atlantiker" (Vincenzo Cuoco) oder „Ur-Etrusker" nach ethnischer Autochthonie gesucht, an dessen Ende, 1895, schreibt Giuseppe Sergi ihnen eine afrikanische Herkunft zu und grenzt sie somit von den zentralasiatischen Ariern ab (72–3), die Nord- und Mitteleuropa besiedelt hätten. Echte, „arische" Rassisten scheinen in dieser Zeitspanne deutlich in der Minderheit. Zu ihnen zählen der Indologe Angelo de Gubernatis, der in seinen *Letture sopra la Mitologia Vedica* (1874) geradezu BluBo-Töne anschlägt (121), oder der Altphilologe Gaetano Trezza, der 1870 dem „semitischen Prinzip" und dem Christentum, seinem letzten Ausfluss, gleichzeitig den Untergang prophezeit, was ihm einen Ehrenplatz auf dem *Index* eintrug, um dann aber flux (1878) wieder in den kirchlichen Schoß zurückzukehren (130–3). Die relative Zunahme des Rassismusquotienten zum Ende des 19. Jhs. hin bringt der Autor mit der Hegemonie des Positivismus in Zusammenhang (261–2, 271). Er folgt damit der These von Georges Canguilhem, der moderne Rassismus sei aus der Übertragung des aufklärerischen Universalismus, dessen methodische Nachfolge der Positivismus angetreten hatte, in normierende Paradigmen hervorgegangen (278, 289).

Giandomenico Romagnosi dagegen hatte sich schon 1825 deutlich gegen jeden substanzialisierenden Rassismus ausgesprochen (180). Der Philologe Bernardino Biondinelli in der Mitte des Jhs. sei zwar, so der Autor, irgendwie ein Rassist gewesen, aber trotzdem für Völkerverständigung (188). Im übrigen war Biondinelli der Auffassung, auch die Azteken seien Arier gewesen (195–6). Der ambitionierteste Versuch einer philologisch (etymologisch) fundierten Rassenlehre waren zweifellos die *Monumenti storici rivelati dall'analisi della parola* von Paolo Marzolo, angelegt auf 16 Bände, von denen 1847–66 immerhin vier abgeschlossen wurden. An Marzolos Großprojekt kann der Autor die Beobachtung machen, dass der Positivismus zwar biologistische Rasselehren – immer wieder durchschossen von ganz unpositivistischen, nämlich ästhetischen Urteilen (cfr. 284) – zu produzieren imstande ist, dass ihm jedoch von allen philologischen Gegenständen allein die Etymologie methodisch zugänglich ist, die Literatur, Mythologie u. dergl. jedoch verschlossen bleibt, was immer Hippolyte Taine auch sagen mag. Paolo Marzolo gelangt in diesem Bereich zu Abgrenzungsformulierungen, die chronologisch fast schon auf die von Benedetto Croce, freilich von der anderen Seite her, vorausverweisen (cfr. 291 und 296).

Die eigentlichen Helden dieses Buches sind die noch heute prominenten Figuren von Carlo Cattaneo und Graziadio Ascoli, beide gegen Rassentheorien resistent. Der Autor macht bei ihnen geradezu einen „antirassistischen Gegendiskurs aus (363). Cattaneo, von dem selbstverständlich nur die sprachtheoretischen und nicht die „polytechnischen" Schriften (über Eisenbahnbau u. dergl.) herangezogen werden, stelle „überhaupt die Möglichkeit einer essenziellen Unterscheidung der Spezies Mensch" infrage (197). Indem Cattaneo die kommunikative Funktion von Sprache in den Vordergrund rückt sowie Sprach- und Kulturentwicklung entkoppelt (207), wird Friedrich Schlegels These der grammatischen Verarmung der indoeuropäischen Sprachen bei ihrer Deszendenz vom Sanskrit schlicht gegenstandslos (241). Zwar ist auch Cattaneo wie viele seiner Zeitgenossen gegen die hegemonialen Ansprüche der Kirche der Meinung, die Kultur der „prisca Italia" entstamme irgendwie dem zoroastrischen Persien, leitet daraus jedoch keine ethnische Verwandtschaft ab. Gewandert seien nicht so sehr Rassen, als vielmehr Texte und mündliche Überlieferungen, „sebbene, fügt Cattaneo hinzu, „ad ogni generazione l'elemento asiatico e l'europeo vadano sempre più mescendosi" (210).[2] An Cattaneos Historisierung linguistischer wie ethnographischer Daten anschließend, führt Gabriele Rosa 1865 die Geschichte als „synthetisch arbeitende Dachwissenschaft aller anderen Wissenschaften ein" (251). Cattaneo wie Rosa als gemäßigte, i.e. liberale Theoretiker folgen damit einer historisierenden Grundströmung, die von radikaleren Denkern schon wesentlich früher und mit ungleich größerer Durchschlagskraft formuliert worden war: „Wir kennen nur eine einzige Wissenschaft, die Wissenschaft der Geschichte", hieß es 1846 lapidar in der *Deutschen Ideologie*[3].

Auch Graziadio Ascoli, der Begründer der italienischen Glottologie, geht ausschließlich von historisch rekonstruierbaren Sprachformen aus, die keiner ästhetisch-ethischen Hierarchie unterworfen werden können und auf keine ethnischen Verwandtschaftsgrade verweisen (cfr. 340). Ascoli geht sogar die indoeuropäische-semitische Oppositionsachse frontal an, wenn er sich an die Rekonstruktion einer arisch-semitischen Ursprache begibt und jedenfalls den morphologischen Gegensatz der beiden Sprachfamilien sehr stark relativiert (351–2). Leider folgt der Autor auch Ascolis Kritik an der „stark ästhetisch normierenden Sprachauffassung Alessandro Manzonis" (358–9) aus dem Vorwort zum *Archivio Glottologico*. Manzoni jedoch hatte für das Florentinische als Nationalsprache plädiert, nicht weil es jahrhundertelang die Literatursprache gewesen war, sondern einfach weil die Stadt ungefähr in der Mitte Italiens liege und ihr Dialekt daher relativ einfach über das nationale Territorium ausgedehnt werden könne. Im Gegensatz zur Florentiner Sprachenkommission unter Raffaele Lambruschini hatte Manzoni daher nichts gegen Fremdwörter und Neologismen, sofern sie nur im Florentinischen in Gebrauch waren. Ascolis Kritik richtet sich daher we-

[2] Cattaneos Rezension zu Biondinellis *Atlante linguistico d'Europa* hat M. A. Lenz für den o.g. Sammelband (*Rassedenken in der Sprach- und Textreflexion*) übersetzt und ausführlich kritisch kommentiert: Carlo Cattaneo, „Das historische Prinzip der indo-europäischen Sprachen", 127–50; Markus A. Lenz, „Ethnische und sprachliche Genealogie in Carlo Cattaneos Rezension zu Biondellis ‚Europäischem Sprachatlas'", 151–66.

[3] Karl Marx, „Die deutsche Ideologie: Kritik der neuesten deutschen Philosophie in ihren Repräsentanten Feuerbach, B. Bauer und Stirner und des deutschen Sozialismus in seinen verschiedenen Propheten" (1845–46), in Karl Marx und Friedrich Engels, *Werke* (Berlin/DDR: Dietz Verlag, 1969), Bd. 3, 5–530, hier 18.

niger gegen eine „Ästhetisierung" der Sprache durch Manzoni, als vielmehr gegen den Versuch, überhaupt eine Nationalsprache von oben, durch die Verteilung Florentinischer Volksschullehrerinnen über das Land, zu oktroyieren.

So differenziert sich die vorliegende Arbeit auch mit den rassistischen und antirassistischen Diskursen in der italienischen Philologie auseinandersetzt, so fraglich bleibt es, ob ein so moralisch aufgeladener Begriff wie der des „Rassismus" überhaupt geeignet ist, die Gedankenwelt solch eminenter Gelehrter zu erschließen. Ist es sinnvoll, bringt es Erkenntnis, Cesare Cantù zu Beginn des 19. Jhs. seinen „Eurozentrismus" vorzurechnen (86, 88)? Was hätte er denn sonst sein sollen? Derartige Bedenken richten sich zunächst an den Forschungskontext, von dem die vorliegende Arbeit ihre Fragestellung empfangen hat, weniger gegen die Arbeit selbst. Grundlage der Argumentation ist wieder einmal Edward Saids *Orientalism* (16–7, 44), gegen den lediglich eingewandt wird, dass er die italienische Philologie unbeachtet gelassen habe (369), wie die deutsche im übrigen auch. Hier müsste die Kritik viel systematischer ansetzen. Führt Saids Behauptung, Flaubert, Nerval, Chateaubriand und all die anderen Orientreisenden des 19. Jhs. seien einer „orientalistic bias" unterlegen und somit (unbewusste, immerhin) Rassisten wirklich zu stichhaltigen Einsichten? Natürlich kapriziert sich Flauberts Reisebericht aus Ägypten auf die skurrilsten Episoden, das gehört einfach zu den Definitionsmerkmalen der Gattung. Er macht sich damit aber nicht über „den Orient" lustig, sondern stellt klar, dass Ägypten jedenfalls frei war von jener *bêtise bourgeoise,* die er im zeitgenössischen Europa so sehr verachtete. Noch weniger lässt sich Saids Orientalismus mit dem Kolonialismus in eine plausible Verbindung bringen, denn die palästinensischen Gebiete waren niemals Kolonien (sondern Mandatsgebiete 1920/23–46) und Ägypten war nur sehr kurz britische Kolonie (1882–1922). Als Flaubert und andere den Nahen Osten bereisten, war dieser keineswegs ein „leerer", staatenloser Raum, offen für koloniale Expansionen, sondern Herrschaftsgebiet einer formidablen Großmacht, des Osmanischen Reichs.

Angesichts des Umstandes, dass Saids Ansatz literaturtheoretisch wie historisch in die Irre führt, hat sich die vorliegende Arbeit ziemlich klug aus der Affäre gezogen. Die gegenüber dem Material etwas schief angesetzte Fragestellung verleiht dem Text aber doch gelegentlich einen gönnerhaften Unterton (cfr. z.B. 336), wenn bedeutende Gelehrte von moralischen Anwürfen des

Rassismus freigesprochen werden.[4] Bei der Lektüre dieses Buches wird man öfters an den Einwand erinnert, den der Altphilologe Arnaldo Momigliano (Stanford) gegen Hayden White erhoben haben soll, als dieser in seiner *Metahistory* (1973) das rhetorische „emplotment" des Orientalisten Ernest Renan „entlarvt" hatte: „Das mag alles zutreffen, aber Renan konnte mindestens zehn Sprachen mehr als Sie".

[4] Kleinere Schreibfehler habe ich auf 14, 40, 47, 52, 95, 244, 254, 273, 318, 350 gefunden.

Quellen einer noch zu schreibenden Fachgeschichte: *Romanistik als Passion III*

Maria Selig (Regensburg)

SCHLAGWÖRTER: Rezension; Fachgeschichte; Ertler, Klaus-Dieter

Klaus-Dieter Ertler, Hrsg., *Romanistik als Passion: Sternstunden der neueren Fachgeschichte III*, Fachgeschichte: Romanistik 4 (Münster: LIT Verlag, 2014), 458 S.

***

Der zu rezensierende Band ist die Nummer drei in einer Folge von inzwischen vier Bänden mit Erinnerungen von Romanistinnen und Romanisten, die seit 2007 in der Reihe „Fachgeschichte: Romanistik" erscheinen. Das Format der Bände dürfte inzwischen bekannt sein. Mit der einzigen Bedingung, dass die Erinnerungen sich auf nicht mehr aktiv lehrende Wissenschaftlerinnen und Wissenschaftler beziehen (10), hat Klaus-Dieter Ertler autobiographische Essays, knappe Darstellungen des akademischen Werdegangs, Erinnerungen an die akademischen Lehrer, Würdigungen, Nekrologe, Interviews in diesem wie in den vorangehenden und folgenden Bänden zusammengestellt. Die Auswahl der Beitragenden bzw. Gewürdigten in den einzelnen Bänden ist nicht systematisch, sondern ganz offensichtlich dem ‚Angebot', d.h. der Bereitschaft der vertretenen Autorinnen und Autoren, geschuldet. Dennoch gibt es klare Entwicklungslinien, die vor allem die Rezeption und Akzeptanz der Reihe, aber auch fachgeschichtliche Entwicklungen reflektieren: Band III enthält mehr Darstellungen weiblicher Romanistinnen als die vorangehenden Bände; ebenso hat sich der Anteil der in der Sprachwissenschaft Tätigen deutlich erhöht (im bereits erschienenen vierten Band sind sogar mehr Beiträge aus der Sprachwissenschaft als aus der Literaturwissenschaft vertreten). Noch eine weitere Entwicklung scheint mir signifikant: Von den 20 Beiträgen des Bandes sind sieben Erinnerungen an bereits verstorbene Kolleginnen und Kollegen, eine Charakteristik, die sich im darauf folgenden Band nicht mehr fortgesetzt hat. Der dritte Band der Reihe scheint also eine Art Bestandsaufnahme zu sein, in der das bisher entstandene Bild komplettiert wird um Persönlichkeiten, die für die Fachentwicklung in den Nachkriegsjahren wichtig waren, an dem Projekt aber nicht mehr teilnehmen können (Wolfgang Klein, „Karlheinz Barck (1934–2012)“, 15–29; Jens Lüdtke, „Eugenio Coseriu (1921–2002)“, 69–94; Käthe Köhler, „Erich Köhler (1924–1981)“, 157–66; Wolf-Dieter Stempel, „Harri Meier (1905–1990)“, 167–74; Max Pfister, „Gerhard Rohlfs (1892–1986)“, 223–40; Christine Bierbach, Isabel Zollna, Gabriele Berkenbusch und Robert Lug, „Brigitte Schlieben-Lange (1943–2000)“, 241–64; Hans-Martin Gauger, „Mario Wandruszka (1911–2004)“, 399–426).

Die übrigen Beiträger[1] des Bandes sind als Sprachwissenschaftler Klaus Bochmann („...das Bedürfnis nach dem ganz Anderen“, 31–67), Gerold Hilty („Romanistik in Zürich“, 125–36), Maria Iliescu („L'importance du hasard“, 137–55), Wulf Oesterreicher („Wie wird einer wie ich Romanist?“, 175–212), Max Pfister („Romanistik als Passion“, 213–22), Ludwig Schauwecker („Wie einer zum Romanisten wurde“, 265–89), Christoph Schwarze („Autobiographische Notizen“, 291–315) und Rudolf Windisch („Sie studieren ja Französisch, nicht Romanistik“, 343–70). Von literaturwissenschaftlicher Seite kommen Wolfgang Drost („Geteilte Liebe: Romanistik und Kunstgeschichte“, 95–108), Winfried Engler, „...allons voir si...“, 109–23), Helmut Siepmann („Romanistik als Passion“, 317–26), Ion Taloş („Mein Weg zur Romanistik: über die rumänische und romanische Volkskunde“, 327–42) und Friedrich Wolfzettel („König Artus (Interview mit Angelika Rieger)“, 371–98). Für die Sprachwissenschaft sehr interessant ist es, in den Beiträgen über Gerhard Rohlfs, Harri Meier, Eugenio Coseriu und Brigitte Schlieben-Lange einerseits und denen von Hilty, Oesterreicher, Pfister, Schwarze und Windisch andererseits etwas über die ‚Kräfteverhältnisse‘ zur Zeit der großen Ordinarien zu erfahren und nachzuvollziehen, wie sich Forschung in einer Zeit vollzog, in der diese Ordinarien noch zentrierende und sich gegenseitig ausschließende methodologische und thematische Standards setzen konnten. Für die Literaturwissenschaft sind vielleicht die Hinweise wichtig, die zu einer Rekonstruktion der Entwicklung der romanistischen Mediävistik (Wolfzettel) oder der Lusitanistik (Siepmann) genutzt werden können.

Ansonsten gilt, wie bereits für die vorherigen Bände, dass eine thematisch-wissenschaftsgeschichtliche Lektüre ‚quer‘ zu den Beiträgen verlaufen muss. Es ist ja auch hervorzuheben, dass die thematische Vielfalt der Beiträge es ermöglicht, entlang der individuellen Lebensläufe ganz unterschiedliche Interessen an die Texte heranzutragen: Die Schilderungen der Kindheit

[1] Verstorben sind unterdessen die Romanisten Gerold Hilty und Wulf Oesterreicher.

und Schulzeit (Bochmann, Drost, Engler, Iliescu, Oesterreicher, Schwarze, Wolfzettel etc.) können sich auf bildungsgeschichtliche Analysen hin öffnen, die Überlegungen zu den akademischen Lehrern, Mitstreitern und Kollegen führen weiter zu Netzwerken und deren Rolle in der wissenschaftsgeschichtlichen Entwicklung. Auch der Hinweis auf die eingestreuten Bemerkungen zu den Berufsverbänden (Romanistenverband, Hispanistenverband) sei erlaubt. Man kann hier institutionsgeschichtliche Überlegungen anschließen, institutionsgeschichtlich im engeren Sinne, konzentriert auf die professionelle Selbstorganisation der Wissenschaftler. Selbstverständlich muss man darauf hinweisen, dass derartige Auswertungen vorsichtig sein müssen. Es besteht, was die biographischen Daten angeht, die Gefahr des Anekdotischen, und selbstverständlich müsste die Konfrontation mit anderen Fächern wie Anglistik oder Germanistik gesucht werden, um zu erkennen, ob es etwas spezifisch ‚Romanistisches' an den erzählten Sozialisationen und erläuterten Motivationslagen gibt. Und die Erinnerungen an das berufliche Handeln, die universitären und die forschungsbezogenen Ziele, die von den Verfassern angegeben werden, sind, wie sollte es anders sein, hochgradig subjektiv und wären zumindest empirisch zu kontrollieren, bevor sie für fachgeschichtliche Argumentationslinien eingesetzt werden können.

Es ist allerdings nicht ganz von der Hand zu weisen, dass ich eine Lektüre vorschlage, für die dieser Band nicht vorgesehen ist. Vorbild und Bezugspunkt ist, so scheint es mir, wohl eher eine individualistische und ereigniszentrierte Auffassung von Wissenschaftsentwicklung, und das Interesse richtet sich eher auf die Forscherpersönlichkeit als auf geschichtliche, gesellschaftliche, akademische und schließlich epistemische Strukturen, die über diese Texte im Hintergrund sichtbar gemacht werden sollten. Folgt man dieser Logik, sind die gesammelten Texte in der Perspektive des autobiographischen Schreibens oder Erzählens – in durchaus unterschiedlicher Qualität – zu lesen, und der fachgeschichtliche Zugang, der sie als Datenbasis nutzt, ist klar ein sekundärer. Meine sprachwissenschaftliche *forma mentis* macht mir allerdings diesen ersteren Zugang schwer. Ich verkenne nicht, dass gerade das Fragmentarische und Individuelle diese Textsammlung vor vielen anderen fachgeschichtlichen Primärdatensammlungen heraushebt. Die Romanistik hat hier einen sehr hoch zu schätzenden Vorrat an Selbstreflexionen, der einen neuen Zugang zur Fachgeschichte erlauben wird. Ich meine aber, dass der Anspruch, der mit dem Reihentitel „Fachgeschichte: Romanistik" erhoben wird, *cum grano salis* gelesen werden muss. Die Erinnerungssammlung kann nicht unmittelbar verglichen werden mit fachgeschichtlichen Ansätzen, und zwar unabhängig davon, ob diese die traditionelle Form des Narrativs haben, das Fachgeschichte als eine kohärente Folge von Ereignissen rekonstruiert, oder sie stärker strukturorientiert sind und Fachgeschichte als Geschichte der Rahmenbedingungen der Forschung und Lehre in den Fokus rücken. In diesem Sinne gehört der Band in den Bereich dessen, was man die Quellen einer noch zu schreibenden Fachgeschichte nennen könnte. Als solcher aber ist er wertvoll und durch nichts zu ersetzen.

Ars legendi

Tagungsbericht: „Dialogische Krimianalysen: Fachdidaktik und Literaturwissenschaft untersuchen aktuelle Kriminalliteratur aus Belgien und Frankreich" 485
Corinna Koch, Sandra Lang und Sabine Schmitz

Tagungsbericht: „Dialogische Krimianalysen: Fachdidaktik und Literaturwissenschaft untersuchen aktuelle Kriminalliteratur aus Belgien und Frankreich“

Corinna Koch, Sandra Lang und Sabine Schmitz (Paderborn)

Zusammenfassung: Bericht über die Tagung vom 15.–16. Oktober 2015, Universität Paderborn

Schlagwörter: Literaturunterricht; Kriminalroman; Comic; Film

Über Möglichkeiten des Austauschs und der Zusammenarbeit von Fachdidaktik und Literaturwissenschaft, bei denen beide als gleichberechtigte Dialogpartner agieren, wurde bereits vor zehn Jahren in dem Sammelband *Literaturdidaktik im Dialog* auf vorwiegend theoretischer Ebene nachgedacht.[1] Tatsächlich findet bis heute ein solcher Dialog für die Schulfremdsprachen jedoch kaum statt. Dies gilt insbesondere für das Französische, für das sich bisher keine eigenständige Literaturdidaktik herausgebildet hat.[2] Ein besonderes Desiderat ist somit ein gegenstandsbezogener Dialog zwischen Literaturwissenschaft und Fachdidaktik, der die wenigen bisher vorliegenden abstrakten Ansätze konkretisiert und erweitert.

Als Gegenstand des angestrebten Dialogs zwischen romanistischer Fachdidaktik und Literaturwissenschaft eignet sich die Kriminalliteratur Frankreichs und Belgiens in besonderem Maße, da *roman* und *film noir*, *littérature* und *BD policière* in beiden frankophonen Ländern einen herausragenden Platz im kulturellen Referenzsystem einnehmen. Dies zeigt sich nicht zuletzt darin, dass sie Anlass sind für Festivals, kanonische Buchreihen, Preise und eine Bibliothek, die Pariser BiLiPo (*Bibliothèque des littératures policières*). Zugleich sind Kriminalroman, -film und -comic aufgrund ihres hohen

[1] Lothar Bredella, Werner Delanoy und Carola Surkamp, *Literaturdidaktik im Dialog* (Tübingen: Narr, 2004).

[2] Daniela Caspari, „Literarische Texte im Französischunterricht: Rückblick und Ausblick“, *Fremdsprachen lehren und lernen* 37 (2008): 109–23, hier 113.

kulturellen Stellenwerts und ihrer gattungsspezifischen Merkmale Gegenstand einer breiten literaturwissenschaftlichen Forschung und verfügen aus den gleichen Gründen über ein großes Potential für den fremdsprachlichen Französischunterricht.

Vor diesem Hintergrund betraten zwölf Romanist/innen mit der Tagung „Dialogische Krimianalysen: Fachdidaktik und Literaturwissenschaft untersuchen aktuelle Kriminalliteratur aus Belgien und Frankreich“ in fachsystematischer Hinsicht Neuland. Organisiert wurde die Tagung von Literatur- und Kulturwissenschaftlerin Prof. Dr. Sabine SCHMITZ, Fachdidaktikerin Jun.-Prof. Dr. Corinna KOCH und Sandra LANG, Doktorandin an der Schnittstelle zwischen Literaturwissenschaft und -didaktik (alle Universität Paderborn). Erstmalig wurde damit ein kooperatives Format erprobt, in dem in kleinen Teams Fachdidaktiker/innen und Literaturwissenschaftler/innen jeweils ein Themenfeld gemeinsam erarbeiteten und das Ergebnis im Kolloquium zur Diskussion stellten.

Im Vorfeld der Tagung fand im Rahmen eines Seminars von Sabine Schmitz ein Workshop für Studierende statt. Darin leitete Marc BLANCHER (Universität Tübingen), Autor von Kriminalromanen, Kriminalerzählungen und Lernkrimis, die Studierenden beim Schreiben einer eigenen Kriminalgeschichte an. Die Studierenden nahmen gemeinsam die Konzeption der Figuren vor und entwarfen die Handlung, bevor sie arbeitsteilig einzelne Kapitel ausgestalteten.

Bei der anschließenden Tagung wurden verschiedene Themenfelder einer gemeinsamen interdisziplinären Analyse unterzogen: Im ersten Vortrag zu Gattungen des Kriminalromans untersuchten Christof SCHÖCH (Universität Würzburg) und Sandra LANG (Universität Paderborn) bestehende Gattungstypologien, wobei beide Perspektivierungen auf eine Zuordnungsproblematik verwiesen. Das Problem der Einordnung individueller Kriminalromane in Subgattungen wird sowohl zum Zweck einer digitalen, quantitativen Untersuchung als auch bei der Frage nach der Nutzbarkeit von Gattungstypologien für methodisch-didaktische Entscheidungen evident. Im zweiten Vortrag analysierten Ralf JUNKERJÜRGEN (Universität Regensburg) und Christoph Oliver MAYER (Technische Universität Dresden) die Konstruktion von Spannung im Kriminalroman *Sueurs froides* [*D'entre les morts*] von Boileau-Narcejac, der von Alfred Hitchcock unter dem Titel *Vertigo* verfilmt wurde. Die aufgezeigten Konzepte *suspense*, *mystery* und *disquiet* eignen sich sowohl, um einen Text syntagmatisch auf Spannungsstimuli zu untersuchen, als auch, um im Französischunterricht ein Verständnis für Strategien der Spannungsherstellung zu erarbeiten. Sabine SCHMITZ (Universität Paderborn) und Lutz KÜSTER (Humboldt-Universität zu Berlin) analysierten in ihrem Vortrag „Ermittlungsmethoden im Kriminalroman" die Methode der Abduktion in Fred Vargas' Kriminalroman *Debout les morts* und stellten auf dieser Basis Parallelen zwischen abduktiver Ermittlungstätigkeit und fremdsprachlichem Verstehen und Lernen her. Jeanne RUFFING (Universität des Saarlandes) und Marc BLANCHER (Universität Tübingen) zeigten anhand des Romans *Total Khéops* von Jean-Claude Izzo die Verhandlung interkultureller Prozesse im Kriminalroman auf und präsentierten eine Vielzahl konkreter Unterrichtsvorschläge zum Roman. Dabei wurde deutlich, dass der in vielen ethnischen Kriminalromanen angelegte didaktische Impetus im Unterricht nicht nur als dankbares Vehikel genutzt werden sollte, sondern auch zu dekonstruieren ist. Christian VON TSCHILSCHKE (Universität Siegen) und Dagmar ABENDROTH-TIMMER (Universität Siegen) untersuchten die Prozesse der Zuschauerlenkung im Justizthriller *Omar m'a tuer* von Roschdy Zem und verorteten das didaktische Potenzial des Kriminalfilms in dem vom Film eröffneten ethisch-normativen Spannungsfeld. Die Frage nach Schuld und Unschuld, Wahrheit und Lüge wird im Justizthriller in besonders deutlicher Form präsentiert und erweist sich als sehr fruchtbar für mediendidaktische und persönlichkeitsbildende Ansätze. Marie WEYRICH (Universität Paderborn), Marc BLANCHER (Universität Tübingen) und Corinna KOCH (Universität Paderborn) widmeten sich im abschließenden Vortrag der Analyse des Zusammenspiels von Atmosphäre, Handlungsort, Spannung und Figurengestaltung im Krimicomic *Casse-pipe à la Nation* von Léo Malet und Jacques Tardi. Die Analyse überführten sie in Aufgabenstellungen für den Französischunterricht, die comic- und krimitypische Besonderheiten vereinen.

Im Laufe der Tagung wurden somit gattungstypologische, narratologische, strukturelle und inhaltliche Merkmale der Gattung Kriminalliteratur jeweils aus fachdidaktischer und literaturwissenschaftlicher Perspektive untersucht sowie die Spezifika von Kriminalfilm und Kriminalcomic und das ihnen inhärente fremdsprachendidaktische Potenzial ausgelotet. Die Zusammenarbeit in den interdisziplinären Teams führte nach Einschätzung aller Teilnehmenden dazu, dass sich die jeweiligen fachspezifischen Perspektiven komplementär ergänzten oder gemeinsam neue Ansätze entwickelt wurden. Die teils überraschenden Synergieeffekte, die aus der Zusammenarbeit der Teams aus Fachdidaktiker/innen und Literaturwissenschaftler/innen hervorgingen, sowie die positive Beurteilung des innovativen Formats durch alle Vortragenden und Tagungsgäste bestärken das Vorhaben, das Tagungsformat durch konkrete textbasierte Arbeitstagungen zum Gebiet der französischen Literaturdidaktik in einem Zweijahresrhythmus fortzuführen. Die Ergebnisse der Tagung werden in einem Sammelband vorgestellt. Der Tagungsband richtet sich gleichermaßen an Literaturwissenschaftler/innen, Fremdsprachendidaktiker/innen, Lehrer/innen, Referendar/innen und Lehramtsstudierende des Faches Französisch.

Rezensionen

Ein Panorama mediävistisch inspirierter moderner Lyrik 491
Sebastian Neumeister

Die neulateinische Dichtung in Frankreich zur Zeit der Pléiade 499
Gerd König

„Far apparire quello che non è“: Marino und sein ästhetisches Programm . . 509
Zum Sammelband *Barocke Bildkulturen, Dialog der Künste in Giovan Battista Marinos ‚Galeria‘* von Rainer Stillers und Christiane Kruse
Vanessa Schlüter

Spanische Identität unter der Voraussetzung des trikulturellen Mittelalters . 517
Zu Fabian Sevillas Studie *Die „Drei Kulturen“ und die spanische Identität*
Jan Henrik Witthaus

„Wenn Venedig stirbt, [...] stirbt die eigentliche Idee von Stadt“ 527
Zu Salvatore Settis' *Wenn Venedig stirbt*
Aglaia Bianchi

Dialog als literarische Strategie 535
Zum Sammelband *Inszenierte Gespräche*
Maximilian Gröne

Der Blick von Portugal und Brasilien auf Europa: Europa-Diskurse im 20. Jahrhundert 539
Zum Sammelband *Europa im Spiegel von Migration und Exil = Europa no contexto de migração e exílio*
Verena Dolle

Intermedialität als Grundsatzdiskussion 549
Zum Sammelband *Sprechen über Bilder – Sprechen in Bildern*
Angela Oster

Zum *Lexikon moderner Mythen*, hrsg. von Stephanie Wodianka und Juliane Ebert 559
Eva Kimminich

Das Genie und sein Anderes 567
Zu Ann Jeffersons Studie *Genius in France: An Idea and its Uses*
Konstanze Baron

Settecentistik: Franco Venturi heute 575
Gisela Schlüter

Die Macht der Liebe 583
Stephan Leopold untersucht die Spannungen zwischen *polis* und *eros* im *ancien régime*
Fabian Hauner

(Un)Heimliche Vorreiter: die Brisanz des Avantgarde-Projekts. 591
Zum Sammelband *Avantgarde und Modernismus* von Wolfgang Asholt
Friederike Reents

Existenzinitiative: zwischen Autobiographie und Theorie 597
Der Einfall des Lebens von Thomä, Schmid und Kaufmann
Kai Nonnenmacher

La poésie créole haïtienne 605
Notes de lecture de l'*Anthologie bilingue de la poésie créole haïtienne de 1986 à nos jours*
Ralph Ludwig

Ein Panorama mediävistisch inspirierter moderner Lyrik

Sebastian Neumeister (Berlin)

Schlagwörter: Rezension; Mittelalter-Rezeption; Rezeptionsgeschichte; Rezeptionsästhetik; Troubadourlyrik; Modernismus; Pound, Ezra; Roubaud, Jacques

Nathalie Koble, Amandine Mussou und Mireille Séguy, Hrsg., *Mémoire du Moyen Âge dans la poésie contemporaine* (Paris: Hermann Éditeurs, 2014), 458 S.

⁂

Der umfangreiche Band, die Dokumentation eines Kolloquiums, das 2011 in Paris stattfand, ist der Folgeband eines ähnlichen Projekts, dessen Akten schon 2009 erschienen sind.[1] Die damaligen Herausgeberinnen, ergänzt nun durch Nathalie Koble, haben diesmal die zeitgenössische Poesie in den Blick genommen, die sich dem Mittelalter zuwendet. Sie tun dies bewußt weniger unter dem Zeichen der Kontinuität als dem des Experiments und der produktiven Alterität, gleichsam unter dem Motto, das Marie de France ihren *Lais* vorangestellt hat:

> Costume fu as ancïens,
> Ceo testimoine Precïens,
> Es livres ke jadis feseient,
> Assez oscurement diseient
> Pur ceus ki a venir esteient
> E ki apprendre les deveient,
> K'i peüssent gloser la lettre
> E de lur sen le surplus mettre. (10)

Zeitgenössische Poesie, die Motive und Techniken mittelalterlicher Dichtung aufgreift, ist eine Bestätigung der hermeneutischen Erkenntnis, daß Dichtung immer schon das Potential ihrer zukünftigen Leser enthält und ihr „devenir vrai" (Roger Dragonetti) gerade darin liegt. Die Neuerfindung mittelalterlicher poetischer Formen und Themen versteht sich als eine Zerschlagung der „glaces versaillaises" (Florence Delay), die gerade in Frankreich mit

[1] Nathalie Koble u. Mireille Séguy, Hrsg., *Passé présent: le Moyen Âge dans les fictions contemporaines* (Paris: Éditions Rue d'Ulm, 2009).

klassizistischer Regelhaftigkeit und Kanonizität das lebendige Atmen der Poesie behindern (13). Dieser Poesie geht es vielmehr um Musikalität, Oralität, Prozessualität, Identität, Formenspiel, metaphorische Inkongruenz, kurz:

> C'est de la diversité des voies et des formes que prend aujurd'hui cette exploration que le présent volume voudrait témoigner, en entrelaçant des textes de chercheurs, de poètes et de traducteurs. (24)

Die drei Herausgeberinnen geben diesem Programm auf den Spuren des Kolloquiums von 2011 eindrucksvoll Leben und Farbe. Und, das ist erfreulich, Philologie und Literaturgeschichte werden hier sichtbar und programmatisch mit Dichtungen des 20. Jahrhunderts und der Gegenwart in Kontakt gebracht, die mittelalterliche Elemente und Motive aufgreifen. In mehreren Abteilungen wird ein vielfältiges Panorama von mediävistisch inspirierter moderner Lyrik entrollt. Viele der Namen, die hier fallen oder mit eigenen Texten präsent sind, dürften für manche Leser neu sein, andere wie Apollinaire, Jean Tardieu, Raymond Queneau oder Yves Bonnefoy dagegen eher vertraut. Die ältere Literatur zur Rezeptionsästhetik und zur Intertextualität, insbesondere die in deutscher Sprache, findet dagegen, abgesehen von vereinzelten Hinweisen in den Fußnoten, weder in der Einleitung noch später Erwähnung, und wenn, dann ohnehin nur, wenn sie ins Französische übersetzt existiert.

Im ersten Kapitel („Précurseurs") geht es um das Mittelalter der Surrealisten, um Jean Tardieus Aufnahme von Charles d'Orléans in *Le Cri de la France* und um die Gegenwart der Troubadours in La *Connaissance du soir* von Joë Bousquet. Bousquet, geboren 1897, verbringt zwar sein Leben wie Marcel Proust in einem abgeschirmten Zimmer, doch er steht von Carcassonne aus im ständigen Gespräch mit den Dichtern und Künstlern seiner Generation, mit Louis Aragon, André Breton und Paul Éluard, mit Hans Bellmer, Max Ernst und Paul Klee. Mit seiner eigenwilligen Aufnahme zentraler Motive der Troubadourlyrik er ein exzellentes Beispiel für die Fragestellung des ganzen Bandes, wie Clara Schlaifer anhand seiner Darstellung der Liebe, seiner Theorie der Wahrnehmung und seiner Formvorstellungen in der Gedichtsammlung *La Connaissance du Soir* feststellt. Am Schluß des Kapitels stehen zum Zeichen, daß hier nicht ein weiteres Mal nur literaturgeschichtliche Untersuchungen zu erwarten sind, neun Unsinngedichte (*fatrasies*), fünf davon 1926 übersetzt von Georges Bataille für die Zeitschrift *La Révolution surréaliste*.

Auch das zweite Kapitel („Mémoire du Grand Chant") überrascht den Leser des Buches gleich zu Beginn. Hier findet er einen Beitrag des Dichter-Mathematikers Jacques Roubaud („Arnaut Daniel, Raymond Queneau et ses disciples oulipiens") und einen Beitrag von Jean-François Puff über denselben Jacques Roubaud und die Troubadours. Roubaud ist Verfasser eines Buches über die Kunst der Troubadours und Herausgeber einer zweisprachigen Anthologie, in deren Vorwort er sich dezidiert von der „circularité du chant" (Paul Zumthor), also der strukturalistischen Textimmanenz als Interpretationsinstrument abgrenzt (132). Er plädiert vielmehr wie Joë Bousquet für die Einheit von Poesie und Liebe bei den Troubadours, für „*fin amors* comme mode de subjectivation" (134). Ob sich allerdings die „réciprocité entre l'amour et la poésie" (135), die zweifellos für das ganze europäische Mittelalter gilt, immer einer individuellen Betroffenheit des Dichters verdanken muß, mag fraglich erscheinen. Jedenfalls ist es gerade diese Verbindung, die Jacques Roubaud fasziniert: „*trobar*, c'est trouver l'amour" (135).

Ganz anders erneuert Jean Boudou die altprovenzalische Lyrik. Nicht nur, daß sich Jean Boudou wie einige andere Autoren, die Èlodie de Oliveira in ihrem Beitrag nennt, im heutigen Provenzalisch gegen den Pariser Kulturimperialismus wendet, sondern er wählt für seinen Protest als Gattung dem Roman. Boudou ruiniert sarkastisch-ironisch sowohl das Liebesideal des Mittelalters als auch dessen regionalistische Wiederbelebung, die er ideologisch nicht anders beurteilt als den französische Nationalismus:

> Ce jeu se fait contre les régionalismes, les mysticismes et les programmes esthétiques qui tuent la langue à force de la prendre au sérieux. Boudou interroge les emplois qui son faits des troubadours dans les littératures française et occitane pour y entendre les clichés. Son œuvre joue le jeu de l'intertextualité jusqu'à la caricature. (160)[2]

Im letzten Beitrag der Abteilung „Mémoire du Grand Chant" geht es um das Mittelalter in der Musik der finnischen Komponistin Kaija Saariaho, die dafür sowohl Motive der Troubadourlyrik (Jaufre Rudel) als auch der Moderne (Saint-John Perse) aufgreift. Sechs Variationen über die Form der Sestine, darunter eine Übersetzung und ein Originaltext von Jacques Roubaud, beschließen das Ensemble.

In der Abteilung „Présences" finden sich zwei Beiträge zu Yves Bonnefoy, einmal von ihm selbst („Le Graal sans la légende") und einmal von Daniel

[2] Vgl. dazu neuerdings Marie-Jeanne Verny, Hrsg., *Les Troubadours dans le texte occitan du XXe siècle* (Paris : Classiques Garnier, 2015).

Lançon über das Projekt einer Anthologie der *matière de Bretagne*, das Yves Bonnefoy 1955 in Angriff nahm, von dem jedoch 1958 nur *La Quête du Saint Graal* erschienen ist. Die Analyse des Vorworts zu dieser Ausgabe ergänzt im Detail, was Yves Bonnefoy selbst 2011 im Rückblick auf sein Verhältnis zum Gral-Mythos formuliert hat und was davon Spuren in seinem Werk hinterlassen hat. Wichtig ist auch, was uns Helène Basso an Texten des hierzulande noch kaum entdeckten Argentiniers Roberto Juarroz, von Jean-Yves Masson und Alain Borer eröffnet: eine Warnung, da vorschnell Linien der scheinbaren Wiederaufnahme mittelalterlicher Motive zu sehen, wo es sich eher um die Emergenz derselben Gedanken und Figuren im Abstand der Jahrhunderte handelt.

Mit den beiden anderen Beiträgen der Abteilung „Présences" öffnet sich der Horizont des Bandes auch auf die außerfranzösische Literaturszene, hier zunächst auf zwei englischsprachige Autoren. Während der irische Nobelpreisträger Seamus Heaney seine Übersetzung des altenglischen *Beowulf* mit der nordirischen Gegenwart verknüpft, bringt Geoffrey Hill in seinen *Hymnes de Mercie* die Gestalt des Königs Offa aus dem achten Jahrhundert nicht ohne Humor mit dem amerikanischen Gewerkschaftsboss Jimmy Hoffa und mit Churchill in Verbindung:

> Quand Hill parle, dans ses notes, du personnage „qui s'étend du VIIIe siècle au XXe siècle, peut-être même plus loin", il semble indiquer la longévité de la mémoire, sa fluidité et sa réversibilité : avec le temps, quelques siècles ou millénaires plus tard, Churchill et Offa ne se confondraient-ils pas en un seul et même homme ? [...] Au fond, ne doit-on pas se demander si la Seconde Guerre mondiale, celle de l'enfance de Hill, ne sera pas, avec le temps, aussi peu présente à la mémoire que les guerres menées par les différents Offa, dont il ne reste que des bribes ? (271)

Angesichts der postmodernen Geschichtsvergessenheit eine gute Frage, fürwahr!

Das Kapitel „(Dis)Continuités" beginnt mit einem Bekenntnis des Dichters Jacques Darras zur Geschichte, zum Spätmittelalter und zum Barock, gegen Johan Huizingas *Herbst des Mittelalters*, und mit einem Beitrag zur Erneuerung liturgischer Elemente des byzantinischen Zeremoniells im Theater von Valère Novarina. Matine Créac'h beschäftigt sich sodann mit dem Gedicht *L'épitaphe Venaille* aus der Sammlung *Chaos* von Franck Venaille. Dieser, 1936 in Paris als François Venaille geboren, verleugnet durch die Änderung seines Geburtsortes – das belgische Ostende anstatt Paris – und seines Vornamens die eigene Herkunft, so wie lange vor ihm François Villon und im

20. Jahrhundert Umberto Saba (auf den Venaille verweist) mit einem neuen Namen gegen ihre Herkunft protestiert haben (304). Denn sein eigentlicher Bruder ist der Autor der *Ballade des pendus*. Die Autorin beschließt ihre Betrachtung mit einem Gedicht von Jacques Roubaud, in dem dieser Franck Venaille als seine Vorbild nennt, wenn es um das Überleben in der Erinnerung geht:

> Comme Franck Venaille acheter à *Kew Gdns*
> Un emplacement, s'il en est de disponibles,
> Sous un grand hêtre où habitent des écureuils. (311)

Nach poetischen Texten von vier Autoren („Dédoublements"), darunter einem von Paul Celan („Matière de Bretagne") in französischer Übersetzung, das allerdings außer im Titel keinerlei Bezug zum literarischen Stoff hat, beschließen den Band zwei Abteilungen zur außerfranzösischen Mittelalterrezeption. Die erste („Mémoires européennes") wartet mit vier Beiträgen zur spanischen, italienischen, ungarischen und englischen Lyrik der Neuzeit auf. Am informativsten ist Fabio Zinellis detailliertes Panorama zum Fortwirken des Mittelalters in der zeitgenössischen italienischen Lyrik, auf den Spuren der Troubadours, Dantes, Petrarcas und Ezra Pounds. Hier finden sich nicht nur bekannte Namen wie Pier Paolo Pasolini, Edoardo Sanguineti, Andrea Zanzotto oder Giovanni Giudici Erwähnung, sondern auch viele Unbekannte. Das Résumé eines „style de l'héritage", das Fabio Zinelli aus einem überbordenden Reichtum zieht, ist bemerkenswert und beherzigenswert:

> C'est un acquis qui, loin de faire de nous des rentiers en matière de poésie, nous apporte des avantages certains. La vitalité de notre long Moyen Âge peut constituer un principe de résistance vis-à-vis de la globalisation littéraire. Le mythe universaliste d'une *Weltliteratur* imaginé par Goethe semble se convertir en une menace de globalisation. Cette dernière modifie profondément les rapports de force, y compris dans l'organisation des langages poétiques. Pour les romantiques, l'évocation du Moyen Âge fut une arme dans la lutte contre l'académisme et le classicisme. Il peut encore nous servir comme repère solide vis-à-vis du style unique international. (360)

Die englisch dichtenden Norwegerin Caroline Bergvall, die mehrsprachig aufgewachsen ist, nähert sich ganz im Sinne dieser Empfehlung Geoffrey Chaucers *Canterbury Tales* gleichermaßen aus der historischen und geographischen Distanz wie aus der Vertrautheit mit dem ihr geläufigen Englisch. Das Ergebnis sind Neuschöpfungen (*Shorter Chaucer Tales*), die als Wiedergeburt der mittelalterlichen Erzählungen in einer multilingualen Gegenwart bezeichnet werden können. Vincent Broqua analysiert die sprachlichen Effekte, die den Reiz der Texte dieser Wiedergängerin von Chaucer ausmachen, mit großer philologischer Behutsamkeit.

Der Band klingt aus mit zwei Beiträgen zu Amerika, von denen der erste, obwohl er im Kern den Modernisten Wallace Stevens und Marianne Moore gilt, wie nicht anders zu erwarten, ganz im Zeichen Ezra Pounds und seiner Poetik der Wiederbelebung des „esprit des langues romanes" steht. Auch der Beitrag von Abigail Lang zeigt, wie wenig sich die amerikanische Lyrik des 20. Jahrhunderts von Pound lösen kann, zugleich damit aber auch ganz neue poetische Potentiale gewinnt. Wichtig ist hier die sogenannte *Berkeley Renaissance* als weiteres Zeugnis der „Pound era" (Hugh Kenner) und der Auseinandersetzung mit T. S. Eliot und seinem Großgedicht *The Waste Land* (1922). Es ist vor allem Jack Spicer, der hier zusammen mit Robert Duncan und Robin Blaser von Kalifornien aus den Blick zurück ins europäische Mittelalter wendet, nachdem er zunächst in einem ersten Gedichtband noch Federico García Lorca gehuldigt hatte (*After Lorca*, 1957). Ausgangspunkt ist die Beschäftigung mit der alten Epik, dem altfranzösischen Gralsmythos, der nordischen *Edda* und dem altenglischen *Beowulf*. Als entscheidend erweist sich jedoch das Zusammentreffen von Jack Spicer und Robert Duncan in den Vorlesungen von Ernst Kantorowicz in Berkeley und die in Gesprächen mit dem „traducteur allemand" Werner Vordtriede (in Wahrheit deutscher Emigrant und Romanist) entwickelte Idee, in Berkeley eine Art George-Kreis mittelalterlichen Lebens ins Leben zu rufen.[3] Robert Duncan schreibt, angeregt von Kantorowicz, Mittelalter-Gedichte und folgt dem deutschen Gelehrten auch mit der Utopie eines poetisch-wissenschaftlichen Männerbundes, eine Utopie, die in der homophoben Ära McCarthy durchaus auch eine politische Note hatte. Mit der Entlassung von Spicer, Duncan und Kantorowicz, die sich weigern, eine Antikommunismus-Erklärung zu unterschreiben, endet 1950 die *Berkeley Renaissance*. Ihre Ideen, insbesondere die dem Mittelalter nachempfundene Betonung der Mündlichkeit von Poesie in den in Berkeley praktizierten Dichterlesungen, die sich plakativ gegen die Usancen der Ostküste stellen, und die von Jack Spicer entwickelte serielle Poesie werden aber die weitere Geschichte der amerikanischen Poesie des 20. Jahrhunderts beeinflussen.

---

[3] Vgl. dazu Ulrich Raulff, *Kreis ohne Meister: Stefan Georges Nachleben* (München: Deutscher Taschenbuch Verlag, 2. erw. u. aktualis. Auflage, 2009), 313–46 u. passim; zu Vordtriede ebd., 169–77.

Blickt man zurück auf die über 450 Seiten des hier vorgestellten, außerordentlich anregenden Bandes (der mit seinem Preis von 34 € in Deutschland so nicht hätte finanziert werden können), so ist man beeindruckt von der unglaublichen Fülle und der textnahen Lebendigkeit der hier versammelten Beiträge, die sich nicht zuletzt auch den eingestreuten poetischen Texten verdanken. Daß dabei auch die nichtfranzösische Literatur detailliert Berücksichtigung findet, ist für ein Buch aus Paris nicht selbstverständlich, auch wenn hier noch immer ein Schwachpunkt auch dieses Buches liegt. Das gilt insbesondere für die deutschsprachige Welt, die durchaus gewichtige Beispiele zum Gegenstand des Buches zu bieten hätte, für die sich aber offenbar kein Referent, keine Referentin finden ließ.[4] Dabei mangelt es auch hier nicht an Zeugnissen für eine moderne literarische Mittelalter-Rezeption, auch jenseits der Lyrik. Zu nennen wären hier zum Beispiel Stefan Georges Dante-Übertragungen, Rudolf Borchardts kühner Versuch, für die *Divina Commedia* eine künstliche Mittelalter-Sprache zu schaffen, Thomas Manns Roman *Der Erwählte*, Carl Orffs Vertonung der *Carmina Burana*, Dieter Kühns Biographie von Oswald von Wolkenstein, die Dramen von Tankred Dorst oder die Petrarca-Bearbeitungen von Oskar Pastior, Mitglied von Oulipo[5], um nur einige wenige zu nennen. Auch die deutsche Literaturwissenschaft sollte nicht vergessen werden – hier sei nur an die von Rainer Warning herausgegebene Anthologie zur Rezeptionsästhetik[6] und an den von Reinhold R. Grimm herausgegebenen Band zur Mittelalter-Rezeption erinnert.[7] Doch alles, was jenseits des Rheins geschieht, scheint sich immer noch in einer Art dunklem Broceliande zu ereignen, obwohl dieser Wald doch eigentlich westlich von Paris liegt und nicht *outre-Rhin*.

[4] Das zeigt sich allein schon daran, daß die ganz wenigen zitierten deutschsprachigen Autoren ohnehin nur – sofern vorhanden – in ihren französischen Übersetzungen präsent sind. Falschschreibungen kommen hinzu.

[5] Ein aufschlußreiches Beispiel produktiver Rückbesinnung auf Petrarca bieten etwa die Übersetzungsvorschläge von *RVF* 132 in Oskar Pastior, *Jalousien aufgemacht: ein Lesebuch*, hg. von Klaus Ramm (München: Carl Hanser, 1987), 42–3. Verwiesen sei hier auch auf die schöne Sondernummer „Für Petrarca" der *Neuen Rundschau* 115, Nr. 2 (2004) mit namhaften Vertretern der deutschen Gegenwartslyrik.

[6] Rainer Warning, Hrsg., *Rezeptionsästhetik: Theorie und Praxis*, UTB 303 (München: Wilhelm Fink, 1975).

[7] Reinhold R. Grimm, Hrsg., *Mittelalter-Rezeption: zur Rezeption der romanischen Literaturen des Mittelalters in der Neuzeit, GRLMA*, Begleitreihe 2 (Heidelberg: Carl Winter, 1991). Selbstverständlich fehlt auch Gunter Grimms Versuch einer Theorie der Rezeptionsgeschichte von 1977: *Rezeptionsgeschichte: Grundlegung einer Theorie*, mit Analysen und Bibliographie, UTB 691 (München: Wilhelm Fink, 1977).

Die neulateinische Dichtung in Frankreich zur Zeit der Pléiade

Gerd König (Berlin)

SCHLAGWÖRTER: Rezension; Neulatein; Frankreich; Pléiade; 16. Jahrhundert

Marie-France Guipponi-Gineste, Wolfgang Kofler, Anna Novokhatko und Gilles Polizzi, Hrsg., *Die neulateinische Dichtung in Frankreich zur Zeit der Pléiade = La Poésie néo-latine en France au temps de la Pléiade,* NeoLatina 19 (Tübingen: Narr, 2015), 339 S.

⁂

Der vorliegende Band, Frucht des von der Albert-Ludwigs-Universität Freiburg und der Université de Haute Alsace-Mulhouse organisierten 12. Freiburger Neulateinischen Symposions, bietet ein umfangreiches Panorama zur Erhellung des Stellenwerts des Neulateinischen im Frankreich des 16. Jahrhunderts. Sein Kern richtet sich auf Autoren der Pléiade: Jean Dorat (109–17), Joachim du Bellay (119–76), Jean-Antoine de Baïf (177–95) und Rémy Belleau (197–239). Ausgiebige Behandlung findet zuvor (17–108) einer ihrer wichtigsten Vorreiter, Marc-Antoine Muret, dessen *Iuvenilia* (1552) ein breites Gattungsspektrum abdecken. Der Band klingt mit Étienne Forcadel (241–91) und nur im weiteren Sinne mit der Pléiade in Kontakt stehenden Autoren aus (293–339).

Roswitha Simons' Beitrag „Die Satirendichtung in den *Iuvenilia* von Marc-Antoine Muret" (17–36) behandelt die zwei Verssatiren der *Iuvenilia.* Steht die neulateinische Verssatire zu Beginn der Reformation im Schatten des Epigramms und der menippeischen Satire, greift man ab 1550, im Kontext verstärkter staatlicher wie kirchlicher Zensur, wieder auf die zwischen Moralkritik und persönlicher Invektive changierende Gattung zurück. Die These geht davon aus, dass die heute gängige Unterscheidung zwischen aggressiver juvenalischer Satire und der gemäßigten des Horaz mit ihrer gezielt eingesetzten Komik für die Satirendichter des 16. Jahrhunderts nicht entscheidend ist. Vielmehr muss man von einer konstanten Gattungstradition „aggressiver und zugleich moralisch gerechtfertigter Verssatire" (20) ausgehen, in der sich die Satiriker unter Rekurs auf die antiken Programmsatiren verorten.[1] Anders als das Gros seiner Zeitgenossen sieht Muret nun jedoch im Verspotten des Gegners unter Namensnennung kein gattungskonstituierendes Element. Ferner wird die Redefreiheit des Satirikers weniger resolut verhandelt, die zeitgenössische christliche Kritik an der Satire wird innovativ durch Untergraben der moralischen Integrität der Kirche ausgehebelt; Muret spielt zudem auf originelle Weise mit Scaligers Stilempfinden und der Etymologie des Wortes ‚Satire'.

Auf den skoptischen Teil der *Iuvenilia* konzentriert sich Ferdinand Stürmer.[2] Gibt Muret in seinem Catull-Kommentar (1554) noch dem anmutigen Epigrammtyp Catulls den Vorzug, zeigt er sich in Praxi von Martials bissiger Art inspiriert: ein Drittel der Epigramme ist im zweigliedrig-pointierten Stil gehalten, hinzu kommen thematisch-atmosphärische Affinitäten und die Verwendung von Pseudonymen. Catullisch ist die Anzahl der Gedichte, ihr bedachter Sprachgebrauch und ihre blockhafte Anordnung: an *epigr.* 3–17 mit dem Fokus auf der Liebe zu Margarete schließen 87 mehrheitlich nicht-erotische an; zudem werden einzelne Imitationen auf Catulls *c.* 5 und *c.* 16 analysiert.

Mit dem bedeutenden neulateinischen Vorläufer der Sammlung beschäftigt sich Virginie Leroux[3] mit dem bedeutenden neulateinischen Vorläufer der Sammlung. Sie legt dar, dass die elegische *imitatio* der Kussepigramme

[1] Wenn Verf. schreibt „Diese Kategorisierung ist jedoch nur bedingt aussagekräftig und teils eher irreführend, da sie von einer modernen Sicht auf die römischen Satiriker ausgeht" (20) wirkt es, als wolle man sich pauschal von „der modernen Forschung" (20) distanzieren, ohne dass letztere klar gefasst wird. Es wird nicht erwähnt, dass sich die Unterscheidung der Satiriker nach Aggressionsgrad bzw. psychologischem Differenzkriterium bereits im 16. Jahrhundert (etwa bei Badius Ascensius oder Scaliger) finden lässt. Hier hätte man sich ein etwas nuancierteres Bild gewünscht: Denn betrachtet man die genannte Kategorisierung in ihrer Genese, hat auch sie ihre Berechtigung: Die ‚Verssatire' ist in Anbetracht fehlender griechischer Gattungstheorie und problematischer Gattungsdefinition nur unter ihrer historischen Dynamik voll erfassbar und jeder lateinische Satiriker orientiert sich einerseits an den Vorgaben der Vorgänger, passt sie andererseits immer an seine Lebensumstände, seine eigenen Interessen, sein Weltbild sowie an das objektive Sozialverhalten bzw. das subjektive Lebensgefühl der Zeit an. Der resultierende Fokus auf die Varianz der Gattung und die Absicht, die ‚Satire' in ihrer konkreten Ausformung vom Zeitgeist und vom individuellen Ausdruckswillen des Schöpfers abhängig zu sehen, basiert ja bei seriöser Betrachtung gerade auf der Hintergrundfolie der historischen Konstanz der Gattung.

[2] Ferdinand Stürmer, „*Mel* und *Fel*: Catullisches und Martialisches in Murets Epigrammen", 37–61.

[3] Virginie Leroux, „Le Baiser et le Songe: enjeux intertextuels et génériques de l'imitation de Jean Second dans les *Juvenilia* de Marc-Antoine Muret", 63–77.

Catulls und Seconds (*eleg.* 8) anders als die epigrammatische (*epigr.* 8/10) keine sexuellen Bedürfnisse inszeniert, sondern auf die Vereinigung der Seelen der Liebenden abzielt. Trotz der im zeitgenössischen Diskurs problematisierten Grenze zwischen den Gattungen lässt sich also eine gattungsspezifische Ausarbeitung des grenzüberschreitenden Themas ‚Kussgedicht' ausmachen. Dem Genus entsprechend zugeschnitten wird auch Murets epigrammatische Version (*epigr.* 7) des als Elegie verfassten *Somnium* Seconds: Aus der Betonung der Unsicherheit des elegischen Ichs, ob es sich beim Erlebten um Traum oder Wirklichkeit handelt, wird Murets realitätsnahe Ausgestaltung des erotischen Traums, welcher erst am Ende epigrammatisch gebrochen wird.

Die zehn Elegien des *Elegiarum libellus* betrachtet Florian Hurka.[4] Zum einen stellt er durchweg den zeittypischen Motivkatalog antiker Prägung fest, der allerdings erstmals gewisse Elemente – zuvörderst das *servitium amoris* und die *militia amoris* – nur anklingen lässt. Grund hierfür könnte die im französischen Elegiendiskurs problematisierte mangelnde Trennschärfe zwischen ‚Epistel' und ‚Elegie' sein. Die Elegie wird u.a. durch Ausschluss selbsterniedrigender Themen in Form einer „negative[n] selektive[n] Rezeption" (85) in ihrer Erhabenheit herausgestellt, über welche die Epistel nicht verfügt. Zum anderen treten poetologische Reflexion sowie die in der Antike randständige Thematik ‚Tod und Vergänglichkeit' in den Vordergrund, die zu Murets Zeit sprachunabhängig gattungstypisch ist, nicht zuletzt ob ihrer etymologischen Rückführung auf die Trauerklage (ἒ ἒ λέγειν) in einschlägigen Poetiken.

Laurence Bernard-Pradelle bespricht Murets Privatbriefe (1580).[5] Die ein Buch umfassende *editio princeps* bündelt in elegant adressatenspezifisch variierendem Stil Ciceros Briefwerk (*Atticus, Brutus, Familiares*) wie in einem Brennspiegel. Exemplarisch zieht Verf. Parallelen zu Cicero, dessen konkrete Ausdrucksweise und bedacht eingesetzte Nachlässigkeit Muret in Frankreich heimisch gemacht hat. Auf neulateinischer Seite folgen wenig später Henri Estienne (*Epistolae ciceroniano stylo scriptae*, 1581) und Justus Lipsius (*Epistolica institutio*, 1591); Étienne Pasquier dagegen rühmt sich 1586, als erster Franzose die Gattung ‚Privatbrief' hervorgebracht zu haben, und über-

[4] Florian Hurka, „Selektive Rezeption: Marc-Antoine Muret, die römische Liebeselegie und der französische Elegiendiskurs im 16. Jahrhundert", 79–91.

[5] Laurence Bernard-Pradelle, „Le latin de correspondance de Marc Antoine Muret: ‚simpliciter et dilucide scribere'", 93–108.

geht die Vorleistung des im Gegensatz zu ihm auf Latein schreibenden Muret.

Christian Orth[6] widmet sich demjenigen Mitglied der Pléiade, das nahezu ausnahmslos auf Latein gedichtet hat. Dorats früheste, an Henri de Mesmes gerichtete Ode zur Geburt seiner ersten Tochter verquickt antike Quellen mit persönlicher Lebenserfahrung. Der knapp gehaltene Beitrag umreißt den Forschungsstand und ergänzt auf gut drei Seiten die bereits bei P. Galland-Hallyn gegebenen literarischen Quellen um einige noch nicht entdeckte Imitationen lateinischer Verse in den ersten zwei Strophen der Geburtsschilderung.

Der erste dreier Beiträge zu Du Bellay ist der von Eckard Lefèvre.[7] Den Ausgangspunkt für die Hauptbetrachtungen bilden die Kussgedichte Catulls (*c.* 5, *c.* 7), der als Neoteriker die lateinische Dichtung um ausgefeilte alexandrinische Formen und den Fokus auf die private Daseinssphäre bereichert hat. Du Bellay rekurriert in seinen zwei französischen Kussgedichten aus den *Divers Jeux Rustiques* (1558) auf diverse (neu)lateinische Vorläufer (speziell Martial 6,34, Jean Seconds *Basia*, Sannazaros *Ad amicam*) und hat selbst eine eigene neulateinische Protoversion (*Basia Faustinae*) verfasst.

In Jürgen Blänsdorfs Aufsatz[8] werden die volkssprachlichen *Antiquitez de Rome* und *Regrets* den neulateinischen *Elegiae* (alle 1558) gegenübergestellt, in denen Du Bellay die Erlebnisse seiner Romreise literarisch umsetzt. Verf. liefert mögliche Gründe für die Abfassung der *Elegiae* auf Latein, obschon Du Bellay diesem in seiner *Deffence* knapp zehn Jahre zuvor eine Absage erteilt hatte. Inhaltlich stellen die französischen Sammlungen die einstige Größe, den selbstverschuldeten Untergang und gegenwärtigen Verfall Roms sowie den Vergänglichkeitstopos ins Zentrum,[9] während in den *Elegiae* die Bewun-

[6] Christian Orth, „Die Geburtsbeschreibung in Jean Dorats ‚Ode' 1", 109–17.

[7] Eckard Lefèvre „Von Catull zu Du Bellay: einige Gedanken zur neulateinischen Mittlerrolle zwischen antiker und neuzeitlicher Dichtung", 119–36).

[8] Jürgen Blänsdorf, „Die poetischen Differenzen in Joachim Du Bellays lateinischer und französischer Rom-Dichtung", 137–58.

[9] Nicht zitierte (nach 2000 erschienene) Forschungsbeiträge sprechen gar von der Intention, die Wiedergeburt des als tot bezeugten antiken Rom zu negieren, vgl. Barbara Vinken, *Du Bellay und Petrarca: das Rom der Renaissance* (Tübingen: Niemeyer, 2001) und Martin Disselkamp, „Rekonstruktion, Magnifizenz, Dekadenz in den ‚Antiquitez de Rome' von Joachim Du Bellay", in *‚Nichts ist, Rom, dir gleich': Topographien und Gegenbilder aus dem mittelalterlichen und frühneuzeitlichen Europa*, hrsg. von Martin Disselkamp (Ruhpolding und Mainz: Rutzen, 2013), 99–130; in klarer Absetzung zur These eines bewundernden Wiederbelebens z.B. bei Roland Mortier, „Les ‚Antiquitez de Rome' de Joachim du Bellay ou la ruine-mémorial", in *La*

derung für Rom überwiegt. Strukturell lassen sich bei den nach dem Prinzip der *variatio* angeordneten 32 Sonetten der *Antiquitez* bzw. den 191 der *Regrets* „nur kleinere Gruppen zusammengehöriger Sonette" (147) ausmachen sowie bei ersteren das regelmäßig alternierende Metrum;[10] dagegen präsentieren sich die *Elegiae* als durchkomponierte „künstlerische Einheit" (157): von der schmerzlichen Trennung von der Heimat über die Begegnung mit dem antiken bzw. gegenwärtigen Rom hin zur Distanzierung von Rom bzw. die Rückkehr nach Frankreich.[11]

Bei James Hirstein[12] erfolgt wie bei Blänsdorf (150–7) eine knappe Inhaltsangabe der Elegien (169–73), jedoch mit stetem Blick auf die neunte[13] und letzte Elegie, in der die Figur Iolas anlässlich eines ländlichen Fests eine rituelle Reinigung durchführt (V. 1–22: narrativ-einführender Charakter, Vorbereitung der Zeremonie; V. 23–72: Gebet mit 12 Strophen mit jeweils demselben Refrainvers; V. 73–5: Lustration). Die bisherigen Themen des Zyklus werden aufgegriffen und die seit der fünften Elegie anklingende *translatio imperii* findet ihren „point culminant" (173) nicht zuletzt durch das Einbinden französischer Toponyme sowie das Verlegen der Elegie von Rom nach Anjou. Letzteres stellt neben Rekursen auf Tibull (2,1) und der speziellen strophischen Ausgestaltung des Mittelteils (nach Catulls *c.* 64 und Vergils *ecl.* 8) entscheidende Abweichungen von der Vorlage des Inspirationsgebers Andrea Navagero dar.

Poétique des ruines en France, hrsg. von Roland Mortier (Genf: Droz, 1974), 60–8.

[10] Da nur eine einzige Seite einer Monographie als Beleg angeführt wird, sei hier ferner noch verwiesen auf: Marie-Madeleine Fontaine, „Le système des ‚Antiquitez' de du Bellay: l'alternance entre décasyllabes et alexandrins dans un recueil de sonnets", in *Le sonnet à la Renaissance*, hrsg. von Yvonne Bellenger (Paris: Aux amateurs de livres, 1986), 67–81; Philippe de Lajarte, „Formes et significations dans *les Antiquitez de Rome* de Du Bellay", in *Mélanges sur la littérature de la Renaissance à la mémoire de V.-L. Saulnier*, hrsg. von Pierre-Georges Castex (Genf: Droz, 1984), 727–34; Ingrid G. Daemmrich, „The Function of the Ruins Motif in Du Bellay's ‚Les Antiquitez de Rome'", *Neophilologus* 59 (1975): 14–21. Vinken (*Du Bellay*, 122–3) stellt außerdem fest, dass Sonette gewisser Themenblöcke eindeutig aufeinander zukomponiert sind, so der Zyklus der Sonette, die Lucans *Bellum civile* aufgreifen.

[11] Eine auf eben dieser Dreiteilung beruhende, zumindest ansatzweise Geschlossenheit des Zyklus der *Regrets* ist jedoch nicht zu leugnen, vgl. die von Verf. zitierte Monographie von K. Ley in ihrer Dreiteilung des Kapitels ‚Les Regrets' (212–308). Ausgeklammert wird ferner der *Songe* (als Zusatz zu den *Antiquitez*) der in Anbetracht seiner Kürze (15 Sonette) auch hinsichtlich der *compositio* ausgefeilter ist, da die v.a. von Petrarca entlehnten Bilder in ihrer Reihenfolge bei Bellay nicht einfach austauschbar sind.

[12] James Hirstein, „Joachim Du Bellay et la ‚divine campagne': le rôle du ‚Votum rusticum' à la fin du livre des ‚Elegiae' dans les ‚Poemata'", 159–76.

[13] Die Einführung (10, 14) spricht fälschlicherweise von einer zehnten Elegie.

Thomas Baiers Beitrag[14] konzentriert sich auf dasjenige Pléiade-Mitglied, das erst am Lebensabend (ab 1577) infolge seines sinkenden Bekanntheitsgrads auf Latein publiziert (*Carmina*; Epigramme; eine gänzliche verlorene Psalmenübertragung). Baïf, im Französischen für seine lyrisch-musikalische Nachahmung bekannt, verfasst neulateinische Gedichte gänzlich anderer Machart: an die Stelle schöpferischer Kreativität tritt der Versuch, eigene französische Vorlagen durch das Lateinische zu sublimieren. Nähere Betrachtung findet die Appendix zu seinem Lehrgedicht *Les Météores* (1567), wo Baïf sein neulateinisches Debut gibt; eine mimetische lateinische Übersetzung eines griechischen Gedichts (*Orphei seu Mercurii ter maximi prognostica à Terrae motibus*) wird einer freieren französischen Nachdichtung desselben Gedichts beigegeben. Die Appendix rundet das Vergil imitierende Gedicht ab, dessen Funktion (ganz im Sinne des ‚transparenten Lehrgedichts' nach B. Effe) im Herausstellen der göttlichen Lenkung der Welt liegt.

Caroline Primot und Gian Paolo Renello[15] beschäftigen sich mit Gedichten lateinisch-französischer Sprachmischung. Primot untersucht Belleaus *Dictamen metrificum de bello huguenotico et reistrorum piglamine ad sodales* (1573): Es lassen sich gattungstypische Verbindungslinien zu Folengo (*Baldus*, ab 1517) ziehen (s. Annexe, 206–15), den Belleau reaktualisiert und in seinen Tableaus zum Religionskrieg zur polemischen Anklage der Protestanten heranzieht. Seinerzeit von A. Eckhardt erkannte Verbindungslinien zur *Meygra Entrepriza* (1536) des Franzosen Arena werden relativiert, da man in Folengo das Vorbild Arenas wie Belleaus sehen muss. Belleaus meist oberflächliche Verschmelzung beider Sprachen (z.B. ungelenke Neologismen durch einfache Suffigierung) sollen den Zustand des national und religiös gespaltenen Frankreich nachzeichnen; weitere Deutungen des Textes werden anskizziert, z.B. als Spiel Belleaus mit misslungenen Versuchen der Sprachbereicherung vonseiten seiner Zeitgenossen. Renello vergleicht die Arbeitsweisen Folengos und Arenas: Dem auf einer Reihe von italienischen Vorläufern und Einflussquellen basierenden Folengo, der in stetem Überarbeitungsprozess die 25 Bücher seines *Baldus* in vier Ausgaben herausgibt, steht das Vorgehen Arenas („quasi dilettantesco", 224) gegenüber. Die Untersuchung der Metrik und Prosodie unterstreicht diese Diskrepanz: Die in elegischen Distichen verfasste *Entrepriza* mit ihrer eher monotonen Prosodie wird anhand

[14] Thomas Baier, „Jean-Antoine de Baïf als Übersetzer und neulateinischer Dichter", 177–96.

[15] Caroline Primot, „Déplacements et enjeux de l'écriture macaronique chez Rémi Belleau", 197–215; Gian Paolo Renello, „Fra prossimità e distanza: il latino maccheronico di Antoine Arène e Teofilo Folengo", 217–39.

eingehender Beispiele (stets Synizese bei *deinde*, keine Endsilbenkürzung bei *contra*, weniger freie Prosodie bei Wörtern griechischen Ursprungs) den dynamisch-abwechslungsreichen Hexametern des *Baldus* entgegengestellt, dem Folengo in der zweiten Ausgabe (1521) gar ein metrisch-prosodisches Regelwerk beigegeben hat.

Gilles Polizzi[16] betrachtet den ca. 1560 verfassten, aber erst postum veröffentlichten *Prometheus*, dessen erster Teil sich auszugsweise (samt französischer Übersetzung Gérard Freyburgers) im Anhang (256–73) findet. Unter Verwendung desselben Personals wie in seinen *Necyomantia* von 1544/49 (Hephestion, Gott der kreativen Köpfe; Callidème, Dichter mit Ähnlichkeiten zu Forcadel) setzt sich Forcadel mit dem *imitatio*-Vorgehen auseinander und zeichnet den durch Plagiatsfälle enttäuschten Callidème. Verf. liest den *Prometheus* als Polemik gegen Du Bellay, da dieser Forcadels Dichtung wohl als Sprungbrett für sich selbst genutzt hat: Das zweite Sonett seines *Songe* ist (wie ein Gedicht Forcadels) eine Imitation der Canzone *Standomi un giorno solo a la fenestra* Petrarcas, die *Antiquitez* kennzeichnet (wie die *Necyomantia*) eine spezielle Kopplung von Architekturbeschreibung und Totenerweckung in Anlehnung an die *Hypnerotomachia Poliphili* Francesco Colonnas.

Tobias Leuker[17] greift diejenigen Gedichte der umfangreichen *Epigrammata* (1554) heraus, die den Dichter als „Schöpfer ebenso schöner wie trügerischer Geschichten" (277) thematisieren. Eine bewusste metapoetische Aussage hierzu findet sich in Epigramm Nr. 447; Nr. 134 und 173 rühmt Homers einzigartige Dichtkunst in der *Ilias*, die sich an der Stilisierung und Abkehr von historischen Fakten erkennen lässt; Nr. 24 dagegen wirft Vergil ahistorische Rufschädigung der karthagischen Königin vor. Möglicher Grund für die antirömische Positionierung (vgl. auch Nr. 4, 39, 206, 270 gegen Aeneas und Romulus) ist neben dem negativen Papstbild die Absicht, durch die eigene Polemik von der zunehmenden Kritik am trojanischen Abstammungsmythos der Franzosen abzulenken, der in Nr. 151 (*Transformatio Astyanactis* [...] *in lilium*) ausgestaltet wird. Das sich an den Heliaden-Mythos anschließende Epigramm Nr. 470 zeugt exemplarisch vom Spannungsfeld zwischen bewundernder Antikenimitation und Distanzierung von überzogener mythischer Fiktion.

[16] Gilles Polizzi, „Forcadel, Du Bellay et ‚l'imitatio': les enjeux du ‚Prometheus'", 241–73.

[17] Tobias Leuker, „Der Dichter als Täuscher – Zu einigen Epigrammen Étienne Forcadels", 275–92.

George H. Tucker beleuchtet in seinem Beitrag[18] drei Spielarten des „(re)writing of ‚exile'" (293) mit motivischer Ähnlichkeit insbesondere zu Du Bellays *Regrets*. Die ciceronianischen Dialoge *Medices Legatus de exsilio* (1522) Alcionios, die Du Bellay in Rom selbst gelesen hat, spielen in der Bibliothek der 1494–1512 exilierten Giovanni, Giulio und Leonardo de' Medici; zum Selbsttrost werden die positiven Seiten des Exils herausgestellt. V.a. aber inszeniert Alcionio sich und sein Œuvre selbst im Bemühen um seine Rehabilitierung in den humanistischen Kreisen Italiens, nachdem Juan Ginés de Sepúlveda seine Aristoteles-Übersetzungen von 1521 anlässlich seiner eigenen Aristoteles-Übersetzung harsch kritisiert hatte. Der Satiriker Landi veröffentlicht gut ein Jahrzehnt vor Du Bellay den *Cicero relegatus & Cicero revocatus* (1543) bzw. seine volkssprachlichen *Paradossi/Confutatione* [...] *de' paradossi* (1543/44), hinter deren Juxtaposition von „opposing views of exile" (295) man am ehesten Landis neutral-distanzierende Sicht und die von ihm intendierte Auflösung der Dichotomie von ‚Exil' vs. ‚Heimat' bzw. ‚Freiheit' erblicken kann. Pires wiederum spiegelt in sein spätes elegisches Gedicht *de exsilio suo* (ca. 1595) seine eigenen Wurzeln (die Minderheit der jüdischen Sepharden bzw. der zwangskonvertierten portugiesischen Marranos) sowie seine eigene Flucht vor der Inquisition ein.

Isabelle Fabre[19] würdigt die 20 in Paris veröffentlichten und Marguerite (der Schwester Henris II.) gewidmeten Gedichte Flaminios. Die Schwerpunktsetzung auf privater Frömmigkeit, ohne konfessionell Position zu beziehen, findet in Frankreich Anklang, wovon die von der Dominikanerin Anne de Marquets (1568) angefertigte Übersetzung zeugt. Die Struktur der Sammlung ist der mittelalterlichen Hymnendichtung nachempfunden: den Rahmen bilden Gedichte, die am ehesten mit gemeinschaftlichen Gotteslob in Verbindung zu bringen sind: Gedichte 1–3 sind Adaptationen der strikt strukturierten Stundengebete, Gedicht 20 (*Rector beate coelitum*) bündelt die vorhergehenden Kollektengebete wie das abschließende bei der heiligen Messe; Gedicht 11 (*Hymnus*[20] *in Christum*) trennt als Scharniergedicht zwei Diptychen, die motivisch, thematisch und sprachlich stark aufeinander Bezug nehmen und so die Tradition der durch den heiligen Ambrosius eingeführten Antiphonen literarisch abbilden. Insgesamt ist der Gegensatz

[18] George H. Tucker, „Joachim Du Bellay's Precursors and Contemporaries in Italy: Pietro Alcionio, Ortensio Landi and Diogo Pires", 293–317.

[19] Isabelle Fabre, „L'élégance de l'hymne: une lecture médiévale des ‚Carmina de rebus divinis' de Marcantonio Flaminio (1550)", 319–39.

[20] Im Text (322) fälschlicherweise „*Hymnum*".

zwischen der moralischen Schwäche des Menschen und der Güte Gottes bestimmend. Eine Schlüsselrolle nehmen Gedicht 6 (mit der Ausgestaltung der Abhängigkeit von und der Liebe zu Gott im Blumenmotiv) sowie Gedicht 14 (mit der Passion Christi) ein.

⁂

Abschließend bleibt die unterschiedliche Qualität der redaktionellen Überarbeitung der einzelnen Beiträge zu bemerken; im vierten Aufsatz häufen sich grammatikalisch-orthographische Flüchtigkeitsfehler („Atraea“ [84] statt ‚Astraea‘; „das oft als kummervoll erlebtes Liebensleben“ [85], „an Horaz’ Eröffnungsgedichts“ [87]), im ersten Beitrag werden lateinische Verse in den Fußnoten unsorgfältig zitiert („*insinuamt*“ [24] statt *insinuat*; „*ssese*“ [24] statt *sese*; „*digons*“ [25] statt *dignos*).[21] Inhaltlich hätte die Bündelung gewisser thematischer Informationen den Band noch abgerundet, vgl. z.B. die jeweils nur leicht variierende Beschreibung der *Iuvenilia* samt ihren Textausgaben (17–8, 38, 79), oder unnötige Selbstverständlichkeiten (etwa dass Du Bellay „[z]u den führenden Dichtern der Pléiade gehört“, 120). Etwas irritierend – aber bei einem Sammelband nur schwer zu vermeiden – ist der Umstand, dass in zwei aufeinanderfolgenden Beiträgen, dieselben Verse zitiert, übersetzt und mal als Geringschätzung der französischen Dichtung, mal als dessen Gegenteil interpretiert werden (vgl. 119, 140), ohne dass die Beiträge in irgendeiner Form aufeinander Bezug nehmen.

Trotz so mancher Detailkritik bezüglich der *compositio* überzeugen die einzelnen Artikel durch ihre schlaglichtartige und konzise Behandlung unterschiedlichster Themenkomplexe, wodurch das Interesse für die Fülle an neulateinischen Kompositionen in dieser Epoche geweckt wird.

[21] Insgesamt zeugen die Fußnoten von der fehlenden letzten *lima* („hymemée“ [175], „*Arisoste*“ [187], „succcès“ 319) u.ö.); ebenso die Bibliographien (nur vereinzelt Setzung von Asterisken zur Abhebung von Primärtexten/ Kommentaren) und die Art des Zitierens („vv. 552–553“ [283] vs. „41f.“ [155] vs. „v. 6–7“ [330]).

„Far apparire quello che non è“: Marino und sein ästhetisches Programm

Zum Sammelband *Barocke Bildkulturen, Dialog der Künste in Giovan Battista Marinos ‚Galeria‘* von Rainer Stillers und Christiane Kruse

Vanessa Schlüter (Mainz)

SCHLAGWÖRTER: Marino, Giambattista; italienischer Barock; Paragone; Medialität; Bildwirkung; Ekphrasis

Rainer Stillers und Christiane Kruse, Hrsg., *Barocke Bildkulturen: Dialog der Künste in Giovan Battista Marinos ‚Galeria‘*, Wolfenbütteler Arbeiten zur Barockforschung 48 (Wiesbaden: Harrassowitz Verlag 2013).

***

Ähnlich wie die Künste in der *Galeria* treten Kunsthistoriker und Romanisten in dem von Christiane Kruse und Rainer Stillers herausgegebenen Sammelband in einen Dialog und beleuchten Marinos Malerei und Dichtung verknüpfenden Gedichtzyklus aus interdisziplinärer Perspektive. In der erstmals 1619 in Venedig gedruckten Sammlung bespricht und besingt Marino in 624 Gedichten die Werke bildender Künstler. Er gibt weniger Hinweise zu Verständnis und Interpretation, sondern skizziert vielmehr den Dialog zwischen subjektivem Betrachter und Gemälde oder Skulptur und die daraus hervorgehende körperlich-emotionale oder geistig-rationale Wirkung. Diese beiden Ebenen der subjektiven Kunstrezeption, Empathie und Intellekt, stellen die Herausgeber[1] in den Vordergrund und weisen auf das Potenzial von Bildern für den individuellen Prozess von Welt- und Selbsterkenntnis hin. Wie der Titel des Bandes bereits andeutet, wird hier neben Malerei auch Dichtung als eine Kunst verstanden, die Bilder erzeugen kann. Das betrachtete Bild, der visuelle Eindruck wird ergänzt durch das anhand der Dichtung hervorgerufene mentale Bild. Unproblematisch ist daher, dass nicht für jedes der in den beiden Hauptteilen zu Gemälden und Skulpturen bedichteten Kunstwerke ein reales Pendant zu finden ist; Marino lässt tatsächlichen

[1] Rainer Stillers und Christiane Kruse, „Einführung“, 7–13.

und rein imaginierten Werken den gleichen, die Dichtung stimulierenden Stellenwert zukommen. So ergänzen in der Erstausgabe lediglich 18 Drucke die Gedichte, da Marino auch nicht aller realen Kunstwerke habhaft werden und sie in den Zyklus integrieren konnte.

Die 15 Aufsätze sind in drei Teile gegliedert: auf historisch-poetologischen Grundlagen, die ein breites Panorama eröffnen und unter anderem versuchen, ein gemeinsames Bildverständnis zu umreißen, folgen unter dem Titel „Bildbetrachtung und Bilderleben" Überlegungen zur von Marino häufig evozierten Betrachtungssituation. Im dritten Teil, „Dialoge von Texten und Bildern", erweitert sich die Perspektive auf frühere und allgemeinere Aspekte des Bildlichen in Marinos Werk, wie die Wiederverwendungen zahlreicher Sonette aus den *Rime* von 1602 belegen, sowie die Affinität von Kunst und Dichtung hinsichtlich ihrer Wirkungsabsichten.

Die grundlegende Frage, „Was ist ein Bild?", stellt Victoria von Flemming im ersten Beitrag[2] und beantwortet sie ausführlich im Sinne Marinos und seiner Bildkonzeption in den *Dicerie Sacre*. In der ersten der drei Predigten bespricht Marino die Malerei, zum einen im Kontext der göttlichen Schöpfung und der *Santa Sidone*, des Turiner Grabtuchs und zum anderen in Bezug auf die Gemeinsamkeiten der sich ergänzenden verschwisterten Künste. Flemming knüpft an die eingangs geäußerte wissenstheoretische Dimension des Bildes an und sieht in der von Marino verwendeten Spiegelmetapher, laut derer Bilder Reflexionen in der Seele seien, die Verbindung von bildender Kunst und Sprachkunst. Der Ausdruck von menschlicher Erkenntnis kann im sprachlichen oder gemalten Bild erfolgen (23). Die individuelle Betrachtungssituation und die jeweilige Ansprache an Gefühl oder Verstand zeichnet Flemming in den *Dicerie* nach und legt mit der Diskussion von ausführlichen Primärzitaten eine hilfreiche Basis, da zentrale Stellen jenes Malereitraktates in den anderen Beiträgen ebenfalls erwähnt werden. In den *Dicerie* äußert sich Marino theoretisch zu dem Sachverhalt, den er praktisch in der *Galeria* umsetzt: „far apparire quello che non è", nennt es die Autorin (37). Diese Lücken habe der Betrachter zu füllen und dies gelinge gerade dann, wenn der geniale Künstler, Maler oder Dichter, im Stande sei, die Imagination über das Dargestellte oder Evozierte hinaus zu stimulieren.

Mit den theoretischen Implikationen der Beschreibung von rein fiktiven Kunstwerken, also der Betonung der Leerstelle und dem Bemühen sie zu füllen, beschäftigen sich mehrere Beiträge mit je unterschiedlicher Gewich-

[2] Victoria von Flemming, „Was ist ein Bild? Marinos ‚Dicerie sacre'", 15–43.

tung. So spricht Barbara Marx in ihrem Artikel[3], der unter anderem die Sammlungsstruktur (56) und Marinos Blicklenkung (70) thematisiert, von einem sinnlichen Impetus, der den Betrachter dazu anregt, das Gesehene imaginativ zu verlebendigen. Die *Galeria* basiert daher auf der literarischen Einbildungskraft (79), die die imaginäre Bildergalerie erst ermöglicht. Auf die menschliche Fähigkeit der *fantasia* rekurriert Giovanna Rizzarelli[4] mit dem Begriff der *ékphrasis prescrittiva*. Anhand zahlreicher Auszüge aus Marinos Korrespondenz mit einzelnen Malern weist sie auf eine besondere Form der Kunstbeschreibung hin, jene, die Marino dem Künstler vor Entstehung des Werkes als Inspiration hat zukommen lassen. Die Tatsache, dass manche Kunstwerke zunächst in verbaler Form entstehen und in diesem Medium womöglich verbleiben, ohne eine malerische Realisierung zu erfahren, könnte als Erklärungsversuch für die rein fiktiven Bildbeschreibungen in der *Galeria* dienen. Derartige Erklärungsversuche sind für Marinos Konzeption der Sammlung aber gar nicht notwendig. Vielmehr gehören jene Verfahren der Vergegenwärtigung, die auf die Einbildungskraft der Rezipienten abzielen, zum Grundinventar seiner Poetik. Wie Bodo Guthmüller in seinem Beitrag[5] anhand einiger Gedichte aus dem ersten Teil zeigt, lassen sich die Prinzipien der Präsenzstiftung auf seine Ästhetik im Allgemeinen erweitern (138). Der Eindruck von Lebendigkeit in den *Favole* erhöht sich zum einen durch die Schilderung der Kommunikationssituation mit einem wahrnehmenden Ich und zum anderen durch die Synthese des Dargestellten und seiner Darstellungsweise, die allein aufgrund der poetischen Einbildungskraft gelingen kann (148).

Der Frage, wie sich die *Galeria* dem Rezipienten nun präsentiert, um diese imaginative Beteiligung zu erzielen, kann mit den Beiträgen von Ingo Herklotz und Ulrich Pfisterer nachgegangen werden. Herklotz situiert[6] das ambitionierte, aber nicht gänzlich neue Unterfangen in der Tradition vorgängiger Sammlungen in Europa. Die historische Perspektive, die teils auch in den Untersuchungen der zeitgenössischen Korrespondenz einge-

---

[3] Barbara Marx, „Sammeln und Schreiben: zur Konstitution der ‚Galeria‘ von Giambattista Marino“, 45–79.

[4] Giovanna Rizzarelli, „Descrizione dell'arte e arte della descrizione nelle ‚Lettere‘ e nella ‚Galeria‘ di Giovan Battista Marino“, 81–105.

[5] Bodo Guthmüller, „Poetische Verfahren einer imaginären Vergegenwärtigung von Malerei in Marinos ‚Favole‘“, 136–51.

[6] Ingo Herklotz, „Marino und die Porträtsammlungen des 16. Jahrhunderts: Skizzen zu einer prosopographisch-rezeptionsgeschichtlichen Untersuchung“, 153–201.

nommen wird, ist eine gewinnbringende Ergänzung und zeigt Marinos Bestreben, das Werk einerseits in der von Paolo Giovo und Alfonso Chacón beeinflussten Sammlungstradition der „uomini illustri" (158) zu verorten. Die *Galeria* sollte andererseits als „libro curioso per la sua varietà" (Brief an Castello, zit. von Marx, 56) Aufmerksamkeit erlangen und Interesse erzeugen. Herklotz macht vier Veränderungen aus, die Marinos persönliche Prägung und den Einfluss der zeitgenössischen literarischen Tradition widerspiegeln (179–82). Dies zeigt sich in der Aktualisierung der porträtierten Berühmtheiten, die Marinos persönliches Netzwerk abbilden, und in der numerischen Aufwertung der Dichter, besonders der neapolitanischen Vertreter. Hinzu kommen weiterhin Porträts antiker Poeten sowie mythologische und rein literarische Persönlichkeiten. Darin erschöpfen sich seine Neuerungen jedoch nicht, sie betreffen ebenfalls die Anordnung von Bildpaaren und taxonomische Umstellungen. Herklotz ergänzt seine Ausführungen sinnvoll mit einem Anhang, der Marinos Porträtliste tabellarisch mit denen von sieben vorgängigen Sammlungen vergleicht. Auf Struktur und Vorgängermodelle geht Christian Rivoletti in seinem Artikel[7] ein. Neben Porträtsammlungen erwähnt er auch literarische Modelle der Bild- und Porträtbeschreibung (413). Außerdem rekonstruiert er in den *Favole* und *Ritratti* die Präsenz Ariosts und einiger Figuren des *Orlando furioso*. Ähnlich wie im Friedensepos des *Adone* bedingt Marinos Vorzug für erotische Sujets den Ausschluss des Heroischen. Die Exzellenz der (italienischen) Dichtung zeige sich in der Darstellung der Liebesthematik, wie Marino im *Adone* verlauten lässt und damit auch für sich selbst reklamiert (402). An die Betonung der persönlichen Note innerhalb der *Galeria* knüpft Ulrich Pfisterers Beitrag[8] an, der die beiden Venusgedichte am Beginn des Zyklus' als verschleierte Selbstentwürfe auslegt und die derart poetisch-evozierten Selbstbildnisse mit den tatsächlichen Porträts des Dichters kontrastiert. Den ungewöhnlich zahmen und den eigenen Verblüffungsambitionen scheinbar nicht genügenden Auftakt liest Pfisterer als Lektüreanweisung für das gesamte Werk (439), der den Leser auf die Fährte der verschleierten Selbstporträts Marinos in den folgenden Texten bringen soll. Damit weisen die Gedichte erneut auf ein Jenseits des bildlich Dargestellten, sodass es zur gelungenen Rezeption der *fantasia* bedarf. Pfisterer findet die Selbstbilder des Dichters, indem er

[7] Christian Rivoletti, „Sulla presenza di Ariosto e di altri modelli letterari e figurativi nelle ‚Galeria' di Giovan Battista Marino", 399–432.

[8] Ulrich Pfisterer, „Iconologia Mariniana: Marinos Selbst- und Fremdbilder", 433–66.

hinter die Maske des Timanthes blickt und das Meerwesen MARino freilegt (443). Marino gibt sich ebenfalls als Vater seiner ihn überlebenden Werke und, gemäß dem ihm häufig attestierten Hang zur Selbststilisierung, als Kunstwerk selbst.

Marinos Annahme, dass eine gelingende Kunstrezeption auf der sinnlichen und geistigen Empfänglichkeit des Betrachtenden oder Lesenden basiere, besprechen und untersuchen der zweite Teil „Bildbetrachtung und Bilderleben“ sowie der Beitrag von Christine Ott[9]. Dem Pfeil als metapoetische und metaästhetische Chiffre (114) attestiert Ott imaginative Energie, von der der Dichter, das besungene Objekt oder der Betrachter getroffen werden kann. Die damit einhergehende Affizierung der Sinne soll zur emotionalen Beteiligung des Rezipienten führen, die idealiter durch ein Moment der reflektierenden Distanzierung ergänzt wird. Derart können sich die beabsichtigten Empfindungen *stupore* und *diletto* vereinigen und zu unterschiedlichen Konsequenzen führen. Diese legen Elisabeth Oy-Marra[10] und Henry Keazor[11] dar. Oy-Marra sieht in der Aufmerksamkeit des Dichters für mediale Strategien die Lust am Spiel mit Zweifel und Täuschung, was zu einer Problematisierung des Staunens vor dem Bild führt. Die erstrebte Erkenntnis wird durch eine differenzierte Betrachterreaktion (267) ermöglicht, die erneut Identifikation und kritische Reflexion des Mediums, der künstlerischen Darstellung, verbindet. Eben dieses Spiel mit Illusion und Illusionsbruch steht für Christiane Kruse im Zentrum von Marinos Thematisierung des Bilderlebens (248). Auch Keazor spricht von einem geteilten Betrachter (293), der durch den *stupore* in einen Zustand zwischen Animierung und Erstarrung versetzt wird, der auf einer Makroebene für die *Galeria* insgesamt gelten kann. Während die Kunstwerke lebendig werden, versteinert der Betrachter vor ihnen.

Frank Fehrenbachs Beitrag[12] geht der *vivacità*, der Lebendigkeit des Dargestellten, nach, die gefährliche Ausmaße annehmen kann, wie Christiane Kruse in „Psychologie einer Bildbetrachtung. Imagination, Affekt und die

[9] Christine Ott, „Pfeile ohne Ziel? Worte, Sachen und Bilder bei Giovan Battista Marino“, 107–34.

[10] Elisabeth Oy-Marra, „‚Immobile riman per meraviglia‘: Staunen als idealtypische Betrachterreaktion in den Bildgedichten Giovan Battista Marinos zu Tizians hl. Sebastian“, 251–72.

[11] Henry Keazor, „‚[...] quella miracolosa mano‘: zu zwei Madrigalen Marinos auf Ludovico Carracci“, 273–306.

[12] Frank Fehrenbach, „‚Tra vivo e spento‘: Marinos lebendige Bilder“, 203–22.

Rolle der Kunst in ‚Sopra il ritratto della sua Donna'" (223–50) darlegt. Fehrenbach sieht in der Ausdifferenzierung des Lebendigkeitstopos' ein unbegrenztes ästhetisches Kapital und rückt die künstlerische Belebungsleistung an der Grenze zwischen lebendem Urbild und totem Abbild ins Zentrum. Ein Beispiel, das auch Guthmüller (149) anführt, ist die narrative Rückbindung oder situative Rechtfertigung der Stummheit der gemalten Figuren; die Argumentation verbleibt somit in der Fiktion der *favola*, reflektiert aber indirekt das Potential des belebenden Künstlers (213). Welches Risiko eine zu lebendige Figur, eine zu gut funktionierende seelisch-körperliche Affizierung birgt, zeigt Kruse anhand der *Canzonetta* an und über das Porträt der Geliebten. Das Gedicht endet mit einem ikonoklastischen Akt der Bildzerstörung durch die zu einem wütenden Brand gewordene Liebesglut. Das komplexe Wechselspiel der psychologischen Reaktion des sich vor dem Bild befindlichen Sprechers erklärt sie unter Rekurs auf die Rolle der Affekte in der frühneuzeitlichen Bildbetrachtung unter anderem anhand des Seelentraktates *De anima et vita* von Juan Luis Vives (236). Das empathische Bilderleben unter Einbezug der Sinne, auch des Tastsinns, ist die Grundlage für die künstlerische Illusion. Marino weiß diese jedoch zu brechen und lässt seinen Sprecher die Leblosigkeit und den Objektcharakter des Werkes ebenso erkennen.

Anhand dieser Wirkungsabsichten lassen sich Marinos ästhetische Prinzipien erkennen, die natürlich nicht nur für die *Galeria* gelten, wie Valeska von Rosen allgemein[13] und Marc Föcking für die geistliche Lyrik[14] feststellt. Sowohl für Caravaggio als auch für Marino sind die überraschende Pointe (in Bild oder Text), der verlebendigende Charakter und die Sinnesansprache zentral. Beide zielen damit auf die Durchbrechung bestehender ästhetischer Normen ab und begünstigen so die Selbststilisierung als künstlerische Vertreter einer *novità*. Föcking attestiert Marinos geistlicher Lyrik ein hohes Maß an ästhetischer Autonomie, da sie trotz unterschiedlicher Gestaltungsprinzipien, die den Heiligendarstellungen in *Galeria* und *Lira* zu Grunde liegen (344), keine pragmatische Funktionalisierung aufweist, sondern vielmehr von einem gewissen Ausfall des Theologischen gekennzeichnet ist. Die *Galeria* illustriere damit einen Konflikt zwischen Marinos Poetik, die den Sieg von *elocutio* über Mimesis (341) anstrebe, und der Bedeutung des

[13] Valeska von Rosen, „Caravaggio, Marino und ihre ‚wahren Regeln': zum Dialog der Malerei und Literatur um 1600", 307–34.

[14] Marc Föcking, „Bildstörung: Probleme des Ikonischen geistlicher Lyrik in Marinos ‚La Galeria' und ‚La Lira'", 335–48.

Ikonischen im Zuge der Gegenreformation, der letztendlich zu Gunsten des sprachlichen Ausdrucks und dessen Kreationspotential entschieden wird.

Ulrich Heinen[15] fragt am Ende seiner ausführlichen Analyse von Rubens Gemälde *Hero und Leander* und Marinos Bildgedicht nach der Absicht der *Galeria*: „Medienreflexive Hommage oder Paragone?“ (394). Heinen erkennt bei Marino keinen Suprematieanspruch der Dichtung, er votiert für die Gleichrangigkeit der Künste. Die Idee des Wettstreits der Schwesterkünste ist Marinos Gedichtzyklus in gewisser Form inhärent, die meisten Beiträge betonen jedoch eher den Mehrwert des Dialogs als dass sie eine Siegerin ausmachen wollen – und wenn doch, so obsiegt die Poesie (105, 465). Marx spricht beispielsweise in versöhnender Haltung von einer „dichtungstheoretische[n] Herausforderung“ (53) und Ott von einer produktiven „Osmose der Künste“ (119).

Dass die Verschränkung von Bild- und Wortkunst im Werk Marinos Erfolg versprechend war, zeigt sich auch im Mehrwert der interdisziplinären Perspektive, die eine eingehende Betrachtung der *Galeria* unbedingt erfordert. Der vorliegende Sammelband vereint breit gefächerte und profunde Einzelanalysen, zeigt aber auch allgemeine Tendenzen innerhalb des gesamten Œuvre Marinos auf und ist trotz des Umfangs nicht zuletzt aufgrund des hilfreichen Sachregisters gelungen. Ergänzt wird der Sammelband natürlich durch die ebenfalls von Christiane Kruse und Rainer Stillers unter Mitarbeit von Christine Ott herausgegebene und 2009 erschienene Übersetzung ausgewählter Gedichte der *Galeria*[16].

[15] Ulrich Heinen, „‚Concettismo‘ und Bild-Erleben bei Marino und Rubens: eine medienhistorische Analyse“, 349–98.

[16] Giambattista Marino, *La Galeria*, zweisprachige Auswahl, Italienisch-Deutsch (Mainz: Dieterich, 2009.

Spanische Identität unter der Voraussetzung des trikulturellen Mittelalters

Zu Fabian Sevillas Studie *Die „Drei Kulturen" und die spanische Identität*

Jan Henrik Witthaus (Kassel)

SCHLAGWÖRTER: Rezension; Sevilla, Fabian; Trikulturalität; Islam; Judentum; Christentum; spanisches Mittelalter; spanische Narrativik; Roman der Moderne; Castro, Américo; Alarcón, Pedro Antonio de; Pérez Galdós, Benito; Ayala, Francisco; Goytisolo, Juan; Fuentes, Carlos

Fabian Sevilla, *Die „Drei Kulturen" und die spanische Identität: ein Konflikt bei Américo Castro und in der spanischsprachigen Narrativik der Moderne*, Siegener Forschungen zur romanischen Literatur- und Medienwissenschaft 26 (Tübingen: Stauffenburg, 2014), 372 S.

⁂

Die Studie von Fabian Sevilla beschäftigt sich anhand ausgewählter fiktionaler Erzähltexte des 19. und 20. Jahrhunderts mit der literarischen Identitätsverhandlung Spaniens. Ausgangspunkt ist dabei die These vom Verweisungszusammenhang christlicher, jüdischer und muslimischer Kulturen, deren Formulierung auf den Historiker Américo Castro zurückgeht. In einem Wort geht es also um Castro, seine Vorläufer und Nachfolger, die sich allerdings allesamt im Medium der Literatur bewegen.

Das Thema *kultureller Identität* ist gleichermaßen gegenwartsbezogen wie problematisch. Problematisch ist es schon deshalb, weil es sich aus zwei Begriffen zusammensetzt, die für sich genommen entweder unscharf (Kultur) oder umstritten (Identität *und* Kultur) sind. Dass es bei allem Problembewusstsein jedoch unumgänglich scheint, tagesaktuelle Themen mit dieser Wendung aufzugreifen, suggeriert eben ein Blick auf gegenwärtige Debatten, sodass man sich der diskursiven Gravitation, die von jenem Syntagma ausgeht, kaum zu entziehen vermag. Gelingen kann dies dennoch auf produktive Weise – als Geschichtswissenschaftler oder als Romancier oder als deren Kommentator – wie Sevillas Studie demonstriert. Américo Castro ist in die spanische Geistesgeschichte eingegangen, weil er in seinem 1938 erschienen Hauptwerk *España en su historia* die These entwickelte, dass man als Historiker über eine spanische Identität nur unter der Voraussetzung des sogenannten trikulturellen Mittelalters sprechen könne, das von der Koexistenz der drei Schriftreligionen – dem Islam, dem Judentum und dem Christentum – geprägt worden sei. In einer *spanischen* Geschichte gebe es dahinter kein zurück, womit die römische und rein christliche Herkunft der nationalen Identität zur Disposition stand und ein Historikerstreit so gut wie im Gange war, der sodann auf der gegenüberliegenden Seite von einem nicht weniger wortgewaltigen Opponenten aufgenommen und bespielt worden ist: Claudio Sánchez Albornoz.

Sevilla, der seine Dissertation 2014 publizierte, weiß um die Aktualität seines Themas, wie er im Vorwort zu erkennen gibt, wo der Leser auf Reden von José María Aznar und Barack Obama der 2000er Jahre verwiesen wird. Damit sind gleichsam politische und machttheoretische Implikationen aufgerufen, die durch methodische Bezugnahmen eingelöst werden. So versteht sich das Buch als eine Diskursgeschichte pluraler Identitätsentwürfe, die entweder – insofern die Verfasser vor Castro geschrieben haben – in diesem ihren theoretischen Sprecher oder aber – in der Nachfolge – ihren diskursiven Bezugspunkt gefunden haben. Dabei steht bei der Korpuserstellung im Vordergrund, dass in den jeweiligen literarischen Zeugnissen durch Thematisierung des plurikulturellen Mittelalters eine auf die jeweilige Gegenwart bezogene Identitätsverhandlung ausgetragen werde. Der Verfasser vermeidet es allerdings, sich im Rahmen der Debatte, die mit Castro auf dem Tisch liegt, selbst zu positionieren, also etwa „Castro Recht zu geben" (18). Damit wird eher ein beschreibender oder beobachtender Gestus des Diskurshistorikers eingenommen, obwohl die Sympathien für Castro innerhalb dieser Diskussion wiederum auch nicht gänzlich verschwiegen werden (vgl. 20). Auf der performativen Ebene der Arbeit wird indes nur allzu deutlich, dass sie als Absage an essentialistische Identitätskonzepte verstanden werden kann und dass sie die Prozesshaftigkeit und Unabschließbarkeit von Identifikationsvorgängen affirmiert. Obschon diese Position nicht mit derjenigen Castros übereinstimmt, steht sie diesem doch weitaus näher als derjenigen Albornoz'.

Neben einem Kapitel zu Castro selbst findet der Leser im zweiten Teil zunächst eine eingehende Auseinandersetzungen mit Erzähltexten des 19. Jahrhunderts von Pedro Antonio de Alarcón bzw. des frühen 20. Jahrhunderts von Benito Pérez Galdós. Es folgen Abschnitte zu weiteren Romanciers der – wenn ich so sagen darf – ‚Post-Castro-Ära', so die Lektüre von Erzähltexten, die auf Verfasser wie Francisco Ayala, Juan Goytisolo oder Carlos Fuentes zurückgehen. Zur Art und Weise, wie nun diese Autoren mit *España en su historia* in Bezug gesetzt werden, finden sich vielerlei aufschlussreiche Ansätze, die m.E. aber doch noch einige Fragen offen lassen. Wie ist beispielsweise der These Sevillas gemäß Castros Rolle als ‚Diskursbegründer' zu verstehen? Die Antwort des Verfassers lautet: Der Begriff referiere weniger auf die Beispiele Marx oder Freud im bekannten Aufsatz Foucaults über den Autor, sondern verstehe sich „als Urheber einer bestimmten Diskursivierung wie gleichzeitig Urheber des ‚Gegenstandes' selbst [...]." (26) Die schon fast juristisch anmutende Kategorie der Urheberschaft zieht aber die Frage nach sich, wie denn die postulierte „Diskursivierung" in Folgediskurse einmündet, die aber aufgrund ihrer literarischen Faktur eigentlich konterdiskursiv sein sollen. Und wenn Castro „Urheber eines Gegenstandes " sei, für den es dennoch so etwas wie literarische Vorläufer gebe: Was soll das dann heißen? Was heißt hier genau dann *Gegenstand*? Und was bedeutet die Rede vom literarischen Gegendiskurs, den der frühe Foucault in Nähe zu Philosophemen Heideggers entwickelt hatte? Zudem wird dieser exponierte Status Castros, der ja auch die Architektur der Arbeit prägt, späterhin wieder erheblich in die vorhandene Textlandschaft eingesenkt, wenn gesagt wird, „dass sich einerseits Wurzeln des castristischen Denkens der spanischen Identität als eines trikulturellen Konfliktes in der Literatur finden lassen, dass andererseits jedoch die Literatur einen eigenen Weg der Diskursivierung dieser These beschreitet, Castros Text also weder einfaches Resultat eines literarischen Diskurses noch Auslöser desselben ist, sondern gleichsam wie ein weiterer Text in einer Reihe mit den literarischen Erzeugnissen steht, und insofern genauso unverzichtbar wie vernachlässigbar ist, wie die in den Untersuchungskanon aufgenommenen oder aus Platzgründen aus ihm ausgeschlossenen Texte." (74) Auch wenn sich also einerseits im Eingang der Studie eine gewisse Offenheit in der theoretisch-methodischen Reflexion zu erkennen gibt, ist doch andererseits der undogmatische und pragmatische Umgang mit vielfach strapazierten Konzepten nicht unsympathisch und signalisiert die große Anschlussfähigkeit der hier entwickelten Thesen. Darüber hinaus wird bei der späteren Arbeit an den literarischen Texten vieles sehr viel deutlicher.

Neben den im engeren Sinne literarischen Vorläufern Castros, die im zweiten Teil behandelt werden, bleiben auch die Essayisten, Philosophen und Historiker nicht unerwähnt, denen Sevilla ein ganzes Unterkapitel widmet und unter denen Autoren wie Ángel Ganivet oder Miguel de Unamuno auftauchen. Dies ist zu begrüßen, im Einzelfall vielleicht auch zu diskutieren, vor allem jedoch macht sich hier m.E. ein weiteres Desiderat bemerkbar, das darin besteht, die spanische Arabistik des 19. oder auch 18. Jahrhunderts stärker noch zu erforschen. Der Kontext aus dem Alarcón und später Galdós heraus schreiben, würde dadurch womöglich noch ein wenig deutlicher werden. Ähnliches ließe sich vom Philosephardismus sagen, allerdings wäre es gänzlich ungerecht, all dies nachträglich der Studie von Sevilla aufzubürden, der ja eine andere Akzentuierung angestrebt hat. Dennoch ist anzumerken, wie der Verfasser auch zum Ende hin einräumt, dass der Schwerpunkt der Arbeit auf der arabistischen Perspektive liegt.

In der Folge gelingt es Sevilla der oben angemerkten begrifflichen Unschärfe zum Trotz sehr gut, die neue Qualität der Thesenführung, die Castros Studie kennzeichnet, pointiert herauszuarbeiten. Man mag sich fragen, ob *España en su historia* nicht eine ausführlichere Lektüre verdient gehabt hätte, aber gerade der vergleichsweise überschaubare Umfang der Ausführungen hierzu ist geradezu vorteilhaft und analytisch weiterführend. So zeigt der Verfasser erstens, dass die trikulturelle Vergangenheit von der Peripherie in das Zentrum der kulturellen Identitätsbildung gerückt werde, also in der Argumentation des Historikers eine substanzielle Bedeutung erhalte. Sodann wird zweitens gezeigt, dass die in der Folge mythisch überhöhte Vorstellung der ‚convivencia' bei Castro durchaus konfliktiv angelegt ist. Schließlich arbeitet Sevilla drittens heraus, in welcher Weise dem Autor von *España en su historia* noch ein statisches, letztlich essentialistisches Identitätskonzept vor Augen schwebt: „Dies produziert das Paradox einer identitätsauflösenden Intention auf der einen und einem Festhalten an einer starren spanischen Identität auf der anderen Seite." (89) Diese harmonisierende Absicht, die der Intervention Castros zugrunde liegt, stehe unverkennbar im Kontext der *posguerra* und werde hernach in den betrachteten literarischen Zeugnissen nicht weiter mitgeführt, vielmehr werde das hierdurch freigesetzte Potenzial an Hybridisierung und Konfliktivität weiter entfaltet und ausgespielt. Diese Ausführungen sind allesamt überzeugend und mit Blick auf den zweiten Teil äußerst zielführend. Darüber hinaus hätte sich auch die Frage angeboten, welchen Kulturbegriff denn

Castro selbst zugrunde legt. Zwar sind die operativen Überlegungen zu dieser wahrlich vorbelasteten Notion in der Einleitung (vgl. 24–5) erfrischend kurz. Aber angesichts der Fragestellung könnte in etwaigen Anschlüssen noch geklärt werden, auf welche Weise *Kultur* und *Identität* bei Castro selbst begrifflich zueinander finden und wie sie sich etwa zu den Vorgaben der Generationen von 98 (Unamuno) und 14 (Ortega y Gasset) verhalten, aber vor allem ob hier nicht Voraussetzungen vorliegen, die mit der aufziehenden Postmoderne beseitigt werden.

Der zweite Teil hebt an mit der Lektüre zweier fiktiver Erzähltexte des 19. Jahrhunderts bzw. des frühen 20. Jahrhunderts. Pedro Antonio de Alarcón ist nicht zuletzt als Verfasser des *Diario de un testigo de la guerra de África* (1860) in die Literaturgeschichte eingegangen – ein Bericht, in dem Alarcón Rechenschaft über die Erlebnisse des Afrikakrieges (1859/60) ablegt, an dem er sich aktiv beteiligte. Sevilla jedoch macht den Leser auf einen unbekannteren kleinen Text aufmerksam, nämlich auf „Una conversación en la Alhambra“ (1859): „Es ist meinen Nachforschungen zufolge der erste moderne Text und auch der einzige Alarcóns, der eine Relation zwischen trikultureller Vergangenheit der Iberischen Halbinsel und moderner Selbstdefinition der spanischen Nation expliziert.“ (104) Im Zentrum steht die Begegnung des Erzählers mit Aben Adul, dem letzten „Abkömmling der Zegri, einem Adelsgeschlecht aus der Zeit des maurischen Reichs von Granada (1238-1492).“ (106) Diese Begegnung findet auf historischem Boden statt, nämlich in der Alhambra, und ermöglicht einen Dialog zwischen beiden Figuren. Aben Aduls Klage, in welcher er die Verbannung der Morisken Anfang des 17. Jahrhunderts thematisiert, erinnert bisweilen an jene des Morisken Ricote im zweiten Teil des *Don Quijote*. Aber natürlich gibt es epochenbedingte Unterschiede: In einer überraschenden Lektüre führt Sevilla zu dem von Alarcón inszenierten Zwiegespräch aus, dass die Morisken zu Identifikationsfiguren der Spanier geraten, weil ihre Ausweisung sie in einen Identitätskonflikt gestürzt habe, der mit der Marginalisierung der Spanier ihrerseits innerhalb Europas vergleichbar sei. Geschult an den Ausführungen von Susan Martin-Márquez in *Disorientations* (vgl. 105) wird Afrika in Sevillas minutiöser Lektüre zum Reflexionsraum der eigenen nationalkulturellen Befindlichkeit.

Aita Tettauen (1905, arabisch für *Krieg in Tetuán*) von Benito Pérez Galdós erscheint in der Serie der *Episodios nacionales*. Als historischer Roman lenkt der Text den Blick auf den oben erwähnten Afrikakrieg (1859/60). Im Mittelpunkt der Handlung, in der übrigens Alarcón als literarische Figur auftaucht und die man vielleicht für den Leser ein wenig hätte aufbereiten können, steht die Figur Santiuste, der aus dem spanischen Heer desertiert und im jüdischen Viertel Tetuáns untertaucht, bevor er ins Haus von El Nasiry gelangt. Bei diesem wiederum handelt es sich um „einen Renegaten, einen vom Christentum Abgefallenen und freiwilligen Konvertiten zum Islam." (129) Santiuste wird zum erbitterten Kritiker des Kriegs und zum Apostel des Friedens, El Nasiry in der Folge des Romans zur Ablöse der heterodiegetischen Erzählstimme, indem er den Krieg aus marokkanischer Sicht darstellt, womit der Roman einen polyphonen Charakter annimmt. Da allerdings diese Version kommentarlos auf Spanisch und nicht auf Arabisch im Roman auftaucht, stellt Sevilla die Frage, ob „der Text vielleicht genau diese Inkonsequenz ausstellen" möchte (145), was wiederum zu der These führt, dass „*Aita Tettauen* auf der Feststellung der Konstruiertheit und gegenseitigen Abhängigkeit von Selbst oder Ähnlichem und Anderem" beruht (ebd.). Dies wiederum stehe in Verbindung mit einer allgemeinen Sprachskepsis, die Santiuste an anderer Stelle zum Ausdruck bringt, wenn er nämlich die spanische Sprache als ‚Schwert' bezeichnet, das ‚die maurischen Köpfe abschlägt' (vgl. 135). Auch wenn es sich hierbei sicherlich um einen Gemeinplatz handelt, der eher auf die rhetorische Tradition zurück- als auf die dort zitierte Sprechakttheorie vorausweist, so sind dennoch diese Zusammenhänge äußert lesenswert. Sie müssten indes noch insgesamt an den Kontext der oftmals beschriebenen Sprachskepsis des *Fin de Siècle*, aber auch an die Diskussion um den literarischen Realismus angebunden werden. Dies gilt im Übrigen auch für den Inhalt des Romans insgesamt, der ja 1905 im Zusammenhang der 98er Krise steht, sodass der Gedanke ebenso gerechtfertigt erscheinen könnte, hierbei markiere eher die Reflexion des Eigenen als die Metareflexion über das Fremde den Ausgangspunkt. Dass im Sinne des Verfassers die „Unverfügbarkeit alles Jenseitigen [...] die Unverfügbarkeit des Diesseitigen: des Eigenen, des Ähnlichen, der spanischen Identität, der spanischen Nation" (170) offenbare, darüber ließe sich also im Kontext der spanischen Jahrhundertwende sicherlich noch weiterräumig diskutieren, aber zweifellos liefert Sevilla mit seinen eloquent entfalteten Thesen, die weniger dem Kontext, dafür aber dem Text in seiner kompositorischen Struktur Rechnung tragen, wichtige Impulse für eine solche Diskussion.

Ein großer chronologischer Sprung befördert den Leser der Studie darauf in die Post-Castro-Ära, wobei die Erzählung „La cabeza del cordero" (1949) von Francisco Ayala nicht nachweislich in irgendeinem direkten Abbildungsverhältnis mit den Thesen des Historikers steht, zumal „Ayala eine kritische Distanz [wahrte] zu den dort entwickelten Theorien Castros, insbesondere den essentialistisch anmutenden Auffassungen von ‚*España*' und ‚*lo español*'." (173) Den Kontext der Erzählung bildet nunmehr die *posguerra*, es geht darum, das im Bürgerkrieg Vorgefallene nicht zu verdrängen: Ein in Philadelphia residierender Geschäftsmann spanischer Herkunft mit Namen José Torres, trifft im marokkanischen Fez mit einer Moriskenfamilie zusammen, deren Angehörige behaupten, mit ihm gemeinsame Vorfahren zu haben. Diese Begegnung bietet Anlass, die geteilte – verwandtschaftliche – Vergangenheit von Spaniern und Mauren im Zeichen der Morisken sowie die unmittelbare Geschichte des Bürgerkriegs zu thematisieren. In diesem Zusammenhang wendet sich Sevilla gegen die in der Kritik verbreitete Auffassung, „dass die Morisken als Spiegelbild der Exilsituation der Republikaner nach dem Bürgerkrieg fungieren" (173): Vielmehr gelte es, die Bedeutung der Moriskenthematik für die Demontage eines einheitlichen „nationalen Identitätsnarrativs, das sich unter Ausschluss der Mauren (und der Juden) konstituiert" (174), aufzuzeigen. Obwohl man hier einige Hinweise darauf vermisst, welche Rolle die ‚Mauren' in der franquistischen (aber auch republikanischen) Propaganda denn tatsächlich gespielt haben, gelingt es dem Verfasser vermittels scharfsinniger Lektüren und Querverweise herauspräparieren, dass das evozierte Bildfeld der Verwandtschaften nicht ausschließlich auf den Referenzrahmen des Bürgerkrieges verweist, sondern für sich genommen eine oftmals übergangene Identitätsverhandlung darstellt, deren kritischer Impuls auf in jener Epoche zirkulierende Ideologeme bezogen werden kann.

Bei Juan Goytisolos *Reivindicación del Conde don Julián* (1970) handelt es sich womöglich um das prominenteste Beispiel der hier nahegelegten Textserie. Der maßgebliche Intertext, mit welchem Goytisolos Roman kommuniziert, ist die Legende des Grafen Julián, wie sie nach bestimmten Quellen des Mittelalters überliefert worden ist: „Darin wird die maurische Invasion der Iberischen Halbinsel als Reaktion auf eine Tat zurückgeführt, dessen Urheber der westgotische König Rodrigo gewesen sein soll: Er vergewaltigte Florinda, die Tochter Juliáns, des westgotischen Statthalters in Ceuta. Julián, durch diese Tat zutiefst in seiner Ehre verletzt, soll daraufhin mit den Mauren paktiert und Spanien verraten haben." (199) Goytisolos Text erweitert dieses Verhältnis um einen Pakt mit dem Leser, dem in streckenweise experimenteller Prosa und durch die an die Aktualität angepasste Neumodellierung der Figur die Identifikation mit einem Verräter und Feind des reaktionären und ultramontanen Spaniens angeboten wird. Anhand der zum Teil recht drastischen Settings, mit denen in Goytisolos Text dem mythischen Inventar des ‚Ewigen Spaniens' zu Leibe gerückt wird, legt Sevilla die fundamentale kommunikative Strategie frei: „Im Leser – im Du – liegt die Möglichkeit der Diskurszerstörung, die Dekonstruktion des Diskurses der *España sagrada*. Der Text *Reivindicación* vollzieht performativ, was er inszeniert." Und man fühlt sich an Gilles Deleuze erinnert, wenn Sevilla weiter schreibt: „Und die Zirkularität des Textes, seine ständige Wiederholung, verweist auf die Möglichkeit der Diskursveränderung, da Wiederholung Differenz impliziert [...]" (253). Gleichsam werden die Verbindungslinien zu Castros These aufgezeigt, indem gezeigt wird, wie das ‚Andere' in verschiedenen Rollen – ‚das Maurische', Sinnlichkeit, der Verrat, die Subversion – selbst im Hoheitsgebiet der *España eterna* immer schon unterwegs sind. Mit Rückgriff auf die bekannten Erfolgskonzepte der dekonstruktiven, postkolonialen und funktionalistischen Theoriebildung (Differenz, Hybridisierung, Karneval) wird jedoch ebenso der Unterschied zum essentialistischen Identitätsverständnis Castros herausgearbeitet, so dass „in *Reivindicación* die Grenze zwischen der spanischen Identität und dem Maurischen nicht einfach so haltbar ist, dass aber auch die Entitäten Spanisches und Maurisches an sich nicht einfach so haltbar sind [...], sondern dass das Spanische eine Konstruktion unter hybridem Grenzverlauf zum Maurischen ist." (280) Ob man allerdings nach diesem Befund noch von Castros „Ägide" (275), unter der das Ganze stattfinden soll, sprechen kann, sei dahin gestellt.

Die Textserie endet mit einem Ausblick nach Übersee. In „Las dos orillas" (1993) thematisiert der mexikanische Schriftsteller Carlos Fuentes die Rolle der Sprache bei der Eroberung von Gesellschaften und Kulturen. Der Erzähler Jerónimo de Aguilar ist als historische Figur den Chroniken der Eroberung Mexikos entlehnt. Bei einer Expedition war er in eine langjährige Gefangenschaft der Maya geraten, die dazu führte, dass er ihre Sprache erlernte. Hernán Cortés befreite ihn und macht ihn auf seinem Feldzug zu seinem Dolmetscher, zusammen mit doña Marina, genannt la Malinche. In Fuentes' Erzählung allerdings versucht Aguilar mit seiner doppelbödigen Übersetzertätigkeit die Eroberung zu verhindern – was nicht gelingt – und heckt mit seinem Freund Gonzalo Guerrero einen Plan zur Eroberung Spaniens aus, die dann im letzten Kapitel imaginiert wird und in einer Zusammenführung der vier Religionen gipfelt, der christlichen, muslimischen, jüdischen und altamerikanischen. Der somit beschworene Aufbau eines multireligiösen Tempels aus den Steinen der zusammengestürzten Giralda wertet Sevilla als „klaren Verweis" (294) auf Castros trikulturelles Mittelalter. Auf diese Weise kann Aguilars Gegeneroberung wie ein *„mestizaje cultural"* (ebd.) erscheinen. Als Ort der Aushandlung einer kulturellen Durchmischung erscheint bei Fuentes in der Interpretation Sevillas die spanische Sprache, die nicht nur das Repressionsorgan des Imperiums gewesen sei (Nebrija), sondern auch ein Speicher von interkulturellen Begegnungen, Kontakten, Konflikten und Akkulturationen in der Vergangenheit. Eine solcherart untreu gewordene Sprache, die nicht nur dem multikulturellen Gewordensein unterworfen ist, sondern die selbst auch stets von Neuem akkulturiert, kann als wirksames Instrument der Überschreibung von monolithisch gedachten Identitäten angesehen werden. Es ist mithin sehr erhellend und originell zugleich, vielleicht sogar ein Coup von Sevilla, uns Fuentes' Erzählung nach einer Lektüre von Goytisolos *Conde Julián* – zwei Rückeroberungsphantasien – vorzulegen. Allerdings hätte man insbesondere bei Fuentes noch stärker herausarbeiten können, in welchem Verhältnis der eher retrograd anmutende Rückgriff auf Castro zu den ansonsten im postkolonialen Umfeld florierenden Transkulturalitätstheorien steht. Der Ausgangsthese vom Diskursbegründer Castro wären solche Überlegungen sicherlich zuträglich gewesen.

Für die in den Texten beobachteten Schreibstrategien und für die Denkhaltung, die sich hinter diesen verbirgt, findet Sevilla abschließend eine glückliche Wendung: „Xenographiertes Spanien" (325). Diese Gemeinsamkeit im Anliegen bei allen Unterschieden herausgearbeitet zu haben, ist das große Verdienst der Studie, die zugleich am Ende doch für den von Castro gewiesenen Weg Stellung bezieht. Blickt man zurück, so fällt auf, dass der Verfasser dabei weitgehend gegen eine jeweilige historische und ggf. auch diskursiv unterschiedliche Einbettung optiert. Zugute kommt dies allerdings einer geduldigen Lektüre der Texte, im Zuge derer jederzeit ihre künstlerische Faktur und Kondition zur Sprache gebracht wird. Daher lesen wir als Literaturwissenschaftler Sevillas Buch mit großem Gewinn und sehen uns bestätigt in der Annahme, dass gerade literarische Texte das Expertenwissen für kulturelle Identifikationsprozesse, ihre Kontingenz, Offenheit und Sprachgebundenheit bereithalten. Insbesondere Hispanisten, denen die von Sevilla kommentierten Texte bekannt sind, werden also eintreten in einen aufschlussreichen Dialog mit der Vielzahl an bereichernden

Thesen, die man in der Studie findet. Aber auch die einem breiteren romanistisch gebildeten Publikum Angehörigen werden durch Sevillas Dissertation auf literarische Texte gestoßen, die eine größere Beachtung verdient hätten und die im Einzelfall regelrechte Trouvaillen sind.

„Wenn Venedig stirbt, […] stirbt die eigentliche Idee von Stadt“

Zu Salvatore Settis’ *Wenn Venedig stirbt*

Aglaia Bianchi (Venedig)

SCHLAGWÖRTER: Rezension; Venedig; Stadtentwicklung; Kulturerbe

Salvatore Settis, *Wenn Venedig stirbt: Streitschrift gegen den Ausverkauf der Städte*, aus dem Italienischen von Victoria Lorini (Berlin: Wagenbach, 2015), 160 S. OA: *Se Venezia muore* (Torino: Einaudi, 2014).

⁂

Salvatore Settis’ Studie welche die mehrjährige Arbeit des angesehenen Archäologen und Essayisten über den Schutz des kulturellen Erbes Italiens und im Besonderen Venedigs zusammenfasst,[1] bringt die Lagunenstadt mit dem semantischen Feld des Todes in Verbindung. Somit reiht sich Settis in eine Tradition ein, die seit mehr als einem Jahrhundert besteht und die das Begriffspaar in ein beliebtes literarisches Topos umwandelt. Gleichzeitig nennt er Beispiele von hochaktuellen Faktoren, die heute zum Sterben Venedigs beitragen.

Schon 1887 veröffentlichte der Venezianer Pompeo Gherardo Molmenti eine Streitschrift gegen die undifferenzierte Modernisierung, die man Venedig aufzwingen wollte, die an Settis’ Pamphlet erinnert:[2]

---

[1] Der ehemalige Direktor des „Getty Center for the History of Art and the Humanities“ von Los Angeles bringt sich seit Jahren auf unterschiedliche Weise in der Öffentlichkeit ein, sowohl wissenschaftlich als auch publizistisch, für den Schutz des kulturellen Erbes Italiens, unter anderen mit zahlreichen Artikeln in italienischen sowie internationalen Zeitungen, wie zum Beispiel auch die Südddeutsche Zeitung; mit Aufsätzen und eigenständigen Publikationen; neulich auch im Vorwort zum Katalog von der Ausstellung im venezianischen Dogenpalast „Acqua e cibo a Venezia“ zum Expo 2015.

[2] Neben diesem historischen Zeugnis gibt es auch zahlreiche jüngere Beispiele, es seien hier nur das ähnlich wie Settis betitelte *Venice dies: the scandal behind the destruction of the world’s most beautiful city* von Stephan Fay und Philip Knightley (1976) und die Reihe „Venezia ad occhi aperti“ des venezianischen Verlags Corte del Fontego erwähnt, die sich in kleinformatigen Schriften einzelnen Problemen und brennenden Fragen zu Venedig widmet.

> Da parecchi anni si buttano giù case, si interrano rivi, si toglie a Venezia la sua impronta originale per farla eguale alle altre città [...]. Bisognerebbe esser ciechi per non vedere l'orribile governo che s'è fatto, da un pezzo in qua, di questo paese. [...]Il forastiero, ch'entra oggi nella più bella strada del mondo, crede trovarsi in una bottega da rigattiere. Centinaia di cartelli variopinti indicano negozi di cose antiche, di vetri, di musaici, di fantocci di legno. [...] Ma chi volesse ridurre Venezia una delle noiose e monotone città moderne, dai larghi corsi, commetterebbe un delitto artistico contro il quale dovrebbero protestare tutti coloro che sentono il culto del bello. Venezia, più che una città italiana, è patrimonio artistico di tutto il mondo.

> Seit vielen Jahren werden Häuser abgerissen, Kanäle aufgeschüttet, es wird Venedig sein originaler Stempel genommen, um es den anderen Städten gleich zu machen. [...] Man müsste blind sein, um die furchtbare Verwaltung nicht zu sehen, die seit einiger Zeit für diesen Ort getrieben wird. [...] Der Fremde, der heute in die schönste Straße der Welt eintritt, glaubt wohl, sich in einem Trödelladen zu befinden. Hunderte von bunten Schildern zeigen Glasverkäufer, Mosaikläden, Verkäufer von hölzernen Puppen. [...] Wer aber Venedig zu einer der langweiligen und monotonen modernen Städten mit ihren breiten Alleen reduzieren wollte, würde ein Verbrechen gegen die Kunst begehen, gegen das alle protestieren sollten, die den Kult des Schönen empfinden. Venedig, eher als eine italienische Stadt, ist ein künstlerisches Erbe der ganzen Welt.[3]

Gut zwanzig Jahre später reiste Thomas Mann nach Venedig und erlebte den Verfall der Stadt, den er dann in der Novelle *Der Tod in Venedig* thematisierte: Hier spiegelt sich der innerliche Verfall des kränkelnden und schließlich sterbenden Protagonisten auch in der Stadt selbst wider, die als verfallende, kranke und „todgeweihte" Stadt dargestellt wird. Es war diese weltbekannte Novelle, die das Begriffspaar Venedig und Tod als literarisches Topos etablierte, das mit der Lagunenstadt assoziiert wird.[4]

Im Kontext der Mannschen Rezeption entstand auch die erste Version von Settis' Studie, nämlich als öffentlicher Vortrag auf Einladung des Deutschen Studienzentrums in Venedig im November 2012, im Rahmen der wissenschaftlichen Tagung „Auf Schwankenden Grund. Dekadenz und Tod im

[3] Pompeo Gherardo Molmenti, *Delendae Venetiae* (1887), 414–17. Übersetzung der Verfasserin.

[4] Es gibt aber zahlreiche weitere Beispiele wie *La mort de Venise* von Maurice Barrès (1903) und die durch die Verfilmung *Wenn die Gondeln Trauer tragen* (1973) berühmt gemachte Novelle *Don't look now* (1971) von Daphne du Maurier.

Venedig der Moderne", aus Anlass des 100. Jubiläums der Novelle *Der Tod in Venedig*.[5]

Bereits in den ersten Seiten der Studie wird klar, dass das Thema des Sterbens Venedigs hundert Jahre nach der Mannschen Darstellung weiterhin hochaktuell ist: Die Gefahren, denen Venedig ausgesetzt ist, haben sich zwar geändert (hygienisch und bautechnisch geht es Venedig deutlich besser als Anfang des 20. Jahrhunderts, dafür gilt der Massentourismus als schlimme Plage), sind aber nicht weniger präsent. So ist die Initiative von Settis willkommen, denn er vermag (wie schon mit seinen Aufsätzen und Artikeln) ein breites und internationales Publikum zu erreichen. Darüber hinaus verortet er das aktuelle Geschehen in einen philosophischen Diskurs über historische Städte und ihre Rolle in der heutigen Welt.

Und so steigt Settis sofort in die philosophische Reflexion ein. Er suggeriert dem Leser schon im Titel, dass der Untergang Venedigs unvermeidbar sei. In dieser Richtung geht der Titel, der sich in die Frage „Was passiert, wenn Venedig stirbt?" mühelos umwandeln lässt.

In der Studie selbst unternimmt Settis zunächst eine zeitliche Verortung der Frage: *Wann* stirbt Venedig? Der promovierte Archäologe nimmt als Beispiel den Untergang von berühmten kulturellen Hochburgen der Antike und nennt drei möglichen Gründe für das Aussterben einer Stadt: die Zerstörung durch einen Feind, die Besiedlung durch ein fremdes Volk oder den Verlust der Erinnerung an sich selbst. Letzteres sei die größte Gefahr für Venedig, schreibt Settis: „Sollte Venedig jemals sterben, wird dies nicht der Grausamkeit eines Feindes geschuldet sein oder dem Eindringen eines Eroberers. Es wird vor allem durch ein Vergessen der eigenen Identität geschehen." (10)

So werden die Venezianer vom ehemaligen Direktor der Scuola Normale Superiore di Pisa aufgefordert, sorgsam über ihre Stadt zu wachen, damit sie die Erinnerung an sich und das Bewusstsein ihrer Einzigartigkeit und ihrer spezifischen Rolle als Stadt bewahren kann, vor allem angesichts der verschiedenen und wiederholten Versuche, sie einer beliebigen anonymen modernen Metropole zu assimilieren. Solche Attacken gegen die ehemalige Seerepublik werden von Settis akribisch und ausführlich aufgezählt und mit zahlreichen Daten und Fakten korreliert. Besonders umfassend analysiert er mehrere theoretische und konkrete Projekte, um Wolkenkratzer in

[5] Organisiert in Venedig vom Deutschen Studienzentrum in Kooperation mit dem Internationalen Kolleg Morphomata der Universität Köln, dem Institut für Geschichte und Ethik der Medizin an der Universität zu Köln, dem Ateneo Veneto und dem Archivio di Stato aus Anlass des hundertjährigen Jubiläums von Thomas Manns Novelle *Der Tod in Venedig*.

die Lagune zu bringen: darunter auch ein Projekt für einen gläsernen Turm im ehemaligen Industriegebiet Marghera, den vom italo-französischen Modeschöpfer Pierre Cardin vorgeschlagenen *Palais Lumière*. Dieser Turm, den der 90jährige Cardin als Geschenk für seine Heimatstadt hinterlassen wollte, hatte in der italienischen Öffentlichkeit eine rege Debatte ins Leben gerufen, denn einerseits hätte dieses Projekt das ehemalige Industriegebiet aufwerten und zahlreiche neue Arbeitsplätze schaffen sollen, andererseits hätte dieser 245 Meter hohe Turm die Skyline von Venedig dramatisch verändert. Nicht zuletzt hätte ein solches Projekt den Start- und Landeanflug der Flugzeuge im Flughafen Venedigs gestört und durch das hohe Lichtvolumen die lokalen Fischer in ihrer Tätigkeit gestört. Settis, der erfolgreich gegen dieses Projekt kämpfte, hatte Cardin vor allem vorgeworfen, keine Rücksicht auf den besonderen venezianischen geographischen und historischen Kontext zu nehmen bzw. Venedig nur noch als ins Museale erstarrte Stadt wahrzunehmen. Dieses und ähnliche Projekte wie jenes bei der Architekturbiennale 2010 präsentierte Projekt eines Wolkenkratzer-Gürtels um Venedig, würden Venedig ihrer urbanen Identität berauben: „Auf der einen Seite wird Venedig aus seinem geschichtlichen und geographischen Kontext herausgerissen [...]. Auf der anderen Seite wird es als eine Stadt verstanden, die nicht zum Leben gedacht ist, sondern als Objekt der Betrachtung aus der Ferne". (43)

Einen weiteren Fokus setzt Settis auf das Problem der Kreuzfahrtschiffe, die teilweise doppelt so groß sind wie die von ihnen gestreiften venezianischen Paläste. Das Vorbeifahren dieser enormen Schiffe verursache nicht nur ökologische Schäden (es störe die Balance der Lagune und beschädige die Ufermauern), sondern riskiere auch katastrophale Konsequenzen für die Stadt im Fall eines Manövrierfehlers. Mit den materiellen Schäden bzw. Gefahren für die Stadt sind immer auch immaterielle verbunden. Wenn Venedig oder „stellvertretende" Teile des architektonischen Bildes der Stadt kopiert und unreflektiert als dekoratives Element beispielsweise für Hotels und Vergnügungsparken weltweit verwendet werden, so liegt laut Settis die Idee zugrunde, dass „die Geschichte, die Architektur und die *forma urbis* gleichermaßen Ware sind, die dank geeigneter Vervielfachungstechniken in Umlauf gebracht (verkauft und gekauft) werden können." (73)

Settis' „Streitschrift gegen den Ausverkauf der Städte" (so lautet der deutsche Untertitel) nutzt dabei Venedig als exemplarischen Vergleichsmoment und als Ausgangspunkt einer breiter angelegten Reflexion über die Stadt im Allgemeinen und über ihre spezifische Rolle. Aufgrund seiner besonderen

Architektur, Geschichte und Lage in der Lagune (dank der Lagune hat Venedig klare Ränder, die sie als urbanen Raum deutlich definieren), wird sie somit für den Autor zum Exemplum einer Stadtform und einer Lebensart, die droht, zu verschwinden. Denn, um Settis' Begründungen für das Aussterben einer Stadt wieder aufzunehmen, eine Stadt stirbt, wenn wir „die ganz spezifische Rolle einer jeden Stadt im Vergleich zu all den anderen" vergessen, „ihre Einzigartigkeit und Verschiedenheit – Eigenschaften, die Venedig in höherem Maße besitzt als jede andere Stadt auf der Welt" (11).

Auch eine andere bedeutende Figur des italienischen kulturellen Leben hatte Venedig in Verbindung mit einer Reflexion über die modernen Stadt gebracht: Italo Calvino veröffentlichte 1972 das Buch *Le città invisibili*[6], in dem ein fiktionaler Marco Polo dem Kublai Khan die Städte beschreibt, die ihm auf seinen Reisen begegnet sind. Es handelt sich hier um fiktive Städte, die jeweils von einer bestimmten Charakteristik oder Situation geprägt sind, die auch das architektonische Bild der Stadt definiert. Obwohl diese Städte fiktiv sind, stehen sie immer in Verbindung mit Venedig, denn Marco Polo erklärt dem Kublai Khan: „Ogni volta che descrivo una città dico qualcosa di Venezia"[7] Venedig ist aber für Calvino wie für Settis wiederum der Ausgangspunkt (zusammen mit den unsichtbaren Städten) für eine Reflexion über die moderne Stadt, wie er im Vorwort erklärt:

> Credo che non sia solo un'idea atemporale di città quella che il libro evoca, ma che vi si svolga, ora implicita ora esplicita, una discussione sulla città moderna. [...] [A]nche ciò che sembra evocazione di una città arcaica ha senso solo in quanto pensato e scritto con la città di oggi sotto gli occhi. Che cosa è oggi la città, per noi? Penso d'aver scritto qualcosa come un ultimo poema d'amore alle città, nel momento in cui diventa sempre più difficile viverle come città. Forse stiamo avvicinandoci a un momento di crisi della vita urbana, e *Le città invisibili* sono un sogno che nasce dal cuore delle città invivibili.
>
> „Ich glaube, dass das Buch nicht lediglich eine zeitlose Vorstellung der Stadt heraufbeschwört, sondern es gibt da, mal implizit mal explizit, eine Diskussion über die moderne Stadt. [...] Auch das, was Heraufbeschwörung einer archaischen Stadt scheint, ergibt nur Sinn, weil es mit der heutigen Stadt unter den Augen gedacht und geschrieben wurde. Was ist heute die Stadt für uns? Ich denke, dass ich eine Art letztes Liebesgedicht an die Städte geschrieben habe, in dem Moment, in dem es immer schwieriger wird, sie als Städte zu erleben. Vielleicht nähern wir uns einer Krise des urbanen Lebens, und *Die*

[6] Italo Calvino, *Le città invisibili* (Torino: Einaudi, 1972).

[7] Italo Calvino, *Le città invisibili*, Torino: Einaudi 1972 , S.86. „Jedes Mal, wenn ich eine Stadt beschreibe, sage ich etwas über Venedig." (Übersetzung der Verfasserin)

> *unsichtbaren Städte* sind ein Traum, der aus dem Herzen der unbewohnbaren Städte hervorkommt.[8]

Settis zitiert Calvinos Buch mehrmals und greift ebenfalls auf den Begriff der „unsichtbaren Stadt“ zurück, um die „Seele der Stadt“ zu bezeichnen. Eine Stadt bestände nicht nur aus Mauern, Gebäuden, Plätzen usw. Viel mehr gäbe es „eine Stadt der Mauern und eine Stadt der Menschen“, die „miteinander leben“ (17). In der Stadt der Menschen befände sich dann „eine Seele, es ist die ihrer Gemeinschaft – sie ist die unsichtbare Stadt.“ (17), fundamental denn ohne sie wäre die Stadt kein lebendiger Organismus (um eine andere Metapher Settis' zu benutzen, diesmal in Anlehnung an Plutarch): „Eine Stadt nur aus Mauern, ohne Seele, wäre ein toter, trauriger Ort“ (17).

Ist dies das Schicksal, das Venedig erwartet? Die Lagunenstadt hat in den letzten Jahren eine dramatische Abwanderung ihrer Einwohner erlebt: am 30. Juni 2015 zählte Venedig nur noch 56 072 Einwohner (weniger als die Hälfte der Venezianer in den 1970er Jahren), während die stets steigenden Touristenzahlen schon 8 Millionen pro Jahr erreicht haben. Wer sich dafür interessiert, kann die demographische Entwicklung der Stadt an einem im Fensterladen der zentral gelegenen Apotheke Morelli gelegenen Zähler kontrollieren, der zeigt, wie viele Einwohner die Stadt offiziell noch hat. Dieser Venezianer-Zähler ist die Idee einiger engagierten Venezianer, welche die Passanten anregen wollen, über die Abwanderung der Bürger zu reflektieren, und ist über die Stadtgrenzen hinaus zu einem Symbol geworden. Settis hat sich offenbar zum Sprachrohr dieser immer lauter werdenden Proteste gemacht.

Angesichts solcher Zahlen stellt sich die Frage, ob es eine „Stadt der Menschen“ in Venedig noch gibt bzw. möglich ist. Settis bejaht diese Frage, mit dem Vorbehalt, die letzten Venezianer nicht allein zu lassen und die Wahlvenezianer

> [...] zu Bürgern von Venedig, zu Bewahrern seiner Schönheit und Erinnerung machen und sorgsam über seine Zukunft wachen [...] [und] den Tribut zollen, den sie von uns einfordert: eine tiefgreifende Reflexion über jene Stadtform, die Venedig auf höchstem Niveau darstellt, über die Lebensart (und das Dasein als Bürger in der Stadt), die in ihr verkörpert ist, sowie über die Notwendigkeit, ein Konzept zu erarbeiten, das den Lebenssaft – die Bürger – wieder durch seine Adern strömen lässt. Wir müssen Venedigs ›Volk‹ sein, weil uns das Nachdenken über Venedig etwas über die anderen Städte, die, in denen

[8] Calvino, *Introduzione a Le città invisibili*, 1972. Übersetzung der Verfasserin

wir leben, begreiflich machen wird und uns hilft, ihren Sinn und ihr Schicksal – unser Schicksal – zu verstehen." (16)

Dieser Aufruf wird von Settis auch in den abschließenden Worten seines Textes wieder aufgenommen, wenn er sich an die Venezianer und an die Weltbürger wendet, und sie auffordert, zum Schutz Venedigs und seiner Einzigartigkeit und Schönheit beizutragen, denn: „Wenn Venedig stirbt, stirbt nicht nur Venedig: Es stirbt die eigentliche Idee von Stadt, die Form der Stadt als offener und vielfältiger Raum des sozialen Lebens, als Ermöglichung von Zivilisation, als bindendes Versprechen von Demokratie." (152)

In seinem Buch analysiert Settis zum einen die empfindliche und beunruhigende Situation Venedigs, und reflektiert über seine Rolle als Exemplum für eine Art der Stadt, des Lebens in der Stadt und des Denkens über die Stadt. Zum anderen wehrt er sich gegen umstrittene Projekte und Initiativen, die der Stadt schaden könnten, wirft diesen eine mutwillige Attacke der Stadt vor („Ob Riesenschiffe oder Wolkenkratzer, Venedig zu schänden ist keine beiläufige Folge, sondern der eigentliche Kern der ganzen Operation", 122) und fordert den Leser zur gesellschaftlichen Auseinandersetzung mit der Frage des Aussterbens Venedig und zur aktiven Teilnahme an seinem Schutz auf.

Auch wenn manche Zahlen und Fakten dem informierten Leser schon bekannt sein sollten, so trägt das Essay doch mit seiner deutlichen und schlüssigen Darstellung der Situation wesentlich zur internationalen gesellschaftlichen und kulturellen Auseinandersetzung mit Venedig und seinen Problemen bei und erreicht dabei dank der einflussreichen Stimme des angesehenen Kunsthistorikers ein globales Publikum, das sich für die Zukunft Venedigs interessiert. Leider formuliert Settis keinen konkreten Vorschlag für einen aktiven Beitrag des Lesers; Er sieht es viel mehr als seine Aufgabe als Historiker, die Situation zu schildern und die Gewissen zu (er)schüttern, in der Hoffnung, dass aus einer kritischen Auseinandersetzung dann auch konkrete Initiativen entstehen.

Die ersten Zeichen einer aktiven und kritischen Auseinandersetzung der Venezianer auf Anregung Settis' gab es schon bei der Vorstellung seines Buchs am 9. Dezember 2014 in den Sälen des zentral gelegenen *Istituto Veneto di Scienze, Lettere e Arti* in Venedig. Im lebhaften Austausch des Autors mit seinen Mitrednern (unter anderen dem angesehenen Journalisten Gian Antonio Stella und dem Philosophen Giorgio Agamben) und mit dem aufmerksamen und zahlreichen Publikum wurde nicht nur das Buch vorgestellt und diskutiert, sondern es wurden auch erste konkrete Initiativen erwähnt und neu aufgetretene Probleme diskutiert. Ein deutliches Zeichen des lokalen und internationalen Engagements in der gesellschaftlichen Auseinandersetzung zum Schutz Venedigs war die Anwesenheit von Vertretern städtischer und internationaler Wissenschaftsinstitutionen und Kulturmittlern, darunter des Deutschen Studienzentrums in Venedig.

Dialog als literarische Strategie

Zum Sammelband *Inszenierte Gespräche*

Maximilian Gröne (Augsburg)

SCHLAGWÖRTER: Rezension; Dialog; Gespräch; Gattung; Argumentation; Hausmann, Matthias; Liebermann, Marita

Matthias Hausmann und Marita Liebermann, Hrsg., *Inszenierte Gespräche: zum Dialog als Gattung und Argumentationsmodus in der Romania vom Mittelalter bis zur Aufklärung*, Internationale Forschungen zur Allgemeinen und Vergleichenden Literaturwissenschaft 173 (Berlin: Weidler, 2014), 273 S.

⁂

Im Rahmen des 2011 unter dem Motto „Romanistik im Dialog" abgehaltenen Romanistentages hatten Hausmann und Liebermann es sich zur Aufgabe gemacht, der Funktionalisierung literarischer Dialoge nachzugehen. Die daraus entstandene Publikation vereint Beiträge zu unterschiedlichen literaturgeschichtlichen Epochen (vom 14. bis zum 18. Jahrhundert) und zu unterschiedlichen Nationalliteraturen (Italien, Frankreich, Spanien). Dabei steht nicht die Gattung Dialog selbst im Vordergrund, sondern der weiter gefasste Ansatz, Dialoge im Sinne „inszenierter Gespräche" zu erfassen, die als in die Fiktion eingebetteter Argumentationsaustausch „der Erörterung von Sachfragen überindividueller Reichweite" (8) dienen. Das Dialogische wird somit konzeptuell bewusst thematisch auf „theoretische Diskurse" (8) eingeengt, um die landläufige Verwendung von Rede als reinem Handlungselement auszuklammern. Das Anliegen einer Vermittlung von Inhalten rückt die Dialoge in die Nähe anderer expositorisch orientierter literarischer Gattungen (Traktat, Essay, Brief), wobei die Herausgeber der dramatischen ‚Inszeniertheit' einen besonderen Stellenwert beimessen, bei der Figuren in fiktiven Gesprächssituationen kommunizieren um Standpunkte auszutauschen, zu belehren oder einen maieutisch geleiteten Erkenntnisprozess zu durchlaufen.

Die Reihenfolge der Beiträge ist chronologisch motiviert. Mit Caterina von Sienas *Dialogo della divina provvidenza* setzt sich Cornelia Wild auseinander. Erst ab der Renaissance dezidiert als ‚Dialog' bezeichnet, findet hier ein partielles ‚Sprechen im Namen des Anderen' statt: Im Zwiegespräch Caterinas mit der aus dem Seelengrund aufsteigenden göttlichen Stimme wird ein Selbstgespräch in eine dialogische Struktur aufgelöst: als ‚persona' wird sie die Stimme des Anderen artikulieren.

Indem zusätzlich Kommentare einer Erzählerstimme diesen Dialog unterbrechen und perspektivieren, wird Caterina selbst als Figur von einer außenstehenden Position betrachtet und Teil einer ‚Vielstimmigkeit', die über das Seelengespräch hinaus auf die narrative Ebene übergreift.

Die Dialektik des Seelengesprächs wird im Weiteren von Barbara Kuhn anhand der *Capricci del bottaio* von Giambattista Gelli betrachtet. Sie erläutert, wie die starr hierarchisierte Struktur der mittelalterlichen Körper-Seele-Dialoge und *soliloquia* zu einer bewusst gesetzten Dialogizität zwischen Körper und Seele aufgebrochen wird, in der keiner der beiden Persönlichkeitsbestandteile mehr alleinig dominiert, sondern beide wechselseitig aufeinander angewiesen sind.

Dialogische Strukturen sind es auch, die Jenny Haase den Gedichten des *Castillo interior* der Teresa von Ávila entnimmt. An einzelnen Beispielen wird dabei eine mystische Selbstvergewisserung in der Zwiesprache mit dem imaginierten göttlichen Gegenüber nachvollzogen, wofür die dialogischen Elemente in der Regel eher dezent einen Rahmen eröffnen.

Die historischen Kontexte literarischer Dialoge untersucht Katja Gvozdeva am Beispiel des *Dialogo de' giuochi* von Girolamo Bargagli. So kann sie nachweisen, dass in der Akademie der *Intronati* zu Siena zwei unterschiedliche Zirkel als Bühne für die Gesprächsspiele fungierten, der eine exklusiv männlich zusammengesetzt, der andere mit weiblicher Beteiligung.

Unter einem intermedialen Vorzeichen betrachtet Henning Hufnagel die Integration von Emblem-Beschreibungen in den Dialogen *De gli eroici furori* von Giordano Bruno und *Il conte overo de l'imprese* von Torquato Tasso. Gerade weil in ihnen die diskutierten Emblemata nur in Form der Ekphrasis – also ohne jegliche bildliche Beifügung – vermittelt werden, können bei den beiden Autoren gänzlich unterschiedliche Textstrategien ermittelt werden: strebt Tasso nach der diskursiven Kontrolle über die eingebettete Bildlichkeit, so verweist Bruno vermittels seiner Hieroglyphen-gleichen Embleme auf ein sprachlich nicht mehr ausdrückbares Wissen jenseits des Textes.

Eine bewusste Verschleierungstaktik betreibt Galileo Galileis *Dialogo sopra i due massimi sistemi del mondo,* wie Marita Liebermann in ihrem Beitrag nachweist. Unter Rückgriff auf eine gezielte Metaphorik des Theaters inszeniert Galilei Doppel- und Mehrsinnigkeiten, die sich dem Redeverbot der Inquisition entgegenstellen. Die dramatische Inszenierung konkurrierender Stimmen dient dabei nicht nur der Verhüllung der eigenen kopernikanischen Überzeugung, sie kann mit Liebermann zugleich als Ausdruck eines neuen Wissenschaftsideals gedeutet werden, das auf einer kritischen Dialogizität im Dienste der Wahrheitsfindung gründet.

Mit unmittelbar dramatischen Dialogen befasst sich Dorothea Kraus im Rahmen der *comedia de santos*. Hier wird die gegenreformatorische Instrumentalisierung der Wechselrede an der Rollenverteilung zwischen dem Teufel und dem späteren Heiligen greifbar. Am Beispiel von Calderóns *El mágico prodigioso* kann neben der einseitigen Argumentationsstrategie des Versuchers auch ein ‚echter', da offener Dialog betrachtet werden, in dem der angehende Märtyrer Cipriano aus dem Gespräch mit einer Leidensgenossin heraus den Glauben als Form der Freiheit erfährt.

Das kritische Potential der Aufklärung entfaltet sich in Fontenelles *Nouveaux Dialogues des Morts*, die Christina Rohwetter in den Blick nimmt. Während die Toten jeglicher Entwicklung enthoben sind und folglich auf ewig unveränderliche Standpunkte vertreten, kann der Leser als „lector in orco" zu einer aktiv-reflektierenden Rolle angeregt werden. Bei den Gesprächen selbst wiederum tritt ein systematisches *renversement* als Strukturprinzip in Erscheinung, das alle Wertmaßstäbe einer kritischen Revision unterzieht, an der die Leserschaft sodann ihre Urteilskraft schulen kann.

Matthias Hausmann widmet seinen Beitrag den *Visiones y visitas* von Diego de Torres Villarroel. Dieser tritt in der Fiktion mit seinem Vorbild Francisco Quevedo in einen imaginierten Dialog und betrachtet bei einem Spaziergang das Madrid der 1720er Jahre. Nicht aufklärerische Intentionen stehen indes im Vordergrund, sondern die Selbstrechtfertigung Torres', der sich in Quevedo sein großes Vorbild an die Seite stellt. In der Übereinstimmung mit dieser Autorität sichert er sein eigenes Künstlertum ab, das er gleichzeitig jedoch durch bewusst autonome Beschreibungstechniken dem Idol gegenüber emanzipiert – eines der eindrücklichsten Beispiele jenes *self-fashioning*, das an diversen Stellen von den BeiträgerInnen des Sammelbands aufgegriffen wird.

Barbara Ventarola geht zu Beginn ihrer Ausführungen von einer Opposition zwischen Aufklärungsoptimismus und Skepsis aus, die sie sodann vermittels einer Analyse unterschiedlicher Schriften Voltaires zu relativieren sucht. Anhand der *Lettres philosophiques*, von *Micromégas* und des *Dictionnaire philosophique* kann sie über die Schaffensphasen Voltaires hinweg dialogische Strukturen nachweisen, die den Leser zu kritischer Reflektion animieren, indem sie Dogmatisierungen in Frage stellen und auf eine Relativierung der Werte abzielen. Im Ergebnis erzeugt Voltaire mit seinen Textstrategien eine kritische Offenheit beim Leser, die der Kernintention der Aufklärungsepoche entspricht.

Den Band beschließt ein Beitrag Konstanze Barons zu den *Petits dialogues philosophiques* von Nicolas Chamfort. Die Verankerung dieser pointierten Miniatur-Gespräche in der klassischen Moralistik eines La Rochefoucauld oder eines La Bruyère leitet die Vf. aus deren die Dialogizität vorbereitenden Antithetik ab. Letztere entfaltet sich bei Chamfort in der Selbstentlarvung oder Selbstreflexion der Sprechenden, wobei die über den dialogischen Charakter evozierte Mehrstimmigkeit die höfische Gesellschaft selbst in Erscheinung treten lässt und es nicht mehr eines distanziert-moralisierenden Beobachterstandpunkts wie etwa in der Maxime bedarf.

Über die durchaus unterschiedlich ausgerichteten Beiträge hinweg bietet der Sammelband ein repräsentatives Spektrum dialogischer Gattungen und Erzähltechniken. Grundsätzlich können dabei weniger bekannte Texte ins Bewusstsein gebracht und kann andererseits Bekanntes neu perspektiviert werden. Darüber hinaus aber gelingt es in der Gesamtschau, das Prinzip des Dialogischen näher zu ergründen und über die Epochen und Literaturen hinweg Konstanten auszuweisen. Die Tendenz des Dialogs zur kritischen Hinterfragung, seine dialektische Prozessualität oder gar sein Verunsicherungspotential stehen für eine zuvor in Teilen nur unzureichend von der Forschung berücksichtigte literarische Strategie, die nicht allein der oberflächlichen Verlebendigung dient, sondern der geschickt inszenierten Vermittlung von Wissensständen. Damit wird die dialogisierende Literatur zu einem wichtigen Bindeglied zwischen darzustellendem Substrat und fiktionaler Repräsentation; und sie führt zurück zu der ungebrochen aktuellen Frage, was Literatur bis heute lesenswert macht.

Der Blick von Portugal und Brasilien auf Europa: Europa-Diskurse im 20. Jahrhundert

Zum Sammelband *Europa im Spiegel von Migration und Exil = Europa no contexto de migração e exílio*

Verena Dolle (Gießen)

SCHLAGWÖRTER: Rezension; Exil; Migration; Europabild; Portugal; Brasilien; Schmuck, Lydia; Corrêa, Marina

Lydia Schmuck und Marina Corrêa, Hrsg., *Europa im Spiegel von Migration und Exil: Projektionen – Imaginationen – Hybride Identitäten = Europa no contexto de migração e exílio: Projecções – Imaginações – Identidades híbridas*, Romanistik 18 (Berlin: Frank & Timme, 2015), 246 S.

***

Der 246-seitige Band versammelt als Ergebnis der gleichnamigen Sektion des 10. Lusitanistentages, Hamburg 2013 *Europa im Spiegel von Migration und Exil* zehn Beiträge aus unterschiedlichen Disziplinen (Literatur- und Kulturwissenschaft, Geschichte, Politologie, Philosophie, davon drei auf Deutsch, sieben auf Portugiesisch), ergänzt durch eine kurze Einleitung und ein AutorInnenverzeichnis.

Der Band richtet, so die Herausgeberinnen einleitend, „den Fokus auf den portugiesischen und brasilianischen Europa-Diskurs“ (7) im Kontext von Migration und Exil. Damit evoziert er durch seinen Titel ein Thema, das in den letzten Jahren immer mehr in den Fokus nicht nur der wissenschaftlichen Aufmerksamkeit gerückt ist. Der Titel des Bandes klingt allgemeiner und vielversprechender, als er dann ist. Letztendlich liegt der Fokus auf solchen Europa-Bildern, die von Europäern produziert wurden, die sich als Folge von Flucht und Vertreibung durch die Salazar-Diktatur, Nationalsozialismus und Zweiten Weltkrieg im Exil befunden haben, und zwischen den 1920er und 1970er Jahren entstanden. Genuin brasilianische Entwürfe zu Europa (die also nicht von europäischen Exilanten stammen) werden höchstens gelegentlich als Vergleich herangezogen, bilden aber nicht den Schwerpunkt der Untersuchungen, so dass der Anspruch, auch brasilianische Entwürfe zu Europa zu untersuchen, nicht eingelöst wird. Allein die Beiträge von Agnese Soffritti[1], Cláudia Fernandes[2], Luzia Costa Becker[3] und Orlando Grossegesse[4] gehen zeitlich bzw. thematisch über diesen gerade skizzierten Rahmen hinaus: Soffritti mit einem Beitrag über den Dichter António Nobre, dessen Werk aus den 1890er Jahren sie als symptomatisch für eine Krise des portugiesischen Selbstverständnisses im Verhältnis zu (Zentral-)Europa liest; Fernandes mit einem Artikel zur Positionierung gegenüber Migration innerhalb Europas im offiziellen portugiesischen Diskurs in der zweiten Hälfte des 20. Jahrhunderts; Costa Becker mit einem Überblick über das portugiesische Selbstverständnis seiner Rolle in der Comunidade dos Países de Língua Portuguesa (CPLP) und der Frage nach dem Verhältnis zum Anderen in seiner historischen Dimension. Der Beitrag von Grossegesse widmet sich dem Werk des portugiesischen Künstlers Daniel Blaufuks aus der ersten Dekade des 21. Jahrhunderts, das sich mit generational vererbter Erinnerung an den Holocaust, verlorener mitteleuropäischer Heimat und Neuansiedlung in Portugal befasst und damit zwischen ursprünglicher Erinnerung der Exilanten und der Gegenwart situiert und mit dem Begriff der *postmemory* gefasst werden kann.

Die sogenannten „Migrationsströme", die mehrfach evoziert werden (vgl. 7, 8, 155 passim) und auf gegenwärtige Entwicklungen zu verweisen scheinen (und deren diskursive Konstruktion auch einer Reflexion bedürfte), werden im Band letztendlich historisch verstanden als Fluchtbewegungen aus Anlass des Zweiten Weltkriegs und der Salazar-Diktatur. Nur in den Beiträgen von Fernandes und Costa Becker wird die Aktualität geänderter Migrationsbewegungen angedeutet und die Frage nach der Rolle und dem offiziellen Selbstverständnis Portugals in diesem Prozess neu gestellt.

Problematisch sind allerdings Aussagen in der Einleitung wie „Migration und Exil verursachen eine strikte Zäsur zwischen Vergangenheit und Zukunft" (9) in ihrer Allgemeinheit, spricht doch die heutige Migrationssozio-

[1] Agnese Soffritti, „Viajando no Sud-Express do século XIX para o século XXI: ou dos legados da literatura para repensar de forma crítica as configurações geopolíticas", 135–52.

[2] Cláudia Fernandes, „A máscara europeia do emigrante português: Política e memória ", 153–70.

[3] Luzia Costa Becker, „Globalização – Migração – Lusofonia: Novas dimensões na construção da alteridade", 203–35.

[4] Orlando Grossegesse, „Uma estética da pós-memória: ‚Sob céus estranhos: uma história de exílio' de Daniel Blaufuks", 37–60.

logie auch von Pendelmigration und dem Schaffen von transnationalen Räumen oder *mediascapes*[5], die nicht nur die räumliche, sondern auch die zeitliche Trennung in ein Vorher und Nachher wenigstens z.T. weniger prägnant und einschneidend machen (darauf verweist auch Luzia Costa Becker in Anlehnung an Stephen Castles in ihrem fundierten Beitrag, vgl. Fn. 3).

Auch die in der Einleitung getroffene Aussage, dass politisch verfolgte Exilanten eher Pläne für die Zukunft machten, da sie die „Hoffnung auf Rückkehr meist nicht [aufgäben]", ethnisch-kulturell Verfolgte dagegen meist schon und deren Entwürfe daher eher rückwärtsgewandt seien („Projektionen in Richtung Vergangenheit", 9), mag vielleicht für einige der hier behandelten, als *case studies* deklarierten Beiträge zutreffen, ist in dieser Allgemeinheit aus meiner Sicht aber nicht zu halten. Warum in der Einleitung wiederholt von „Widerspiegelung" und „unwillkürlichem Identitätsreflex" gesprochen wird (8), handelt es sich doch um sprachliche bzw. künstliche Artefakte, die in der Folge behandelt werden, ist nicht nachvollziehbar. Dies wird im Beitrag von Schmuck auch relativiert und ausdifferenziert und der Spiegel als Metapher für die Gegenüberstellung zweier Welten gedeutet (vgl. 23). Lydia Schmuck macht in ihrem einleitenden Beitrag[6] zudem drei für den Band relevante Verbindungslinien deutlich: zuerst die theoretischen Konzeptionen von Identität, Gedächtnis und Raum als gemeinsame Basis für die Schnittstelle zwischen European Studies und Migrationsforschung; dabei verweist sie auch auf konfliktive und überlappende, nicht mehr bipolare Raum- und Identitätskonstruktionen sowie Erinnerungsverstrickungen und -knotenpunkte (vgl. 18). Dann stellt sie Metaphern und narrative Figurationen vor, die in beiden Bereichen, Europastudien und Migrationsforschung, präsent seien (wie etwa die Seereise und das Schiff, vgl. 18–9). Schließlich geht sie auf die Verbindung zwischen Studien zu Diaspora, Nomadismus und Kosmopolitismus ein und zieht Nietzsche mit seinen Überlegungen zu „Heimatlosigkeit und Nomadismus" als Gegenentwurf zu einem traditionellen Nationalismus heran. Physischer und geistiger Nomadismus werden auch bei Vilém Flusser aufgewertet und die „Figur des Migranten als „physische[m] und geistige[m] Nomaden mit der des Intellektuellen [verschmolzen]" (31).

[5] Vgl. Arjun Appadurai, „Disjuncture and difference in the global cultural economy", *Theory, Culture and Society* 7 (1990): 295–310.

[6] Lydia Schmuck, „Migration – Exil – Europa. Eine theoretische Annäherung", 15–36.

Der Beitrag von Maria de Lurdes das Neves Godinho[7] zum literarischen, 1989 posthum veröffentlichten Werk der Schweizer Fotojournalistin und Schriftstellerin A. Schwarzenbach (1908–42) steht aparte, hat er mit dem in der Einleitung deklarierten Fokus des Bandes, sich portugiesischen und brasilianischen Europa-Entwürfen zu widmen, doch nichts zu tun und kann allein als literarische Verarbeitung von Exil-Situation verstanden werden.

Im Folgenden seien diejenigen drei thematischen Linien nachgezeichnet, die sich in diesem sehr heterogenen Band finden lassen:

1. Rolle Portugals in Europa und der lusophonen Welt
2. Publizistische Aktivitäten im Exil
3. Verlorene Heimat/Heimatlosigkeit

1. Rolle Portugals in Europa und der lusophonen Welt

Agnese Soffritti befasst sich mit dem Gedichtband *Só* (1892) von António Nobre, seinem einzigen zu Lebzeiten publizierten Buch, geschrieben im selbstgewählten Exil in Paris. Sie deutet dieses Werk, in dem über das Verhältnis zwischen dem ländlichen, rückständigen (Nord-)Portugal und Frankreich bzw. Paris als Zentrum von Kultur und Zivilisation nachgedacht wird, als portugiesisches Schlüsselwerk des ausgehenden 19. Jahrhunderts. Denn sie sieht das Individuum als Metapher für das Land, das Kollektiv; das Randständige Portugals in der Selbstsicht finde sich paradigmatisch – und mit Anschlussmöglichkeiten an die Gegenwart – in diesem Gedichtband: aus Exilsicht, von Paris aus, wird eine Heimat nostalgisch-träumerisch und unerreichbar evoziert. Sie verweist zudem darauf, dass Portugal, das seit dem Zeitalter der Entdeckungen auf ein neues Zentrum jenseits der Meere, nämlich die atlantischen und indischen Besitzungen, ausgerichtet und somit von Europa abgewandt war, im Zuge des gescheiterten Wettbewerbs um Afrika Ende des 19. Jahrhunderts in eine Identitätskrise gerate. Nobres Werk mache stellvertretend für andere Dichter Ende des 19. Jahrhunderts das Bewusstwerden über eine verzögerte bzw. nicht stattgefundene Modernisierung (vgl. 140–1) sowie die Erkenntnis deutlich, dass Portugal – obwohl geographisch zu Europa – eher zu den Kolonisierten gehöre (vgl. 143). Soffritti verweist auf die Relationalität und Relativität von räumlichen Zuordnungen wie Süden (Portugal) vs. Norden (modernisiertes, fortschrittliches

[7] Maria de Lurdes das Neves Godinho, „Da identidade do exilado durante o Nazismo na Europa: o 'transcender de pátrias' e o 'nomadismo'. Espaço e memória híbridos em Annemarie Schwarzenbach", 61–88.

Europa) und zieht Vergleiche zur Gegenwart, in der ebenfalls Differenzen zwischen Norden und Süden innerhalb Europas konstruiert werden. Rolle und Bedeutung der Literatur sei es, (Zwischen-)Räume neu zu erfinden und mit Sinn zu versehen (vgl. 148–9).

Die Überlegungen von Cláudia Fernandes lassen sich an die von Soffritti anschließen, denn wieder steht das Verhältnis zwischen Portugal und Europa im Fokus; diesmal anhand des offiziellen Diskurses und der staatlichen Emigrationspolitik in der zweiten Hälfte des 20. Jahrhunderts, ausgehend von dem Befund, dass sich ab den 1950er Jahren portugiesische Emigration nicht mehr Richtung Atlantik, sondern nach Spanien und Mitteleuropa bewegt. Auch Fernandes sieht portugiesische kollektive Identität durch permanente (transatlantische) Begegnungen mit Völkern und Kulturen durch die Jahrhunderte geprägt (vgl. 154), wodurch das Volk eine hybride, fragmentierte Identität erhalten habe.

Sie fragt, wie sich Begegnungen von Kulturen durch Migration auf die jeweiligen Identitäten auswirkten – dies ist eine durchaus aktuelle Frage, die aber nicht wirklich beantwortet wird (auch kein Textkorpus o.ä. herangezogen wird). Statt dessen widmet Fernandes sich der offiziellen portugiesischen Position zur Auswanderung seit 1947 und konstatiert bis zum Ende der Diktatur eine sehr negative Haltung. So werde etwa 1972 von offizieller Seite Migration als „Krebsgeschwür“ (158) und daher offensichtlich als Bedrohung angesehen und über Versuche angedacht, „die Entnationalisierung der Emigranten“ (158) zu verhindern. Nach der Rückkehr zur Demokratie 1974 ist hingegen eine Aufwertung der Migranten zu verzeichnen: ab 1976 wird das Recht auf Auswanderung gewährt, ab 1979/80 eine staatliche portugiesische Sprachpolitik für Portugiesen im Ausland etabliert und ein Wandel des Selbstverständnisses vollzogen. Damit werde die jahrhundertealte Universalität des Portugiesischen und der portugiesischen Nation wieder aufgegriffen und auf die nun sogen. „Comunidades portuguesas“ im Ausland übertragen. Die Vf.in sieht hier die Idee einer neuen, nun friedlichen Expansion am Werk, erkenntlich in entsprechender Umbenennung der ursprünglich nur das Wort Emigration im Namen tragenden Behörde 1980: statt Bewegung aufgrund negativ konnotierter Emigration werde nun eine Einheit akzentuiert, Bewegung ausgeblendet und etwas territorial Stabileres, nämlich „comunidades“ evoziert. Damit sei eine Tendenz zu transnationalen Räumen zu erkennen, die das globale Gefühl des Imperiums der alten Herrschaftsbereiche wieder hervorrufe.

Mit dem Beitritt Portugals zur EU 1986 erfolgt eine markante Hinwendung zu Europa, was für Fernandes ein diskursives „upgrade“ vom Emigranten zum Vollmitglied als europäischem Bürger bedeute und der „raiz portuguesa“ – der Ausrichtung auf den Atlantik und die außereuropäische Welt – eine neue Haut bzw. europäische „Maske“ verleihe (160–1). Etwas problematisch ist jedoch, dass sie nicht explizit auf eine Theorie zu Identität und Hybridität rekurriert, sondern diese nur implizit verwendet, und auch das Verhältnis zwischen hybrider Identität und Maske – eine etwas schiefe Metapher – nicht weiter vertieft.

Orlando Grossegesse widmet sich dem künstlerischen Werk *Sob céus estranhos: uma história de exílio* (2007) von Daniel Blaufuks. Dessen Fotobuch und Film über das Exil seiner Großeltern ist Teil eines portugiesischen Diskurses über Europa in Zusammenhang mit Erinnerung an die Verfolgung durch die Nationalsozialisten und den Verlust der Heimat. Blaufuks' Arbeiten sind Texte und bearbeitete, neu fotografierte Fotografien aus den Alben der Familie. Blaufuks, so Grossegesse (vgl. 50), verweist auf eine *memoria,* die nicht nur geografisch peripherisch und marginalisiert ist, sondern auch lange Zeit zum Schweigen gebracht wurde. Somit geht es auch um eine kritische Sicht auf die Rolle Portugals 1940 und um Repräsentationen und Kommunikation von Erinnerung an Heimat und Verortung (und die der Großeltern mit ihrer unstillbaren Sehnsucht nach Heimat und Muttersprache bis zum Tod; vgl. 56).

Der am Schluss des Bandes positionierte Beitrag der Politologin Luzia Costa Becker richtet den Blick weg vom portugiesischen Verhältnis zu Europa hin zur Selbstkonstruktion Portugals als Zentrum einer lusophonen Gemeinschaft in postkolonialen und globalisierten Zeiten und wirft in einem historischen Abriss zur Konstruktion von Alterität einen kritischen Blick auf die weiter beibehaltenen Festschreibungsstrategien des Anderen und Hierarchisierungsansprüche in der CPLP im Umgang der Hauptakteure Portugal und Brasilien mit den Staaten des afrikanischen Kontinents, die immer noch auf alten Dichotomien basieren (vgl. 205).

2. Publizistische Aktivitäten im Exil

Die journalistischen Tätigkeiten portugiesischer Intellektueller im brasilianischen Exil untersucht Heloisa Paulo[8]. In ihrem Beitrag geht es um Entwürfe von Europa für die Nachkriegszeit, verfasst durch die seit 1927 im Exil be-

[8] Heloisa Paulo, „A Europa dos exilados (1944–1947)“, 187–202.

findlichen Salazar-Gegner Jaime de Morais und Lúcio Pinheiro dos Santos. Die Verfasserin widmet sich deren Beiträgen in zwei führenden demokratisch ausgerichteten, diktaturkritischen Tageszeitungen in Brasilien, dem *Diario Carioca* und dem *Correio da Manhã*, aus den Jahren 1941 bis 1949. Mit dem Vorrücken der Alliierten auf europäischem Boden ab 1943 widmen sich beide den Entwürfen eines Nachkriegseuropas („Problemas de uma Europa futura", 195). Morais sieht den Kontinent als demokratische Union, wenn Portugal und Spanien ihre Diktaturen überwunden haben, und stellt sich auch Afrika als Union vor (vgl. 196); Pinheiro dos Santos hinterfragt kritisch die von Salazar proklamierte „spirituelle europäische Einheit" und setzt ihr einen Realitätssinn entgegen, der sich mit den aktuellen Gegebenheiten und gesellschaftlichen Kräften auseinandersetzen müsse (vgl. 197–8).

Jan Kölzer[9] untersucht aus politologischer Sicht die journalistischen Aktivitäten kommunistischer Salazar-Gegner im britischen Exil – ein bisher wenig erforschter Gegenstand – anhand der dort auf Englisch zwischen 1961 und 1974 erschienenen Zeitschrift *Portuguese and Colonial Bulletin*. Er zeigt auf, wie hier ein alternatives Portugalbild, weniger ein portugiesisches Europa-Bild entworfen und ein kritischer Gegendiskurs zum offiziellen Regime eröffnet wird, der aufgrund der traditionell guten Beziehungen zwischen Großbritannien und Portugal in den 1960er Jahren schwierig durchzusetzen war und der somit sehr wohl, anders als in der Einleitung angegeben, politische Ambitionen verfolgt.

3. Verlorene Heimat/Heimatlosigkeit

Giorgia Sogos[10] widmet sich Stefan Zweigs Überlegungen zu Europa aus dem brasilianischen Exil heraus. Auffällig ist die Projektionsdynamik, mit der Zweig Hoffnung auf Brasilien als neues Europa setzt und ein sehr positives und exotisches Brasilienbild entwirft (vgl. 123, 125, 127). Eine Idealgesellschaft wird in Brasilien verortet und als friedlich konzipiert, die „Rassenmischung" (*mestiçagem*) als positiv, der Zustand des aktuellen Europa als negativ gezeichnet. Zweig sieht Brasilien als Utopie, aber zugleich zieht er immer wieder Parallelen zum vergangenen Europa, das er als perfekte Gesellschaft charakterisiert. Die Vf.in macht deutlich, dass Zweig als vom Vargas-Regime

[9] Jan Kölzer, „*Portuguese and Colonial Bulletin*. Ein Mitteilungsblatt portugiesischer Salazar-Gegner im britischen Exil (1961–1974)", 171–85.

[10] Giorgia Sogos, „Ein Europäer in Brasilien zwischen Vergangenheit und Zukunft: utopische Projektionen des Exilanten Stefan Zweig", 115–34.

hofierter Schriftsteller eine gewisse politische Naivität an den Tag legt, der in seiner Rolle als unpolitischer Kosmopolit verharrt (vgl. 129–30) und die diktatorische Realität des *Estado novo* unter Getúlio Vargas nicht erfasst habe.

Clemens van Loyen[11] widmet sich ausgewählten Werken eines weiteren europäischen Exilanten in Brasilien: Vilém Flusser, Prager Jude, ging nach Brasilien auf Flucht vor den Nationalsozialisten, dann Anfang der 1970er Jahre zurück nach Europa/Frankreich aufgrund von Diskrepanzen mit der brasilianischen Militärregierung. Nach seiner Rückkehr nach Europa entwickelt Flusser seine stark rezipierte Medientheorie sowie seine Exil-Theorie. In letztgenannter erfolgt eine positive Gewichtung und Umdeutung von Exil (vgl. 107–8): der Heimatlose sei als zukünftige Avantgarde zu sehen und erhalte seine Kreativität durch Nicht-Beschränkung auf nationale Territorien und die Notwendigkeit zum ständigen Lernen und Hinterfragen tradierter Positionen. In seiner *História do Diabo* (geschrieben in den 1950er Jahren) fragt er nach den Gründen für die Existenz des Diabolischen, das er nicht christlich religiös, sondern als Metapher für eine zerstörerische historische Kraft sieht, wie sie sich etwa in Europa und Vietnam manifestiert. In diesem Werk, das sowohl brasilianische als auch europäische Einflüsse aufweist – von Guimarães Rosa, Benjamin, Goethe, dem europäischen Existentialismus, Heidegger und Sartre –, unternimmt Flusser eine kritische Bestandsaufnahme von Europa und stellt dem einen positiven Entwurf Brasiliens gegenüber: dieses sieht er als mögliche Wiege einer neuen Zivilisation. Van Loyen stellt heraus, dass letztgenannter Terminus im brasilianischen Kontext immer mit dem Begriff des Fortschritts, der als nationale Aufgabe gesehen werde, verbunden werden müsse. Da aber Flusser aufgrund seiner Erfahrung in Europa immer skeptisch gegenüber dem Nationalen, das er als Götzen ansieht (vgl. 99), und der Vereinnahmung durch (Fortschritts-)Ideologien gewesen sei, seien sowohl *História do Diabo* als auch weitere Texte als Warnung an die Brasilianer zu verstehen, nicht diesem Nationalen anheimzufallen.

In *Fenomenologia do brasileiro* fasst Flusser seine Vision des Brasilianischen zusammen: eurozentrische Denkvorstellungen passen für die multiplen, in Zeit und Raum verschobenen brasilianischen Realitäten nicht. Daher sei es besser, von Phänomenen auf Konzepte zu schließen. Van Loyen verweist auf Flussers Nähe zu Ideen des brasilianischen Modernismus (vgl. 107) und der

[11] Clemens van Loyen, „O exílio de Flusser no entre-lugar de história e não-história“, 89–114.

Anthropophagie-Bewegung der 1920er Jahre, die das Einverleiben fremder Ideen propagiert hat, hebt aber zugleich hervor, dass Flussers Denken lebenslang Mitteleuropa, seinen „moldes e tradições" verhaftet geblieben sei (vgl. 89), auch wenn die topographische Verortung verloren gegangen sei. Leider wird diese Behauptung weder belegt noch weiter – über den Verweis auf die Existenz in einem Zwischen-Raum hinaus –, präzisiert.

⁂

Abschließend ist festzuhalten, dass die gut gemeinten Ansätze und der vielversprechende Ausgangspunkt, dass zu Europabildern in der Migrationsforschung bislang wenig geforscht wurde, nur zum Teil umgesetzt werden – die einzelnen Beiträge fügen sich nicht zu einem stimmigen Ganzen zusammen, sondern bleiben durchaus interessante Puzzleteile. Hinzu kommt, dass einleitend Definitionen von Migration und Exil (etwa zum Begriff der „freiwilligen" oder „erzwungenen" Migration) und Verweise auf die aktuelle Forschung zur Migrationssoziologie fehlen (vgl. 23). Auch die Bezüge zum „American Dream", der ja nicht nur territorial auf die USA bezogen, sondern aus europäischer Sicht für ganz Amerika wirkmächtig ist und sich damit gerade bei den Exilanten in Brasilien einspielt, sowie die Frage, inwieweit sich als Konkurrenz dazu gerade für die jüngste Zeit ein „European Dream" herausbildet, hätten fruchtbare, weiterzuverfolgende Aspekte sein können. Aus formaler Sicht ist anzumerken, dass eine gründlichere Lektorierung und redaktionelle Bearbeitung dem Band gut getan hätten: Stilistische Wendungen und Satzkonstruktionen sind des Öfteren etwas schief geraten, v.a. in der Einleitung (vgl. 8–13; z.B. „Flüchtlinge Portugals", 8); gelegentliche inhaltliche Unstimmigkeiten zwischen Einleitung und Beiträgen (vgl. 12 zu Kölzer und Paulo) führen zu Irritationen bei der Lektüre; darüber hinaus finden sich einige Fehler in Rechtschreibung (etwa durchgängig „zweiter [sic] Weltkrieg") und Zeichensetzung (vgl. z.B. 23). Schließlich noch eine Anregung: Wenn der Verlag schon eine herkömmliche Buchpublikation präsentiert, wären benutzerfreundliche Schriftgrößen in Haupt- und Fußnotentext mit Sicht auf die traditionelle Leserschaft wirklich wünschenswert.

Intermedialität als Grundsatzdiskussion

Zum Sammelband *Sprechen über Bilder – Sprechen in Bildern*

Angela Oster (München)

SCHLAGWÖRTER: Rezension; Intermedialität; Text und Bild; Iconic turn; Paradigmen der Wissenschaft

Lena Bader, Georges Didi-Huberman und Johannes Grave, Hrsg., *Sprechen über Bilder – Sprechen in Bildern: Studien zum Wechselverhältnis von Bild und Sprache*, Passagen 46 (Berlin und München: Deutscher Kunstverlag, 2014).

⁂

An Publikationen über das Wechselverhältnis von Text und Bild bestand in den letzten Jahrzehnten kein Mangel. Im Gegenteil, die diesbezüglichen Publikationen, die den viel beschworenen *iconic turn* diskutiert haben, sind kaum mehr überschaubar. Umso erstaunter mag man zunächst sein, wenn die Herausgeber in ihre Einleitung[1] keinen Forschungsbericht zum aktuellen Stand der vielfältig erfolgten Diskussionen integrieren. Warum bspw. aus den hunderten, ja wahrscheinlich tausenden Beiträgen zum Bild/Text-Austausch ausgerechnet dann diejenigen überschaubaren Beispiele in der Einleitung bzw. derem Anmerkungsapparat ausgewählt worden sind, könnte so besehen willkürlich anmuten. Gleichwohl ist Bader und Grave durchaus zuzustimmen, wenn sie schreiben:

> Die Grundfrage nach dem Verhältnis von Bild und Text ist von unveränderter Aktualität. Trotz intensiver Forschungen zur Intermedialität, trotz anspruchsvoller Versuche, eine gemeinsame semiotische Grundlage für Sprache und Bilder zu entwickeln, bleibt die Relation von Bild und Wort umstritten, so dass sie zuletzt in bildwissenschaftlichen Debatten erneut zum Gegenstand grundsätzlicher Auseinandersetzungen werden konnte. Charakteristisch für diese Ansätze ist die Tendenz, das Bild gerade in der Abgrenzung von der Sprache rehabilitieren zu wollen. (4–5)

[1] Lena Bader und Johannes Grave, „Sprechen über Bilder – Sprechen in Bildern: einleitende Überlegungen“, 1–22.

Wahrscheinlich steht zum einen zwischenzeitlich der Aufwand eines komplexeren Forschungsabrisses in keinerlei Verhältnis zu den tatsächlichen Ergebnissen, welche die wortreichen Bildforschungen der vergangenen Jahrzehnte offeriert haben. Zum anderen hat der von Bader, Grave sowie Didi-Huberman herausgegebe Band seinerseits respektables Innovationspotential aufzuweisen, das sich vom Stand der Forschung abheben möchte und sich deshalb vielleicht sinnvollerweise nicht mit Forschungsabrissen belastet.

Der Sammelband resümiert die Ergebnisse des Jahreskongresses des Deutschen Forums für Kunstgeschichte im Jahr 2010/11, der – so Andreas Beyer im „Vorwort" (IX) – „Forschung im Verbund" betrieben hat, was in den Geisteswissenschaften, so räsoniert Beyer zutreffend weiter, durchaus nicht immer der Fall sei (ebd.). Der interdisziplinäre Ansatz wird in der Folge von Bader und Grave in ihrer Einleitung weiter ausgefaltet. Sie beginnen zunächst mit einem eher traditionell anmutenden Sujet: Den unzähligen Darstellungen der Verkündigung in der westlichen Ikonographie. Diese, so merken die beiden Herausgeber selbst an, seien immer schon als *objet théorique* behandelt worden: „verbindet sich in ihnen doch Darstellung mit Reflexion" (1). Aus der Fülle der Repräsentationen wird Fra Angelicos „Verkündigung" (1433/34) herausgegriffen und vor allem in Hinblick auf die drei goldenen Schriftzüge im Gemälde analysiert, die den Bruch zwischen Altem und Neuem Bund ankündigen. Maria hält das überkommene Gesetz in Form eines aufgeschlagenen Buchs auf den Knien, während die Worte, welche der Engel und Maria austauschen, frei im Raum schweben, in einem Zwischenraum ohne (Blatt)Träger. Die Antwort Marias befindet sich mittig zwischen den beiden Zeilen des Engels, was zum einen die Abfolge des Textes in der Bibel aufbreche. Und zum anderen müsse der Texts Marias seitenverkehrt von rechts nach links gelesen werden, da er auf dem Kopf stehend abgebildet sei. Auch fehlen aus dem Originalbibeltext die Worte Marias „fiat mihi secundum" bzw. genauer: diese Ellipse scheint sich hinter der Säule zu verbergen. Mit diesen Kunstgriffen werde die materielle Beschaffenheit der Schrift betont, welche sich programmatisch auf dem Bildträger – und nicht auf einer Buchseite – in Szene setze: „Die Schrift durchkreuzt mithin den Realitätseffekt des Bildes und macht auf dessen Artifizialität aufmerksam." (3) Und weiter:

> Die Schrift fungiert dabei weder als bloßes Beiwerk noch als Gegenspieler des Bildes, der es seiner Wirkung oder seines faszinierenden Reichtums an Konnotationen beraubt. Vielmehr ist es in diesem Fall erst der Einsatz der Schrift, der ein spannungsvolles Verhältnis zwischen Dargestelltem und Dar-

> stellungsmitteln eröffnet und auf diese Weise das Bild selbst um ein reflexives Potenzial bereichert. (4)

Im Anschluss stellen Bader und Grave den Stellenwert des Sprachlichen für die Bildwissenschaften heraus, ergänzen diesen geläufigen Ansatz jedoch um das „Interesse an nicht-propositionalen Wissensformen sowie mit neueren Versuchen, die Kulturwissenschaften jenseits des Paradigmas der Sprache weiterzuentwickeln" (5). Der *linguistic turn* mit seinem globalen Textverständnis habe in der Vergangenheit immer wieder verdeckt, dass es womöglich auch einen Logos jenseits des gängigen Sprachbegriffs gebe. Bader und Grave plädieren für einen nicht-martialischen Umgang im Austausch der Künste, jenseits der agonalen Behauptung von Herrschaftsgebieten. Es seien vielmehr die Reibung des Bilds an der Sprache, die Grenzgebiete der Verschränkung und Rückkoppelung, welche es allererst zu ergründen gelte – und nicht mehr Parallelen und Abgrenzungen im Sinne der überkommenen Paragone- oder Laokoon-Diskurse. Hinter dieser Differenzierung verbirgt sich keinesfalls nur eine Spielerei in der Nomenklatur seitens der Herausgeber. Es geht um einen Wechsel der Programmatik und der Denkrichtung im intermedialen Bereich, ja um mehr noch: um eine neue Auffassung dessen, was Wissenschaftlichkeit ist oder sein könnte und wie Erkenntnis funktioniert. Das ist mehr als nur eine steile These. Es geht um eine heuristische Grundsatzdiskussion. Für den Bereich der Kunstwissenschaften werden historische Vorläufer (Cusanus, Springer, Wölfflin) aufgerufen, die dem „dichotomen Antagonismus" (12) widersprochen und den Rezeptionsvorgang in der Bildwissenschaft hervorgehoben hätten: „jenseits materiell fixierter Bilder" (12). Hier bricht der Analyseteil der Einleitung abrupt ab, ohne dass die interessanten, sich dem Agon entziehenden Eigendynamiken der Verschränkungen von Sprache und Bilder weiter ergründet werden würden. Dies sollte wahrscheinlich – was ebenfalls eine sinnvolle, konzeptuelle Vorgehensweise ist – den konkreten Analysen der einzelnen Aufsätze überlassen bleiben. Die folgenden 15 Aufsätzen sind in drei große Rubriken unterteilt: 1. Zur Sprache kommen, 2. Sprechende Bilder, 3. An den Grenzen der Differenz von Sprache und Bild. Die Aufsätze sind in französischer und deutscher Sprache geschrieben.

Mit einem der Kronzeugen der kunstkritischen Rezeptionsästhetik wird der Auftakt zur ersten Rubrik getätigt. Beate Söntgen widmet sich einem ‚Klassiker' auf dem Gebiet: Denis Diderot.[2] Diderots Kunstkritiken vor allem

[2] Beate Söntgen, „Distanz und Leidenschaft: Diderots Auftritte vor dem Bild", 33–50.

zu Jean-Baptiste Greuze und Jean-Baptiste Siméon Chardin dienen Vf.in dazu, den emphatischen Anteil an Diderots Analysen herauszustellen. Im Fokus des rezeptions-orientierten Ansatzes Söntgens stehen die dramatischen, exklamativen und schauspielerischen Anteile in den Texten Diderots, welche auf Affektübertragung zielen. Das ist sicherlich richtig beobachtet, doch ob man die Faktur der Texte Diderots – mithin seine ‚Schrift' – tatsächlich gegenüber dem ‚Schreiben' derart stark in den Hintergrund treten lassen kann, wie es Vf.in praktiziert, muss denn doch bezweifelt werden. Eventuell ist es auch die Arbeit mit deutschen Übersetzungen anstatt mit den französischen Originalen, welche Söntgen an manchen Pointen der Texte Diderots vorbeilesen lässt. Die Stärken des Aufsatzes liegen hingegen auf einem anderen Gebiet und sind durchaus beachtlich. Vf.in schließt sich aktuelleren Forschungspositionen an, welche die moderne Ansicht, nach der Erkenntnis allein über logische Analyse und distanzierte Beobachtung erzielbar sei, in Frage stellt. Dass es dazu auch eine Alternative gibt, nämlich eine Rhetorik des Pathos, der Illusion, der Verführung und der Begeisterung, erläutert Söntgen mit anregenden Beispielen, wobei sich allerdings auch hier die genuinen Textbefunde in überschaubaren Grenzen halten.

Rüdiger Campe[3] schreibt über Caspar David Friedrichs „Der Mönch am Meer". Campe weist auf die *enargeia* des Bildes hin, welche jedem Urteil vorausgehe oder es doch zumindest initiiere. Während Autoren wie Brentano und von Arnim die Diskrepanz zwischen Erscheinung im Bild und Erfahrung derselben narrativieren und damit die Brechung auszugleichen bemüht seien, habe Kleist das ‚Betrachterwerden' thematisiert, und zwar mittels einer Rhetorik des Vor-Augen-Stellens. Campes luzide Ausführungen werden lediglich durch folgenden Umstand ein klein wenig getrübt: Die ‚kämpferische' Gegenüberstellung der Texte Brentanos/Arnims und Kleists mutet zum einen deshalb überraschend an, als die Programmatik des Bandes ja ausgerechnet diesem agonalen Wissenschaftsduktus entsagen wollte. Und zum anderen zeigt ausgerechnet der Campe direkt folgende Aufsatz auf, dass die Autorschaft des ersten Textes nur partiell Brentano/Arnim zugeschrieben werde könne, da mindestens der zweite Teil von dem Herausgeber Kleist korrumpiert worden war. Es handelt sich um den Aufsatz von Gwendolin Julia Schneider[4]. Sie rekurriert ebenfalls vor allem auf Kleist

[3] Rüdiger Campe, „Vor dem Bild: Clemens Brentanos, Achim von Arnims und Heinrich von Kleists Empfindungen vor Friedrichs Seelandschaft", 51–72.

[4] Gwendolin Julia Schneider, „Sprechen über Bilder: literarischer Abbruch und wissenschaftlicher Anspruch", 73–86.

und zieht Panofsky hinzu, um das parergonale Verhältnis zwischen Bild und Text und den Wandel des ästhetischen zum wissenschaftlichen Sprachgebrauch ab dem 18. Jahrhundert zu untersuchen. Andreas Beyer[5] und Georges Didi-Huberman[6] verfolgen mit verschiedenen Schwerpunktsetzungen die Frage, inwiefern Sprachen und Sprechen über Bilder Verbalisierungsstrategien von Fachkulturen darstellen. Dabei wird dem Topos des Unsagbaren, aber auch der Stummheit ein besonderer Stellenwert eingeräumt, von denen aus ‚andere' Sprechkulturen buchstäblich sichtbar werden: „essayer dire", *koinè,* nichtaxiomatische Erkenntnisweisen.

In der zweiten Rubik finden sich Aufsätze von Andreas Josef Vater[7] und Dimitri Lorrain[8] zu spannenden frühneuzeitlichen Fragestellungen (Strategien der Evidenzerzeugung, so bspw. Formen des Bilderrätsels sowie magisches Denken zwischen Lyrik und Bildern), die von Beiträgen zur Gegenwartsliteratur[9] flankiert werden. Während Apel die Taktik der Verzögerung bei Toussaint (Entzug, Entschleunigung) analysiert, widmet sich Kuhn der dem Roman Perecs eigentümlichen Bildlichkeit und dem anamorphotisierenden Blick des Betrachters (bzw. Lesers). Cornelia Ortlieb komplementiert die zweite Abteilung mit einem Beitrag zur ‚klassischen Moderne'[10]. Lyrische Bildsprache, Metaphysik des Weißen, Papierobjekte und ihre Bezüge zu Tinte und Papier werden facettenreich von Ortlieb interpretiert und die Materialgebundenheit überzeugend nachgewiesen. Mallarmé geht es, so Ortlieb, um ein mehrsprachiges Sprechen über und in Bildern. Ortliebs Aufsatz gehört insofern zu den Höhepunkten des Bandes, als er solide, ‚greifbare' Materialbefunde liefert, während sich im Vergleich dazu die anderen, vorwiegend rezeptionsästhetisch gelagerten Beiträge des Bandes in schwieriger nachvollziehbaren Argumentationszusammenhängen bewegen. Es ist und

[5] Andreas Beyer, „En quelle langue parler? Sur la ‚koinè' scientifique de l'histoire de l'art", 87–104.

[6] Georges Didi-Huberman, „‚Essayer dire', ou l'expérience pour voir", 105–28, mit besonderer Berücksichtigung der Installationen James Colemans.

[7] Andreas Josef Vater, „Textlücken oder Bildfolge. Zwei illustrierte Flugblätter von 1621: Ein Thema, zwei Bildkonzepte?", 129–42.

[8] Dimitri Lorrain, „Magie, mélancholie et parole sur l'image chez Michel-Ange", 159–72.

[9] Friedmar Apel, „Sichtbarkeit und Eigensinn: Aufmerksamkeit in Jean-Philippe Toussaints ‚L'appareil-photo'", 173–80; Barbara Kuhn, „‚par un effet d'anamorphose': das Kippen der Wahrnehmung oder Schachbrett und Gedächtnisarchitektur in Georges Perecs ‚La Vie mode d'emploi'", 181–210.

[10] Cornelia Ortlieb, „Miniaturen und Monogramme: Stéphane Mallarmés Papier-Bilder", 143–58.

bleibt die Herausforderung jeder Rezeptionsästhetik, sei sie hermeutisch-mental-subjektiv orientiert oder dekonstruktiv-textuell-objektiv versiert, ihre Thesen über die jeweiligen Horizonte hinaus plausibel zu vermitteln bzw. zu belegen. Dieser Herausforderung haben sich wiederum fast alle Beiträge des Bandes ohne Zweifel bravourös gestellt, so auch die der abschließenden dritten Rubrik.

Diese wird mit einem Aufsatz von Jean-Claude Monod eröffnet: „Métaphore absolue et art non-mimétique. Quelques réflexions à partir de Blumenberg". Dort stehen konzeptueller und metaphorischer Logos im Zentrum der Ausführungen sowie die Überlegung, inwiefern ein Sprechen über Bilder Kritik am Paradigma der Mimesis impliziert. Paul Klees „Hauptweg und Nebenwege" fungiert dabei als anschauliches Pendant zur Philosophie Blumenbergs. Sigrid Weigel[11] erörtert das Bilddenken (Denkbild und dialektisches Bild) Benjamins anhand der im Titel genannten Phänomene. Mythologie und Kunstgeschichte werden im Fokus der Technik und deren ‚blitzhaftem' Potential in ein innovatives Licht der Zeiterfahrung gerückt. Bernard Vouilloux[12], Stéphane Lojkine[13] und Muriel van Vliet[14] runden den Band ab, indem sie weitere Möglichkeiten einer Alternative im Bild/Sprache-Diskurs erörtern. Vouilloux präsentiert einen wissenschaftshistorischen Parcours, um die gewohnte Rhetorik zu hinterfragen, wobei u.a. Lessing und Warburg als zentrale Bezugspunkte dienen. Lojkine konzentriert sich auf Lotto und Greuze, um die geläufigen Schemata der Repräsentation neu zu durchdenken, und van Vliet versucht, im Kontext von Theorien zur Symbolik die Grammatik im Sprechen über Bilder neu zu reflektieren.

Die zuletzt genannten Beiträge erwecken nun beim Leser insofern besondere Erwartungen, als sie das in der Einleitung programmatisch Formulierte – die intermediale Erprobung von nicht-propositionalen Wissensformen jenseits des Paradigmas der Sprache – einem Härtetest unterziehen, nämlich der Untersuchung des wissenschaftlichen ‚Mediums' selbst, der *„lingua*

[11] Sigrid Weigel, „Von Blitz, Flamme und Regenbogen: das Sprechen in Bildern als epistemischer Schauplatz bei Walter Benjamin", 225–40.

[12] Bernard Vouilloux, „Les fins du modèle rhétorique", 241–54.

[13] Stéphane Lojkine, „Le vague de la représentation", 255–72.

[14] Muriel van Vliet, „Le phénomène originaire de prégnance symbolique chez Ernst Cassirer, Maurice Merleau-Ponty et Claude Lévi-Strauss: la grammaire silencieuse de l'œuvre d'art", 273–88.

franca de la spécialité"[15] bzw. der „*dits* établis"[16]. Sie erörtern „die Grenzen", „das Vage der Repräsentation" und die „stille Grammatik". Nun ist die Fragwürdigkeit des vermittelnden Sprachlichen in Hinblick auf das anschaulich Evidente immer schon eine Problemstellung in der Geistesgeschichte gewesen, angefangen bei der Sprachphilosophie in Platons *Kratylos*, über die Scholastik des Mittelalters sowie deren philologische Variante der *questione della lingua* in der Renaissance bis zur kritischen Moderne, für die hier stellvertretend nur der ‚verstummte' Rimbaud oder der sogenannte Chandos-Brief Hofmannsthals genannt seien. Allen genannten historischen Etappen (die im Band in den verschiedenen Aufsätzen auch partiell aufgegriffen werden) ist gemein, dass Sprache nie anders als mittels Sprache kritisiert werden kann. Aus diesem Dilemma scheinen Bilder aufgrund ihrer Anschaulichkeit auf der ontischen Ebene einen Ausweg zu weisen. Doch wie verhält es sich mit der ontologischen Ebene, welche nicht das Kunstphänomen an sich indiziert, sondern den wissenschaftlichen ‚Umgang' mit diesem? Denn auf diese seins-logische Ebene richtet sich ja das zentrale Erkenntnisinteresses des Sammelbandes, der eine Alternative zur Proposition aufzeigen möchte.

Nun ist die Proposition bekanntlich eine linguistische Kategorie, die mit Wahrheitswerten operiert. In den Literaturwissenschaften ist die Proposition hingegen letztlich nur in einer kurzen Phase in den siebziger Jahren prominent gewesen, vor allem als Gegenbewegung gegen Strömungen der Dekonstruktion, welche auf die Krise der formalen Semantik bzw. den „logocentrisme"[17] mit Nachdruck aufmerksam gemacht hatte. In diesem dekonstruktiven Kontext wurde auf ein ‚anderes' Propositionsverständnis aufmerksam gemacht, das sich mit Verve gegen die Hermeneutik richtete, aber gleichwohl weiterhin in den Bahnen der subjektiven Rezeption lavierte. Es waren in der Folge Autoren wie Roland Barthes oder Michel Foucault, die diesem ‚Subjektivismus' mit der Ausrufung des ‚Tods des Autors' begegnet sind und stattdessen die Archive und den Text in ihrer ‚objektiven' Qualität betonten.

Dass auch diese Stoßrichtung ihre Tücken hatte, darauf macht der vorliegende Sammelband völlig zu Recht aufmerksam. Gerade aus der Perspektive der Bildwissenschaften muss ein globalisierender Textbegriff auf Dau-

[15] Diese hat Beyer in wissenschaftshistorischer Perspektive untersucht: „En quelle langue parler?", 87.

[16] So die Formulierung bei Didi-Huberman, „Essayer dire", 113; Campe nennt sie „etablierte Deutungsweisen", „Vor dem Bild", 56.

[17] Darauf geht der Beitrag von Vouilloux ein: „Les fins du modèle rhétorique", 244.

er unbefriedigend sein, da er den ‚vor'- oder ‚anders'-sprachlichen Zonen eines Kunstgegenstands nur ungenügend gerecht wird. Ob es hingegen eine erneute Forcierung der Rezeptionsästhetik ist, die dem interartialen Austausch nachhaltige innovative Impulse verleihen könnte, ist diskussionswürdig. Nachdem es über lange Zeiten hinweg zunächst die Produktionsästhetik, dann die Rezeptionsästhetik und schließlich die Textästhetik gewesen sind, die den Zugang zur Kunst reglementiert haben, wäre es vielleicht tatsächlich an der Zeit, die gewohnten Bahnen derart konsequent zu verlassen, wie es die Einleitung des Bandes proklamiert hat. Wenn der Weg mittels des *objet théorique* erforscht werden soll, dann ist das vorsprachliche Objekt in der Tat etwas, was genau dort aufscheint, wo es sich an der Sprache ‚reibt'. Hartnäckige Reibungen können bekanntlich nicht nur Funken, sondern lodernde, helle Feuer entfachen – und es ist unbestritten das Verdienst des Bandes, auf dieses Potential nachhaltig aufmerksam zu machen. Aus dem üblichen intermedialen Einerlei hebt sich das Buch wohltuend hervor und bietet dem Leser sowohl eine Fülle von Informationen als auch seinerseits vielfältige Reibungsflächen. Kurzum: Der (im Übrigen sorgfältig redaktionierte) Band ist ein Lesevergnügen, sodass die abschließenden Nachfragen lediglich als eben solche und keinesfalls als Infragestellung des Projekts aufzufassen sind.

Wenn man die Rezeptionsästhetik derart stark in den Vordergrund stellt, wie es der Sammelband praktiziert, dann ist es verwunderlich, dass ausgerechnet auf Anregungen der aktuellen Kognitionspsychologie verzichtet wird, welche sich gerade auch auf dem Feld der Ästhetik zu Wort gemeldet hat. Die kognitive Funktion von Bildern als Erfahrungswert wird in der ästhetischen Psychologie als alternative Form der Verständlichkeit konturiert, welche sich auf eben diejenigen Zonen der Grenze und Reibung richtet, um die es Bader, Grave und Didi-Huberman unter anderem geht. Die Taxonomie bildlicher und graphischer Codes wird ausgehend von der Kognitionspsychologie dem Monopol der Semiotik entzogen. Gerade dort, wo sich das Bildverständnis der gewohnten Logik entzieht – so wie von Bader und Grave in der „Einleitung" ausgezeichnet (und eben: alles andere als ‚traditionell') am Beispiel des Gemäldes Fra Angelicos gezeigt –, entsteht ein Entfaltungsspielraum für den indikatorischen Verstehensmodus. Dieser wird eben dann stimuliert, wenn die gewohnte Hermeneutik irritiert und eine alternative Reflexion mobilisiert wird. Dabei muss man sich keinesfalls mit der neuronalen Fachspezifik im visuellen Cortex u.ä.m. beschäftigen

– dies ist mit dem hier vorgetragenen Hinweis nicht gemeint. Es sind gerade die Autoren und Künstler der Romania, dies führt der Sammelband überzeugend vor Augen, die bereits in früheren Jahrhunderten – auch ohne das Spezialwissen der modernen Naturwissenschaften – um die Binnendifferenzierungen zwischen den Künsten wussten. Historisch übergreifend gab es immer schon Autoren und Künstler, die sich für die „Übergängigkeit (als) eine dritte Form der Bildbetrachtung zwischen Ekphrase und Urteil"[18] interessiert haben. Und methodisch (also auf der Metaebene der aktuellen Behandlung der historischen Phänomene) gibt es einen Autor, der diese dritte Form im Modus des ‚Rauschens des Sprache', des Neutrums, des ‚punctums' gerade auch in Hinblick auf die Bildenden Künste besonders eindringlich zu Wort gebracht hat. Die Rede ist von Roland Barthes, der in dem französisch-deutschen Sammelband eigenartigerweise nicht berücksichtigt wird.

Bei den neuen Übergängigkeiten geht es nun durchaus nicht um ein Wissen, das allein nur der Sprache schwer zugänglich ist. Es handelt sich tatsächlich um einen „pli du verbal et du visuel"[19], also um die Übergängigkeiten von Faltenstrukturen sowohl im Verbalen als auch Visuellen, den es genauer zu erforschen gilt. Diese stellen für den gewohnten Blick in der Tat paradoxe Phänomene vor. So sind Diderots vielleicht brillanteste Texte zum Verhältnis von Sprache und Bild seine Briefe über Blinde und Taubstumme (*Lettre sur les aveugles à l'usage de ceux qui voient*; *Lettre sur les sourds et muets à l'usage de ceux qui entendent et qui parlent*), welche – ausgerechnet – die Sehenden und Hörenden (und nicht die Blinden und Taubstummen) bestens zu instruieren beabsichtigen. Die materialistische Position, die Diderot hier entfaltet (und die auch in den von Söntgen schön nachgezeichneten Kunstkritiken des Autors greift) ist keineswegs derart rezeptionsfixiert, wie es die moderneren Lesarten der Texte Diderots immer wieder suggerieren. Dass die Materie ihrerseits (!) sensibel sei (parallel zur materiellen Substanz der Seele), ist eine von Diderots Grundüberzeugungen. Eben diese Dimension von Kunstwerken kommt in dem Sammelband (mit Ausnahme des Beitrags von Ortlieb) wenig zur Sprache, der statt dessen den Fokus auf das „dire quelque chose du *rapport* à l'objet"[20] legt. Dass aber auch die Interdependenzen der Rezeption wiederum wesentlich durch eine Bindung an technische Trä-

---

[18] Campe, „Vor dem Bild", 57.

[19] Vouilloux, „Les fins du modele rhetorique", 241.

[20] Vouilloux, „Les fins du modele rhetorique", 244; Hervorhebung im Original.

germedien und Erzeugungsmittel funktionieren, hat Diderot in vielen experimentellen Artikeln seiner *Encyclopédie* demonstriert.

Auf die Frage „Comment sortir de *l'Ut pictura poesis*?"[21] kann man wohl kaum schlüssige oder weitgehend befriedigende Antworten verlangen. Diese Frage überhaupt derart radikal gestellt zu haben, ist dem Sammelband bereits mehr als hoch anzurechnen. Was er unternimmt, ist eine Grundsatzkritik der Intermedialität – auch wenn dies einleitend von den Herausgebern keinesfalls derart provokant so benannt wird. Der zunächst gefällig anmutende Band ist tatsächlich, wie sich im Verlauf der Lektüre auf charmante Weise erweist, äußerst widerspenstig und herausfordernd. Diese Widerspenstigkeit zu zähmen, kann denn auch kaum die Aufgabe einer Rezension sein. Im Gegenteil. Der gelungene Sammelband regt vielmehr zum Nachdenken und Nachhaken an und bietet eine Fülle produktiver Beobachtungen und Konzeptionen, die den Dialog zwischen Bildern und (Text)Sprache – aber auch den interdisziplinären Austausch zwischen Philologien und Kunstwissenschaften – mit neuen Impulsen versehen haben.

[21] Vouilloux, „Les fins du modele rhetorique", 246.

Zum *Lexikon moderner Mythen*, hrsg. von Stephanie Wodianka und Juliane Ebert

Eva Kimminich (Potsdam)

SCHLAGWÖRTER: Mythos; Lexikon; Wodianka, Stephanie; Ebert, Juliane

Lexikon moderner Mythen, hrsg. von Stephanie Wodianka und Juliane Ebert (Stuttgart: Metzler, 2014).

⁂

Ein Lexikon moderner Mythen ist, wie die Herausgeberinnen im Vorwort formulieren, in der Tat eine Herausforderung, denn wie Roland Barthes in seinen *Mythen des Alltags* herausstellte, kann im Prinzip alles zum Mythos werden. Aber nicht alles wird zum Mythos. Leserinnen und Leser erwarten daher Kriterien für die Auswahl der in ihrem Lexikon präsentierten Mythen, um zu verstehen, warum das eine zum Mythos wurde und das andere nicht und warum bzw. wie ein Mythos das moderne Bewusstsein prägt, denn das ist das dezidierte Anliegen des Buches, das sich darüber hinaus als Nachschlagewerk an eine breitere Leserschaft wendet. Daher würden einige Leserinnen und Leser sicherlich einen wenigstens knappen Einblick in die Problematik der Definitionsvielfalt und die Problematisierung der erwähnten Diffusität des Mythos erwarten sowie eine Abgrenzung zu Begriffen wie ‚Legende', ‚Ikone', ‚Idol', ‚Symbol', ‚Metapher' und ‚Kult', zumal diese Begriffe auch in den Artikeln selbst benutzt werden. Auch eine Erläuterung des hergestellten Bezugs zwischen kollektivem Gedächtnis und Mythos würde den Leserinnen und Lesern den Einstieg erleichtern, da es dafür ja auch bereits den Begriff der Mythomotorik gibt. Diese Erwartungen kann ein dreieinhalbseitiges Vorwort nicht erfüllen. Es skizziert lediglich das Anliegen, eine repräsentative Auswahl moderner Mythen zu begründen, oft *ex negativo*, denn es wird darauf abgehoben, was das Lexikon nicht sein will: „eine Zusammenstellung deutscher ‚lieux de mémoire'" (VI) bzw. eine Beschränkung auf nationale und politische Kollektive. Der Mythos wird in diesem Lexikon, wie explizit hervorgehoben wird, auch nicht als „bürgerliches [...] Bewusstsein" (VII) verstanden wie von Barthes, obwohl Barthes als Grundlagentext benannt wird, sondern als ein „modernes Bewusstsein" (VII). Durch das Verständnis des Mythos als ein solches, nicht näher erläutertes „modernes Bewusstsein" soll das Lexikon den Blick auf europäische, transkulturelle und internationale Phänomene erweitern, die auch in „deutschsprachigen kulturellen Kontexten relevant geworden sind". Mit dieser Begründung wird die Auswahl einerseits ins Unendliche erweitert, andererseits doch wieder auf einen deutschen Rahmen begrenzt. So finden sich Einträge wie „Asterix", „Barbie", „Willy Brandt", „Beschleunigung", „Michel Foucault", „Frankenstein", „Geheimdienste", „Genie", „Ozonloch/Klimawandel", „Napoleon", „Spanischer Bürgerkrieg", „Titanic", „Verdun". Die Stichworte legen nahe, dass offensichtlich wirklich alles als Mythos betrachtet werden kann. Sie weisen aber auch eine Heterogenität auf, auf die der Leser an keiner Stelle vorbereitet wird. Popstars, Staatsmänner, Erinnerungsorte, wissenschaftliche Erkenntnisse, fiktive Gestalten oder Abstrakta finden ohne weitere Erläuterung Eingang in dieses Lexikon. Wenn Barthes' *Mythologies* als grundlegender Ausgangspunkt benannt wird, scheint dies vielleicht gerechtfertigt, hat dieser sich ja ebenfalls sowohl mit dem Beefsteak, dem Gesicht der Greta Garbo oder mit Plastik auseinandergesetzt. Aber wäre es dann nicht auch naheliegend gewesen, zumindest Barthes' Anliegen, die Dekonstruktion und Entschleierung des wenn auch nicht bürgerlichen, dann eben jenes „modernen Bewusstseins" fortzusetzen? Das hätte geheißen, die Deutungspotentiale und den Wandel dessen, was als moderne Mythen bezeichnet wird, im Hinblick auf die Beschaffenheit dieses wie auch immer definierten modernen Bewusstseins zu analysieren. Vor diesem Hintergrund hätte sich sicherlich eine begründbare Auswahl treffen lassen können, für die sich auch ein zumindest lockerer, aber in sich schlüssiger Gesamtzusammenhang herstellen ließe.

Liest man die an sich meist informativen und lehrreichen Artikel in dieser Hinsicht, so arbeiten sie mehr oder weniger, einige teilweise auch gar nicht die Deutungspotentiale der als Mythos bezeichneten Phänomene bzw. deren Wandel und noch seltener den Einfluss auf das moderne Bewusstsein heraus. Bei manchen Artikeln wird überhaupt nicht erläutert, warum es sich bei dem behandelten Gegenstand um einen Mythos handeln soll. Aber betrachten wir zunächst einige der gelungenen Artikel, so insbesondere die zu „Asterix", den „Beatles", der „Französischen Revolution" oder zu „Genie" und „Madonna".

Warum es sich bei Asterix, einer der bekanntesten und langlebigsten Comicfiguren, um einen Mythos handelt, erfährt der neugierige Leser gleich zu Beginn des Eintrages. Die Gallier repräsentieren im Gegensatz zu den aristokratischen Franken die Leitwerte der französischen Republik, Freiheit, Gleichheit und Brüderlichkeit, weitaus glaubwürdiger und bilden daher im Rahmen der zunehmenden Suche nach dem eigenen Ursprung eine geeignete epistemologische Grundlage der Selbstwahrnehmung. Folglich wurden die Gallier in den patriotisch ausgerichteten Geschichtsbüchern des 19. und 20. Jahrhunderts als Vorfahren der Franzosen gefeiert. So steht dieser die kulturelle Identität der Franzosen prägende patriotische Ursprungsgedanken nicht nur im Mittelpunkt des ersten Asterix-Bandes. Asterix wird, so argumentiert Fernand Hörner, als Chiffre für den Widerstand des Einzelnen gegenüber einer Großmacht, als Ursprungsmythos zum Nationalhelden. So kann er in verschiedene historische Gewänder schlüpfen, beispielsweise auch in die des Résistance-Helden. Der Artikel berücksichtigt darüber hinaus sowohl die Bezüge zur klassischen Mythologie, aus der sich die Figuren des Comics nähren, als auch zum postmodernen Heldentum und beleuchtet nicht zuletzt auch den ironisierenden Blick auf das Selbstbild der Franzosen.

Überzeugend wird auch beschrieben, wie die Beatles aus der Retrospektive mythisiert wurden. Zum einen aufgrund der von ihnen eingeleiteten musikalischen Innovationen und durch ihre politisierten Texte, durch die die Popmusik die Etikette der Jugendkultur und der reinen Unterhaltungsmusik verlor. Zum anderen zeigt die Analyse ihrer medialen Präsenz, wie sich schon zu ihren Lebzeiten ikonographische Details der Inszenierung herauskristallisierten, die in Verbindung mit bestimmten kulturellen Momenten den Mythos der Beatles gebaren und geeignet waren, ihn über ihren Tod hinaus am Leben zu erhalten.

Am Beispiel der Französischen Revolution wird die Analyse der mythischen Dimension eines historischen Ereignisses vorbildlich durchgeführt. Der Artikel macht deutlich, warum und wie ein Ereignis zum transkulturellen Mythos werden kann, andere aber eben nicht; denn die Französische Revolution hat „nicht nur politische Ideologien begründet, [...] sondern auch kollektive Identifikationsfiguren, Rituale und Wertemuster" (143) hervorgebracht. Der Hans-Jürgen Lüsebrink skizziert und begründet an verschiedenen Beispielen überzeugend, wie diese bereits zu Revolutionszeiten bzw. bis in die Gegenwart hinein zur Mythenbildung beitrugen und welche Metaphern dabei eine Rolle spielen, so beispielsweise die des Schauspiels oder die des Volkes, wobei letztere dadurch ihrerseits zum Mythos wurde.

Beim Eintrag „Genie" wird der historische Wandel des Begriffs dargelegt und gezeigt, wie der Geniebegriff zwar einerseits „seine Legitimation als ästhetische oder philosophische Kategorie eingebüßt hat" (170), seine suggestive Kraft aber eine Form der Exzeptionalität hervorgebracht hat, die an eine individuelle wissenschaftliche Erkenntnis oder Erfindung einer Person geknüpft wird, durchaus auch in Verbindung mit finanziellem Gewinn. So wird gezeigt, wie das im 19. Jahrhundert noch an Originalität und Schöpfertum gebundene Kreativitätsdispositiv als Ideal des spätmodernen Kapitalismus erhalten bleibt, allerdings mit völlig anderer Akzentsetzung. So wurde Genialität in der Antike als Gabe der Götter betrachtet, mit Inspiration oder Wahnsinn assoziiert und im Sturm und Drang als aus dem Subjekt hervorgehende, authentische und originale Schöpfung gefeiert. Nietzsche und die Freud'sche Psychoanalyse entmystifizierten sie und vor dem Hintergrund der zunehmenden Individualisierung wurde sie zu einer singulären Begabung, die oft auch mit Exzentrik und gesellschaftlichem Außenseitertum verknüpft war. In der auf Leistung fokussierten kapitalistischen Gesellschaft unterlag die Genialität dann einer Umdeutung zu einer vorbildhaften, aber durch eigenes Streben und Können erwerbbaren Eigenschaft, die mit finanziellem Erfolg korrespondiert. Dabei wird auch die Rolle des besonders im 21. Jahrhundert durch Universalisierung zugespitzten Kreativitätsdispositivs mitbedacht. Durch Reflektion der Vielschichtigkeit und Vielgestaltigkeit des Begriffs macht der Artikel abschließend den Unterschied zwischen Mythos und mythischer Dimension klar, nämlich dass das Genie selbst in der Postmoderne zwar kein Mythos mehr ist, aber der oder die als solches Bezeichnete dadurch zu einem modernen Mythos erhoben werden kann.

Besonders gelungen ist auch der Artikel über die Pop-Ikone Madonna. Einleuchtend legt Jan-Oliver Decker dar, warum es sich bei Madonna um eine mythische Figur handelt. Mit der künstlerischen Inszenierung einer facettenreichen Weiblichkeit, die sowohl den Variantenreichtum von Sexualität und Erotik als auch die Aspekte der Mutterschaft umfasst, schafft die Popkünstlerin einen zeichenhaften Projektionsraum, in dem sich individuelle Bedürfnisse, gesellschaftliche Problematiken und mythische Vorstellungswelten ineinander verschränken. Aus dieser medialen Gegenwelt geht sie selbst in immer wieder neuer Gestalt hervor, in dem sie mediale Prätexte durch Nachahmung neu erschafft. Genau dies ist der Kern des Mythos, seine Recycelbarkeit.

An Ozonloch und Klimawandel werden zwar schlüssig die mythischen Qualitäten aufgezeigt, indem vor dem Hintergrund des durch die Raumfahrt ermöglichten Blicks auf die von außen klein und fragil erscheinende „Mutter Erde" das Ozonloch durch seine konzeptuelle Kontextualisierung mit säkularen Weltuntergangs- bzw. Weltrettungsmythen herausgestellt und dessen politische und ökonomische Instrumentalisierung nachgezeichnet wird. Die Gefahr einer solchen Betrachtungsweise ist aber, dass die durchaus existierenden, also realen vom Menschen verursachten Umweltschäden dadurch in den Dunstkreis des Mythischen und aus dem Blickfeld gerückt werden, denn ein Mythos sind diese Schäden keineswegs.

Weniger gelungen ist auch der Artikel über die seit 1959 die Mädchenzimmer bevölkernde Barbiepuppe. Es werden zwar die verschiedenen Deutungshorizonte aus der Sekundärliteratur in der jeweiligen Fachterminologie aufgeführt, aber diese werden v.a. im Hinblick auf die erstrebte breite Leserschaft nicht ausreichend erläutert. So bleibt man/frau als Leser etwas hilflos mit Sätzen zurück wie: „Sie [die Barbiepuppe] wird als Ideal der De-Essentialisierung und De-Naturalisierung von Geschlecht und Plastizität und Formbarkeit von Körper und Identitäten diskutiert [...]." (40) Auf die zu diskutierende Wirkmacht der Puppe auf das moderne Bewusstsein, beispielweise im Hinblick auf den Umgang von heranwachsenden Mädchen mit ihrem eigenen Körper oder im Hinblick auf die lebensechte Verkörperung der Puppe bzw. des von ihr in Plastik gegossenen Ideals durch die Ukrainerin Valeria Lukyanova, wird nicht eingegangen.

Dass die Psychoanalyse das Unbewusste mit mythischen Figuren besiedelt und dieselben zur Traumdeutung heranzieht, ist bekannt, ebenso wie die Ausdeutung des Ödipusmythos und die psychoanalytische Konstruktion von Weiblichkeit und Männlichkeit. Warum aber die Psychoanalyse selbst ein Mythos sein soll, wird nicht erläutert. Die Einträge zu drei bedeutenden deutschen Staatsmännern bleiben ebenfalls eine klare Argumentation schuldig, warum es sich bei diesen Politikern um Mythen handeln soll; politische Legenden sind sie alle drei allemal. Dass Willy Brandt nach der Definition des Schweizer Historikers Jakob Burkhardt eine „historische Größe" (61) war, dem wird jeder zustimmen, auch dass seine persönliche und Emotionen zulassende Politik hohe Symbolkraft entfaltete. Warum aber markante Gesichtszüge und „sein [...] bedächtig-knorriger Habitus" (61) Merkmale für Mythizität sein sollen, ist schwer nachzuvollziehen. Dass es sich auch bei Helmut Schmidt um einen außergewöhnlichen Staatsmann handelt, dem werden ebenso sicherlich viele sofort zustimmen, aber warum sein Charisma mythisch sein soll, wird gleichfalls nicht erläutert. Dasselbe gilt für das mythische Potential Helmut Kohls; auch bei ihm handelt es sich wie bei vielen, aber eben nicht allen Politkern, um einen Staatsmann, der seine Entscheidungen in historisch außergewöhnlichen Momenten treffen musste, so dass diese folglich von besonderer Tragweite waren. So mag Kohl für manche sicherlich eine Art Held der jüngsten Geschichte sein, aber was ihn zu einer mythischen Figur machen soll, erschließt der Text nicht. Dass auf den Eintrag Foucault gleich Frankenstein folgt, ist zwar dem Alphabet geschuldet, aber auch symptomatisch für die Beliebigkeit der Auswahl der Stichwörter. Dass es sich bei Frankenstein um einen populären, sich an Prometheus inspirierenden Mythos handelt, der es durch vielschichtige Umdeutungen bis in die Gegenwart hinein erlaubt „Ängste, Faszinationen und Obsessionen [...] zu inszenieren und zu reflektieren" (142), dem wird sicherlich jeder beipflichten. Auch dass Michel Foucault unter den intellektuellen Frankreichs den Status eines Popstars erreichte und mit seinem in Deutschland zunächst abgelehnten Oeuvre eine Neuorientierung der Geisteswissenschaften einleitete, sei unbenommen. Das gilt aber auch für andere Wissenschaftler, ebenso die sehr unterschiedliche Rezeption ihrer Werke. Dass manche Rezipienten Foucault eine mythische Weltdeutung unterlegen, macht diesen aber nicht selbst zum Mythos, zumal andere ihn als scharfen Analytiker der abendländischen Episteme sehen.

Insgesamt betrachtet handelt es sich beim Lexikon moderner Mythen um ein teilweise durchaus lehrreiches Nachschlagewerk, das eine Auswahl von bedeutsamen oder interessanten Ereignissen, Errungenschaften, gesellschaftlichen Entwicklungen, Orten, Personen und Figuren präsentiert, die Bestandteil des deutschen kollektiven Gedächtnisses sein könnten und teilweise wohl auch das (deutsche) moderne Bewusstsein prägen, auch wenn nicht allzu oft erläutert wird, in welcher Weise dies geschieht. Ob die präsentierten Phänomene als Mythen zu betrachten sind, müssen die Leserinnen und Leser selbst entscheiden, denn nicht alle Artikel treffen dazu eine klar nachvollziehbare Aussage. Vor allem aber würden sich bei einer 2. Auflage sicherlich viele Leserinnen und Leser eine ausführliche Erläuterung und Begründung der Auswahlkriterien, des Mythenkonzepts und des Wirkungspotentials von Mythen wünschen, denn auch wenn es keine inhaltlichen

Grenzen für das Entstehen eines Mythos gibt, so lassen sich durchaus formale Merkmale und auch psychosoziale Funktionen und Instrumentalisierungen benennen und analysieren, zumal dazu zahlreiche philosophische und kulturwissenschaftliche Reflektionen und Modelle vorliegen, deren resümierende Vorstellung und Auswertung einen differenzierenden Einstieg in diesen für die Gegenwart zweifelsohne wichtigen Themenbereich bieten würden.

Das Genie und sein Anderes

Zu Ann Jeffersons Studie *Genius in France: An Idea and its Uses*

Konstanze Baron (Tübingen/Harvard)

SCHLAGWÖRTER: Rezension; Genie; Aufklärung; Frankreich; Jefferson, Ann

Ann Jefferson, *Genius in France: An Idea and its Uses* (Princeton, Oxford: Princeton University Press 2015), 273 S., 11 Abb.

⁂

So dominant die Idee des Genies auch für die europäische Kultur und deren Selbstverständnis sein mag, so wenig war und ist der Genie-Gedanke doch über Kritik erhaben. Im Gegenteil: Das Genie ruft regelmäßig die Kritiker auf den Plan; es scheint seine eigene Anfechtung regelrecht zu provozieren. Das war nicht erst im 19. Jahrhundert der Fall, als das Genie sich durch die medizinischen Wissenschaften zunehmend pathologisiert sah; und erst recht musste man nicht auf das 20. Jahrhundert und die Dekonstruktion warten, um das Zweifelhafte des Genie-Gedankens ans Licht zu bringen. Schon in seiner eigentlichen Blütephase, der sogenannten Genie-Zeit, fanden sich reichlich Zweifler und Spötter. Wenn schon nicht die Idee des Genies als solche auf den Prüfstand geriet, so blieb doch immer potenziell umstritten, auf wen diese Bezeichnung denn eigentlich genau zutraf. Im Raum stand dabei immer auch der Verdacht, die Anwärter auf den Genie-Titel seien nichts als Hochstapler – insbesondere dann, wenn sie selbst diese Bezeichnung für sich in Anspruch nahmen.

Auf die Emphase des Genies antwortet also seit jeher ein Gestus der Entlarvung bzw. der radikalen Anfeindung und der Kritik. Aber was genau folgt daraus, theoretisch wie praktisch, für die Wirkmächtigkeit der Genie-Idee? Ganz sicher nicht deren Entwertung, meint die in Oxford lehrende Literaturwissenschaftlerin Ann Jefferson. Jeffersons 2015 erschienene Studie, deren Titel sich lose als „Die Geschichte des Genie-Gedankens und seine Anwendungsbereiche in Frankreich" wiedergeben ließe, beruht auf einer ebenso einfachen wie überzeugenden Annahme: die Kritik des Genies ist als integraler Bestandteil der Genie-Idee selbst zu betrachten. Das Genie bedarf stets eines Gegenübers, eines Anderen, auf den es konstitutiv verwiesen ist – sei es, weil es sich strukturell in Opposition zu einem Gegenüber definiert (Genie im Gegensatz zum Geschmack, zum Talent, zum Intellekt, etc.; Genie im Gegensatz zur tumben Masse oder auch zum Gelehrten), sei es, weil es zu seiner An-/Erkennung auf die Vermittlung anderer angewiesen ist, die bereit sind, ihm zum Durchbruch zu verhelfen. Grundsätzlich gilt, dass das Genie eines nicht ist, nämlich autark und auf sich selbst gestellt. Erst in seinem konstitutiven Verhältnis zu (s)einem Anderen wird es verständlich.

Gesteht man Jefferson diese wichtige Grundannahme zu, dann eröffnet sich in der Tat ein breites Spektrum von Schau- und Tummelplätzen für das Genie in der Historie. Jeffersons Intention ist es dabei, weniger die Geschichte als vielmehr die *Nach*geschichte der Genie-Idee in Frankreich zu skizzieren, die jedoch, vor dem Hintergrund des Gesagten, wohl als die eigentliche zu gelten hat. Dementsprechend beginnt ihre Untersuchung mit einem (kurzen) Kapitel zum 18. Jahrhundert, das die wichtigsten Beiträge aus Erkenntnistheorie und Ästhetik des Aufklärungszeitalters in geraffter Form präsentiert. Bereits die Hälfte dieses Abschnitts ist Denis Diderot gewidmet, dem wohl „wichtigsten Theoretiker des Genies im 18. Jahrhundert" (19, dt. v. KB), aber auch dessen erstem und radikalstem Kritiker, der dem Genie-Gedanken, gerade indem er ihn tiefer durchleuchtete als die meisten Zeitgenossen, einiges von seiner scheinbaren Selbstverständlichkeit raubte. Das Hauptgewicht der Untersuchung liegt jedoch unzweifelhaft auf dem 19. Jahrhundert, wobei Jefferson sich der (Populär-)Kultur ebenso widmet wie parallelen Entwicklungen in den Künsten und Wissenschaften. Das Buch schließt mit einem Kapitel zum 20. Jahrhundert, das – ebenso überraschend wie gewinnbringend – auf jenen Korpus von Kultur- und Literaturtheorien eingeht, der im angelsächsischen Sprachraum schlicht als „French Theory" bekannt ist. Dass Jefferson hier, bei AutorInnen wie Barthes und Sartre, Derrida, Kristeva und Cixous nicht nur fündig wird, sondern vielleicht auch ihre interessantesten Erkenntnisse gewinnt, bestätigt eindrucksvoll, dass der gewählte Ansatz von der konstitutiven Alterität des Genies durchaus neue Perspektiven zu eröffnen vermag.

Wie genau sich das ‚Andere' des Genies in den einzelnen historischen Abschnitten darstellt, ist dabei durchaus unterschiedlich. Im 18. Jahrhundert dominieren vor allem die – für eine Gründungsphase nicht untypischen – strukturellen Oppositionen, mit denen sich das Genie seiner Eigenheit(en) in Abgrenzung von anderen, verwandten Phänomenen (wie etwa dem Geschmack, dem ästhetischen Regelwissen, aber auch dem *esprit* der Philosophen etc.) zu vergewissern beginnt. Dabei ist der Aufklärungsdiskurs selbst nicht frei von Ambivalenzen: So wird im 18. Jahrhundert zwar gemeinhin unterstellt, dass nur Genies über ihresgleichen schreiben sollten. (Hier entsteht überhaupt erstmals die Rede von einem partikularisierten Genie, dem *homme de genie* im engeren Sinne, der sich seinerseits von einer bloßen Eigenschaft bzw. dem Genie als Strukturmerkmal unterscheidet. Die Kritik am Genie ist daher oftmals auch eine Kritik *ad personam*, wie etwa das Beispiel Racine in Diderots *Le Neveu de Rameau* zeigt.) Andererseits wird das Genie so stark über seine Wirkung auf den Leser oder Betrachter definiert, dass sich der Zugang zum Genie gewissermaßen nur über dieses Gegenüber erschließen lässt. Die Haltung der bewundernden Betroffenheit ist dabei ebenso anzutreffen wie die – ebenfalls im *Neveu de Rameau* exemplifizierte – Reaktion des Neides desjenigen, der sich vom Genie als einer Gabe der Natur ausgeschlossen sieht.

Die semantischen Antithesen setzen sich im 19. Jahrhundert fort, wobei nicht immer ganz klar ist, ob es sich bei den herausgestellten Oppositionen tatsächlich um Merkmale des jeweiligen Diskurses oder doch um heuristische Kategorien der Autorin handelt. Dies gilt zum Beispiel für die Dichotomie ‚individuelles Genie vs. Genie eines Kollektivs' (eines Volkes, einer Nation) in Kapitel 4. Der romantische Dichter sieht sich als radikal vereinzeltes Individuum, steht aber auch in einem Bündnis mit eben jenem ‚gemeinen Volk', von dem er sich doch absetzen will. Die Vereinzelung ist der Gemeinschaft also nicht grundsätzlich entgegengesetzt, wie übrigens auch die Idee des romantischen Dichterbundes zeigt. Paradox wird es, wenn die französische Sprache für sich die Eigenheit reklamiert, vor allen anderen die Eigenschaft der Universalität zu verkörpern (als das ihr – und nur ihr – eigentümliche „génie de la langue"). In diesem Zusammenhang verweist Jefferson zwar auf die Nähe des Genie-Begriffs zu dem des Charakters; dessen Eigenschaft als ‚universel singulier' hätte jedoch helfen können, diesen komplexen Sachverhalt besser in den Griff zu bekommen.

Vor allem aber tritt dem Genie im 19. Jahrhundert eine Reihe von Figuren entgegen, die ihm zwar grundsätzlich äußerlich sind, die unter bestimmten Umständen jedoch ebenfalls eine gewisse Form der Genialität für sich beanspruchen können (und auch wollen). Das sind zum einen die Ärzte, deren rationaler *esprit observateur* dem impulsiven Genie entgegensteht wie ein Subjekt dem Objekt seiner Untersuchung – die Pathologisierung des Genies durch die medizinische Psychologie markiert zweifellos einen Höhepunkt der Entfremdung zwischen dem Genie und seinem Publikum –, die aber umgekehrt vor ihren eigenen Anhängern auch nicht ganz ‚uninspiriert' dastehen wollen; und zum anderen die Frauen, das Andere des Genies per se, traditionell vom Genie-Diskurs ausgeschlossen als zu weich und zu sensibel für die erschütternden Erfahrungen des Enthusiasmus und der Inspiration. Diesen kommt nicht nur in den realistischen Romanen eine tragende Rolle als Helferinnen oder Vermittlerinnen zu, ohne die insbesondere die Figur des ‚scheiternden Genies' gar nicht in der Welt bestehen könnte; auch die Frage nach der Geschlechtlichkeit des Genies bzw. nach seinen weiblichen Qualitäten wird bereits im 19. Jahrhundert diskutiert, um dann in der Literaturtheorie des ausgehenden 20. Jahrhunderts eine regelrechte Renaissance zu erleben, etwa mit Julia Kristevas dreibändiger Untersuchung zum „Genie féminin".

Spätestens hier wird ersichtlich, dass die Oppositionen, die das Genie definieren und von seiner Umwelt abgrenzen, nicht stabil sind, dass sie schillern und ineinander übergehen. Anhand der Kinderbuchliteratur des späten 19., frühen 20. Jahrhunderts zeichnet Jefferson nach, dass die Genie-Idee bei Bedarf auch dazu genutzt wurde, um ganz ‚un-geniale' Eigenschaften an ein junges Publikum zu vermitteln. Das Genie wird in dem Maße exemplarisch, wie es sich dazu eignet, die eher gewöhnlichen Tugenden der Ausdauer und des Fleißes zu verkörpern. Dass eine Gesellschaft die Idee des Genies preist, bedeutet also nicht zwangsläufig, dass sie sich auch mit den dazugehörigen Werten identifiziert. Ganz und gar durchlässig werden die Grenzen dann in der Dekonstruktion. Allein der Titel von Derridas Aufsatz[1] macht deutlich, wie eng die Genie-Idee mit anderen Grundpfeilern des westlichen Denkens verbunden ist. Derrida greift das schon bei Barthes und Sartre verhandelte Motiv des Hochstaplers auf, wertet diese jedoch überraschend positiv. Die Tatsache, dass das Genie nicht (immer) vom *imposteur* zu unterscheiden ist, spricht für ihn nicht per se gegen dieses. Sie ruft uns vielmehr in Erinnerung, dass auch die Literatur bzw. die Kunst ohne die Ununterscheidbarkeit von Schein und Sein, von Realität und Fiktion nicht existieren könnte.

An dieser Stelle ist auf eine weitere Besonderheit von Jeffersons Buch zu verweisen. Wie schon der Titel zeigt, versteht sich ihre Studie nicht als klassische Begriffsgeschichte, und setzt sich auch insofern von anderen, älteren

[1] Jacques Derrida, *Genèses, généalogies, genres et le génie: les secrets de l'archive* (Paris: Editions Galilée, 2003).

Untersuchungen[2] ab. Sie möchte vielmehr die Geschichte einer Idee und deren *Verwendung*[3] in unterschiedlichen Kontexten nachzeichnen. Damit rückt der Fokus ganz automatisch auf pragmatische, um nicht zu sagen strategische Umgangsweisen mit dem Genie-Gedanken. Jefferson argumentiert überzeugend, dass die Rede vom Genie in den wenigsten Fällen rein sachlicher Natur sei. Vielmehr komme ihr in der Regel eine Funktion der Legitimierung oder der Delegitimierung zu. Letzteres ist zum Beispiel der Fall, wenn das Genie als Hochstapler entlarvt, wenn es in eine strukturelle Verbindung zum Wahnsinn gerückt oder als Produkt einer bürgerlichen Ideologie denunziert wird. Ersteres hingegen liegt dann vor, wenn die jeweiligen Autoren das Genie nicht nur direkt adressieren (auch dies eine nicht ganz seltene Form der Auseinandersetzung mit dem Genie-Gedanken), sondern dieses so in Szene setzen, dass sie selbst an dessen Eigenschaften partizipieren. Grundsätzlich eignet dem Genie-Gedanken noch lange nach dem Ausklang des 18. Jahrhunderts ein beträchtliches kulturelles Kapital. Davon profitieren, so legt Jefferson nahe, auch dessen Kritiker. Womöglich ist dies auch ein Grund dafür, warum man auch in Anbetracht einer zunehmenden Verwissenschaftlichung des Geisteslebens im 19. Jahrhundert ein so dauerhaftes Fortleben der Genie-Idee bis hinein in die überaus ideologiekritische Kulturtheorie des 20. Jahrhunderts beobachten kann.

Für Jefferson gilt also auch in methodischer Hinsicht, was sie inhaltlich-konzeptionell zu ihrem Credo gemacht hat: Das Genie ist niemals isoliert, sondern immer nur in ganz konkreten Kontextzusammenhängen zu betrachten. Das ist zwar nicht dasselbe, wie von einem ‚Systemcharakter' des Genies zu sprechen; an einigen Stellen kommt Jefferson einer solchen Aussage jedoch recht nahe. So betont sie immer wieder, gerne auch als Fazit eines ihrer (Unter-)Kapitel, dass die Rede vom Genie sich häufig just in den noch jungen, sich eben erst entwickelnden Sprachsystemen (engl. „language") neuer Wissenschaftszweige oder Disziplinen wiederfinde. Die Dynamik, die dabei zum Vorschein kommt, ist eine durchaus wechselseitige: So versuchen sich diese neuen Wissenszweige zu etablieren, indem sie die Idee des Genies nicht nur aufgreifen und für ihre jeweiligen Zwecke fruchtbar machen, sondern diese auch ihrerseits weiterentwickeln. Man kann daher

[2] So etwa Jochen Schmidt, *Geschichte des Genie-Gedankens in der deutschen Literatur, Philosophie und Politik 1750–1945*, 2 Bde. (Darmstadt: Wissenschaftliche Buchgesellschaft, 1985), oder Penelope Murray, Hrsg., *Genius: The History of an Idea* (Oxford: Blackwell, 1989).

[3] Das englische Substantiv „use(s)" ist semantisch nicht ganz eindeutig und je nach Kontext mit Anwendung, Verwendung oder Gebrauch zu übersetzen.

von einer Co-Evolution der Genie-Idee und der unterschiedlichen, in dem Buch verhandelten Wissensfelder sprechen. Jedenfalls erklärt sich so der, was die ausgewählten (Text-)Gattungen angeht, überaus breit gefächerte, kulturwissenschaftliche eher denn literaturwissenschaftliche Ansatz der Autorin.

Allerdings kann man hierin auch eine kleine, womöglich die einzige Schwäche ihres Buches sehen. Denn auch wenn Jefferson sich ausdrücklich dagegen verwahrt, eine typische Begriffs- oder Ideengeschichte schreiben zu wollen, so orientiert sie sich für die Auswahl ihrer Quellen doch merklich an den lexikalischen Okkurrenzen des Genie-Begriffs. Diese werden an einigen Stellen eher verzeichnet denn analysiert, was mitunter eine recht kursorische Abhandlung zur Folge hat. Die Einleitung begnügt sich mit einigen wenigen etymologischen Hinweisen zum „doppelten Ursprung" (2) des Genie-Gedankens (in lat. *ingenium* bzw. *genius*), die in den einzelnen Kapiteln noch durch weitere Querverweise wie z.B. den – bereits erwähnten – auf den Charakter ergänzt werden. Doch es bleibt das Gefühl einer gewissen Unschärfe bestehen, das daraus resultieren mag, dass diese zwar sprachlich bedingten, letztlich aber konzeptuellen Ambivalenzen an keiner Stelle tiefer ausgelotet bzw. historisch eingeordnet werden. Stattdessen verlegt sich Jefferson darauf, die semantische Vielfalt als eine Chance auch der Darstellung zu preisen, weshalb sie eingangs betont, dass jedes ihrer Kapitel ganz für sich sprechen solle – geradezu so, als ginge die Diskussion um das Genie jedes Mal wieder von vorne los, in irreduzibler Neuartigkeit (vgl. 7).

Man mag nun der Autorin den Verzicht auf eine eigene ‚Meta-Theorie' in Sachen des Genies durchaus als eine bewusste Entscheidung zu Gute halten; ob diese allerdings dadurch gerechtfertigt ist, dass, wie Jefferson angelegentlich behauptet (vgl. 48), die Franzosen selbst einer theoretischen Durchdringung des Genie-Gedankens abgeneigt seien, erscheint zweifelhaft. Vielmehr ist anzunehmen, dass eine vertiefte Analyse durchaus den systemischen Stellenwert des Genie-Gedankens innerhalb des Werkes eines bestimmten Autors hätte erhellen können. Dies wäre jedoch in einem derart umfassenden, mehrere Jahrhunderte umspannenden und noch dazu multidisziplinären Durchlauf wie dem hier vorgelegten nicht zu leisten gewesen. Wohl aber hätte es sich gerade für ein Vorhaben dieser Art angeboten, noch weitaus stärker auf den Begriff des Diskurses zurückzugreifen. Dieser hätte, so darf man vermuten, die Kontextualisierung der Genie-Idee im Rahmen der verschiedenen „languages" (aus Kunst, Wissenschaft und Populärkultur) erleichtert und es zudem erlaubt, die diversen, in der Untersuchung verhandelten Wissensfelder wo nicht miteinander kompatibel, so doch zumindest konzeptionell vergleichbar zu machen. Dass Jefferson davon absieht, tut der Qualität ihrer Studie allerdings keinen Abbruch – zu inspirierend sind die von ihr versammelten Textbeispiele.

Settecentistik: Franco Venturi heute

Gisela Schlüter (Erlangen)

SCHLAGWÖRTER: Venturi, Franco; Einaudi; Rivista Storica Italiana; Aufklärungsforschung; Geschichtsschreibung

Adriano Viarengo, *Franco Venturi, politica e storia nel Novecento*, Studi storici Carocci 221 (Roma: Carocci editore, 2014).

⁂

I

Die seit 2014 vorliegende Biographie über Franco Venturi (1914–1994) wurde von Adriano Viarengo, einem Kollegen Venturis, verfasst, der Jahrzehnte lang an der Herausgabe der *Rivista Storica Italiana* beteiligt war. Dieser renommierten und traditionsreichen Fachzeitschrift hatte Venturi als Nachfolger Federico Chabods von 1959 an bis zu seinem Tode vorgestanden. Viarengo legt, auf der Grundlage umfangreicher Archivstudien, die erste umfassende Biographie eines der bedeutendsten und auch international einflussreichsten italienischen Historiker des 20. Jahrhunderts vor,[1] der zugleich zweifellos einer der bedeutendsten Aufklärungshistoriker des 20. Jh.s war (vgl. II). Viarengo setzt in seiner sorgfältigen biographischen Rekonstruktion Schwerpunkte im politischen Engagement, historischen Wirken und politisch-wissenschaftlichen Selbstverständnis Franco Venturis. Dessen politische Biographie hatte schon Leonardo Casalino 2006 veröffentlicht, hatte sich allerdings auf die politisch aktiven Jahre Venturis beschränkt.[2] Viaren-

---

[1] Eine ideengeschichtlich konturierte biographische Skizze hatte dessen Schüler Edoardo Tortarolo schon unmittelbar nach Venturis Tod publiziert, vgl. Edoardo Tortarolo, „La rivolta e le riforme: appunti per una biografia intellettuale di Franco Venturi 1914–1994“, *Studi settecenteschi* 15 (1995): 9–42; in aktualisierter Form wiederabgedruckt in *La reinvenzione dei lumi: percorsi storiografici del Novecento*, hrsg. von Giuseppe Ricuperati, Fondazione Luigi Einaudi: Studi 38 (Firenze: Olschki, 2000), 171–99. Zahlreiche Beiträge über Venturis Werk verdanken sich Giuseppe Ricuperati, der nach Venturis Tod Herausgeber der RSI wurde, vgl. u.a. Giuseppe Ricuperati, *Un laboratorio cosmopolitico: illuminismo e storia a Torino nel Novecento* (Napoli: Edizioni Scientifiche Italiane, 2011).

[2] Leonardo Casalino, *Influire in un mondo ostile: biografia politica di Franco Venturi (1931–1956)* (Aosta: Stylos, 2006).

go klammert gleich eingangs explizit im engeren Sinne persönliche Aspekte von Venturis Vita aus seiner Darstellung aus und konzentriert diese auf den jungen Aktivisten, engagierten Historiker, prominenten Intellektuellen und europäisch vernetzten Wissenschaftler Venturi.

Noch zu Lebzeiten Venturis hatte es um 1990 erste Bestandsaufnahmen seines allein schon vom Umfang her stupenden historiographischen Werkes gegeben. Seit seinem Tode im Jahre 1994 hat man, vor allem in Italien und im angelsächsischen Raum, seit wenigen Jahren sporadisch auch in Deutschland,[3] sein Werk in zahlreichen Sammelbänden[4], Detailuntersuchungen, wissenschaftsgeschichtlichen Artikeln und durch Editionen des Nachlasses, etwa seines Briefwechsels mit Croce[5] und seiner Schriften zur Rekonstruktionen der Ideengeschichte von *Sozialismus* und *Kommunismus*[6], gewürdigt und erschlossen. Sein vielbändiges Hauptwerk, *Settecento riformatore*, liegt fast komplett in englischen Übersetzungen vor (1972, 1989–1991) und hat im angloamerikanischen Raum erhebliche Wirkungen gezeitigt. Teile seines Werkes wurden auch ins Französische, es wurde aber bislang keines seiner Bücher ins Deutsche übersetzt.

Franco Venturi war Sohn des berühmten Kunsthistorikers (und Viarengo zufolge Kunsthändlers) Lionello Venturi (1885–1961), Enkel des nicht minder angesehenen Kunsthistorikers und Senators Adolfo Venturi (1856–1941). Sein Vater, der seit 1914 einen Lehrstuhl für Kunstgeschichte an der Univer-

[3] Vgl. etwa *Italien in Europa: die Zirkulation der Ideen im Zeitalter der Aufklärung*, hrsg. von Frank Jung und Thomas Kroll (Paderborn: Fink, 2014). Der Untertitel des Bandes nimmt Bezug auf Venturis programmatischen Artikel *La circolazione delle idee* (1954). Eine erste Würdigung Venturis von deutscher Seite publizierte nach dessen Tod Christof Dipper, „Franco Venturi und die Aufklärung", *Das Achtzehnte Jahrhundert* 20 (1996): 15–21. 2014 fand in der Villa Vigoni ein Workshop u.d.T. *Reformsprachen der Aufklärung: das Werk von Franco Venturi* unter der Leitung von Manuela Albertone und Thomas Maissen statt. Vgl. auch *Illuminismo – jenseits von Aufklärung und Gegenaufklärung*, hrsg. von Erna Fiorentini und Jörn Steigerwald, *Das Achtzehnte Jahrhundert* 38, Nr. 2 (2014).

[4] Angeführt seien hier lediglich zwei repräsentative und nützliche Sammelbände: *Il coraggio della ragione: Franco Venturi intellettuale e storico cosmopolita*, hrsg. von Luciano Guerci und Giuseppe Ricuperati (Torino: Fondazione Luigi Einaudi, 1998); *Il repubblicanesimo moderno: l'idea di repubblica nella riflessione storica di Franco Venturi*, hrsg. von Manuela Albertone, Istituto Italiano per gli Studi Filosofici: Serie Studi XXXI (Napoli: Bibliopolis, 2006).

[5] Benedetto Croce und Franco Venturi, *Carteggio*, hrsg. von Silvia Berti, Istituto Italiano per gli Studi Storici (Bologna und Napoli: Il Mulino, 2008).

[6] Franco Venturi, *Comunismo e Socialismo: storia di un'idea*, hrsg. von Manuela Albertone, Daniela Steila, Edoardo Tortarolo und Antonello Venturi, Centro Studi di Storia dell'Università di Torino, Lezioni e Inediti di ‚Maestri' dell'Ateneo Torinese (Torino: Università degli Studi di Torino, 2014).

sität Turin innehatte, verweigerte 1931 den Eid auf das faschistische Regime und wurde daraufhin in den Zwangsruhestand versetzt. Die Familie ging 1932 zunächst nach Frankreich und dann ins amerikanische Exil, der Sohn Franco blieb jedoch in Paris, wo er Mitte der 1930er Jahre, ohne große Begeisterung (44–5), u.a. bei Daniel Mornet an der Sorbonne studierte und 1940/46 mit einer Arbeit über Dalmazzo Francesco Vasco promovierte. In den Jahren 1933–1940 engagierte Franco Venturi sich intensiv publizistisch und als Aktivist in der antifaschistischen Gruppe *Giustizia e Libertà* (neben Carlo Rosselli, Aldo Garosci, Leo Valiani, Emilio Lussu, um nur wenige Namen anzuführen; vgl. 51–85). 1936 – Ende des Jahres sollte Gides *Retour de l'U.R.S.S.* erscheinen – reiste er zum ersten Mal in die Sowjetunion, um in Leningrad die Bibliothek Diderots zu erforschen: die erste von zahlreichen Reisen in die stalinistische und poststalinistische UdSSR, wo er u.a. zwischen 1947 und 1950 als Kulturattaché an der italienischen Botschaft in Moskau tätig werden sollte. Russland, vor allem das vorrevolutionäre Russland des 19. und frühen 20. Jh.s, und andererseits das Werk Diderots, das ihn erstmals dorthin geführt hatte, sollten ihn auch weiterhin wissenschaftlich beschäftigen. 1940 floh er aus Frankreich, um in die USA zu gelangen, wurde aber in Spanien inhaftiert und 1941 nach Italien ausgeliefert, wo er bis 1943 interniert war. Nach dem Zusammenbruch des Mussolini-Regimes kehrte er nach Turin zurück, von wo aus er aktiv an der Resistenza teilnahm und die klandestine Presse des *Partito d'Azione* organisierte. In den Jahren seines militanten antifaschistischen Engagements und auch in der Zeit seiner Haft beschäftigte sich Venturi, der von Jugend an vielfältige und ausgedehnte Lektüren betrieben hatte – er bewegte sich neben dem Italienischen auch sicher im Französischen und Englischen, besaß solide Russisch-Kenntnisse, lernte Spanisch und auch Deutsch („noioso e difficile“, 48) –, in umfangreichem Literaturstudium mit der historischen und politischen Aufarbeitung des zeitgenössischen nationalsozialistisch-faschistischen und stalinistischen Totalitarismus. Sein politisches Leitbild in den letzten Kriegsjahren war das eines dezidiert europäischen, antitotalitaristischen, liberalen, reformerischen Sozialismus, in dem Italien nach Kriegsende eine besondere Rolle zufallen werde:

> Poiché l'Italia era il primo paese liberato, era anche "il banco di prova del riscatto europeo" e all'Italia, che più a lungo aveva subito il fascismo, spettava il compito di indicare "la via della rivoluzione antitotalitaria", al PdA [Partito d'Azione, G. Schl.] toccava porsi alla testa di quelle sforzo comune degli italiani. (128)

Venturis Verhältnis zum Kommunismus, Marxismus, Sowjetkommunismus und Eurokommunismus wird in der italienischen Forschung intensiv diskutiert.[7]

Seit 1942 war Venturi auch für den Verlag Einaudi tätig, und 1946 erhielt er dort eine Festanstellung. In diesem Milieu pflegte er Kontakte zu vielen Intellektuellen und Schriftstellern (u.a. zu Cesare Pavese, Leone Ginzburg, Carlo Levi, Italo Calvino, später zu Claudio Magris). 1968 sollte Venturi seine Zusammenarbeit mit Einaudi aufkündigen, weil er sich im Gegensatz zur Verlagspolitik Einaudis von der 1968er Bewegung distanzierte. 1951 begann seine Universitätskarriere mit einem Ruf nach Cagliari, es folgte 1955 ein Ruf nach Genua und schließlich 1958 ein Ruf nach Turin, wo er bis zu seiner Emeritierung bleiben sollte, obwohl er zahlreiche Rufe an renommierte Universitäten im Inland und Ausland (besonders in die USA) erhielt. Viarengo hebt an mehreren Stellen seines Buches hervor, wie wenig Venturi die universitäre Arbeit und insbesondere auch die Hochschullehre schätzte: Ihm sei die Universität stets als eine zweitrangige Option für einen politischen Intellektuellen und Historiker erschienen (306): „la via universitaria mi sorride poco", so hatte er sich schon 1946 Giulio Einaudi gegenüber geäußert.[8] 1967 reiste Venturi zum ersten Mal nach Harvard, und er sollte in der Folge jährlich ausgedehnte Vortragsreisen an die renommiertesten amerikanischen und britischen Universitäten und Institute unternehmen. Mit zahlreichen amerikanischen und britischen Professoren stand er in engem Kontakt. Isaiah Berlin, mit dem er das Interesse an Russland teilte, der aber in der Einschätzung der russischen Intelligenzija keineswegs immer mit Venturi übereinstimmte, hat gleichwohl Venturi als eine herausragende Forscherpersönlichkeit gewürdigt:

> The main point about him, however, is that he is a scholar of the first water, lively temperament and a man of great charm and distinction, and about the most prominent figure among Italian historians. (Berlin, zit. 290)

Zahllose weitere akademische Kontakte führten Venturi häufig nach Frankreich und in die Schweiz, auch nach Japan. Deutschland gegenüber blieb Venturi hingegen reserviert – das gilt für seine wissenschaftlichen Kontak-

[7] Vgl. u.a. Edoardo Tortarolo, „Franco Venturi e il comunismo", in *La forza dei bisogni e le ragioni della libertà: il comunismo nella riflessione liberale e democratica del Novecento*, hrsg. von Franco Sbarberi (Reggio Emilia: Diabasis, 2008), 327–40.

[8] Venturi, „La via universitaria mi sorride poco: una lettera a Giulio Einaudi del '46. [...]", veröffentlicht in *La Stampa* 128, Nr. 342, 15. Dezember 1994, 19.

te ebenso wie für seine Forschungsinteressen (allerdings übersetzte Venturi während seiner Lagerhaft Herders *Auch eine Philosophie der Geschichte der Menschheit*). Diesbezüglich verhält sich Viarengo diskret. Man würde freilich beispielsweise gern erfahren, wie Venturi sich zur deutschen Begriffsgeschichte – aber auch zur deutschen Romanistik – positionierte. Seit 1959 publizierte er eine Reihe von begriffsgeschichtlichen *Contributi ad un dizionario storico* als Vorarbeiten zu einer *storia dei concetti politici* in der *Rivista Storica Italiana,* als ersten jenen über *Was ist Aufklärung? Sapere aude!*

Seit den 1980er Jahren hatte sich die internationale Geschichtswissenschaft allmählich von der politischen (Ideen-) Geschichte und dem Ideal strikt quellenbasierter historischer Erudition, wie Venturi sie in seinen Arbeiten und in der Leitung der *Rivista Storica Italiana* vertrat, gelöst. Das historiographische Paradigma der *Annales,* eine statistisch gestützte Wirtschafts- und Sozialgeschichte, Mentalitätsgeschichte, Institutionengeschichte, François Furets Revolutionsforschungen, in Italien u.a. die *microstoria* (vgl. 315) hatten sich erfolgreich etabliert – Auffassungen von den Geschichtswissenschaften, die Venturi mehr oder weniger alle verwarf („Era la liquidazione di buona parte della storiografia sul Settecento dell'ultimo mezzo secolo." 286). Eine interdisziplinär entgrenzte wie auch eine dezidiert theoretisch ambitionierte Geschichtswissenschaft widersprachen ebenso seinem wissenschaftlichen Selbstverständnis wie die zunehmend üblichen kollektiven Arbeitsformen, Forschungsverbünde und Sammelbände: „'scrivere un libro di storia è opera individuale e non di *équipe*', in chiara polemica con la tendenza sempre più dilagante di opere collettive [...]" (299). Seine individualistische Auffassung von der Profession des Historikers hinderte ihn keineswegs daran, eine historische Schule zu begründen und eine seinem Werk dauerhaft verpflichtete Gruppe kompetenter Historiker um sich zu versammeln.

II

Franco Venturi zählt zu den Pionieren der Aufklärungshistoriographie. Während seines Studiums an der Sorbonne hatte er sich intensiv mit der französischen Aufklärung befasst. In diesen Jahren erschienen mit Ernst Cassirers *Die Philosophie der Aufklärung* (1932)[9] und Paul Hazards *La Crise de la conscience européenne* (1934) die ersten großen historiographischen Rekon-

[9] „[...] [L]'accusa alla interpretazione ‚filosofica' e ‚tedesca' (per Venturi aggettivo non neutro), che aveva avuto in Cassirer il suo più noto interprete [...]", 286.

struktionen des Aufklärungszeitalters. In diese fruchtbare Zeit fiel Venturis Beschäftigung mit Diderot und den Enzyklopädisten, dokumentiert in zwei einschlägigen Monographien, die 1939 und 1946 erschienen und ihm u.a. die Aufmerksamkeit Herbert Dieckmanns sicherten (216)[10]; Jacques Prousts viel zitierte Monographie *Diderot et l'Encyclopédie* erschien deutlich später, 1962, und fand bei Venturi nicht nur Beifall (286). Venturi widmete sich auch anderen, damals wenig bekannten französischen *philosophes* des 18. Jahrhunderts wie Dom Deschamps, Mably, Boulanger und Buonarroti, mit der Absicht, die Wurzeln des Kommunismus in der Aufklärung freizulegen. Mit diesem Teil seines Œuvres, teilweise in französischer Sprache verfasst, profilierte sich der junge Venturi schon seit Ende der 1930er Jahre als Experte für die französische Aufklärung. Zudem interessierte er sich für die französische Revolutionshistoriographie der Jaurès, Mathiez, Lefebvre, Bloch und Halévy, die er in einer eigenen Publikation dem italienischen Publikum vorstellte (151).

Doch galt es nicht nur, die vermeintlichen Kontinuitäten zwischen französischer Aufklärung und Revolution, sondern auch diejenigen zwischen italienischer Aufklärung und Risorgimento kritisch zu hinterfragen. Im Kontext der lebhaften Debatten über das Risorgimento und dessen politisch-ideologische Vereinnahmung, insbesondere durch die faschistische Geschichtsschreibung, fand Venturi zu der Überzeugung, dass zwischen italienischer Aufklärung und Risorgimento eine deutliche Trennung vorzunehmen und eine teleologische Auslegung der Aufklärung als Wegbereiterin von Risorgimento und italienischem Nationalismus abzuweisen sei. Diesbezüglich, aber auch innerhalb des Ensembles europäischer Aufklärungen war die Eigenständigkeit der italienischen Aufklärung hervorzuheben. Diesem Anliegen verschrieb sich der Historiker Venturi, nicht zuletzt unter dem Einfluss von Luigi Salvatorellis *Il pensiero politico italiano dal 1700 al 1870* (1935), seit der Publikation seiner Dissertation über den Aufklärer Dalmazzo Francesco Vasco (erschienen 1940) und bis an sein Lebensende. Seine Perspektive auf die Aufklärung sollte über Frankreich hinaus reichen, sich auf Italien und die Eigenständigkeit des reformerischen *Illuminismo* konzentrieren und sich, ausgehend von einer „visione policentrica dell'Europa dei lumi" (170), ausweiten auf die gesamte europäische Aufklärung und deren

[10] Venturi trug auch 1966 einen Artikel zur von Hugo Friedrich und Fritz Schalk edierten Festschrift für Herbert Dieckmann bei, vgl. Venturi, „La corrispondenza letteraria di Auguste de Keralio e Paolo Frisi", in *Europäische Aufklärung: Festschrift für Herbert Dieckmann* (München: Wilhelm Fink, 1966), 301–9.

transatlantische Verzweigungen. Schon 1942 hatte Venturi Croce gegenüber geäußert, „che già da parecchio tempo stavo discutendo con me stesso, di dedicarmi ad uno studio ampio, molto ampio sul settecento europeo" (Venturi, zit. 106, Anm. 74), und 1946 schrieb er an Arnaldo Momigliano: „[...] spero tra dieci anni di scrivere una ‚Storia dell'Europa dei Lumi', dalla Spagna alla Russia, passando per Francia, Inghilterra e Germania." (Venturi, zit. 154). Dieses Projekt mochte überdimensioniert erscheinen. Was das europäische Profil der Aufklärung in ihrem Gesamtverlauf betrifft, hat Venturi jedoch im letzten Beitrag seines erfolgreichsten Bandes *Utopia e riforma nell'Illuminismo* (1970), *Cronologia e geografia dell'illuminismo*, eine pointierte Synthese vorgelegt. Mit der bei Ricciardi erschienenen Anthologiereihe *Riformatori italiani* und vor allem dem vielbändigen *Settecento riformatore* (1969–1990) hat er sein Gesamtprogramm kraftvoll in die Tat umgesetzt. Eine vergleichbare historiographische Leistung eines einzelnen Gelehrten hatte es in der europäischen Aufklärungsforschung wohl noch nie und hat es nach Venturi dort nicht mehr gegeben. Angesichts dieser stupenden Leistung dürften nahe liegende Einwände gegen Verkürzungen seines Bildes der europäischen Aufklärung als Ganzer – etwa die weitgehende Absenz Preußens, die Marginalität der Naturrechtstradition, die unklare Verwendung des Krisenbegriffs etc. – und jene kritischen Einwände gegen Venturis Rekonstruktion und deren Methode, die Viarengo ausführlich dokumentiert hat, letztlich kaum ins Gewicht fallen.

Zur Meisterschaft brachte Venturi es, vor allem in den *Riformatori italiani*, im Genre des lebendigen Autorenporträts. In „‚memorabili' medaglioni" (301) hat er auch marginale Figuren des Illuminismo höchst prägnant charakterisiert. Diese Porträttechnik verdankte er, so merkt Viarengo an, nicht zuletzt dem britischen Historiker Lewis Namier.

III

Der Settecentistik hat Venturi als Erster ein europäisch arrondiertes Gesamttableau der Epoche geliefert. Er hat deren wichtigste Repräsentanten mit monographischer Ausführlichkeit präsentiert und ihre europaweite Wirkungsgeschichte detailliert rekonstruiert; diesbezüglich sei exemplarisch auf seine grundlegenden Arbeiten über Beccaria und die Brüder Verri, aber auch Radicati di Passerano verwiesen. Gleichwohl können seine Arbeiten zur italienischen Aufklärung einer literaturwissenschaftlichen Italianistik nur spärliche Impulse geben. Denn Venturi hat bemerkenswerterweise literarische – wie auch im engeren Sinne philosophische – Quellen aus seinen historischen Forschungen kategorisch ausgeschlossen.[11]

Viarengos Buch ist gleichwohl nicht nur für Historiker und Politikwissenschaftler, sondern auch für Aufklärungsforscher und unter diesen für Romanisten von großem Interesse. Seine klare und verlässliche, mit einem Namensindex versehene Darstellung lässt allenfalls gelegentlich den weniger informierten Leser im Stich, wenn bspw. Jahresangaben oder einschlägige Titel von Venturis zahlreichen Werken schlichtweg vorausgesetzt und nicht genannt werden. Dass informierte Leser adressiert werden, scheint auch der Grund dafür zu sein, dass die umfangreiche zitierte Forschungsliteratur am Ende des Bandes nicht in einem Literaturverzeichnis zusammengestellt ist. Desgleichen vermisst man ein Schriftenverzeichnis Venturis. Dieses ist andernorts zu konsultieren.[12]

---

[11] Vgl. 181–2, Zitat Venturi 313 („discussioni e libri su Parini non si contano, ma su Pietro Verri?"); zu den Gründen für diesen Verzicht auf die Einbeziehung literarischer Quellen vgl. auch Gisela Schlüter, „Storia politica e storia letteraria nell'opera storiografica di Franco Venturi, in *La responsabilità dell'intellettuale in Europa all'epoca di Leonardo Sciascia: die Verantwortung des Intellektuellen in Europa im Zeitalter Leonardo Sciascias*, hrsg. von Titus Heydenreich, Erlanger Forschungen Reihe A: Geisteswissenschaften 99 (Erlangen: Universitätsbibliothek Erlangen-Nürnberg, 2001 [aber 2002]), 117–28.

[12] Paola Bianchi und Leonardo Casalino, „Bibliografia degli scritti di Franco Venturi", in *Il coraggio della ragione*, 441–78.

Die Macht der Liebe

Stephan Leopold untersucht die Spannungen zwischen *polis* und *eros* im *ancien régime*

Fabian Hauner (Regensburg)

SCHLAGWÖRTER: Rezension; Absolutismus; Klassik; Aufklärung; Liebe; politisches Imaginäres; Transparenz; Unlesbarkeit; Ancien Régime; Leopold, Stephan

Stephan Leopold, *Liebe im Ancien Régime: ‚eros' und ‚polis' von Corneille bis Sade* (Paderborn: Fink, 2014), 466 S.

⁂

Die Rolle der Literatur in der Zeit des französischen Absolutismus neu zu bestimmen, ist das Anliegen von Stephan Leopolds Studie *Liebe im Ancien Régime*. Grundlegend ist dabei Leopolds Überlegung, „dass sich das politische Unbehagen der Epoche vorzugsweise in erotischen Konstellationen niederschlägt" (Klappentext). Die Interdependenzen zwischen Politik, Kunst und insbesondere Literatur auszuleuchten und dabei nach der Rolle der Sprache zu fragen, ist erklärtes Anliegen des Bandes. Konkret bedeutet dies: Wie kann im zentralisierenden System des Absolutismus, der die Deutungshoheit nicht nur im politischen, sondern auch im künstlerischen Feld anstrebt, noch Kritik an demselben geäußert werden? Für Leopold geschieht dies vorzugsweise im Modus der Allegorie, die er ausgehend von der Antike bis in die Zeiten der französischen Revolution auf ihre politischen Implikationen hin befragt. So entsteht ein Bild der Literatur des *ancien régime*, das geprägt ist von einem Nebeneinander aus affirmativen, legitimierenden und kritischen, subversiven Allegorien. Welchen zeitlichen Bogen der Vf. zur Beantwortung dieser Frage spannt, macht der Untertitel deutlich: „Eros und Polis von Corneille bis Sade", also der Zeitraum von ca. 1650 bis ca. 1800.

Zu Beginn steht dabei eine theoretische Annäherung an die Literatur des *ancien régime*, in der historische Momente des Allegorischen entfaltet werden. Dies geschieht sowohl an der Person Marie-Antoinettes als auch an der Ludwigs XIV., die den historischen Anfang und das historische Ende des *ancien régime* markieren. Am Beispiel von Marie-Antoinette wird gleich zu

Beginn eine zentrale Denkfigur eingeführt. Es handelt sich dabei um eine destruktive Form von Weiblichkeit, die den als maskulin imaginierten Staat usurpiert (vgl. 15–6) und die Leopold als „Krisenallegorie" (27) bezeichnet. Bei Ludwig XIV. kommt es aufgrund des Einflusses von Mme de Maintenon zu einer gefährlichen Effeminierung des *Hercules Gallicus* (vgl. 26), als der er sich gerne geriert. Zweierlei ist hierbei positiv anzumerken. Zum einen der Einbezug ikonographischen Materials (zwei Stiche zu Marie-Antoinette, drei Gemälde zu Ludwig XIV.), zum anderen der Verweis auf die mittelalterliche Zwei-Körper-Lehre (vgl. 14). Dieses Nebeneinander und Ineinander von künstlerischen Artefakten und politischer Philosophie/Theologie ist charakteristisch für das gesamte Werk. Nach diesem *tour d'horizon* zur politischen Kultur des Absolutismus und den entsprechenden Gegendiskursen durchmisst Leopold den Raum des Allegorischen zur Zeit des Absolutismus. So macht er sich Robert Darntons Analyse des Katzenmassakers[1] zu eigen, das er geschickt mit dem kulturellen Phänomen des Karnevals verbindet. Die Homogenisierungsbestrebungen unter Ludwig XIV. bedingen, dass sich die Kritik zusehends vom wilden Karneval als Medium derselben verabschiedet und „sich statt dessen [...] des Diskurses der Leidenschaft bedient, um auf diese Weise ein zum normativen Hegemonialdiskurs konterdiskursives Sinnmoment freizusetzen." (38) In eben jenem Katzenmassaker aber entspinnt sich eine symbolisch transformierte Kritik der herrschenden Zustände, die auch wieder mit dem Zeichen des destruktiven Weiblichen operieren (vgl. 35–7). Abschließend kommt Leopold auf ein Begriffspaar zu sprechen, das ihn zu de Man führt: Blindheit und Einsicht. Jedoch übernimmt er nicht nur die zentralen Gedanken – zumal in Bezug auf Rousseau –, sondern denkt ihn konsequent und kritisch für seine Fragestellung weiter. So ist Leopold der Auffassung, dass de Man eben nicht „die politische Frage völlig aus dem Blick geraten wäre." (42) Und vor allem bei der *Princesse de Clèves* und der *Nouvelle Héloïse* wird für Leopold der Zwilling aus Blindheit und Einsicht durch die Autoreflexivität der Texte in einer politischen Lesart evident. Dabei geht es darum, „eine historische Form politischer Allegorie zu bestimmen, die zeitlich weitgehend konkomitant mit dem Absolutismus

[1] Diese *anecdote typographique* schildert die Zustände im Pariser Druckereigewerbe um 1740. Ein Lehrling und andere Arbeiter einer Druckerei werden beauftragt, alle Katzen des Viertels zu töten, bis auf „la chatte de Madame [Besitzerin der Druckerei, F.H.]" (zit. nach Leopold, 33). Die Analyse geht nun dahin, dass in jenem Wortspiel sexueller und revolutionärer Sinn zusammenfallen: „Ces mauvais ne peuvent tuer les Maîtres, ils ont tué ma chatte [...]" (zit. nach Leopold, 33).

ist und die sich gerade in Liebesgeschichten dingfest machen lässt.“ (46) Die Liebe ist somit „nicht [...] privater Natur, sondern immer uneigentlicher Ausdruck sozialer Spannungen bzw. Aporien.“ (46)

Der hieran anschließende argumentative Teil besteht aus zwei Abschnitten: *Figuren* und *Verlauf*. Ersterer zeigt die Paradigmen, die den Rahmen des literarischen Schreibens der jeweiligen Zeit bilden, zweiter die Zusammenstellung der maßgeblichen Texte, die der Vf. als Syntagma verstanden wissen will, mittels dessen „eine historische Entwicklung“ (47) illustriert werden soll.

Nach einigen theoretischen Überlegungen zum Verhältnis von *eros* und *polis* führt Leopold die erste Figur ein, mithilfe derer er dieses bestimmt: Dido aus Vergils *Aeneis*. Diese erscheint hier als eine blockierende Figur, die durch ihre Weiblichkeit versucht, Aeneas von seinem göttlichem *fatum* abzuhalten. Ebenjenes Dido-Bild zeitigte eine lebhafte Rezeption in Frankreich seit dem Mittelalter und blieb auch wirkmächtig in der Zeit Ludwigs XIII. (vgl. 73–7). Die Figur der blockierenden oder für den männlichen Tatendrang gefährlichen Frau erkennt Leopold ebenfalls in Sabine, der Frau des Horace, in Corneilles gleichnamigem Stück. Diese setzt angesichts des Stellvertreterkampfes der Horatier und Curatier „statt auf die siegreiche *virtus* auf eine Politik der Brüderlichkeit“ (89) und unterminiert so das Selbstbild der männlichen römischen Aristokraten, die den Staat und seine Räson über alles stellen.

Im Kapitel „Epistemologie der Liebe“ (97–140) werden verschiedene Konzepte von Liebe seit der Antike diskutiert. Als Zäsur ist dabei die Etablierung des Christentums als Staatsreligion zu sehen, da es den antiken *eros* durch *agape* ersetzt (vgl. 100). Konnte ein römischer Elegiker wie Ovid noch den nackten weiblichen Körper besingen (vgl. 99–100), ist dies für einen Trobador nicht mehr möglich. Denn unter den Trobadors vollzieht sich eine Wendung vom „direkten Objektgenuß“ hin zu einer „Fetischisierung des unerreichbaren Körpers“ (101). Anschließend zieht der Vf. hier eine Linie von den Trobadors zum französischen Schwertadel, der nach der *Fronde* (1648–53) seiner alten Funktion verlustig gegangen ist. So wie die Trobadors in ihrer Melancholie über unerreichbare Liebe durch ihr Phantasma Subjektivität stiften, gewinnt der Schwertadel eine neue Subjektivität in der Repräsentationskultur des königlichen Hofes. Als Heilmittel gegen die Melancholie ob des Verlusts der alten politischen Funktion entsteht infolgedessen der *esprit* (vgl. 115), der hierfür eine Kompensation darstellt und konstitutiv für den Höfling wird (vgl. 111). In „radikaler Alterität“ (129) wird dazu ein auf dem

Diskurs der Leidenschaften ruhendes Liebeskonzept der *amour-passion* entworfen, das man beispielsweise in Racines *Phèdre* vorfindet (vgl. 38). Dennoch bleibt festzuhalten, dass die Liebe im *ancien régime* schon so vom rationalen *esprit* durchdrungen ist, dass sie sich in den verschiedenen Salons, aber auch in der „geistreichen Diskursivierung" (129) zu einer „Erotik der Öffentlichkeit" (129) entwickelt hat. Genau gegen diese wendet sich Rousseau mit einer „Phantasmatik der Empfindsamkeit" (127), die gegen das adlige Paradigma der Liebe ein bürgerliches errichtet, in dem „galante Floskeln" (129) von *cœur* und aufrichtiger Liebe abgelöst werden (vgl. 129). Denn im Adel ist durch diese Liebe keine Individualität mehr zu haben: Es „verschwindet [...] das Individuelle, ja man könnte sagen: der Mensch überhaupt." (129) Diesem Verschwinden des Menschen spürt Leopold sodann in Sades *Philosophie dans le boudoir* nach, die bereits unter den Vorzeichen der Republik entstand (1795). Schwindet unter Ludwig XIV. die alte Opposition zwischen Adel und Bürgertum zusehends, so „[stellt] im Schreiben Sades [...] die Republik nicht die Aufhebung, sondern die Radikalisierung der [sozialen, F. H.] Entdifferenzierung dar." (140)

Steht eine Entdifferenzierungskrise bei de Sade am historischen Ende des Absolutismus, so findet man eine ähnliche Krise auch an dessen Beginn. Derjenige, der schreibend versucht, einen Ausweg aus dieser Krise zu weisen, ist Jean Bodin. Die zentrale Denkfigur dieses Abschnitts ist die Souveränität, die sich im Absolutismus in der Person des Königs konkretisiert und losgelöst von den Gesetzen gedacht wird. Außerdem werden Bossuet und Ludwig XIV. selbst in die Überlegungen mit einbezogen, so dass die politisch-philosophischen Tiefenschichten des Absolutismus sichtbar werden. Sekundiert werden diese historischen Analysen durch Vergleiche mit und Verweise auf die Literatur. So wird die Wirtschaftspolitik Ludwigs XIV., die auf eine Stärkung des Bürgertums abzielte, mit Perraults *Peau d'âne* kurzgeschlossen (vgl. 167–82). Abschließend kommen wieder die Antipoden Rousseau und Sade zu Wort. Diese entwerfen vor dem Hintergrund der heraufdämmernden oder schon eingetretenen Revolution ihre jeweiligen politischen Utopien in der Form von „Liebesgeschichten" (46). Besonders hervorzuheben ist Leopolds Ineinssetzung des Libertins mit dem absolutistischen Souverän, da beide *legibus soluti* genießen (vgl. 194).

Wie bereits oben erwähnt, zeigt der zweite Teil am Beispiel ausgewählter Texte die Implikationen von *eros* und *polis* im Zeitalter des Absolutismus. Hierbei wird vor allem ein Bemühen um eine historische Einordnung der

Texte durch die im vorhergehenden Teil etablierten Theoreme deutlich. Als Prämisse zur Lektüre lässt sich daher die Frage formulieren: Wie wird in der Literatur der absolute Souveränitätsanspruch herausgefordert?

In Corneilles *Cid* geschieht dies durch das Duell, das die Souveränität des Don Fernand herausfordert (vgl. 224–30). Ganz zu schweigen davon, dass das Stück in Anlage und Form gänzlich den Vorgaben und Poetiken der *académie française* zuwiderläuft, die im kulturellen Bereich als Sachwalterin der absoluten Monarchie agiert (432).

Anders verfährt Racine, obschon auch bei ihm eine latente Kritik an den herrschenden politischen Verhältnissen vorhanden ist. „Racines *Bajazet* [...] [spitzt] diese Homogenisierungsbewegung [innerhalb der Kunst unter Ludwig XIV., F.H.] radikal [...] [zu]“ (48). Sprachlich hintertreibt er das Stilideal der Klassik, da zentrale Wörter ambivalent sind, eine offene und ehrliche Kommunikation unmöglich und „die Sprache selbst die Trägersubstanz der Fiktion ist“ (266). Im Bereich des Chronotopos zeigt sich dieser stille Widerstand an der Wahl des „herrenlosen“ (48) Serails als Ort des Geschehens, der „als Raum der Alterität“ (48) im Gegensatz zu dem des Hofes konzipiert ist.

Eine weitere bereits oben besprochene Denkfigur, nämlich die der Entdifferenzierung und Dynamisierung der Stände, findet Leopold in Molières *Don Juan*. Der Don Juan erscheint als eine Figur, in der sich erotischer Exzess und monarchische Willkür zusammenfinden (vgl. 48). Außerdem antizipiert Don Juan durch sein Streben „d'aimer toute la terre“ (zit. nach Leopold, 296) den Egalitätswunsch, dem Rousseau 100 Jahre später in Form seines *contrat social* Ausdruck verleihen wird (vgl. 293–304).

Großen Raum widmet der Vf. der *Princesse de Clèves*, die in gewisser Weise „ein Gegenstück zur Traditionslinie des Don-Juan-Sujets“ (309) darstellt. Dies ist allein schon durch den Rückzug vom Hof des Königs bedingt, da sie sich so der höfischen Kommunikation entzieht und verweigert (vgl. 329). Insgesamt sieht der Vf. in dieser Erzählung de Mans Dialektik von Blindheit und Einsicht am Werk (vgl. 309). Dass dabei der Sprache ein eminent wichtiger Platz zukommt, steht außer Frage, da der Text „das Feld des Politischen als einen Raum der Sprache erkennbar werden [lässt]“ (48). So wird der Austritt aus der Welt des Hofes als „Fluchtraum“ (343) erfahrbar, der jedoch trotz allem an diese Welt gebunden bleibt „und der im Akt des in mehrfacher Hinsicht allegorischen Lesens besteht.“ (343). Zieht man mit Leopold den Schluss, dass die *Princesse de Clèves* der höfischen Lebenspraxis ihrer Zeit voraus war, könnte man in diesem Sinn den Text als Präfiguration der *Nouvelle Héloïse* lesen.

Auch die Anlage der Orte weist in diese Richtung. Ist nicht zuletzt Clarens, ebenso wie das Kloster, „Teil einer Fiktion, die von der Problematik des Lesens" (349) und damit auch des Verstehens handelt? Auch hier können *eros* und *polis* nicht zueinander finden. So ist es zuerst die Blindheit der Leidenschaft Julies zu Saint-Preux, die durch Einsicht überwunden wird. Diese Einsicht wiederum kippt dann aber in die Blindheit religiöser Eiferei (vgl. 372). Leopold spricht hier von einem „Agon von phantasmatischem und rationalem Modell" (373). Potenziert wird dieses Schwanken aus Blindheit und Einsicht durch die jeweilige Standeszugehörigkeit der Protagonisten, die verarmtem Adel – Julie – oder dem Bürgertum – Saint-Preux – angehören. Julie kann daher „als ein Gründungsopfer im Sinne Girards" gelesen werden, weil ihr „Körper zum Austragungsort der sozialen Entdifferenzierungen" (389) ihrer Zeit wird. Ein Äquivalent zu diesem „Gründungsopfer" Julies erkennt Leopold in Marie-Antoinettes Hinrichtung, deren Opfer notwendig ist, da die Republik es dadurch vermag, „sich ihrer Männlichkeit zu versichern" (390).

Der letzte Text, *Les liaisons dangereuses,* setzt ebenfalls einen „Kampf der Geschlechter und der Stände" (48) in Szene. Gleichwohl unterscheidet sich der Roman durch den Zeitpunkt seiner Entstehung (1782) von den anderen dadurch, dass er tatsächlich am Beginn der Sattelzeit verfasst wurde. In ihm ist bereits jene „ideologische Krise, die zugleich eine Krise der symbolischen Ordnung, der Sprache und der Referenz ist" (394), virulent, die schließlich zum Ausbruch der Revolution führen wird. Die *Liaisons dangereuses* sind daher auch in Bezug zu Rousseau zu setzen. Es existiert ein „basale[s] Modell wechselseitiger Entsprechung" (399), das dazu führt, dass „die finale Katastrophe [...] in beiden Fällen ein nicht zu rationalisierender Exzeß ist" (399). Valmont ist willens, aufgrund seiner empfindsamen Liebe den rationalen Diskurs des Libertins zu verabschieden und noch dazu eine standesübergreifende Liaison – mithin eine Transgression – zu vollziehen. Chiastisch verkehrt begegnet diese Figur der Transgression nun auf der Ebene des Geschlechts in der Person der Mme de Merteuil, die, wiederum auf Standesnorm bedacht, doch die ihrem Geschlecht zugedachte Norm überschreitet. Beide gefährden die Ordnung und müssen daher eliminiert werden. Allerdings bleibt auch die restaurierte Ordnung ironisch gebrochen, da sie „zutiefst korrupt ist" (417). Bedeutsam ist ferner, dass in der Lektüre Leopolds die Stelle des Vaters/Königs vakant bleibt. Keiner der Protagonisten vermag den *phallus* als „Archisignifikanten“ (425) der Souveränität zu vereinnahmen – bis auf Prévan. Doch auch wenn durch den Erzlibertin Prévan zuletzt die Effeminierung des als männlich imaginierten politischen Körpers wieder rückgängig gemacht wird, so impliziert dies gerade nicht, dass die Ordnung deshalb schon „gut“ (428) wäre. Auf die Geschichte bezogen bedeutet dies, dass die Republik des beständigen Frauenopfers bedarf, um sich ihrer selbst und ihrer Männlichkeit zu vergewissern (vgl. 429).

Leopold ist mit der vorliegenden Monographie eine neue und sehr anregende Lektüre der Literatur (vor allem der kanonischen Texte) des *ancien régime* gelungen. Weiterhin erwähnenswert ist ein enges Netz aus Rück- und Querverweisen, sowie kurze und prägnante Zusammenfassungen am Ende der jeweiligen Kapitel. Diese gewährleisten eine transparente und nachvollziehbare Lektüre, die außerdem durch einen schönen und ansprechenden Stil unterlegt ist. Insgesamt lässt sich also festhalten, dass Leopold seine hochgesteckten Ansprüche erfüllt und ein in jeder Hinsicht lesenswertes Buch vorgelegt hat.

(Un)Heimliche Vorreiter: die Brisanz des Avantgarde-Projekts

Zum Sammelband *Avantgarde und Modernismus* von Wolfgang Asholt

Friederike Reents (Heidelberg)

SCHLAGWÖRTER: Rezension; Avantgarde; Modernismus; literarisches Feld; Asholt, Wolfgang

Wolfgang Asholt, Hg., *Avantgarde und Modernismus: Dezentrierung, Subversion und Transformation im literarisch-künstlerischen Feld* (Berlin: De Gruyter, 2014), 359 S.

⁂

Die ursprünglich auf der Tagung des Freiburg Institute für Advanced Studies (FRIAS) gestellte Frage „Was bleibt vom Avantgarde-Projekt?" wird in dem nun vorliegenden, von Wolfgang Asholt herausgegebenen Band *Avantgarde und Modernismus* mit einem weitläufigen, im moderne-konstitutiven Sinne könnte man auch sagen: entgrenzenden Untertitel beantwortet: *Dezentrierung, Subversion und Transformation.* Mit dieser Diagnose wären die Avantgarden des frühen 20. Jahrhunderts bzw. die sich mit ihnen befassenden Theorien zwar nicht gescheitert[1] oder sogar gestorben[2], ihr ureigenes Entgrenzungs-Postulat wäre mit dieser Diffusion jedoch auf eine Metaebene verschoben, von wo aus die den historischen Avantgarden zugeschriebene provokative Sprengkraft einhundert Jahre später nur noch als sanftes Nachbeben zu spüren wäre. Damit verbunden ist die sehr grundsätzliche Frage, ob nämlich, wenn von einem Projekt nur noch Ausläufer, Diffundiertes oder die Möglichkeit, dieses zu unterlaufen, übrigbleibt, man mit den Begriffen ‚Avantgarde' und ‚Modernismus', wie dies der Titel des Bandes vorauszusetzen scheint, überhaupt noch sinnvoll operieren kann. Die semantische Abnutzung dessen, was ehemals als Avantgarde bezeichnet wurde, zeigt sich bereits an dessen Vereinnahmung durch die Konsumgesellschaft,

---

[1] So Peter Bürger, *Theorie der Avantgarde* (Frankfurt a. M.: Suhrkamp, 1974).

[2] So Paul Mann, *The Theory-Death of the Avant-Garde* (Bloomington u. a.: Indiana University Press, 1991).

in der Waren wie Autos oder Parfums, Friseurläden oder Restaurants mit dem Avantgarde-Etikett versehen werden, offenbar um potentiellen Käufern oder Kunden das Gefühl zu vermitteln, bei der Produktwahl Vorreiter oder Trendsetter zu sein. Jenseits dieser Aushöhlung des ästhetischen Terminus überlegt auch Asholt in seiner Einleitung[3], ob vielleicht gerade mit diesem Einzug in Werbesprache und Warenwelt „das zentrale Anliegen der Avantgarde, Kunst in Leben zurückzuführen, umfassend verwirklicht worden [ist], wenn vielleicht auch nicht im ursprünglich intendierten Sinne". (1)

Auch Hubert van den Berg fragt in seinen „Anmerkungen zum Avantgardebegriff im frühen 21. Jahrhundert"[4], ob es „heutzutage [...] noch Sinn [macht], von ‚Avantgarde' zu reden?" (u. a. 295), und zeigt zunächst begriffsgeschichtlich auf, wieso die Bezeichnung als ‚Avantgarde' von Beginn an „falsch und veraltet" war (297). Denn militärisch betrachtet, sei die Avantgarde alles andere als richtungsweisend, sie habe vielmehr „die Aufgabe, gehorsamst einer angegeben Richtung zu folgen" (297). Doch auch die Feststellung der Untauglichkeit ist, worauf van den Berg selbst verweist, keineswegs neu. So hat Hans Magnus Enzensberger schon 1962 in seinem Aufsatz „Die Aporien der Avantgarde" darauf hingewiesen, dass „[d]as *avant* der Avantgarde [...] seinen eigenen Widerspruch [enthält]: es kann erst *a posteriori* markiert werden" (zit. n. van den Berg, 311). Dass van den Berg an den Schluss seiner Anmerkungen ausgerechnet Hofmannsthals sprachkritischen Vergleich „abstrakte[r] Worte" (für den Avantgarde-Begriff) mit „modrige[n] Pilzen", die „im Munde" „zerfielen" (für den unterstellten Konformismus, zit. n. van den Berg, 326), stellt, lässt den Autor indes selbst resignativ erscheinen, auch wenn er – vielleicht als letzten Ausweg – abschließend erwägt, ob nicht „Konformismus und Modrigkeit sogar *par excellence* Merkmale des Neuen" seien (326). Ob, davon ausgehend, neologistischen Epochenbenennungen wie ‚Neoavantgarde', ‚Postavantgarde' oder ‚Arrieregarde' nicht auch etwas Modriges oder Konformistisches anhaftet, sei an dieser Stelle dahingestellt.

Vor dem Hintergrund der immer wieder in dem Band konstatierten begrifflichen Unbestimmtheit – Asholt spricht in seinem Beitrag „Nach Altern und Scheitern: Brauchen wir noch eine Avantgarde-Theorie?"[5] vom „Ge-

[3] Wolfgang Asholt, „Einleitung", 1–7.

[4] Hubert van den Berg, „Die Avantgardetradition dem Konformismus abgewinnen, der sie längst überwältigt hat? Einige Anmerkungen zum Avantgardebegriff im frühen 21. Jahrhundert", 295–326.

[5] Wolfgang Asholt, „Nach Altern und Scheitern: Brauchen wir noch eine Avantgarde-Theorie?", 327–45.

spenst in der gegenwärtigen Kunst und Literatur" – und der „Unmöglichkeit" „eine[r] umfassende[n] Avantgarde-Theorie" (328) sind die Beiträge denn auch weniger Versuche, das Gespenst dingfest zu machen, sondern vielmehr Annäherungen an historische und gegenwärtige Konzeptionen von Avantgarde und Modernismus (wobei Letzterem im Band deutlich weniger Aufmerksamkeit gewidmet wird). Bemerkenswert nachzulesen ist (etwa in den Beiträgen von Ottmar Ette über Roland Barthes oder William Marx über Hans-Robert Jauß[6]), wie Literaturtheoretiker der zweiten Hälfte des 20. Jahrhunderts als „Theorie-Avantgarde" den Platz der historischen Avantgarden einnehmen konnten. In Kunst und Literatur der Gegenwart hingegen sei nur festzustellen, so Asholt in seinem resümierenden Beitrag, „wie wenig vom Projekt der Avantgarde [...] umgesetzt werden konnte" (342). Wenn also nach dem Shift von den Kunstavantgarden hin zur Avantgarde-Theorie heute nur noch semantische Restbestände in der Warenwelt geblieben sind, spräche *prima facie* einiges dafür, das Avantgarde-Projekt in der Tat für gescheitert zu erklären und von jeglichen weiteren Beschäftigungen mit dem scheinbar überholten Konzept abzuraten. Und doch sind innerhalb und außerhalb des künstlerischen Feldes durchaus neue Betätigungsfelder für neue ‚Avantgardisten' bemerkbar. So ist gerade heute der Anspruch, Institutionen zu überwinden, in der Geisteswelt keineswegs obsolet geworden, selbst wenn Schriftstellern kaum Grenzen gesetzt, sondern ihnen, im Gegenteil, scheinbar nur Freiräume (ästhetischer, aber auch finanzieller Art) gewährt werden. Bedenkt man etwa die gegenwärtig geführten Debatten um Urheberrechte, Open Access etc., so böten sich dabei allerhand neue Wirkungskreise für avantgardistische Szenarien. Forderte noch Marinetti, Bibliotheken abzufackeln und Bücher zu verbrennen, so übernehmen dies – folgt man der Argumentation von Roland Reuß[7] – die Bibliotheken heute in gewisser Weise selbst, indem sie der Digitalisierung soweit Vorschub leisten, dass den Autoren schließlich die Lebensgrundlage entzogen wird.

Außerhalb des Kunstsystems lebt die Tradition der Avantgarde heute jedoch am deutlichsten und vielleicht auch wirkungsvollsten in politisch-sozialen Milieus fort, wie etwa bei den globalisierungskritischen Bewegun-

[6] Ottmar Ette, „Nanotheorie: Von Lasten, Listen und Lüsten der Avantgarden nach der Avantgarde", 47–79; William Marx, „L'avant-gardisme est-il caduc? D'une double palinodie de Hans Robert Jauss", 35–46.

[7] Vgl. Roland Reuß, „Eine Kriegserklärung an das Buch", *Frankfurter Allgemeine Zeitung*, 13. Oktober 2015; vgl. www.faz.net/aktuell/feuilleton/debatten/roland-reuss-ueber-autoren-und-urheberrechte-13852733.html und auch www.textkritik.de.

gen *Clandestine Insurgent Clown Army* und *Occupy Wallstreet*, auch wenn sich deren Vertreter dezidiert gegen eine solche Bezeichnung stellen. So hat Ingrid Gilcher-Holtey in ihrem lesenswerten Beitrag[8] entsprechendes Material auf „idealtypische" (181) avantgardistische Kriterien hin untersucht und gezeigt, wie diese „künstlerische Strategien ein[setzen], um radikale, die bestehende Ordnung transzendierende Forderungen zu lancieren und lebendig zu machen" (197). Auch Walter Fähnders hebt in seinem Aufsatz[9] über den avantgardistischen Künstler hervor, dass heute „die Avantgarde bzw. ein Avantgarde-Künstler [...] gar nicht mehr nötig" seien, um bestimmte „Prozesse in Gang zu bringen" (217). Unter Bezugnahme auf den Kulturwissenschaftler Peter Alheit stellt er die politisch hochbrisante Frage, ob die Avantgarde inzwischen eine „[v]erborgene, heimliche, unsichtbare, anonyme, latente" (215) sei. Alheit hatte festgestellt, dass [a]n die Stelle personalisierter Vorreiter und Genies [...] soziale Bewegungen getreten" seien, die „wichtige Hebammen des Modernismus" oder „tragende Geflechte für innovative Aufbrüche" (zit. n. Fähnders, 216) seien. Gerade das Verborgene, Heimliche und Anonyme zeichnet jedoch inzwischen nicht nur die westlichen sozialen Bewegungen aus, sondern auf deutlich gewaltsamere Weise etwa auch den Vormarsch islamistischer Terrorgruppen, deren in der Regel anonyme Vorreiter die westliche (aber auch die eigene) Kultur und deren Werte zerstören wollen. Inwieweit deren Selbstermächtigung und Selbstdarstellung als Adaption ‚avantgardistischer' Darstellungsweisen zur Durchsetzung ihrer krypto-religiösen Ziele betrachtet werden könnten, kann an dieser Stelle nur als Anregung für eine augenscheinlich hochaktuelle Avantgarde-Forschung in den Raum gestellt werden. Ausgehend von Gilcher-Holteys „drei idealtypische[n] Kriterien" – Avantgarde ist erstens „eine Bewegung der Manifeste"[10], zweitens gekennzeichnet durch „kognitive Subversion" à la Bourdieu sowie drittens durch eine „Konstruktion des sozial Imaginären"[11] (181–2) – sind Manifeste (meistens, auch als Videobotschaften, im Internet veröffentlicht) allgegenwärtiges Mittel zur Darstel-

[8] Ingrid Gilcher-Holtey, „In der Tradition der Avantgarden? Die globalisierungskritischen Bewegungen", 181–98.

[9] Walter Fähnders, „Der avantgardistische Künstler", 201–20.

[10] Gilcher-Holtey verweist hier auf *Manifeste und Proklamationen der europäischen Avantgarde (1909–38)*, hrsg. von Wolfgang Asholt undWalter Fähnders (Stuttgart: Metzler 1995), XV.

[11] Vgl. dazu auch Sascha Bru, „The Phantom League:the Centennial Debate on the Avant-Garde and Politics", in *The Invention of Politics in the European Avantgarde (1906-1940)*, hrsg. von Sascha Bru und Gunther Martens (Amsterdam/New York: Brill, 2006), 9–34.

lung der Forderungen und Ziele der Terroristen (i. S. v. Punkt 1), die eine andere Welt-Ordnung imaginieren (Punkt 3). Und schließlich kann man die Art der Dokumentation und Vervielfältigung etwa von Tötungsakten im Bourdieu'schen Sinne als „Politik der Wahrnehmung" bezeichnen (Punkt 2), „die darauf abzielt, durch Verändern oder Konservieren der Kategorien [hier: die westlichen Werte], vermittels deren die Ordnung der Dinge wahrgenommen werden, und der Worte, in denen sie ausgedrückt wird [hier etwa: „Allahu Akbar"], diese Ordnung selbst zu erhalten oder umzustürzen." (zit. n. Gilcher-Holtey, 182)

Das Destruktive war jedenfalls auch für die Kunst-Avantgarden des frühen 20. Jahrhunderts charakteristisch, allerdings wollten diese nur die traditionelle Kunstauffassung (als Institution) zerstören und verwendeten dabei zum Teil vergleichsweise harmlos klingendes destruktives Vokabular („Ohrfeige", „Faustschlag", allerdings auch Preisung des „Kriegs", des „Militarismus" als „die einzige Hygiene der Welt", so Marinetti im „Manifest des Futurismus"), drohten kulturelle Institutionen (wie Bibliotheken) abzubrennen, Museen zu fluten oder philiströse Städte („Podagra", „Paralysia", so Marinetti in „Tod dem Mondschein") zu bombardieren. Doch schon damals blieb es nicht bei der Kunstrevolution, man erkannte (früher oder später), dass für eine Erneuerung der Gesellschaft eine Politisierung der Bewegung erforderlich ist. Nur wenige von ihnen nahmen Abstand von der politisierten Ausrichtung und wandten sich stattdessen, wie im Fall von Hugo Ball, der Religion zu. Die Vorreiter islamistischer Terrorgruppen sind aber gerade aufgrund der Verquickung von religiösem Fundamentalismus und ihrem kunstfernen Auftrag, gesellschaftliche Umwälzungen anzustoßen, die bislang gefährlichste Form weltpolitischer Avantgarde, die sich dabei paradoxer- oder vielleicht eher zynischerweise dezidiert moderner Mittel (wie etwa der neuen Medien) bedienen, um ihre Aktionen entsprechend publik zu machen.

Jenseits der im Band reichlich untersuchten dezentrierten Avantgarden (etwa in Ost-Europa nach 1945, im spanisch-sprachigen Kulturraum bzw. in Lateinamerika und in Ozeanien; in den Beiträgen von Eva Forgacs, Hanno Ehrlicher, Marco Thomas Bosshard und Gesine Müller[12]) müsste demnach

[12] Eva Forgacs, „The Political Implications of the Avant-Gardes of Eastern Europe since 1945", 109–26; Hanno Ehrlicher, „Mode, *Modernismo* und Avantgarde: Maskeraden der ästhetischen Moderne im spanischsprachigen Kulturraum", 127–45; Marco Thomas Bosshard, „Die Reterritorialisierung des Menschlichen in den historischen Avantgarden Lateinamerikas: für ein multipolares Theoriemodell", 147–68; Gesine Müller, „J.-M. G. Le Clézio, Édouard Glissant,

eine weitere räumliche Avantgarde-Konzeption hinzugefügt werden, die dezidiert eurozentristisches bzw. westliches Denken attackiert. Das von Hans Ulrich Gumbrecht 1998 entworfene ‚Kaskadenmodell der Modernisierung', auf das auch Asholt verweist (vgl. 334–5), das zwischen frühmodern, epistemologisch modern, hochmodern und postmodern unterscheidet, müsste somit durch eine fünfte „Modernisierungs"-Phase ergänzt werden, wobei zu untersuchen wäre, inwieweit der Avantgarde-Transfer und die damit verbundenen Transformationen sich nicht mehr auf Kategorien wie „De-Temporalisierung, De-Subjektivierung und De-Referentalisierung" (335) beziehen lassen, sie also weniger subvertiert als vielmehr pervertiert werden. Die Kluft zwischen künstlerischer und politischer Avantgarde ist heute vielleicht so groß wie nie zuvor. Ihrer religiös radikalisierten Form ist jedenfalls nicht an einer Überführung von Kunst in Lebenspraxis gelegen, sondern an einer auf Schockwirkung angelegten Zerstörung von Leben und Kultur. Anders als bei den historischen Avantgarden, wo die Bezeichnung als solche eigentlich falsch und untauglich war, ist sie nun durch ihre realpolitische Rückbindung ans (Para-)Militärische auf fatale Weise richtig geworden, haben doch die Dschihaddisten gerade die angeblich gottgegebene Aufgabe, „gehorsamst einer angegeben Richtung zu folgen" (297).

Epeli Hau'Ofa: Avantgarden in Ozeanien", 169–80.

Existenzinitiative: zwischen Autobiographie und Theorie

Der Einfall des Lebens von Thomä, Schmid und Kaufmann

Kai Nonnenmacher (Regensburg)

SCHLAGWÖRTER: Autobiographie; Theoriegeschichte; Rezension; Thomä, Dieter; Schmid, Ulrich; Kaufmann, Vincent

Dieter Thomä, Ulrich Schmid und Vincent Kaufmann, *Der Einfall des Lebens: Theorie als geheime Autobiographie* (München: Hanser-Verlag, 2015), 417 S.

⁂

Theoretiker wollen sich *ad rem* äußern, ein *argumentum ad hominem* scheint der Rhetorik immer schon verdächtig, allerdings beruhen die vorliegenden 25 Kapitel auf der These, die „Nahtstelle zwischen Leben und Schreiben" sei nicht durch einfache Projektion oder Reduktion zu erschließen – also weder durch ein theoretisch entworfenes Leben, noch durch einen Rückschluss von Lebensumständen auf theoretische Vorlieben –, sondern die Verfasser „analysieren die Schwellensituation, in der sich diejenigen befinden, die immer aufs Neue mit sich zurechtkommen wollen, die sich über sich und die Welt verständigen" (8). Als vom Leben aufgelauert erscheint Theorie in dem Band mit dem spielerischen Titel ‚Einfall des Lebens', „betroffen oder beschwingt, gestört oder hingerissen" (7). Dies hängt auch mit dem existenziellen Stil der Theorie im 20. Jahrhundert zusammen, Theoretiker „bringen in dramatischer, manchmal geradezu obsessiver Weise ihr eigenes Leben zur Sprache, hadern mit sich und mit dem ‚Ich'".

Die erste große Abkehr vom Biographismus in den Philologien markierte den Weg vom Positivismus – mit Wilhelm Scherer das „Ererbte, Erlebte und Erlernte" – zur Geistesgeschichte.[1] Aber auch die hohe Zeit der Strukturbeschreibungen bis zum sog. ‚Ende der Literaturtheorie' misstraute der

[1] Vgl. etwa Hans-Martin Kruckis, „Positivismus/Biographismus", in *Methodengeschichte der Germanistik*, hrsg. von Jost Schneider (Berlin: de Gruyter, 2009), 573–96.

literaturgeschichtlichen Biographistik wie der biographistischen Textinterpretation.[2] So muss es wie eine Provokation wirken, wenn drei Professorenkollegen aus St. Gallen, der Philosoph Dieter Thomä, der Romanist Vincent Kaufmann und der Slavist Ulrich Schmidt gemeinsam[3] ihre vielstimmige Untersuchung vorlegen, in der sie wie im programmatisch gewählten Titelbild *La clef des champs* von René Magritte die trennende Fensterscheibe zerschlagen zwischen dem Raum der Begriffe und des Lebens, d.h. zwischen der Denkstube der Theorie hier und dort der Landschaft, die der Theoretiker als Mensch bewohnt.[4] Fichtes *Wissenschaftslehre* begründet vielzitiert den Zusammenhang von Lebensform und Denkweise:

> Was für eine Philosophie man wähle, hängt sonach davon ab, was man für ein Mensch ist: denn ein philosophisches System ist nicht ein toter Hausrat, den man ablegen oder abnehmen könnte, wie es uns beliebte, sondern es ist beseelt durch die Seele des Menschen, der es hat. Ein von Natur schlaffer oder durch Geistesknechtschaft, gelehrten Luxus und Eitelkeit erschlaffter und gekrümmter Charakter wird sich nie zum Idealismus erheben.[5]

Eine autobiographische Wende der Theoriegeschichte wird somit postuliert, etwas spät vielleicht, wo bspw. bereits 1987 Kässens das Erscheinen von Robbe-Grillets Autobiographie zum Anlass nahm, die binäre Opposition von Avantgarde und Biographie zu problematisieren:

> Das Rückerinnern ist Mode geworden, die Restauration hat einen hemmungslosen „Biographismus" ausgelöst. Was bleibt dem literarischen Avantgardisten der fünfziger und sechziger Jahre, der gerade einen Anlauf genommen hat, den als reaktionär empfundenen Begriff des Autors dennoch für sich in Anspruch zu nehmen und sich dem „fröhlichen Zustand des verantwortungslosen Erzählers" zu überlassen?[6]

---

[2] Vgl. Christoph Veldhues, *Formalistischer Autor-Funktionalismus: wie Tynjanovs Puškin gemacht ist* (Wiesbaden: Harrassowitz, 2003).

[3] Vgl. Dieter Thomä, Ulrich Schmid und Vincent Kaufmann, „Einleitung", 7–18.

[4] Umgekehrt gilt aber auch, vgl. die Besprechung des Bandes in der *SZ*, „Der Einfall des Lebens kann hart sein, wie in dem Magritte-Bild auf dem Buchcover, in dem die Scheiben des Theoriegebäudes einen Sprung in der Realität hinterlassen." Nicolas Freund, „Wissenschaftsgeschichte: gefährliche Liebschaften", *Süddeutsche Zeitung*, 12. Oktober 2015, http://www.sueddeutsche.de/kultur/wissenschaftsgeschichte-gefaehrliche-liebschaften-1.2682593.

[5] Fichte, *Erste Einleitung in die Wissenschaftslehre*, Sämtliche Werke I (Berlin, 1845/1846), „Einleitung", 434.

[6] Wend Kässens, „Ich über mich: Alain Robbe-Grillets Autobiographie", *Die Zeit*, 2. Januar 1987, http://www.zeit.de/1987/02/ich-ueber-mich.

Trotz der so populären biographischen Studien des Philosophen Wilhelm Weischedel, *Die philosophische Hintertreppe*[7], neuerdings von Peter Sloterdijk über den Temperamentenbegriff fortgesetzt[8], formuliert die Philosophiegeschichte fundamentale Vorbehalte gegenüber dem Zugang zum Denken über die Biographie.[9] Das „gebrochene Schweigen" von Theoretikern erscheint erklärungsbedürftig, markiert doch das „eherne Gesetz theoretischer Anonymität" die Front zwischen akademischem Establishment und Einzelgängern des Denkens, bereits seit Montaigne oder Rousseau, dann etwa mit Nietzsche, Kierkegaard und Freud (9), die hier allerdings ebenso fehlen wie der Autobiograph André Gide oder der Freiburger Philosoph Martin Heidegger. Die Gewählten sind Außenseiter, als Teil einer religiösen Minderheit (etwa Derrida), als Homosexuelle (wie Barthes), sie stammen aus der geographischen Peripherie (z.B. Kristeva), aus der nicht akademischen Welt (so Bourdieu) oder aus fragmentierten Familien (etwa Bataille, vgl. 16), so dass über Theorie eine defensive wie offensive Bearbeitung von Fremdheit sich eröffnet, in einem prekären „Verhältnis zu akademischen Institutionen und politisch-kulturellen Ordnungen" (15), was ja durchaus ein Stachel der aktuellen Wissenschaftsorganisation sein könnte, als ‚Existenzinitiative' gewissermaßen.

Hannelore Schlaffer hat einmal die Rückkehr des Realen mit einer Mode des Biographismus zusammengeführt, d.h. als Vorzug der beglaubigten Existenz vor der Fiktion:

> Viele Verlage haben Gesamtausgaben, die sie früher von Dichtern im Programm hielten, aufgegeben zugunsten von deren Biografie. Auch die Wissenschafter haben sich auf diese Uhr eingestellt, denn nur wer dem Kalender folgt, kann beim Publikum Aufmerksamkeit für seine Arbeit erwarten. Oft bündelt sich in der Biografie nicht nur das Leben eines Dichters, sondern auch das seines Biografen, der Werk und Person ein Leben lang studierte und die Zeit gekommen sieht für die Belohnung seiner Arbeit.[10]

[7] Wilhelm Weischedel, *Die philosophische Hintertreppe* (München: Nymphenburger Verlagshandlung, 1966, erw. 1973, NA 2000).

[8] Peter Sloterdijk, *Philosophische Temperamente: von Platon bis Foucault* (München: Diederichs, 2009).

[9] Pirmin Stekeler-Weithofer, *Philosophiegeschichte* (Berlin: de Gruyter, 2006), Kap. „Biodoxographien", 19–35.

[10] Hannelore Schlaffer, „Sehnsucht nach Echtheit: die Mode des Biografismus", Neue Zürcher Zeitung", 17. April 2013, http://www.nzz.ch/feuilleton/sehnsucht-nach-echtheit-1.18065468.

Ebendies ist hier vermieden, denn es wird die Dynamik und gegenseitige Wirkung zwischen Lebenserfahrung und Theoriebildung aus der dreifachen, aber gemeinsamen Autorenperspektive (die übrigens an der Theoretikerwahl[11] durchaus sichtbar wird) entfaltet. Die rein chronologische Reihenfolge der Geburtsdaten gliedert das Buch, zuweilen aufschlussreich, so wie im genealogischen Übergang von Valéry zu Breton, es ist dabei allerdings eine Lektüre nach eigener Auswahl und Reihenfolge kein Problem. Auch wenn eine typologische Auswertung der einleitenden Thesen zumindest explizit fehlt, greifen die Essays überlegt ineinander. Die Auswahl selbst ist naheliegend, etwa dass Surrealisten, Ethnologen, Soziologen hier vertreten sind, ein biographisch fokussierter Kanon der Literaturtheorie entsteht indirekt; drei Frauen sind zu finden (oder vier? dazu am Schluss mehr), Theorie war auch in der Suhrkampkultur ja noch vorrangig Männerdomäne. Die Kapitelbenennung ist je pointiert, als Bild des „gläsernen Betts" aus *Nadja* wird das surrealistische Fiktionsverbot bei Nadja übertitelt, es folgt der Untertitel eines „schmutzigen Betts" für Georges Bataille, der mit dem Perversen auch die Veruneindeutigung des Autobiographischen betont:

> Dem transparenten Glasbett von Breton wird ein trübes, durch alle möglichen körperlichen Ausscheidungen verschmutztes Bett gegenübergestellt, bei dem auch nie klar ist, wer genau sich darin aufhält. Dem in den Höhen schwebenden surrealistischen Idealismus stellt Bataille das Schmutzige, Pornographische gegenüber und dem transparenten (selbstverständlich als solches konstruierten) Ich von Breton eine Reihe von Distanzierungen, die letztlich einer Subversion – oder genauer Perversion – der Gattung Autobiographie entsprechen [...]. (129)

Überhaupt begleiten die Isotopien von Unreinheit/Reinheit und von Chaos/Ordnung die meisten Kapitel – Theorie, die bei Bataille ihre eigene Reinheit nicht erträgt (133–4), „Historisierung als Verunreinigung" aus Hannah Arendts philosophischer Denkschule (183), das „unreine Subjekt" bei Roland Barthes (221) oder der „unreine" französische Unterschichtenakzent bei Bourdieu, der dem Distinktionsbegriff vorausgeht (282). Ähnlich wenn es über Lukács' dialektisches Verfahren heißt:

[11] Ausgewählt wurden v. a. französische, außerdem deutsche, osteuropäische und US-amerikanische Theorievertreter/innen: P. Valéry, G. Lukács, L. Wittgenstein, S. Kracauer, W. Benjamin, V. Šklovskij, M. Bachtin, A. Breton, G. Bataille, M. Leiris, Th. W. Adorno, J.-P. Sartre, H. Arendt, M. Blanchot, C. Lévi-Strauss, R. Barthes, J. Lotman, M. Foucault, St. Cavell, P. Bourdieu, J. Derrida, G. Debord, S. Sontag, J. Kristeva, N. Petöfskyi.

> Auf den geordneten Kosmos der klassischen Antike, in dem sich selbst noch das tragisch scheiternde Ich in der symbolischen Weltordnung aufgehoben weiß, folgt die Ernüchterung im neuzeitlichen Roman: Das Ich ist zum bloßen „Aufnahmeorgan" der Welt verkommen [...]. (38)

Kurz danach, im Kapitel „Kristall und Chaos", über die Sehnsucht nach einer durchsichtigen, vollkommenen Ordnung, die *vor* der Erfahrung liegt:

> Im *Tractatus logico-philosophicus* betreibt Wittgenstein nichts anderes als die Erstarrung, Stilllegung, Verräumlichung der Welt, eine Form der Hygiene oder der Immunisierung gegen Unordnung. (50)

In Kracauers Rede von einer ‚nackten Wirklichkeit' dagegen wird der Drang des Individuums, in die Wirklichkeit hinauszutreten, spürbar, und was bei Lukács die Faszination an der epischen Totalität war (im Bachtin-Aufsatz einer antihierarchischen Polyphonie und Karnevalisierung gegenübergestellt, 111), verdichtet sich bei Kracauer medientheoretisch zum ‚Loch' der Kamera (67):

> Auf die Welt will er sich stürzen, doch es wäre vermessen, unangemessen und unpassend, ihr eine geistige Ordnung überzustülpen. Wenn denn eine Ordnung in der Welt besteht, so handelt es sich dabei nicht um das Ergebnis einer harmonischen Entwicklung, in der sich der Mensch in eine Gemeinschaft einfügt, sondern um eine Ordnung des Zwangs und der Gewalt. (63–4)

Und in der Pointe eines Spiegel-Interviews mit Adorno wird die Rede vom falschen Leben, von der Barbarei und von der notwendig inkommensurablen Verstörung durch die Kunst im Kontext der 1968er Unruhen spürbar:

> Unschlagbar schlagfertig reagierte Adorno, als der SPIEGEL 1969 ein Interview mit dem Satz eröffnete: „Herr Professor, vor zwei Wochen schien die Welt noch in Ordnung ..." Adorno: „Mir nicht." (157)

Die Richtung wird deutlich, wenn mit (einem hier ungewöhnlich „leisen", 266) Foucault und mit Barthes der strukturalistisch betriebene Tod des Autors als Austreibung der Biographie aus der Theorie an einem radikalen Punkt angekommen ist:

> Der Text ist aus strukturalistischer Perspektive kein Vehikel, das einen bestimmten, von einem Autor produzierten Sinn zu einem Rezipienten transportiert, sondern eine eigene Sinnordnung, die durch interne Differenzierungen selbst Bedeutung hervorbringt. Damit verabschiedet der Strukturalismus den Autor aus dem Sinngefüge des Textes – auch das Genre der Biographie wird damit obsolet. (229)

Die Autoren enden hier nicht, und mit Cavell wird die Anmaßung der Philosophie, etwas Allgemeingültiges zu sagen, geheilt durch sein Bekenntnis zum Autobiographischen:

> Beim Erlernen von Sprache lernt man nicht bloß die Aussprache von Lauten und ihre grammatischen Ordnungen, sondern die „Lebensformen", die solche Laute zu den Wörtern machen, die sie sind, die dafür sorgen, daß sie leisten, was sie leisten [...]. Wir führen sie in die relevanten, in der Sprache enthaltenen und um die Objekte und Personen unserer Welt versammelten Lebensformen ein. (272)

Helmut Mayers Besprechung des Bandes[12] wies darauf hin, wie verschieden die Gewichtung der Theoretiker als Biographen und Autobiographen zu lesen sei, etwa bei Lévi-Strauss oder bei Jean-Paul Sartre, dessen Autobiographie *Les Mots* neben biographischen Essays etwa über Flaubert und Genet zu lesen sind. Ein idealer Theoretiker für die Idee des Buchs ist Roland Barthes, wenn er im späteren Werk Leben und Theorie ineinander verwebt.

Erklärungsbedürftig bleibt der Untertitel: „Theorie als geheime Autobiographie", vielleicht Verlagswünschen geschuldet, auch wenn das ‚Geheimnis' (übrigens auch die ‚Kindheit') wie ein Leitmotiv immer wieder aufscheint, für einzelne Kapitel wie das über die Geheimschrift bei Wittgenstein (47)[13] oder den lange gar nicht publizierenden Valéry: „Ich bin nicht da, wo ihr mich seht, ich bin im geheimen Schatz meiner *Cahiers*, die ich für mich behalte, die ich nur für mich schreibe." (26) Die geheime Autobiographie umreißt das Existenzielle der Theorie, einem lebensfeindlichen System (sei es Objektivierung, Identität, Sinn, Ideologie) Möglichkeiten anzubieten, Auswege, Öffnungen, und immer hier fällt das Wort Geheimnis in den Essays, bei Bachtin als „polyphone Welt[, die] Teil eines geheimen Kosmos ist" (112), bei Breton als Geheimnislosigkeit von Nadja, die gleichwohl von ihrem Verschwinden in der Psychiatrie gekennzeichnet ist (123), bei Bataille als „geheim zirkulierende, pseudonyme pornographische Erzählungen, bei denen unabhängig vom Pseudonym nie klar ist, ob sie autobiographisch sind oder nicht" (129), in Leiris' autobiographischem Projekt als Zwang, das Geheimnis „hinter der endlosen Selbstinszenierung und einer Sturzflut, einem *Erbrechen* von Geständnissen" (152) zu verbergen, das Kind bei Adorno als „geheimer Held" (165), bei Blanchot die Unlesbarkeit des Werks:

---

[12] Helmut Mayer, „Gemischter Satz", *Frankfurter Allgemeine Zeitung*, 28. November 2015, L15.

[13] Vgl. ergänzend dazu: „Das Ich, das Ich ist das tief Geheimnisvolle! Das Ich ist kein Gegenstand." Ludwig Wittgenstein, „5./7. August 1916", *Werkausgabe* (Frankfurt am Main, 1984), Bd. 1, 175.

> Was ich schreibe, entgeht mir, kann von mir nicht beherrscht werden, bleibt oder wird für mich ein Geheimnis: „Die gleiche Situation kann auch folgendermaßen beschrieben werden: Der Schriftsteller liest niemals sein Werk. Es ist für ihn das Unlesbare, ein Geheimnis, vor dem er nicht verweilt. Ein Geheimnis, weil er von ihm getrennt ist." (194)

Schließlich bei Derrida eröffnet die Auslöschung der jüdischen Identität gewissermaßen eine Autobiographie der Dekonstruktion, als „Infizierung des philosophischen Diskurses, des *Logos*, durch eine Subjektivität" im Schreiben, im geheimen Bekenntnis wird die Bedrohung durch das ‚Selbstidentische' dekonstruiert:

> „Ich bin derjenige, der seine (jüdische) Identität verloren oder aufgegeben hat, der von ihr abgeschnitten, getrennt worden ist, derjenige, dessen jüdische Identität sozusagen geheim werden mußte, um mich später als der Prinz der Dekonstruktion der abendländischen Metaphysik etablieren zu können, als wäre dieser Verlust der Preis, den ich zu bezahlen hatte, um mit Hegel, Nietzsche, Heidegger & Co auf Augenhöhe zu reden." (297)

Julia Kristeva prägt ein fernöstlich-weibliches Pendant zur Beschneidung des Derrida-Kapitels, wenn sie 1974 in *Des Chinoises* die Praxis der Lotosfüße verteidigt: „Das verkrüppelnde Einbinden der Füße zeuge von der geheimen Macht der Frauen und entspreche der Beschneidung in der jüdischen Religion." (344)

Das leicht zu überlesende Schlusskapitel über Nadja Petöfskyi, eine weithin unbekannte ungarische Doktorandin, die es „verdient hat, dem Vergessen entrissen zu werden" (372), ist die Radikalisierung der Rede von „Theorie als geheimer Autobiographie": Nirgends bibliographisch nachweisbar, möglicherweise von den drei Autoren erschaffen, postmodernes Fiktionsspiel, ist sie die reinste Form der „Utopie theoretischen Lebens"[14]. Im Aufkündigen der Faktizität macht die nicht Existierende die Risse umso deutlicher, die wir mit Magritte bereits vor dem Öffnen des Buches zu gewärtigen hatten.

[14] Vgl. zur „Suche nach einem verschollenen Leben" Sebastian Thede, „Wer ist Nadja Petöfskyi?", http://keinpapier.de/?p=216, 14. März 2016.

La poésie créole haïtienne

Notes de lecture de l'*Anthologie bilingue de la poésie créole haïtienne de 1986 à nos jours*

Ralph Ludwig (Halle a.d. Saale)

mots clés : Poésie ; Créole ; Haïti
schlagwörter : Poesie ; Kreolisch ; Haiti ; Chalmers, Mehdi ; Kénol, Chantal ; Lhérisson, Jean-Laurent ; Trouillot, Lyonel

Mehdi Chalmers, Chantal Kénol, Jean-Laurent Lhérisson et Lyonel Trouillot, éds., *Anthologie bilingue de la poésie créole haïtienne de 1986 à nos jours* (Arles : Actes Sud/Atelier Jeudi Soir, 2015), 192 pages.

Difficultés réceptives

Il n'est pas chose aisée que de formuler une opinion sur ce beau recueil de poésie créole haïtienne. Un critique européen, certes amoureux des langues et littératures antillaises, ne saurait, dans son approche, faire abstraction de ces difficultés herméneutiques et par conséquent de son cantonnement subjectif. Il exprime ici ses impressions, sachant que les voies de l'expression poétique sont multiples. Ces lignes prennent donc plutôt le caractère d'une « errance » (au sens d'Édouart Glissant) que celui d'une lecture interprétative clairement rectiligne. En tout cas, l'écriture poétique en question mérite largement cet effort.

Le concept, le titre, le « dechoukay »

Point de départ du présent ouvrage : la décision prise quant à la périodisation, fixée au seuil de la poésie actuelle – celle que ce recueil représente – avec le « dechoukay » de la dictature duvaliériste de 1986. Le régime – de « Papa Doc » François Duvalier (1957–71) suivi de « Baby Doc » Jean-Claude Duvalier (1971–86) – a profondément bouleversé le pays ; les « tontons macoutes » ont semé la terreur et la mort de manière systématique, imprévisible et incontrôlable. Plusieurs générations d'intellectuels ont été marquées par ce traumatisme collectif, et il est évident qu'un recueil poétique ne saurait omettre d'en relever les séquelles.

Une des accusations les plus fortes concernant les cruautés commises non seulement par les Duvalier, mais aussi par la politique ultérieure, se trouve dans le poème « Titanyen » d'Yves Gérard Olivier. Le titre pourrait évoquer un dieu de la mythologie grecque qu'on imaginerait cruel et carnivore ; mais l'auteur, ainsi qu'il l'explique dans une annotation, se réfère à « une localité au nord de Port-au-Prince qui a servi de charnier à la dictature des Duvalier. On y a aussi entassé des cadavres durant les jours qui suivirent le séisme du 12 janvier 2010 » (135) :

Titanyen, m pa renmen w !	Titanyen, je ne t'aimerai jamais
M pa m p ap janm renmen w.	Jamais je ne t'aimerai.
Ou… fèmen twòp je,	Tu… as fermé trop d'yeux,
Ou… manje twòp vyann,	Tu… as mangé trop de viande,
Ou… souse twòp myèl,	Tu… as bu trop de miel,
Epiii… ou … blanchi twòp zo.	Et puiiis … tu… as blanchi trop d'os.
Ou vale ! Ou pran ! Ou anfalé !	Tu avales ! Tu prends ! Tu engloutis !
[…] (132)	[…] (133)

Syto Cavé, dans sa magnifique poésie « Kiyès ki kase lanp lan ? = Qui de nous a cassé la lampe ? », traduit l'angoisse vécue en permanence par tout Haïtien sous le système dictatorial, triste réalité qui s'est prolongée bien au-delà du départ de Jean-Claude Duvalier :

[…]	[…]
Men lannwit gen kè grenn	Mais la nuit a le cœur chagrin
kiyès ki kase lanp lan ?	qui de nous a cassé la lampe ?
Sant gaz la monte	Monte l'odeur du kérosène
y ap bat on prisonye (44)	on assassine un prisonnier (45)

Mais Haïti est fier de ne pas subir son sort cruel de manière résignée. L'identité haïtienne se base sur un esprit de liberté dont la première manifestation est l'indépendance de l'ancienne colonie française, déclarée par Dessalines le 1er janvier 1804 au bout d'une lutte de libération acharnée, déjà reprise dans le premier roman de ce pays – *Stella* d'Émile Bergeaud (1859) – et fréquemment thématisée ultérieurement dans la littérature. C'est donc avec fierté que René Philoctète, dans son refus poétique de partir en exil, évoque Dessalines et réclame un autre avenir pour son peuple :

M pa janm mande m pouki m ret isit ?
[...]
Men m rete
paske gen you pye bwa m renmen sou wout Grandans
[...]
paske gen you chèf yo rele *Desalin,*
paske wè pa wè
gen you pèp ki vle louvri lavi
(136/138 ; italiques R.L.)

Pourquoi ici demeuré-je
[...]
Mais je reste
pour cet arbre que j'aime à l'entrée de la Gran-d'Anse,
[...]
parce qu'il y a ce héros appelé *Dessalines,*
parce qu'inébranlable
il y a ici un peuple qui veut s'ouvrir à la vie.
(137/139)

Les catastrophes naturelles et l'instinct de survie

Ce sont les catastrophes naturelles et notamment le terrible tremblement de terre de 2010 qui apparaissent comme le deuxième grand fléau aux yeux du peuple haïtien. Même si l'expérience des cyclones a – dans une certaine mesure – été assimilée par le vécu créole haïtien, il en va autrement du séisme de 2010, qui a tué 300.000 personnes et causé un bouleversement total du pays, le mettant à la merci des innombrables aides internationales, avant tout nord-américaines. Certains auteurs du présent recueil de poésie, comme Georges Castera (« Dezas = Désastre », 40–3) ou Évelyne Trouillot (« Tanpris = S'il te plaît », 164–5) confient ainsi leurs réactions face à ce cataclysme ; citons quelques belles lignes de Castera, dédiées à Syto Cavé :

Gen mo ki dous ;
tankou :
kann kreyòl,
siwo myèl,
jedou,

epi gen mo ki gen dan,
mo ki anvi mòde,
mo ki blese moun fon
tankou mo tranmantè
beton lanmidon,
fay,
replik,
dekonm.

Pòtoprens anba dekonm.

Il y a des mots doux ;
comme :
canne créole,
miel,
yeux doux,

et puis il y a des mots qui ont des dents,
des mots qui veulent mordre,
des mots qui blessent jusqu'à l'os, comme :
tremblement de terre,
béton en poussière d'amidon,
failles,
répliques,
décombres.

Port-au-Prince est sous les décombres.

[...]

Vil mwen te pi renmen yo
kraze.
M pral sètoblije fè fil
lòt vil bòlanmè
kote Lasirenn ak Labalèn
ap jwe ak chapo m
ki tonbe nan lanmè. (40/2)

[...]

Les villes que j'aimais le plus
sont détruites.
Je vais être obligé de faire la cour
à d'autres villes de bord de mer
ou peut-être sous la mer
où la Sirène et la Baleine
jouent avec mon chapeau
tombé dans l'eau. (41/3)

Les grandes catastrophes naturelles telles que les tremblements de terre deviennent des métaphores pour la dure vie haïtienne, comme l'exprime Mikadols dans « Laviwonn dede = Tourner en rond » (120–3). Néanmoins, face à tous ces coups du destin, l'Haïtien ressent une formidable envie de vivre. Il veut se nourrir de son propre travail, et garder le goût de la vie, de la beauté physique et du rire. C'est le sens du poème « Ant lapli ak solèy = Entre la pluie et le soleil » de Kettly Mars, dont voici un extrait :

[...]
M vle solèy chofe zo m lè m frèt
M vle dòmi san m pa pè fè nwa
M vle travay
Pou m pa lonje bòl ble m bay zòt
M vle manje pou m viv an sante
M vle bèl rad sou do m pou m ka bèl
Pase dèfwa zanmi
La vi a konn dous tou wi
Se dwa m pou m anvi ri
Sé sa m fout vle... (110)

[...]
Je veux que le soleil me réchauffe les os
quand j'ai froid | Je veux dormir sans avoir
peur du noir | Je veux un travail
Afin de ne jamais tendre aux autres mon
écuelle | Je veux manger pour être en santé
Je veux de beaux habits à porter pour être
belle | Car parfois tu sais
La vie peut aussi être douce
C'est mon droit d'avoir envie de rire
C'est de ça – putain ! – dont j'ai besoin (111)

C'est également cette envie de vivre dans une nature non menaçante, douce, à la fois simple et profonde, qui émane du très beau poème « Anvi = Désir » de Lyonnel Trouillot, dédié aussi à Syto Cavé :

m anvi reve pen gou nan maten chak timoun dlo dous pou zoranj dous pi dous	j'ai envie de rêver que le pain est bon dans chaque matin d'enfant l'eau douce pour que l'orange douce soit plus douce
m anvi leve on gran van pou lave tèt vil yo	j'ai envie de lever un grand vent pour laver les cheveux des villes
m anvi on ti lanmou lejè kou on lapli jaden	j'ai envie d'un amour léger comme une pluie-jardin
[...] (172)	[...] (173)

Les forces de la nature – l'eau et le vent – prennent alors une face positive, rassurante, s'avérant être une énergie vitale, débouchant sur l'avenir.

L'esprit d'ouverture et la panoplie thématique

Malgré la périodisation politique qui détermine le corpus poétique de ce recueil, la panoplie thématique et les choix des registres linguistiques – différentes variétés et couleurs à la fois du créole et du français – sont vastes ; ils sont loin d'être bridés par les souffrances des Haïtiens. Au contraire : c'est, comme Kettly Mars semble le ressentir, la souffrance qui appelle le rire, et seul le goût pour la vie permet de vivre.

Suivant les éditeurs, la libération politique implique un changement de génération et d'esprit du côté des auteurs :

Aujourd'hui, nombreux sont les auteurs qui sont originaires des milieux populaires [...] Ils amènent à la littérature, à la poésie, un autre ressenti. [...] Ils amènent à la littérature des amours qui ne sont pas nés dans les livres, des colères et des désespoirs, des espoirs aussi, qui sont leur ventre même, leurs plaies vives et leurs paris intimes. Ils amènent aussi un autre rapport à la langue. (6)

Les sujets abordés poétiquement sont donc multiples, et il est impossible de les évoquer tous ici. Ce foisonnement thématique va de pair avec le rôle central du créole, des différentes facettes de cette langue, qui se voit renforcé sur le plan de l'écriture poétique.

Les grands axes du contenu – au-delà de ceux déjà abordés – semblent, à un premier niveau abstrait, presque existentialistes, généraux, et présentent une sorte d'*origo* de l'orientation de l'être humain en tant qu'être social moderne, se référant à ses sensations, agissant dans la nature environnante, dialoguant en lui-même avec son héritage culturel. Mais peu de vers suffisent, malgré l'universalité de leurs thèmes, pour que le lecteur se rende compte de la profonde empreinte haïtienne de ces mêmes sujets.

Il est frappant de voir combien de poèmes se réfèrent à LA VILLE, À L'URBAIN et, plus particulièrement, à LA RUE COMME ESPACE DE COMMUNICATION. Il est évident que le malheur des quartiers misérables saute aux yeux (Wilson Scott Fifi : « Vilaj Dedye = Village de Dieu », 60–1). Certains se voient contraints d'y exercer de modestes travaux occasionnels (Guy Gérald Ménard, « Boulva Lagraba = Boulevard des Grabataires », 114–5). Les rues constituent des images et des lieux de croisements multiformes, comme en témoigne René Philoctète (« Lari = Les rues ») :

Lari gen tanl, tankou moun : de lè l cho, de lè l fèmen.	Les rues ont des humeurs, comme les gens : tantôt chaudes, tantôt fermées.
[...]	[...]
Lari chante, jwe, danse, kouri, tonbe, leve, soufri, batay.	Les rues chantent, jouent, dansent, courent, tombent et se relèvent, souffrent, se battent.
[...] (140)	[...] (141)

C'est bien sûr la capitale Port-au-Prince souvent présentée comme ville prototypique, qui est la plus invoquée (comme par Évelyne Trouillot, 166–71). Dans ses artères principales – les rues –, même la mort, en pleine journée, peut paraître digne, voire belle (Guy Gérald Ménard, « Toto ») :

Toto	Toto
Janm ou lage w sou granwout la	Sur la grand-route tes jambes t'ont lâché
Ak je w fikse sou kè solèy	Tes yeux regardant le soleil en plein cœur
Libète chante yon dènye fwa	Une dernière fois la liberté a chanté
Anvan zetwal te tenyen lanp	Avant que les étoiles ne s'éteignent dans ton
Ki nan fon je w	regard
[...] (118)	[...] (119)

J'ai déjà – en parlant de la représentation poétique des principaux fléaux d'Haïti – évoqué le côté menaçant de LA NATURE. Et effectivement, ce n'est pas son aspect doux et harmonieux qui s'impose en premier lieu en lisant ses reflets poétiques dans ce recueil. L'eau et la pluie se présentent ainsi souvent – tant sur le plan réaliste que sur le plan métaphorique – comme une force plus ou moins destructrice, ainsi que le démontre la poésie « Beki malere = Les béquilles du pauvre » de Georges Castera (36–7) :

Dlo pran peyi a, sa k rete pou nou an vin pi piti chak jou kou lapli tonbe e chak lapli k tonbe li ronyen, li manje krèmtè [...] (36)	L'eau a emporté le pays, à chaque pluie la part qui nous reste diminue et chaque pluie ronge, mange le suc de la terre [...] (37)

Il en va de même pour « Jàn kraze kannari = Jeanne a brisé les jarres » de Jacques Adler Jean-Pierre (76–9) et « Lapli wòch = Diluvienne ma ville (Il pleut des pierres sur Port-au-Prince) » d'Emmanuel Vilsaint (182–3). Mais des visions plus positives de la nature sont également présentes. Dans la poésie « Ant lapli ak solèy = Entre la pluie et le soleil » de Kettly Mars (110–1, déjà citée ci-dessus), le soleil symbolise l'aspect positif de la nature, qui procure chaleur et espoir. Dans les vers de Robert Manuel (Nich Gèp), la lune ouvre un espace d'amour corporel (« Lalin = Lune », 108–9).

Le poète exploite donc aussi DES SENSATIONS ÉLÉMENTAIRES, tels que LE CORPS, LA TRISTESSE et LA DOULEUR, mais aussi L'AMOUR.

Manno Ejènn s'assure de sa propre existence physique à travers de petites sensations corporelles telles qu'une faible démangeaison :

E ti pwen tou piti piti sa a ! Ti zwing, ti zing, ti zuit zuit sa a menm ! Ti gratezon nan planmen mwen an k ape plede satouyèt mwen san rezon. [...] (52)	Maigre, maigrichon, minuscule Cette démangeaison dans le creux de ma main Qui me chatouille sans raison [...] (53)

Getro Bernabé dessine l'enfant qui n'a pas envie de naître trop vite (« Kite m anndan = Laissez-moi à l'intérieur », 30–1), et Kettly Mars fête la nudité, état au moment de sa naissance, état dans lequel elle vit aussi le plus profond de l'amour (« Toutouni = Toute nue », 112–3).

Il est évident que la douleur et la tristesse sont au rendez-vous des sentiments qu'éprouve tout poète haïtien ; Pascal Lafontant exprime, à travers sa poésie « Tristès = Tristesse » (98–9) qu'il ne peut s'y soustraire.

Mais c'est également l'amour – sous le signe du bonheur – qui est présent dans ce recueil ; plusieurs beaux poèmes le thématisent, comme « Mach ou = Ta démarche » de Getro Bernabé (32–5) ou « Fanm = Femme » de James Saint Félix (158–9). Syto Cavé, dans son poème sublime « Yon powèm k ap chèche yon chan = Un poème qui cherche un chant » (46–9) va du carpe diem à la jouissance corporelle, fusion dont l'accomplissement consiste à mourir ensemble :

M pa gen tan devan m pou m move ankò,	Je n'ai plus le temps d'être mécontent,
E, menm si m te jwenn tan,	Et, même si j'en trouvais le temps,
Se tap yon tan pèdi.	Ce serait une perte de temps.
Si tan k rete m la, se pou renmen.	Le peu de temps qui me reste est pour aimer.
Tanpri lanmou, vin wèm chak jou,	Je t'en supplie Amour, viens me voir tous les jours,
Epi, pran tan w pou jwe avè m ;	Puis, prends le temps de jouer avec moi ;
[...]	[...]
Nan bra w pou m mouri !	C'est dans tes bras que je mourrai !
M pap kite okenn lòt mò ranse avè m :	Qu'aucune autre mort ne vienne plaisanter avec moi :
Mò madichon !	Ni la mort par malédiction !
Mò lanbisyon !	Ni la mort par ambition !
Mò politik !	Ni la mort politique !
Mò sanzavé !	Ni la mort gueuse !
Mò lajan !	La mort des espèces sonnantes et trébuchantes !
Ou tande m lanmou ?	Tu m'entends, Amour ?
[...] (46)	[...] (47)

L'acte d'écriture, la littéracie

Si le créole a pu paraître comme un monde d'oralité, si la culture populaire et la perception des éléments de la nature dans ce recueil peuvent sembler se trouver sous le signe de l'oral primaire, l'esprit et aussi la réflexion de l'écriture ont également imprégné nombre de ces poèmes. L'amour est présenté comme force fondamentale, et Guy Gérald Ménard utilise l'écriture poétique pour demander pardon à l'être aimé, au lieu d'avoir simplement recours à la parole orale :

Pou wou	Pour toi
[...]	[...]
Mwen retounen lan pye w	Me voici revenu à tes pieds
Ekri sèt fwa mèsi	Écrire sept fois merci
Devan papòt kay ou	Sur le seuil de ta porte
Ki te rete louvri	Restée ouverte
Lè nan fòs move tan	Quand au cœur de l'orage
Bonnanj mwen t ap dòmi (116)	Mon bon ange dormait (117)

La culture haïtienne, dans laquelle ce recueil est profondément ancré, inclut un héritage littéraire important. Plusieurs des poésies en présence s'y réfèrent à travers des renvois intertextuels explicites.

Par exemple, la poésie de Syto Cavé, intitulée « Kiyès ki kase lamp lan = Qui de nous a cassé la lampe ? » (44–5), semble se référer au célèbre grand poème symboliste-surréaliste *Dialogue de mes lampes* de Magloire-Sainte-Aude (1941). Casser la lampe, chez Syto Cavé, revient donc à détruire le dialogue, et l'odeur de la lampe cassée signale la mort d'un prisonnier (cf. la citation ci-dessus).

Manno Ejèn cite clairement un célèbre roman de Jacques Stephen Alexis : *L'espace d'un cillement* (54–5 ; cf. l'extrait déjà cité ci-dessus). Il évoque, dans son poème, la problématique de ce roman d'Alexis : l'enchevêtrement entre le passé et le présent (dans le roman l'enfance cubaine et la réalité haïtienne des protagonistes), ainsi que le caractère futile des instants s'enchaînant dans la vie.

[...]	[...]
Espace yon ti monman ale vini yo rele tan on kounye ki se anmenmtan yon ayè epi letènite yon lavni ki deja pase	L'espace d'un cillement aller-retour appelé temps un aujourd'hui en même temps hier et éternité un avenir déjà passé
[...]	[...]

Ce faisant, l'auteur se réfère en même temps aux caractéristiques de la langue créole haïtienne qui réserve, par contraste avec le français, une place bien plus proéminente à la catégorie aspectuelle de l'accompli-inaccompli ; en français standard, c'est l'orientation temporelle qui prédomine, cette dernière consistant en une référence à l'axe de la situation de communication permettant de distinguer entre l'avant et l'après[1].

Autre liaison intertextuelle : Ce recueil contient (au moins) deux renvois à l'œuvre littéraire haïtienne probablement la plus connue, à savoir aux *Gouverneurs de la rosée* de Jacques Roumain. Dans ce roman fondateur, le jeune révolutionnaire Manuel revient, après des années passées à Cuba, chez parents, âgés entretemps, en Haïti. Une terrible sécheresse s'est abattue sur le pays. Manuel tombe amoureux d'Annaïse, qui appartient pourtant au clan familial adverse, et ce conflit divise le village. Ils découvrent une source salvatrice,

[1] Pour un aperçu de la grammaire du créole haïtien, cf. Fattier 2013, et pour une analyse actuelle de l'ensemble de la situation de cette langue, cf. Valdman 2005.

mais Manuel est finalement blessé à mort par un cousin d'Annaïse. Mourant, il demande de taire le crime ; Annaïse s'avère alors être enceinte, et l'action se termine sur le *coumbite*, manifeste de l'harmonie retrouvée. Derrière le titre se cache le créole « gouvènè rouzé », ce qui correspond – en transposant directement et sans détournement poétique en français – à « gouverneurs de l'arrosée ». Si donc des poèmes du recueil en présence s'y réfèrent, une partie du message se voit contrebalancée : l'eau n'est pas uniquement un élément destructeur et incontrôlable, mais salvateur et « gouverné » par l'homme. On comprend mieux ainsi le jeu sémantique de Pascal Lafontant quand, dans une vision poétique heureuse de la nature, il mentionne les « kannal arozaj » (« Vizyon fantezi = Vision fantaisiste », 100–1, italiques R.L.) :

[...]

Blanch dan boujonnen
Pou di lajwàn *kannal arozaj*

Yon jès men tankou yon solèy
Men louvri pou dezabiye sezon lapli

[...]

Des dents blanches qui bourgeonnent
Pour dire la joie des *canaux d'arrosage*

Un geste des mains comme un soleil
Des mains ouvertes pour déshabiller la saison des pluies

Lyonel Trouillot reprend entièrement le jeu métaphorique du titre de Jacques Roumain – le bonheur de l'arrosage évoquant la beauté de la rosée –, mais dans un scénario négatif irréel, appartenant au passé (« Agòch net = À gauche toute », 176–7, cf. aussi la citation ci-dessus ; italiques R.L.) :

[...]

Oklèrdelalin, monnami Pyewo, | nou pa janm wè fontèn ap bay dlo pou tout | timoun ki swaf, nou pa janm wè lèzòm | *gouvènen lawoze*, nou pa janm wè yon rekòt | pen ki kont pou nouri tout timoun, | nou pa janm wè koulè fwi ak zepi nan riban | lakansyèl

[...]

[...]

Au clair de la lune, mon ami Pierrot, | nous n'avons jamais vu les fontaines donner de l'eau pour | toutes les soifs des enfants, nous n'avons jamais vu les | hommes *gouverner la rosée*, nous n'avons jamais connu | une récolte | de pains suffisante pour toutes les faims des enfants, nous | n'avons | jamais vu la couleur des fruits et des épis dans les rubans | de l'arc-en-ciel

[...]

Parlant des différentes facettes de la scripturalité dans ce recueil, on constate que – outre les liens d'intertextualité – l'acte d'écriture lui-même se voit thématisé. Pour Lovely Fifi, « l'encre des plumes » est en rivalité avec l'amour (56–7). Dans le vécu de Josaphat Large, sentiments, imagination et écriture poétique se fondent entièrement (102–3). Richanpo revient à l'acte graphique de l'écriture et joue avec l'orthographe, renouant avec les graphismes des textos et avec le rap dans son accusation « Nou pa menm | Nous ne sommes pas les mêmes » (150–1) :

Ou annikKòmkwa
movetout miwa
Ou derefizepèdi
Gade figi wmemwa.
Ou pitoImaj yo
ekriekri nan
nan do mwen w.paj lanvè a.
[...]

Tu as choisicomme si
de te mettre en colèretous les miroirs
tu as refusépréféraient
de regarder ton visageperdre la mémoire
tu as préféréleurs images
écrireécrites
sur le dos de ta main.Au verso.
[...]

Dernier aspect de l'acte d'écriture à évoquer : Pour Roman Jakobson, la fonction poétique se réalisait dans la projection du paradigme dans le syntagme, aboutissant à une sorte de liste, telle que – exemple célèbre – celle des « torche-culs » chez Rabelais. Il s'agit là d'une technique scripturale qui possède une place centrale dans l'œuvre de Frankétienne, représentée par le poème « Koutchoukoutchou » dans ce recueil, où il associe les onomatopées (ou des constructions phoniques) de l'oral à ce procédé (64–71, citation 64–5) :

Koutchoukoutchou koutchoukoutchou
zopilantchou zotchoupoutchou
voukoupvoukoup voukoupvoukoup !
Baka vanse
baka fonse
baka ponpe
baka pyafe
baka djayi
baka rele
baka wonfle
baka gwonde
[...]

Koutchoukoutchou koutchoukoutchou
zopinlantchou zotchoupoutchou
voukoupvoukoup voukoupvoukoup !
Le démon avance
le démon fonce
le démon trépigne
le démon piaffe
le démon surgit
le démon hurle
le démon ronfle
le démon gronde
[...]

D'AUTRES THÉMATIQUES mériteraient d'être relevées explicitement, telles que la RELIGION et L'ANCRAGE VOODOO, parfois mentionnées au premier plan lorsqu'on parle de littérature haïtienne ; elles ne sauraient donc manquer ici. Par exemple, les derniers vers de la poésie – déjà reprise ici – « Dezas = Désastre » de Georges Castera se réfèrent très clairement au mythe de la vie sous-marine, très répandu en Haïti ; l'anthropologue guadeloupéen Gerry l'Étang vient d'y consacrer une enquête très actuelle (à paraître). Mais il me semble que cet l'aspect religieux ne constitue pas une des préoccupations premières de ce recueil, et, de toute façon, le cadre de cette présentation impose ses limites.

Herméneutique, traduction et réflexion critique

Ce recueil représente, tout au moins dans une perspective européenne, une prouesse éditoriale : il s'agit d'une anthologie de la poésie haïtienne moderne qui s'adresse au lecteur francophone en général, et donc à un lecteur qui – dans la plupart des cas – ne parle pas le créole. Les éditeurs proposent une édition bilingue, mais le créole constitue le lieu créateur primaire, et la version française, dans l'ensemble, a essentiellement la fonction transitoire d'ouvrir l'accès au créole. C'est également la vision des éditeurs :

> Puisse la poésie haïtienne de langue créole être connue dans les langues du monde par l'entreprise toujours à risque de la traduction. C'est pour nous un plaisir esthétique et une responsabilité citoyenne d'apporter notre contribution à cette reconnaissance internationale tant méritée.[2]

Mais quel accès ? Celui-ci est, bien sûr, d'abord de nature sémantique ; il permet la compréhension de la plupart des messages et des images. La version française a, de plus, une deuxième fonction. Si la grammaire créole paraît toujours difficile à classer d'un point de vue diachronique et typologique, il n'en est pas de même pour le lexique. Celui-ci dérive à plus de 90 pour cent du français. Et étant donné que le message poétique repose davantage sur le lexique que sur la grammaire – plus que dans le langage et l'écrit ordinaires – , le poids du vocabulaire joue un rôle sémiotique prépondérant dans le poème. Le lecteur peut donc, du moins partiellement, accéder grâce aux parentés phoniques du lexique, et par là à l'expression poétique de la langue créole même. Le recours à la traduction qui lui permettra plus facilement de percevoir ces parentés et de remonter une partie des chemins étymologiques. La traduction – le côte–à–côte, par exemple, de « Ti sansasyon san pran souf » et de « Petite sensation à bout de souffle » (52–3) – aidera également le lecteur à découvrir les principes phonético-phonologiques de l'orthographe créole haïtienne ; la même idée d'un rapport plus direct entre phonème et graphème régit aujourd'hui – bien sûr de manière spontanée

[2] Préface de Mehdi Chalmers et Lyonel Trouillot, 9.

et quelque peu chaotique – beaucoup de textos, slogans publicitaires etc. en français.

La traduction prend donc l'importance particulière, non – ou non seulement – d'une simple béquille, mais elle fera figure de charnière poético-herméneutique, d'intertexte.

Il est également probable qu'une partie des lecteurs s'arrêtera au texte français, sans aller systématiquement au créole. C'est dans cette perspective qu'on peut s'interroger sur la nature plus précise de la traduction. En fait, celle-ci n'émane pas d'un seul et même principe. Les éditeurs précisent sur la 4e de couverture :

> Les poèmes composant la présente anthologie ont été rassemblés et traduits par les membres de l'Atelier Jeudi soir, Mehdi Chalmers, Inéma Jeudi, Chantal Kénol, Jean-Laurent l'Hérisson et Lyonel Trouillot, à l'exception de certains d'entre eux, traduits par leurs auteurs.

Par conséquent, le bilinguisme de cette anthologie est variable. Parfois, il semble effectivement être le produit un peu mécanique d'une traduction rapide. Dans le poème « Mwen se wòch bò larivyè = Je suis la pierre au bord de la rivière » (10–1), le vers créole « mapou chanje fèy » n'a pas, sans qu'on en sache la raison, d'équivalent français. Dans la poésie de Jean Euphèle Milcé (sans titre, 124–5), on ne comprend pas pourquoi les images des deux premiers vers sont inversées dans les versions créole et française :

Je tout moun	Dans les yeux des bêtes
Nan je tout bèt	Tous les yeux des humains
Sé fèt Pòtoprens	C'est la fête de Port-au-Prince
[...]	[...]

Il n'est pas question ici de prolonger une liste d'erreurs ; mais il convient de retenir que, vu l'ampleur de la tâche et l'ambition auto-fixées, vu aussi le rôle central de la traduction, celle-ci aurait mérité quelques phrases de réflexion de plus et parfois tout simplement un peu plus de soin. Mais il est vrai aussi que certaines poésies sont accompagnées d'équivalents français qui sont le fruit d'une véritable réécriture – plus libre – poétique, comme le montre l'exemple de Georges Castera (« Kannari krazé = Fissures », 38–9) :

M leve, m wè tout bout papye k ekri tèt anba. Devan ou plake sou vwa m kè kal tandiske tout pòt louvri devan je chat k ap fè jouda.	J'imagine l'écriture tête en bas Ton sexe perceptible sur ma voix dans l'incertitude calme cependant que les portes s'ouvrent sur l'irrévérencieux regard des chats

Ici, la traduction perd son caractère d'outil sémantique et prend la fonction d'un texte poétique autonome, ou celui de texte jumeau qui entre dans un échange herméneutique particulier avec le texte créole. Mais il est manifeste aussi qu'il facilite moins le décodage immédiat du créole et qu'il permet bien moins qu'une traduction plus simple de comprendre que *devan* correspond à « sexe » et que *jouda* désigne, tout au moins au départ, le personnage biblique de « Judas »[3].

Terminons par un bref regard d'ensemble sur cette anthologie. Il est évident que toutes les poésies ne sont pas de qualité égale. Certaines contributions paraissent moins convaincantes, et l'on a envie de répéter à leurs auteurs qu'une poésie – même si elle se veut « occasionnelle » – n'émane pas seulement d'une conviction ou d'un sentiment profond et honnête, mais aussi d'un véritable travail d'écrivain. Néanmoins tous ces poèmes réunis témoignent de l'extraordinaire richesse de l'imaginaire créole haïtien. Ils sont la preuve flagrante du poids à la fois culturel et interculturel de celui-ci. Ils montrent le potentiel d'écriture poétique de la langue créole, et nombre de ces poésies méritent une place d'honneur dans la « littérature-monde ».

Références

Alexis, Jacques Stephen. *L'espace d'un cillement*, préface de Florence Alexis. Paris : Gallimard, 1959, réimpression 1986.

Bergeaud, Émeric. *Stella*. Paris : Dentu 1859 ; réédition Carouge-Genève : Éditions Zoé, 2009.

Fattier, Dominique. « Haitian Creole ». In *The Survey of Pidgin and Creole Languages*, éd. par Susanne Michaelis, Philippe Maurer, Martin Haspelmath et Magnus Huber. Vol. II : Portuguese-based, Spanish-based, and French-based Languages, 195–204. Oxford : Oxford University Press, 1859/2009.

L'Étang, Gerry. « Récits haïtiens de vécus aquatiques ». In *Études Créoles*, nouvelle série, à paraître.

[3] Cf. par exemple les dictionnaires du créole haïtien de Nougayrol, Vernet, Bentolila *et al.*1976 ; Valdman 1981, surtout pour le terme « jouda ». La signification sexuelle de « douvan » n'est mentionnée par aucun des deux dictionnaires.

Ludwig, Ralph. « Littératures des mondes créoles ». In *Études Créoles*, nouvelle série, à paraître.

Magloire-Saint-Aude. *Dialogue de mes lampes*, 1941, cité d'après la réimpression dans Magloire-Saint-Aude, *Dialogue de mes lampes et autres textes : Œuvres complètes*, édition établie et présentée par François Leperlier. Paris : Jean-Michel Place, 1998.

Nougayrol, Pierre, Pierre Vernet, Alain Bentolila et al. *Ti diksyonnè kreyòl-franse = Dictionnaire élémentaire créole haïtien-français*. Port-au-Prince : Éditions Caraïbes, 1976.

Roumain, Jacques. *Gouverneurs de la rosée*. Paris : Messidor, 1946.

Valdman, Albert. *Haitian Creole : English-French dictionary*, vol. 1-2. Bloomington : Indiana University, 1981.

Valdman, Albert. *Haitian Creole : structure, variation, status, origin*. Equinox : Sheffield, 2015.

Essay und Kritik

Fingerübungen in Digitalien. 623
Erfahrungsbericht eines teilnehmenden Beobachters der *Digital Humanities* aus Anlass eines Lehrexperiments
Hanno Ehrlicher
Histoire de la violence oder wie Gewalt entsteht 637
Daniel Fliege

Fingerübungen in Digitalien

Erfahrungsbericht eines teilnehmenden Beobachters der *Digital Humanities* aus Anlass eines Lehrexperiments

Hanno Ehrlicher

Das neue interdisziplinäre Methodenfeld der *Digital Humanities* (*DH*) hat bisher jenseits spezifischer *DH*-Studiengänge noch kaum Eingang in die Lehre gefunden. Der Essay beschreibt den Versuch, innerhalb der Romanistik im Rahmen einer curricularen Vorlesung eine praxis- und anwendungsnahe Einführung in die *Digital Humanities* zu vermitteln und will die dabei gewonnenen Erfahrungen mit allgemeineren Reflexionen über den Stand der *DH* zu verknüpfen. Den Verächtern der *DH* wird die These entgegengesetzt, dass dieser Bereich die Chance zu fruchtbaren neuen methodologischen Debatten und entsprechenden Innovationen bietet, den Anhängern, dass man zur erfolgreichen Verankerung der *DH* in der universitären Lehre es mit dem Bemühen um ‚harte' normierte Standards im Umgang mit den Daten auch nicht übertreiben sollte und Querköpfe wie Franco Moretti für eine breite interdisziplinäre Akzeptanz der Methoden unverzichtbar sind.

Die Versuchsanordnung

Dieser Text ist ein Essay und handelt von einem Versuch: vom gerade (im Sommersemester 2015 an der Universität Augsburg) unternommenen Versuch, im Rahmen einer ganz regulären curricularen Vorlesung des Faches Romanistik Studierende mit dem neu entstehenden und seit einigen Jahren ebenso intensiv wie kontrovers diskutierten Feld der *Digital Humanities* vertraut zu machen. Dieses noch wenig konturierte, da noch in Emergenz befindliche transdisziplinäre Feld, das auch in Deutschland seit einigen Jahren mit der nicht zufällig dem anglophonen Kulturraum entlehnten Wortzusammensetzung bezeichnet wird, ist ein unsicheres Terrain und ‚Neuland'. Neuland zumal für den Romanisten, der wie ich selbst nicht als Computerphilologe und/oder Informatiker ausgebildet wurde und zumindest ansatzweise zu programmieren versteht, sondern die entscheidenden Jahre seiner akademische Sozialisierung mit dem Erlernen und Anwenden von Methoden intensiver Textlektüre verbracht hat, seien diese hermeneutischer, (post)strukturalistischer oder dekonstruktiver Natur. Dass ein derart traditionell sozialisierter Romanist für ein recht spezifisches Forschungsprojekt eine eigene Virtuelle Forschungsumgebung einrichten und so zum teilnehmenden Beobachter am und im Feld der *Digital Humanities* mutieren konnte[1], liegt an der Dynamik dieses Feldes, in der sich direkt die Dynamik des Wandels der Webtechnologien spiegelt, die es nun eben auch Nutzern ohne vertieftes Wissen um die genauen Funktionsweisen von Computern erlauben, eigene Angebote im Netz zu generieren – sofern sie nur fähig und willens sind, mit entsprechenden Experten zusammenzuarbeiten und das Minimum an Kompetenz im informationstechnologischen Bereich mitbringen, das heute in jedem Sekretariat vorausgesetzt wird. Wie Thomas Krefeld, Stephan Lücke und Isabel von Ehrlich in einem kürzlich erschienen Beitrag zum Stand der *Digital Humanities* aus italianistischer Perspektive zu Recht formuliert haben, hat erst die „totale Durchsetzung der sozialen Medien und des so genannten Web 2.0 in allen Sphären unserer Lebenswelt seit ca. 2003“[2] für den Paradigmenwechsel gesorgt, der aus den verhältnismäßig kleinen, ausdifferenzierten Teilbereichen computergestützter Methoden innerhalb der etablierten geisteswissenschaftlichen Einzeldisziplinen ein Disziplinen übergreifendes Methodenfeld hat werden lassen, das sich eines seitdem kontinuierlich wachsenden Grades an Aufmerksamkeit erfreut. Folgt man der Presseberichterstattung in den Medien, die den geschilderten Paradigmenwechsel mindestens ebenso stark selbst produzieren wie sie ihn widerspiegeln, geht es um viel, vielleicht sogar ums Ganze: um die Zukunft und das Überleben der Geisteswissenschaften, die nun durch das neue Primat der Technik kräftig „unter Strom“ gesetzt seien.[3]

---

[1] Ich verweise nicht aus Mangel an Bescheidenheit auf diese im ständigen Ausbau befindliche Forschungsumgebung als mein eigenes Projekt, sondern um den Standpunkt, von dem aus ich argumentiere, von Anfang an transparent zu machen: vgl. http://www.revistas-culturales.de und das im Rahmen des Berliner *DH*-Summits 2015 präsentierte Poster: https://de.dariah.eu/documents/10180/472725/27_Ehrlicher-Poster_Revistas+culturales+2.0.pdf/288237cc-1651-479a-a12a-91899a30af85.

[2] Thomas Krefeld, Stephan Lücke und Isabel von Ehrlich, „Digitalianistica: die italienische Philologie unterwegs in die digital humanities“, *Italienisch: Zeitschrift für italienische Sprache und Literatur* 36, Nr. 2 (2014): 52–70, hier 53.

[3] Vgl. als ein beliebig ausgewähltes, besonders aktuelles Beispiel aus dem Feuilletondiskurs den Beitrag von Urs Hafner, „Geist unter Strom: Digital Humanities und die Geisteswissenschaften, *Neue Zürcher Zeitung*, 20.07.2015, URL: http://www.nzz.ch/feuilleton/geist-unter-strom-1.18582482.

Auch wenn man den Aufgeregtheiten der Debatte nicht folgen will, lässt sich das neue Feld der *DH* doch schlichtweg nicht länger ignorieren, jedenfalls nicht, wenn man die Zukunft der Geisteswissenschaften aktiv mitgestalten und nicht nur den Status Quo verwalten möchte. Anlass genug, so dachte ich mir, als ich mich an die Durchführung meines Lehrexperimentes machte, zu versuchen, selbst Übersicht über das Phänomen zu gewinnen und ihn denjenigen zu verschaffen, die von diesem Paradigmenwechsel am Wesentlichsten betroffen sind: der Generation der Studierenden. Konzeptionell standen dabei einige Grundentscheidungen für die Gestaltung der Vorlesung schnell fest:

- Da sich das gesamte Methodenspektrum der *DH* unmöglich von einem eingeschränkten Kompetenzbereich aus angemessen darstellen lässt, wurde die Vorlesung zur Einführung in die *Digital Humanities* von vorneherein als perspektivengebundene konzipiert und mit dieser Einschränkung – „aus literaturwissenschaftlicher Sicht" – auch angekündigt;
- Um den Studierenden gleichwohl deutlich zu machen, dass es sich bei den *DH* um ein Phänomen handelt, dessen Methodenspektrum transversal zu den etablierten Disziplinen verläuft, war innerhalb der Vorlesung eine Reihe von Gastvortragenden eingeplant, die nicht nur jeweils als Experten für bestimmte Anwendungsbereiche innerhalb der *DH* und die damit verbundenen Werkzeugen fungierten (Digitales Edieren, Topic Modeling und Metadatenanalyse, Repräsentation von raum-zeitlichen Daten, Stilometrie), sondern auch in unterschiedlichen disziplinären Bereichen beheimatet sind (von der Kunstgeschichte und der Geschichtswissenschaft über die Judaistik bis zur Romanistik). Die Zusammenstellung der Reihe veranschaulichten so insgesamt den transdisziplinären Charakter der *DH*-Methoden;
- Dritter leitender Gedanke war die Überlegung, dass es dem Phänomen der *DH* nicht gerecht würde, deren Methoden theoretisch zu beobachten und distanziert zu beschreiben. Dies hieße nur, den allgegenwärtigen Feuilletondiskurs noch einmal akademisch aufzubereiten ohne dem Phänomen wirklich näher zu kommen. Eine der großen, wenn nicht die größte Herausforderung der *DH* an die etablierten Geisteswissenschaften ist ja gerade ihr praxis- und projektorientierter Zugang zu Fragestellungen der Forschung und die Verbindung von Erkenntnisinteressen mit pragmatisch-instrumentellem Wissen zum

Umgang mit bestimmten Softwareprodukten und digitalen „Tools". Die Gastvorlesungen wurden deshalb jeweils mit Workshops verbunden, in denen einige besonders einschlägige Werkzeuge aus dem Instrumentenkasten der *DH* eingeübt werden konnten: der XML-Editor von *Oxygene* zur Einübung in das digitale Edieren nach den Standards der TEI, *Mallet* als Software für Topic Modeling, der *Dariah-Geobrowser* für die Erstellung von raum-zeitlichen Datenrepräsentationen sowie das statistische Open-Source-Programm *R*, das unter Zuhilfenahme eines entsprechenden Zusatzpackets (*Stylo*) für die stylometrische Analyse von Texten genutzt werden kann. Komplettiert wurde diese anwendungsorientierte Workshopreihe durch eine Exkursion ans Münchner Digitalisierungszentrum der Bayerischen Staatsbibliothek, wo ein konkreter Einblick in die (Retro)Digitalisiserung historischer Buchbestände gewonnen werden konnte.

Um es vorweg zu nehmen: die Reaktionen der Studierenden auf dieses Lehrexperiment fiel äußerst gespalten aus. Die Verlaufskurve aus den statistischen Mittelwerten der Fragebögen, die in einer Lehrevaluation nach der ersten Hälfte des Semesters ausgefüllt wurden, war dabei an sich so undramatisch wie Statistiken, die notwendig die Extreme nivellieren, eben sind. Wesentlich interessanter und für das Stimmungsbild der Studierenden repräsentativer dagegen waren die qualitativen Anmerkungen, die in Freifeldern zusätzlich gegeben werden konnten und in auffällig hohem Maße auch gegeben wurden. Diese intensive Beteiligung der Studierenden an der Evaluation war grundsätzlich Beleg dafür, dass die zunächst recht unspektakulär wirkenden Durchschnittswerte kein Produkt lauer Indifferenz darstellten. Die Kommentare ließen vielmehr in ihrer Gesamtheit eine deutliche Spaltung der Studierenden erkennen in ein Lager von Hochzufriedenen, dem ein Lager der hoch Unzufriedenen entgegenstand, eine Wertungsdifferenz, die umso irritierender war, als sich beide Lager teilweise explizit auf die gleichen Phänomene bezogen. Während die eine Gruppe gerade die Neuheit des Themas honorierte und die Möglichkeit zur praktischen aktiven Einübung in Werkzeuge der *DH* als „innovativ" und anregend („probiert mal was Neues") wertete, beklagte sich die andere über zu hohe Anforderungen und sprach der Vorlesung einen Nutzwert tendenziell ab („selbst nach halbem Semester noch keine wirkliche Ahnung um was es eigentlich geht, bzw. wofür der Kurs sinnvoll ist"). Ursächlich für die Polarisierung der Studierenden bezüglich der Zufriedenheit mit einer – zugegeben –

experimentell angelegten Vorlesung war ganz offensichtlich nicht das oder mehr weniger ausgeprägte pädagogische Talent des Lehrenden, sondern der vermittelte Stoff, die Methoden der *DH*.

Digital Natives und *Digital Naïves*

Wenden wir uns, um diese Wirkung des Lehrexperiments gründlicher zu verstehen, den Befindlichkeiten der um ca. 1990 geborenen Studierenden zu, die unsere Hörsäle heute bevölkern. Einer durch Marc Prensky popularisierten Metaphorik zufolge handelt es sich bei dieser Generation um „Digital Natives", denen wir noch vordigital sozialisierten Lehrende – so Prensky schon im Jahr 2001 – als „Digital Immigrants" notwendig fremd gegenüberstünden.[4] Prenskys Argument ist ebenso einfach wie voraussetzungsreich: der Umgang mit den digitalen Technologien bewirke eine Art kultureller Evolution, die irreversibel sei, und da sich die „digital Geborenen" aufgrund ihres evolutionären Fortschritts nicht mehr den alten Verhältnissen anpassen könnten, müssten die Lehrenden sich eben umgekehrt dem Fortschritt der neuen Lerner anpassen. Den irreversiblen Charakter der Evolution erklärt Prensky aus einer Veränderung von Denk- und Wahrnehmungsgewohnheiten („their thinking patterns have changed"), die er auch als neue „Sprache" bezeichnet. Der so erzeugte Kurzschluss zwischen Biologie und Kultur führt einerseits dazu, dass der Effekt des Wandels von Kulturtechnologien, der eben keine biologischen Folgen hat, überdramatisiert wird, andererseits aber verdeckt er genau die Ebene, aus der heraus sich die sozialen Folgen des digitalen Wandels tatsächlich begründen: die Ebene des Habitus. Also der Ebene, auf der soziale Strukturen und sozio-kulturelle Wertungen inkorporiert und damit zu einer vom Individuum nicht bewusst reflektierten sondern unbewusst eingenommenen Haltung transformiert werden. Pierre Bourdieu verortete in seiner Theorie des sozialen Feldes in diesem Sinne nicht nur den Habitus als entscheidende Schnittstelle zwischen Sozialstruktur und reproduzierendem Individuum, sondern schlug zugleich eine Methode der Kritik vor, die er im Vorwort zur deutschen Ausgabe von *Homo academicus* in Umkehr zur ethnologischen Verfahrensweise als „Exotisierung des Heimischen" beschreibt, als „Abbruch der Primärbeziehung der

---

[4] „Digital Natives – Digital Immigrants" lautete entsprechend der Titel seines zweiteiligen Essays, der 2001 erschien und inzwischen auch online leicht greifbar ist: http://www.marcprensky.com/writing/Prensky%20-%20Digital%20Natives,%20Digital%20Immigrants%20-%20Part1.pdf; http://www.marcprensky.com/writing/Prensky%20-%20Digital%20Natives,%20Digital%20Immigrants%20-%20Part2.pdf.

Vertrautheit mit Lebens- und Denkweisen, die ihm, weil zu vertraut, fremd bleiben".[5]

Die Metapher von den digitalen ‚Eingeborenen' macht, so gewendet, viel mehr Sinn als in der Rede von Marc Prensky. Das Problem ist nicht, dass sich eine ‚alte' prä-digitale und eine ‚neue' digitale Generation wie fremde Ethnien gegenüberstünden, sondern dass die kritische Exotisierung scheinbar zutiefst vertrauter und in tief in den Lebensalltag verankerter Kulturtechnologien unbequem ist und liebgewordene Illusionen zerstört – allen voran die Illusion, dass Webtechnologien automatisch ‚smart' funktionieren, sich den Bedürfnissen des einzelnen Users optimal anpassen und deshalb reflexhaft und reflexionslos zu bedienen und zu konsumieren sein müssen. Vielleicht ist der verfremdete – kritisch distanzierte – Blick auf digitale Technologien leichter für diejenigen, die mit diesen Technologien noch einen wenig habituellen Umgang haben, er ist aber auch für die *Digital natives* nicht unmöglich. Auch dies zeigte das Lehrexperiment. In jedem einzelnen der Workshops war, obgleich die dabei vorgestellten Werkzeuge unterschiedlich hohe Anforderungen und Vorkenntnisse an die Nutzer stellen und obgleich die Bereitschaft und Fähigkeit zur pädagogischen Unterstützung innerhalb der Lehrenden dabei unterschiedlich hoch ausgeprägt war, ein ähnlicher Effekt unter den Studierenden zu beobachten: Diejenigen, die ein intrinsisches Interesse am vorgestellten Tool mitbrachten, weil sie z.B. ein wie auch immer geartetes eigenes Forschungsprojekt damit umsetzen zu können hofften, oder aber auch einfach Neugier an der Funktionsweise des Werkzeugs hatten und darüber aufgeklärt werden wollten, waren motiviert, arbeiteten intensiv und wollten darüber hinaus möglichst viele Informationen, um im Anschluss an den Workshop selbst ihr erworbenes praktisches Wissen vertiefen zu können. Bei anderen war die Frustrationstoleranz dagegen extrem gering und die Unlust, mit einem beim Einstieg zunächst schwierigen und relativ voraussetzungsreichen Tool, das nicht auf Knopfdruck funktioniert, sondern bewusst und informiert genutzt werden muss, entsprechend hoch. Es lag dabei nicht an theoretischer Überforderung oder einer zu hohen Komplexität von Informationen, sondern an einer grundsätzlichen Bequemlichkeit, die bei den meisten Studierenden dieses Typus übrigens nicht nur ihre Haltung der Technik gegenüber prägt, sondern auch die zur Literatur.

[5] Pierre Bourdieu, *Homo academicus* (Frankfurt/ M.: Suhrkamp, 1992), 9.

Diese Anmerkung läuft nicht auf eine Denunziation von Studierenden hinaus, die sich – wie das Evaluationsergebnis ja deutlich zeigte – nicht angemessen als eine homogene Einheit behandeln lassen. Ich formuliere sie, um aus meinen Erfahrungen in der Lehre eine entscheidende These zu gewinnen, die sich weit über die Gruppe der Studierenden hinaus verallgemeinern lässt. Die These nämlich, dass die vermeintliche generationenbedingte Differenz zwischen „Digital Natives" und „Digital Immigrants" völlig irrelevant oder mindestens höchst sekundär ist und nur die umso relevantere Differenz verdeckt, die sich auftut zwischen denjenigen „Natives", die im Zustand der Naivität verharren wollen und denjenigen, die sich um ein aufgeklärtes Verhältnis zu den digitalen Technologien bemühen. In diesem Sinne aber sind wir alle, die nicht direkt als Informatiker oder Programmierer professionell an der Entwicklung der Technologien beteiligt sind, zunächst im Stande der Unmündigkeit mit der Option zum Ausgang aus diesem Anfangsstadium.

Die Mühen, die für ein aufgeklärtes Verhältnis zu den digitalen Arbeitswerkzeugen der *DH* zu überwinden sind, stellen ja nicht nur eine Hürde für Studierende dar, die sich trotz grundsätzlicher Vertrautheit mit digitalen Arbeitsumgebungen nur unwillig aus einem passiven Habitus herausbegeben, der sie zu den idealen Konsumenten der Produkte macht, mit denen im World Wide Web Geschäfte zu machen sind (die *Tools* der *DH* gehören sicher nicht zu dieser Produktpalette). Vielmehr wachsen diese Widerstände aus anderen Gründen zum unüberwindbaren Ressentiment gerade bei denjenigen, die nicht mit den neuen digitalen Arbeitsumgebungen verwachsen sind, sondern mit symbolischem, sozialen und kulturellen Kapital ausgestattet, das eng an das Wissen um die Kulturtechnologien des Buchdrucks geknüpft ist. Hier ist nicht ein Mangel an Motivation zum kritisch-verfremdenden Blick auf das Vertraute Grund für den Widerstand, sondern der entschiedene Wille zur Wahrung langfristig erworbener Privilegien. Das zeigt sich besonders im Kernbereich der Philologie, der Editionswissenschaft, die den Methoden der *DH* eigentlich am aufgeschlossensten gegenübersteht, da die Digitalisierung im Bereich der editorischen Textkritik eben keinen epistemologischen Bruch mit der Tradition bedeutet. Der von einem Editionswissenschaftler gestartete sogenannte Heidelberger Appell aus dem Jahr 2009[6], für den sich in nur wenigen Woche eine beeindrucken-

[6] Zum Wortlaut des Appels vgl. http://www.textkritik.de/urheberrecht/appell.pdf. Beispielhaft für die Reaktionen gegen diesen Appell z.B. schon Fritz Effenberger in *Telepo-*

de Anzahl von Autoren, Verlegern, Wissenschaftlern und Publizisten zur Unterschrift mobilisieren ließen, war nur ein besonders deutlicher Beleg für dieses weit verbreitete und immer noch anhaltende Ressentiment, das sich vor allem in der Unfähigkeit oder dem Unwillen zu notwendigen Differenzierungen zeigt. Zur Differenzierung etwa zwischen den auf schnellem und massiven Informationsgewinn ausgerichteten Digitalisierungsprojekten eines privaten Unternehmens wie *Google* und der *open-access*-Bewegung, die aus dem Wissenschaftsbereich (vor allem dem Bereich der Naturwissenschaften) selbst stammt und deren Vertretern man nun wirklich nur mit Böswilligkeit eine grundsätzlich Absicht zur Schwächung von wissenschaftlicher Autorschaft im Namen des Kommerzes unterstellen kann. Folgt man der soziologischen Maxime Bourdieus zur „Objektivierung des objektivierenden Subjekts“[7], lässt sich leicht erkennen, dass hinter der vermeintlich idealistischen und uneigennützigen Abwehr des kulturtechnologischen Wandels im Namen der Wahrung tradierter Werte der Kultur vor allem die Verteidigung handfester eigener Interessen steckt. Es ist ja nicht verwunderlich, dass Editionswissenschaftler, die ihr Prestige in jahrzehntelanger Arbeit mit der Herausgabe kritischer Klassikereditionen erworben haben und in enger Symbiose mit Verlagen agieren, die sich ebenfalls in diesem Bereich profiliert haben, keine Begeisterung für die Forderungen der *open-access*-Bewegung aufbringen, aber für eine um Sachlichkeit bemühte Diskussion würde eben doch auch die Bereitschaft gehören, zwischen der eigenen Interessenlage und ‚der‘ Wissenschaft *tout court* unterscheiden zu können. Für viele Wissenschaftler besteht der Hauptmodus ihres Publizierens nicht im Verlegen der Texte literarischer, kulturell hochkanonisierter Autoren, sondern in der Veröffentlichung eigener Beiträge in Fachzeitschriften oder Sammelbänden – und dabei sind ‚junge‘ *open-access*-Zeitschriften wie die *Romanischen Studien*, die für eine schnelle Veröffentlichung und eine ebenso rasche verhältnismäßig breite Resonanz sorgen, nicht notwendig weniger attraktiv als altbewährte Flaggschiffe der Wissenschaft, solange durch redaktionelle Verfahren die Qualitätsstandards gesichert werden, die man als Autor wie als Leser erwartet.

---

lis, http://www.heise.de/tp/artikel/30/30210/1.html, eine Übersicht der Debatte bietet z.B. der Informationsbrief des Wissenschaftlichen Dienstes für den Deutschen Bundestag von Roger Cloes und Christopher Schappert, https://www.bundestag.de/blob/190744/cf5adb527e25eb026a1004e5fb4a45dc/heidelbergerappell-data.pdf.

[7] Bourdieu, *Homo academicus*, 10.

Open-access und die damit direkt verbundenen Fragen nach den Umstrukturierungen von Wertschöpfungsketten innerhalb des Marktes der Wissenschaftspublikationen sind jedoch nur der äußerliche Aspekt des neuen Paradigmas der Digitalisierung in den Geisteswissenschaften. Viel entscheidender für eine Etablierung der neuen Methoden der *Digital Humanities* innerhalb der jeweiligen Fachgemeinschaften ist vielmehr die Frage, ob sie den Mehrwert ihrer Methoden auch mit den feldeigenen Kapitalformen der Wissenschaft erfolgreich behaupten können. Im Zentrum dieser Debatte steht dabei das Verhältnis zwischen Daten und Interpretationen und die Frage, wie Texte wissenschaftlich zu lesen sind und was dabei eigentlich genau erforscht werden soll.

Distant Reading? – Warum wir mehr Morettis brauchen

An dieser Stelle darf der Reizbegriff „Distant Reading“ nicht fehlen, den der italienischstämmige, an der Universität Stanford lehrende Komparatist Franco Moretti pünktlich zur Jahrtausendwende mit der für ihn kennzeichnenden Lust an der polemischen Zuspitzung in die Debatte geworfen hat[8] und mit dem er zu einer Schlüssel- und Reizfigur im neuen Methodenstreit geworden ist. Moretti führt zusammen mit Mark Algee-Hewitt als Direktor des *Literary Lab*[9] seit Jahren eine Forschergruppe an, die mit ihren Papers die Diskussion um quantitative Methoden innerhalb des literaturwissenschaftlichen Bereichs der *Digital Humanities* entscheidend beeinflusst. Obgleich die Organisationsform und die Arbeiten dieses Laboratorium auf den ersten Blick einem „prototypischen“ Verständnis der *Digital Humanities*[10] fast mustergültig zu entsprechen scheinen (empirische Datenbasis der Forschung, das Internet als dominantes Medium der Forschungskommunikation, Gruppen- statt Individualforschung, prozessuale und iterative Forschungsserien statt Präsentation abgeschlossener Resultate), weicht gerade Moretti selbst in seinem Umgang mit den Instrumentarien der *DH* immer wieder auch bewusst von den dort etablierten oder sich etablierenden Standards ab. So zum Beispiel, wenn er im zweiten, von ihm selbst firmierten „Pamphlet“ Visualisierungsverfahren der Netzwerkforschung, die in den Sozialwissenschaften für die Interaktion realer sozialer Akteure genutzt wer-

[8] Franco Moretti, „Conjectures on World Literature“, *New Left Review* 1 (2000): 54–68.

[9] http://litlab.stanford.edu.

[10] Vgl. Die Skizze eines prototypischen Verständnis des Arbeitens der *Ditial Humanities* im schon erwähnten Aufsatz von Krefeld/Lücke/von Ehrlich, „Digitalianistica“, 55f.

den, für die Plotanalyse eines hochkanonischen Werkes wie Shakespeares *Hamlet* einsetzt und dabei bewusst auf eine durch Algorithmen gesteuerte automatisierte Datenverknüpfung (wie sie z.B. *Gephi* ermöglicht) verzichtet, um stattdessen händisch erstellte Visualisierungen einzusetzen.[11] Ähnlich auch schon sein kontraintuitives Vorgehen beim vieldiskutierten *Atlas der europäischen Literatur*[12], dessen Karten für kartographische Standards völlig unterkomplex sind und lediglich als Mittel zur persuasiveren anschaulicheren Präsentation der eingesetzten Daten fungieren.[13] Moretti wird deshalb durchaus mit guten Gründen von beiden Seiten – den Literaturwissenschaftlern, die weiterhin auf „close reading" setzen auf der einen Seite, dem um Standardisierung der Daten und ihrer Verwendung ringendem ‚harten Kern' der *DH* auf der anderen – gerne geschmäht und als ein Chaot behandelt, der rigorosen Methodenansprüchen nicht genügt und als ein schwarzes Schaf an den Rand der Wissenschaft gedrängt werden sollte, wo er eigentlich hingehöre. Umgekehrt ist aber nicht zu leugnen, dass gerade Morettis fröhlich-unbekümmerter, unorthodoxer und anarchischer Methodenmix immer wieder Impulse gesetzt hat, welche die Forschung vorantrieb, wobei sich die Wege der Forschung dann vom Impulsgeber Moretti meist auch schnell wieder trennten.[14] So skeptisch ich in vielen Punkten selbst den Ansätzen Morettis gegenüberstehe (insbesondere etwa seiner Tendenz, die Nationalphilologien auf die Funktion von tumben Datenlieferanten

[11] Vgl. Franco Moretti, „Network Theory, Plot Analysis" = *Stanford Literary Lab Pamphlet* 2 (2011), http://litlab.stanford.edu/?page_id=255. Die Erstfassung des Textes erschien in *New Left Review* 68 (2011): 80–102.

[12] Franco Moretti, *Atlas of the European Novel*, 1800–1900 (London: Verso, 1998).

[13] Zu einer wissenschaftsgeschichtlichen Verortung des Ansatzes von Moretti vgl. Jörg Döring, „Zur Geschichte der Literaturkarte (1907–2008)", in *Mediengeographie: Theorie – Analyse – Diskussion*, hrsg. v. Jörg Döring und Tristan Thielmann (Bielefeld: Transcript, 2009), 247–89.

[14] Zwei Beispiele für diese Behauptung: Das von Barbara Piattis geleitete Projekt zu einem literarischen Atlas Europas (http://www.literaturatlas.eu) bekennt ausdrücklich, wesentliche methodische Anregungen von Moretti erhalten zu haben, positioniert sich in der kartographischen Basis aber diametral entgegengesetzt zu Moretti. Als weiteres Beispiel kann ein vor kurzem erschienener, von Stephen J. Murphy herausgegebener Sonderband des *Journal of Modern Periodical Studies* 5, Nr. 1 (2014) genannt werden, der sich mit Möglichkeiten beschäftigt, Kulturzeitschriften als Netzwerke zu visualisieren,. Dieses Projekt entstand ganz offensichtlich in Fortsetzung der Diskussion, die der Herausgeber schon 2011 in einem Blog über erwähnten zweite Pamphlet Morettis initiiert hatte: Vgl. James Stephen Murphy, „MagMods Essay Club: Franco Moretti and the Prospects of Social Network Analysis for Literary Studies", in: *Magazine Modernism: Dedicated to Modern Periodical Studies blog*, 18. August 2011, https://magmods.wordpress.com/2011/08/18/magmods-essay-club-moretti-and-the-prospects-of-social-network-analysis-for-literayr-studies.

zu reduzieren, um methodologischen Mehrwert ganz für die Komparatistik zu beanspruchen), für eine erfolgreiche Verbindung zwischen *Digital Humanities* und den tradierten Disziplinen brauchen wir in der Zukunft insgesamt eher mehr als weniger Morettis. Morettis Umgang mit „Daten" der Literatur (im Sinne von abgrenzbaren Informationseinheiten, die sich in literarischen Texten selbst finden und solchen, die über diese Texte beschafft werden können) mag nicht immer technisch und methodisch zufriedenstellend sein, er zeigt aber allen Verächtern der *DH*, die diesen Bereich lediglich als einen sinnfreien Positivismus ohne Erkenntnispotential abzustempeln versuchen, dass Datenorientierung auch mit der Schärfung eines Verständnisse für den Formaspekt der Literatur einhergehen kann. Moretti steht ja gegen anderslautenden Gerüchten dezidiert nicht in der Tradition des Positivismus, sondern in der des kritischen Formalismus und hat dessen methodologische Devise der Verfremdung – *Ostranenie* nach Viktor Šklovskij – internalisiert. Digitale Technik ist für ihn nicht Selbstzweck und Daten besitzen dabei kein empirische Evidenz, die Interpretationen überflüssig machen und ein „Ende der Theorie" bedeuteten würde, wie es sich einige euphorisierte Anhänger der *Big Data* tatsächlich wünschen[15]. Im Gegenteil ist sie bei Moretti Mittel zum Zweck einer veränderten Wahrnehmung und der Ent-automatisierung des gewohnten Blicks auf die Literatur. In diesem Sinne könnte das Reizwort von der „distanzierten Lektüre" im Zeichen des Neoformalismus eine neue interdisziplinäre Konjunktur einleiten, die in manchem derjenigen der späten 60er Jahre ähnelt, die als strukturalistische bzw. semiotische Wende der Geisteswissenschaften in die Wissenschaftsgeschichte eingegangen ist. Polemische Zuspitzungen gehören dabei mit zum Methodenstreit und nach einer Phase immer schneller drehender kulturwissenschaftlicher *Turns*, die außerhalb des Wissenschaftsbetriebs kaum mehr Interesse zu wecken vermochten, ist es vielleicht wieder an der Zeit, sich noch einmal ernsthaft um Formen und Normen des wissenschaftlichen Verstehens zu streiten.

---

[15] Vgl. den programmatischen Beitrag von Chris Anderson, der im amerikanischen Original erstmals 2008 in *Wired* erschien: „Das Ende der Theorie. Die Datenschwemme macht wissenschaftliche Methoden obsolet" in: *Big Data. Das neue Versprechen der Allwissenheit* (Berlin: Suhrkamp, 2013), 124–30.

Finger und Hand: Plädoyer für ein pragmatisches Verhältnis zu den *Digital Humanities*

Die *Digital Humanities* können in diesem Sinne die Geisteswissenschaften methodologisch bereichern, indem sie eine neue Methodenreflexion befördern. Dass es dabei zum Rückfall in apodiktische und ideologisch grundierte Wahrheitspostulate kommen könnte, die den Methodenstreit der späten 1960er und frühen 1970er Jahre vergifteten, braucht nicht ernsthaft befürchtet zu werden. Dafür sind die *DH* in ihrem Kern viel zu stark pragmatisch ausgerichtet und auf funktionierende kollaborative Zusammenarbeit zwischen Geisteswissenschaftlern und Informatikern angewiesen. Pragmatische Zusammenarbeit ist dabei einerseits leicht möglich, weil die jeweiligen Kompetenzbereich und Disziplinen so deutlich voneinander getrennt sind, dass man sich anders als in bei inner-geisteswissenschaftlicher Interdiziplinärität nicht andauernd in fruchtlosem Streit um symbolisches Kapital verstricken muss. Andererseits setzt sie diese Zusammenarbeit eine Fähigkeit voraus, die nicht allen Geisteswissenschaftlern gegeben ist: die Fähigkeit zum Respekt dem Wissen und Tun des Anderen gegenüber, auch wenn man dessen Interessen nicht unmittelbar teilt. Philosophische Invektiven gegen den seinsvergessenen „fingernden" Menschen, der nichts mehr zu „behandeln und bearbeiten" verstehe, weil er nur noch zählen könne und das „Additive, das Zählen und das Zählbare" verabsolutiere,[16] führen, so geistreich sie auch formuliert sein mögen, nicht weiter. Auch Heideggers eigene ontologische Technikkritik war in ihrem Fundamentalismus kaum eine angemessene Antwort auf die Kultur der Moderne, die eben immer auch vom Wandel der Kulturtechnologien geprägt ist. Im Übrigen ist es – gerade mit Blick auf Heidegger – vielleicht gar nicht nur von Schaden, dass die Geisteswissenschaften sich angesichts eines zunehmenden gesellschaftlichen Reputationsverlustes nicht länger als Hüter des Seins und des wahren Denkens gerieren können. Experten bestimmter Kulturtechnologien, deren eigenes spezifisches Wissen ganz auf diese Kulturtechnologie ausgerichtet ist, neigen jedenfalls immer dazu, Veränderungen im Gefüge der Kulturtechnologien als Untergang des Abendlandes zu dramatisieren, einfach weil sie mit dem Bedeutungsverlust ‚ihrer' Technologie (der eigentlich immer nur eine Bedeutungsrelativierung ist, da kaum eine etablierte Kulturtechnologie je völlig spurlos verschwunden ist) persönliche Einbu-

[16] Alle Zitate aus dem Unterkapitel „vom Handeln zum Finger" des Traktates von Byung-Chul Han, *Im Schwarm: Ansichten des Digitalen* (Berlin: Matthes und Seitz, 2013), 45–51.

ßen an Reputation und sozialer Distinktion zu befürchten haben. Das ist in der Debatte um Reformen der Rechtschrift und um die Notwendigkeit des Erlernens der Handschrift in der Schule nicht anders als in der um die Legitimität datengestützter quantitativer Methoden. Wer sich auf das neue Feld der *DH* als interessierter Beobachter auch nur ein wenig einlässt, wird in jedem Fall relativ schnell von solchen apokalyptischen kulturkritischen Szenarien ablassen. Weder sind die Akteure, denen man dort begegnet, „im Schwarm" versunken, noch stehen sie in der Gefahr, das Nachdenken und wissenschaftliche Forschen zugunsten bloßen Zählens und Sammelns von Informationen aufzugeben. Gerade in den frühen Manifeste der *DH*, die im angelsächsischen Raum die Bewegung mit utopischer Verve als neue Avantgarde zu stilisieren versuchten, wird immer wieder die durch die *DH* ermöglichte neue Verschränkung zwischen Theorie und Praxis hervorgehoben[17]. Tatsächlich muss man, um in den *DH* mitzuwirken, ein gewisses handwerkliches Ethos mitbringen und bereit sein, viel Zeit für das Erlenen von Tools und bestimmten Softwareprodukten aufzubringen. Wer dies für eine geistlose Tätigkeit hält, sollte besser die Finger davon lassen. Unter den Studierenden, die sich in meinem Lehrversuch besonders aktiv in den Workshops zeigten, wurde aber gerade diese handwerkliche Seite der *DH* besonders geschätzt und als eine Möglichkeit wahrgenommen, die viel beschworene Berufsorientierung auch in genuin geisteswissenschaftlichen Studiengängen wie der Romanistik konkret zu gewährleisten. Unter diesen Studierenden fand vor allem der Vorschlag Anklang, nach dem ersten Überblick über das neue Feld der *DH* in Zukunft konkrete Projekte zu organisieren, die im Rahmen von Seminaren durchgeführt werden können. Es gibt eine ausreichend große Anzahl von Lernenden, die dazu bereit sind, nicht Lesen gegen Rechnen auszuspielen, sondern den Computer Daten „lesen" und verarbeiten zu lassen, um auf dieser Basis dann neue Möglichkeiten des Verstehens von Texten zu gewinnen. Die anderen sind, so meine Befürchtung, weder zum einen (zum Rechnen) noch zum anderen (zum Lesen) zu

[17] Vgl. folgenden Abschnitt aus dem *Digital Humanities Manifesto 2.0*: „The dichotomy between the manual realm of making and the mental realm of thinking was always misleading. Today, the old theory/praxis debates no longer resonate. **Knowledge assumes multiple forms**; it inhabits the interstices and criss-crossings between words, sounds, smells, maps, diagrams, installations, environments, data repositories, tables, and objects. Physical fabrication, digital design, the styling of elegant, effective prose; the juxtaposing of images; the montage of movements; the orchestration of sound: they are all *making*." http://manifesto.humanities.ucla.edu/2009/05/29/the-digital-humanities-manifesto-20/#10, 29. Mai 2009.

motivieren. Statt über diese Gruppe der Untätigen zu lamentieren will ich mich in Zukunft lieber mit den anderen weiter darum bemühen, eine Literaturwissenschaft zu betreiben, die von der ganzen Vielfalt des Spektrums an Methoden profitiert, in dem auch die der *DH* eine Berechtigung besitzen sollten. Meine ersten Fingerübungen in Digitalien haben jedenfalls nicht zu einer spürbaren Atrophie der Hände geführt und der Versuch, den neuen praxo-methodologischen Bereich auch in die romanistische Lehre zu integrieren, wird sicher nicht der letzte gewesen sein.

Histoire de la violence oder wie Gewalt entsteht

Daniel Fliege (ENS Paris)

SCHLAGWÖRTER: Literaturkritik; Louis, Édouard; Histoire de la violence; Roman; Gewalt; Sozialkritik; sexuelle Gewalt; Rassismus

Édouard Louis, *Histoire de la violence* (Paris: Seuil, 2016).

⁂

Nach seinem viel besprochenen – sowohl gelobten, stark bis polemisch diskutierten wie auch abgelehnten – Debütroman *Pour en finir avec Eddy* (2014 bei Seuil erschienen) veröffentlicht der erst 23-jährige Édouard Louis nun seinen zweiten ebenfalls autobiographischen Roman. In *Histoire de la violence* schildert Louis, wie er in der Nacht auf den 25. Dezember 2012 Reda, einen ihm unbekannten Mann kabylischer Abstammung, begegnet, von dem er stark angezogen wird und den er nach anfänglichem Zögern in seine Wohnung lässt. Sie verbringen die Nacht miteinander, doch was als sehr zärtliche Begegnung beginnt, schlägt plötzlich in Gewalt um, in deren Spirale Reda Édouard zu erdrosseln versucht und vergewaltigt.

Histoire de la violence ist jedoch nicht einfach ein Bericht eines versuchten Mordes mit anschließender Vergewaltigung. Denn das Ganze wird perspektivisch gebrochen, indem Édouard die Geschichte anderen Personen erzählt, der Krankenschwester, Ärzten, Polizisten oder auch seinen Freunden Geoffroy und Didier (bei denen es sich um den Soziologen Geoffroy de Lagasnerie und den Philosophen Didier Eribon handelt). Hauptsächlich wird das Geschehene von seiner zu diesem Zweck frei erfundenen Schwester erzählt. Obwohl er den Kontakt zu ihr weitestgehend abgebrochen hat, besucht Édouard, der selbst in Paris lebt, diese ein Jahr nach der Vergewaltigung auf dem Land, in einem kleinen Dorf in der Picardie, aus dem er selbst stammt. Der Name des Dorfes wird nicht genannt, doch die Leser seines ersten Romans und der darauf folgenden Kritik wissen, dass es sich um Hallencourt (Somme) handelt. Édouard erzählt seiner Schwester detailliert von der Nacht auf den 25. Dezember und die Schwester wiederum erzählt dies ebenso detailliert ihrem Mann, während Édouard den Monolog seiner Schwester – denn der Mann spricht nicht ein Wort – hinter der Tür belauscht. Überlagert wird die Stimme der Schwester durch die Gedanken Édouards, der das Erzählte als Figur kommentiert und manchmal selbst als Erzähler eingreift.

Diese an sich unglaubwürdige und gekünstelte Konstruktion ist effizient. Denn durch die Figur der Schwester gibt er der Sprache des sozial benachteiligten Proletariats der französischen Provinz einen Raum, auch wenn er das Gesagte inhaltlich nicht gutheißt. Allerdings wirkt die sprachliche Ausgestaltung übertrieben (die Schwester bringt in der Tat kaum einen syntaktisch korrekten Satz heraus und spricht ohne Punkt und Komma, was durch das Fehlen jeglicher Satzzeichen unterstrichen wird) und steht in starkem Kontrast zum gehobenen Französisch Édouards. So fließen in die Schilderung der Vergewaltigung immer wieder weitere Betrachtungen über Édouard und dessen Vergangenheit auf dem Dorf ein, über seine Kindheit, die er bereits in *Pour en finir avec Eddy* ausgiebig beschrieben hat. So treten auch der Rassismus, die Homophobie und die Grausamkeiten des Dorfes und seiner eigenen Familie wie bereits im Debütroman zu Tage. Hier werden die Ressentiments der benachteiligten französischen Provinz, aus der Édouard stammt, gegenüber dem aufgeklärten Bildungsbürgertum der französischen Hauptstadt, der Édouard angehören will, deutlich. Diese traditionelle, in diesem Fall jedoch sehr künstlich anmutende krasse Gegenüberstellung von Paris und Provinz wird jedoch durch die teils klugen Beobachtungen der Schwester gebrochen. Die Transformation Édouards aus Ablehnung gegen die Welt des Dorfes gelingt ihm nämlich nur zum Teil: „Édouard il met un masque et il joue tellement bien son rôle qu'au final ceux qui lui ressemblent ils l'attaquent en passant qu'il est du champ adverse." (122). Der Roman klagt gesellschaftliche Missstände an, das Erstarken des rechtsradikalen *Front National,* Rassismus und Homophobie. Gleichzeitig macht der Roman aber auch deutlich, dass der so arrogant erscheinende Édouard nicht von Rassismus ausgeschlossen ist: Nach seiner Vergewaltigung entwickelt er selbst eine rassistische Abneigung gegen Männer südlicher Herkunft, die ihn selbst anwidert und die er erst allmählich wieder bekämpfen kann.

Jedoch bleibt beim Leser ein gewisses Unbehagen hinsichtlich des arroganten Auftretens von Édouard. Wer nicht in Paris gelebt hat, mag es etwas befremdlich und übertrieben finden, dass sich an Heiligabend drei Intellektuelle, namentlich Édouard, Didier und Geoffroy, treffen, *gateaux* aus der Bäckerei zu Wein speisen und dabei Opern-Arien hören und sich eine Gesamtausgabe von Nietzsche schenken. Es wäre übertrieben zu sagen, dass sich der Autor über diese *allures,* wie es die Schwester nennt, selbstironisierend lustig macht, jedoch ist er sich durchaus über die Künstlichkeit dieser bürgerlichen Welt bewusst. Dabei erscheint es doch sehr naiv und vereinfacht, und dies erkennt Édouard über die Perspektive der Schwester in dem Roman, aus dem provinzialen Proletariat in das aufgesetzte Bürgertum von Paris flüchten zu wollen – wobei doch der Wunsch zum Bürgertum gehören zu wollen an sich in Frage zu stellen wäre.

Eine Stärke des Romans sind die Schilderungen der Nacht selbst mit all ihren Absurditäten und Banalitäten, die zwischen ruhigen zärtlichen Phasen und grausamer Gewalt oszilliert. Sie sind in kurzen prägnanten Szenen geschildert, sodass ein Voyeurismus an der Gewalt vermieden wird. Unterbrochen werden sie von feinen Beobachtungen Édouards:

> Mais il s'est éloigné et à nouveau : "Tu vas le payer, je vais te buter moi sale pédé, je vais te faire la gueule pédale", et j'ai pensé : *Voilà pourquoi* [...] *Il désire et il déteste son désir. Maintenant il veut se justifier de ce qu'il a fait avec toi. Il veut te faire payer son désir. Il veut se faire croire que ce n'était pas parce qu'il te désirait que vous avez fait tout ce que vous avez fait mais que ce n'était qu'une stratégie pour faire ce qu'il te fait maintenant, que vous n'avez pas fait l'amour mais qu'il te volait déjà.* (137–8)

Édouard versucht die Gewalt Redas teilweise soziologisch zu deuten, jedoch wird diese nie vollends soziologisch aus der Geschichte Redas erklärbar, schon gar nicht entschuldbar. Das Interesse des Autors liegt hier nicht darin, die Gewalt Redas auf dessen soziale Benachteiligung zurückzuführen, obwohl auch dies immer wieder anklingt, sondern vielmehr psychologisch zu ergründen, aus welchen fatalen – banalen wie auch absurden – Umständen die Gewalt plötzlich entsteht, denen sich Opfer und Täter gewissermaßen anpassen.

> je me pliais aux circonstances avec cette capacité de l'individu à se plier et à s'adapter à toutes les situations, [...], même dans les contextes les plus contre nature et les plus atroces, les hommes s'ajustent, ils s'adaptent [...] cela signifie qu'il suffit de changer le monde pour changer les hommes, ou en tout cas en majorité, [...] il n'y a pas besoin de les changer individu par individu, ce qui prendrait trop de temps, les hommes s'adaptent, ils n'endurent pas, ils s'adaptent. La question n'était donc pas *Va-t-il me tuer* mais plutôt *Comment va-t-il me tuer.* (19–20)

Immer wieder lässt der Autor solche allgemeinen soziologischen Aussagen in den Text einfließen, die stark von Michel Foucault und Pierre Bourdieu geprägt sind. Um den Menschen zu ändern genüge es also das soziale System, in dem er lebt, zu ändern.

Jede Kommunikation scheitert schließlich zwischen Reda und seinem Opfer und die Sprache Édouards selbst scheint ihn zu provozieren, wie die Schwester berichtet:

> moi j'ai pensé Même [sic] devant l'autre il a pas pu s'empêcher de sortir son vocabulaire, de parler avec son vocabulaire de ministre, c'est plus fort que lui, ça devait mettre l'autre encore plus en rogne, et il lui dit, Si tu veux on fait comme si ça avait jamais existé, ça n'a pas d'importance. On oublie. (126)

Selbst nach dem versuchten Mord flieht Édouard nicht, um dem drohenden Tod zu entkommen, sondern fixiert sich auf das ihm von Reda gestohlene Handy und steigert sich in ein absurdes Spiel, in dem Reda auf ebenso absurde Weise mitmacht: Sie sollten zusammen das Handy in seiner Wohnung suchen. Wenn Reda es finde, gäbe Édouard ihm 50€, in der Hoffnung, dass Reda sich auf diesen Handel einlasse und dann gehe – beide tun so, als ob sie das Handy suchten, beide wissen, dass Reda das Handy hat und dass das Spiel nicht funktioniert, doch beide nehmen in der Absurdität der Umstände an dem Spiel teil.

Geradezu kafkaesk mutet die Szene in der heruntergekommenen Notfallaufnahme an, in die sich Édouard am Morgen des 25. Dezembers nach der Vergewaltigung begibt, um ein Präventionsmittel gegen HIV zu erhalten. Im von Graffitis beschmierten Wartesaal wird er von einer Schwester alleine gelassen, trifft auf der Toilette nur einen Obdachlosen an und findet die Ärztin schließlich nach einer Stunde in ihrem Büro, wo diese seelenruhig am PC sitzt. So fließt in die Schilderung der Szenerie unterschwellig eine Sozialkritik ein, die die Vernachlässigung des Krankenhauses und die Gleichgültigkeit gegenüber Hilfesuchenden und Schutzbedürftigen anprangert.

Hinzukommt eine weitere Perspektivierung des Geschehenen vor allem durch den Polizeibericht der Anzeige, die Édouard von Geoffroy und Didier gedrängt noch am 25. Dezember aufgibt. Denn er selbst will zunächst nicht Anzeige erstatten, da er am Zweck des bestehenden Justizapparates zweifelt und nicht will das Reda ins Gefängnis gelangt (wobei diese trocken vorgetragene ideologische Erklärung im Roman unglaubwürdig erscheinen mag), und auch weil er die Rache Redas fürchtet. Es folgt eine Odyssee, in der Édouard das Erlebte gegen seinen Willen immer wieder neu schildern muss, in denen seine Aussagen angezweifelt werden und in denen er nach der Vergewaltigung weiter durch den Justizapparat objektiviert wird. Die beiden

Polizisten, die seine Anzeige aufnehmen, interessieren sich nicht sonderlich für Édouard und fühlen sich in ihrem latenten Rassismus bestätigt, als dieser ihnen berichtet, dass Reda kabylischer Herkunft sei. Édouards Aussagen werden erst durch eine medizinische Untersuchung für echt erklärt, in denen er sich noch einmal entblößen und auf seinen Körper reduzieren lassen muss, damit seine Wunden vermessen und fotografiert werden. Die medizinische Erklärung maßt sich aus Sicht Édouards an, seine Geschichte in ihrer Echtheit bewerten zu können.

> je pensais *Pourquoi est-ce qu'on impose aux perdants de l'Histoire d'en être les témoins – comme si être perdant n'était pas suffisant, pourquoi est-ce que les perdants doivent en plus porter le témoignage de la perte, pourquoi est-ce qu'ils doivent en plus répéter de la perte jusqu'à l'épuisement, en dépit de l'épuisement, je ne suis le gardien de personne, ce n'est pas juste, ce n'est pas juste,* et je pensais, toujours sans dire un mot : *Non, c'est le contraire, c'est le contraire qui devrait arriver, tu devrais avoir le droit au silence, ceux qui ont vécu la violence devraient avoir le droit de ne pas en parler, ils devraient être les seuls à avoir le droit de se taire, et ce sont les autres à qui on devrait reprocher de ne pas parler* [...]. (190)

Édouard hat das Gefühl, als wolle man ihm das Erlebte nehmen, als wollten andere seine Geschichte schreiben und ihm sagen, wie es wirklich gewesen ist. So wird die Sprache zum eigentlichen Akteur des Romans, eine Sprache, die zur Notwendigkeit wird, aber in ihrer Schilderung des Geschehenen zum Scheitern verurteilt ist:

> *il ne me reste plus que le langage et j'ai perdu la peur, je peux dire ‚j'avais peur' mais ce mot ne sera jamais qu'un échec, une tentative désespérée de retrouver la sensation, la vérité de la peur.* (130–1)

In dieser Hinsicht stellt *Histoire de la violence* einen radikalen Umbruch zum ersten Roman *Pour en finir avec Eddy* dar, in dem Édouard Louis noch behauptet, die Identität des Menschen werde von den Aussagen der anderen, seines sozialen Umfeldes, produziert. Die Überlagerung der verschiedenen Stimmen in *Histoire de la violence* verdeutlicht dies: Die „anderen" versuchen Édouard zu bestimmen, sie nehmen ihm die Stimme und machen ihn zum Opfer. Jedoch erkennt sich Édouard nicht in diesen Worten, sodass aus der Kluft zwischen den Fremdbestimmungen und dem, was er zu sein glaubt, eine Notwendigkeit der Gegenrede entsteht. Der Roman wird so zu einem Akt des Widerstandes, um die eigene Geschichte zu schreiben und sich als Subjekt zu konstituieren. Édouard Louis, der sich selbst in der Tradition einer *littérature engagée* in der Tradition Jean-Paul Sartres und Simone de Beauvoirs sieht, versucht sich durch das Schreiben zu befreien und selbst zu behaupten.

> „Nous sommes *libres* de changer le monde et d'y introduire de la nouveauté." Ma guérison est venue de cette posibilité de nier la réalité.
>
> (209, Zit. Hannah Arendt)

Histoire de la violence ist ein insgesamt starker und lesenswerter Roman, eine Autopsie der Gewalt in all seinen Facetten, physischer, sozialer und sprachlicher Art. Der Roman entgeht so der Gefahr der allzu intimen und für den Leser unangenehmen Selbstbetrachtung und öffnet sich hin auf eine allgemeine Analyse der Gewalt in der Gesellschaft.

Forum

Aventures radiophoniques du Nouveau Roman 645
Beatrice Nickel
Tagungsbericht „Mittelalterliche Stadtsprachen“ 651
Jahrestagung des Forums Mittelalter, Regensburg, 12.–14.11.2015
Susanne Ehrich
“Rewriting, Rewritings in Early Modern Italian Literature” 657
Resoconto del convegno “Rewriting, Rewritings in Early Modern Italian Literature”, Berlino, 1–2 ottobre 2015
Roberta Colbertaldo
Tagungsbericht: „Dante 2015: 750 Jahre eines europäischen Dichters“ 663
Lea Akkermann

Aventures radiophoniques du Nouveau Roman

Beatrice Nickel (Stuttgart)

ZUSAMMENFASSUNG: Tagungsbericht: Colloque international organisé par l'Université Paul-Valéry Montpellier, en partenariat avec l'Université de Stuttgart, 19–20 novembre 2015. Organisateurs: Pierre-Marie Héron, Annie Pibarot, Université Paul-Valéry Montpellier, centre de recherche Rirra21; Françoise Joly, Beatrice Nickel, Universität Stuttgart.

SCHLAGWÖRTER: Tagungsbericht; Hörspiel; Nouveau Roman; Intermedialität; Postavantgarde; Süddeutscher Rundfunk; Héron, Pierre-Marie; Pibarot, Annie; Joly, Françoise; Nickel, Beatrice

Nach wie vor wird die literarische Bewegung des Nouveau Roman vor allem auf das Medium des Buches festgeschrieben. Dies verstellt den Blick darauf, dass es den entsprechenden Autoren, die dem Nouveau Roman im Allgemeinen zugerechnet werden, gerade darum ging, ihre literarischen Werke in produktiver Auseinandersetzung mit anderen Künsten und Medien hervorzubringen und somit dem Prinzip der Intermedialität zu verpflichten. Die Intermedialitätsforschung im Bereich der Literatur ist bislang noch immer auf das Visuelle konzentriert. Untersucht werden mit großer Vorliebe intermediale Beziehungen zwischen Wort und Bild in den unterschiedlichsten literarischen Gattungen (von der *Graphic literature* bis hin zur visuellen Poesie) oder der Medientransfer vom Buch zum Film etc., jedoch finden wir in der Literatur auch zahlreiche Formen skriptural-akustischer Intermedialität. Beispiele hierfür finden sich im Bereich der Lautdichtung, die im 20. Jahrhundert einen Höhepunkt erfährt, und eben auch im Bereich des Hörspiels, bei dem es sich – in europäischer Perspektive – allerdings um eine noch vernachlässigte Gattung handelt.

Mit den im Titel der Konferenz benannten „aventures radiophoniques du Nouveau Roman“ sind jene *pièces radiophoniques* oder Hörspiele gemeint, die von Autoren stammen, die dem Nouveau Roman zugerechnet werden. Den Organisatoren ging es dabei darum, sich nicht nur auf die ‚Kernautoren' zu beschränken, sondern ein umfangreiches Panorama dieses bislang von der Forschung noch immer vernachlässigten literarischen Bereiches zu bieten –

[0] Tagungsprogramm vgl. http://blog.romanischestudien.de/hoerspiel-und-nouveau-roman.

was ihnen ohne jeden Zweifel gelungen ist. So gab es Vorträge zu Neuen Hörspielen von Samuel Beckett, Michel Butor, Marguerite Duras, Claude Ollier, Robert Pinget, Nathalie Sarraute und Monique Wittig. Eingeleitet wurde das Kolloquium von methodisch-theoretisch ausgerichteten Vorträgen und solchen, die den sozio-historischen Kontext der Entstehung und Ausstrahlung der Hörspiele der Nouveaux Romanciers in England und Deutschland beleuchtet haben. Im Bereich des Hörspiels nehmen die in den 1960er Jahren vom Süddeutschen Rundfunk ausgestrahlten Hörspiele französischer Autoren des Nouveau Roman insofern eine Sonderrolle ein, als ihr Verhältnis zum konventionellen älteren Hörspiel mit demjenigen des Nouveau Roman zum (realistischen) Roman des 19. Jahrhunderts vergleichbar ist, auch wenn die Neuen Französischen Hörspiele verglichen mit den Nouveaux Romans – und auch verglichen mit zeitgleichen deutschen Hörspielen – nach wie vor ein Schattendasein führen und auch von der Forschung stiefmütterlich behandelt werden.

Das Neue Hörspiel ausschließlich als eine akustische Variante des *Nouveau Roman* aufzufassen, würde den Blick darauf verstellen, dass der Medientransfer vom Buch zum Rundfunk weitreichende Folgen für die inhaltliche Gestaltung hat, die darüber hinaus ebenfalls von den technischen Möglichkeiten des Rundfunks stark bestimmt wird. Hörspiele sind geradezu Paradebeispiele für Marshall McLuhans vielzitierte These „The Medium is the Message" (1964). Denn die Ursprünge des Hörspiels sind unmittelbar und untrennbar mit dem Medium Rundfunk verknüpft: Entwickelt wurden diese ursprünglich ausschließlich für den Rundfunk und damit zugleich unter den dort vorherrschenden technischen Produktionsbedingungen und dem spezifischen Rezeptionsmodus, den dieses Medium erfordert. Beim Hörspiel handelt es sich um die erste künstlerische Ausdrucksform, die ein originäres Produkt des Rundfunks ist.

Das von Pierre-Marie HÉRON und Annie PIBAROT veranstaltete Kolloquium zu den „aventures radiophoniques du Nouveau Roman" stellt einen der ersten Schritte auf dem Weg zur Erforschung des Neuen Französischen Hörspiels dar und kommt damit einem dringenden Forschungsdesiderat – sowohl in Frankreich als auch in Deutschland – nach. Primäres Ziel war es dabei, ein internationales Panorama – mit den Schwerpunkten Deutschland, England und Frankreich – zu zeichnen und der *école du regard* des Nouveau Roman (Barthes) eine ebenso berechtigte *école de l'oreille* an die Seite zu stellen, um die künstlerischen Potenziale dieser Strömung überhaupt erst angemessen würdigen zu können.

Eingeleitet wurde das Kolloquium von einem Beitrag von Carrie LANDFRIED, der die Zusammenarbeit der Autoren des Nouveau Roman mit der britischen Rundfunkanstalt BBC in den Blick genommen hat, und zwar sowohl unter Berücksichtigung der Produktions- als auch der Rezeptionsseite. Im Fokus standen hier u.a. die personellen Verbindungen von Robert Pinget, Marguerite Duras und Nathalie Sarraute zu Vertretern des BBC. Denn gerade die persönlichen Kontakte seien oftmals ausschlaggebend für die Ausstrahlung eines entsprechenden Hörspiels gewesen. Nicht selten sei die Empfehlung durch einen namhaften Autor ebenso entscheidend wie die Adaptationsfähigkeit eines Hörspielmanuskripts für das Radio gewesen.

Der zweite Vortrag hat das soziokulturelle Klima nachgezeichnet, aus dem die zahlreichen Produktionen Neuer Hörspiele für den SWR (damals SDR) hervorgegangen sind. Françoise JOLY und Beatrice NICKEL legten die Schwerpunkte ihrer Darstellung dabei auf die in den 1960er Jahren insgesamt literarischen Experimenten zugeneigte Stimmung in Stuttgart (Stuttgarter Schule/Gruppe) und die technischen sowie institutionellen Voraussetzungen für die Produktion und Ausstrahlung solcher Neuer Hörspiele (Zuse Z22, SDR/SWR). Außerdem nahmen sie die enge Verbindung in den Blick, die vor allem zwischen Mitgliedern der Stuttgarter Schule (Max Bense, Reinhard Döhl, Klaus Burkhardt, Hansjörg Mayer etc.) und zeitgenössischen französischen Autoren bestand.

Jochen MECKE hat es in seinem Vortrag zu den „techniques radiophoniques du Nouveau Roman“ unternommen, den Transfer der Methoden und Verfahren des Nouveau Roman auf die Gattung des Neuen Hörspiels aufzuzeigen, und zwar am Beispiel von Jean Thibaudeaus *Reportage d'un match international de football* (1961). Mecke zeichnete eine Traditionslinie vom Neuen Hörspiel („théâtre pour les aveugles“) zur dramatischen Aufführung nach und beharrte dabei auf der wichtigen Rolle des Nouveau Roman, dem er eine vermittelnde Funktion zuschrieb.

Mireille CALLE-GRUBER hat einen Überblick über Claude Olliers Hörspiele, die alle einem traumähnlichen Zustand gleichen, gegeben. Neben einem allgemeinen Überblick über sein Hörspielwerk hat Calle-Gruber am Beispiel zweier unveröffentlichter Hörspiele (*L'attentat en direct, Régression*) Olliers neues Hörspielkonzept entwickelt. Besonders wichtig war ihr dabei der Zusammenhang von Technik und Ästhetik. Wir haben es hier mit einer *matière sonore* zu tun, in der auch die Stille ihren festen Platz hat. Ollier hat seine Typoskripte mit zahlreichen genauen Hinweisen für die Rezitation versehen. Nicht zuletzt darin sah Calle-Gruber die intermediale typologische Nähe seiner Hörspiele zur Musik begründet. Die schriftlichen Vorlagen ähneln in diesem Sinne Partituren.

Aline MARCHAND hat in ihrem Vortrag Robert Pingets Weg zum Hörspiel nachgezeichnet, der vor allem von einem deutlichen Willen zur Experimentierfreudigkeit gekennzeichnet sei. Auch sie hat, wie zuvor Mecke, die Nähe des Neuen Hörpsiels zum Theaterstück betont. So sei eines von Pingets Stücken in Deutschland als Hörspiel und in Frankreich als Theaterstück aufgeführt worden. Dementsprechend stand ihrer Darstellung nach am Ende von Pingets Experimenten mit dem Medium Rundfunk eine „Nouvelle Audiodramaturgie“, in deren Zentrum die Stimme als wesentliches Identitätsprinzip fungiere.

Auch Pierre-Marie HÉRONS Vortrag war Pinget gewidmet, allerdings legte er seinen Schwerpunkt auf die Texte, in denen die Figur Mortin erscheint. In diesem Kontext problematisierte er zunächst die Gattungszugehörigkeit der entsprechenden Texte, z.B. von *Autour de Mortin*. Diese Werk identifizierte er nicht etwa als eine *écriture radio*, sondern als ein *livre à lire*, was nach Héron einen außerordentlichen Unterschied bedinge. Bemerkenswert ist, dass dieses Werk auf der Basis von Hörspielen entstanden ist, die der SDR/SWR seit 1962 ausgestrahlt hat und die mit *Interview I, II* etc. betitelt sind. Anzumerken hatte Héron noch, dass der Name des Protagonisten, nämlich *Mortin* in stillschweigender Zusammenarbeit mit Pingets Freund Alain Robbe-Grillet erfunden worden sei.

Marion COSTES Vortrag war einer weiteren Dimension der Intermedialität gewidmet, nämlich einer Besonderheit von Michel Butors *pièces radiophoniques*: Diese wurden sowohl als gedruckte Texte als auch als Hörspiele veröffentlicht. Insofern herrscht hier eine enge intermediale Verknüpfung zwischen Oralität und Visualität vor. Dies gilt allerdings auch schon für die gedruckten Texte, denn auch hier kommt der akustischen Dimension eine bedeutende Rolle zu. Am ehesten vergleichen ließe sich Butors Vorgehen möglicherweise mit der optophonetischen Poesie eines Raoul Hausmann.

Der nächste Vortrag von Sarah-Anaïs CREVIER-GOULET war einer Autorin von Hörspielen gewidmet, die nicht zum eigentlichen Kern der Nouveaux Romanciers zählt, nämlich Monique Wittig. Am Beispiel von *Jules* (1967) und *Récréation* (1967) konnte sie aufzeigen, welch wichtige Rolle dem weiblichen

Körper in Wittigs *pièces radiophoniques* zukommt. Es handele sich gewissermaßen um eine *poétique du corps féminin*. Anders als in den Nouveaux Romans komme der Primat hier nun nicht dem Blick, sondern dem Tastsinn zu. Nach der Darstellung Crevier-Goulets präsentiere Wittig ihren Zuhörern den weiblichen Körper in seiner Materialität und Klangdimension, und dies oftmals auf hochgradig homoerotische Weise.

Suk HEE JOO hat es in ihrem Vortrag unternommen, anhand eines Vergleiches der gedruckten Fassung von Marguerite Duras' *L'Après-midi de Monsieur Andesmas* und dem gleichnamigen Hörspiel die Eigenheiten der Bearbeitung für die Rundfunkausstrahlung herauszuarbeiten, die im Wesentlichen selbstverständlich auf den Aspekt der „performance sonore" (siehe Vortragstitel) hinausläuft.

Auch Annie PIBAROTS Vortrag war den Hörspielen von Marguerite Duras gewidmet. Sie hat Suk Hee Joos Ausführungen insofern äußerst sinnvoll ergänzt, als sie ein Panorama von Adaptionen für unterschiedliche Medien und Formate von Werken aus der Feder von Marguerite Duras gezeichnet hat. Sie hat aufgezeigt, dass der mediale Transfer hier ganz unterschiedlich gestaltet sein kann: vom Roman zum Hörspiel und danach zum Theaterstück (z.B. *Un barrage contre le Pacifique*) oder von der Erzählung zum Theaterstück und Film und erst danach zum Hörspiel (z.B. *L'Après-midi de Monsieur Andesmas*) etc.

Joëlle CHAMBONS Vortrag war den Hörspielen Nathalie Sarrautes gewidmet. Diese Autorin des Nouveau Roman hat nur drei Stücke ausschließlich für das Radio geschrieben. Die Zurückhaltung und später auch die Abwendung Sarrautes vom Medium Radio hat Chambon mit den speziellen Schwierigkeiten einer Adaption der charakteristischen Schreibweisen Sarrautes für den Rundfunk erklärt.

Das zentrale Thema des von Marie-Claude HUBERT in ihrer Abwesenheit vorgetragenen Beitrags war die Frage, welche Rolle die Stimme in Samuel Becketts Hörspielen zukommt. Einander gegenübergestellt wurden hier zwei ganz unterschiedliche Konzeptionen: Während die Stimme in Becketts Theaterstücken im Raum präsent sei, sei sie in seinen Hörspielen dieser Möglichkeit beraubt und könne sich ausschließlich in der Zeit entfalten.

Charlotte RICHARD hat sich in ihren Vortrag einem konkreten Hörspiel von Samuel Beckett zugewandt, nämlich *Pochade radiophonique*. Dieses Hörspiel zeuge von einer generellen Tendenz des Autors, und zwar der Skepsis gegenüber der verbalen Sprache und der Abwendung von ihr. Für das

Hörspiel habe dies zur Folge, dass Beckett sich hier vornehmlich einer nonverbalen Sprache, der Sprache des menschlichen Körpers (Schreie, Schläge u.ä.), bediene.

Das von Pierre-Marie HÉRON und Annie PIBAROT veranstaltete internationale Kolloquium zu den „aventures radiophoniques du Nouveau Roman" war ein wesentlicher Schritt in Richtung einer systematischen Erfassung der Geschichte des Neuen Französischen Hörspiels. Eine weitere Tagung, die vor allem die Hörspielproduktionen des SDR/SWR in den Blick nehmen wird und an der Universität Stuttgart stattfinden soll, ist bereits in Planung.

Tagungsbericht „Mittelalterliche Stadtsprachen"

Jahrestagung des Forums Mittelalter, Regensburg, 12.–14.11.2015

Susanne Ehrich (Regensburg)

SCHLAGWÖRTER: Tagungsbericht; Stadtsprachen; Mittelalter; Stadtgeschichtsforschung; Selig, Maria; Forum Mittelalter Regensburg; Universität Regensburg

Die Großstadt gilt heute als ein Schlüsselort für die Herausbildung von neuen sprachlichen Praktiken und Mehrsprachigkeit. Allerdings sind Sprachvariation und das Neben- und Miteinander verschiedener (Schrift-)Sprachen nicht nur Phänomene des Globalisierungszeitalters. Bereits im Mittelalter spielte die Ausdifferenzierung der Schriftkultur und die Entwicklung einer mehrsprachigen Schriftlichkeit eine wichtige Rolle im Prozess der europäischen Urbanisierung. Mit dem Thema „Mittelalterliche Stadtsprachen" griff die Jahrestagung des Forums Mittelalter vom 12. bis 14. November 2015 also nicht nur einen hochaktuellen, sondern auch einen für die Mediävistik zentralen Themenbereich auf. Neu war dabei die Zielsetzung, die historische Stadtsprachenforschung sowohl grenz- als auch disziplinenübergreifend zu profilieren und dafür die romanistischen, germanistischen und slavistischen Sprachwissenschaften sowie die Stadtgeschichtsforschung ins Gespräch zu bringen. Die Tagung wurde vom Lehrstuhl für Romanische Sprachwissenschaft der Universität Regensburg (Prof. Dr. Maria Selig) in Kooperation mit dem Regensburger Themenverbund „Urbane Zentren und europäische Kultur in der Vormoderne" veranstaltet und von der Regensburger Universitätsstiftung Hans Vielberth und der Fritz Thyssen Stiftung gefördert.

Im Vorfeld der Tagung fand ein Doktorandenworkshop zur Städte- und Stadtsprachenforschung statt, in dem Dissertationsprojekte aus den Sprach- und Geschichtswissenschaften diskutiert wurden. Während Kathrin KRALLER (Regensburg) ein Dissertationsprojekt zur volkssprachlichen Urkunden-

[0] Verfasst von Dr. Susanne Ehrich mit den Teilnehmern einer Praxisübung zur Tagung aus dem Wintersemester 2015/16.

schriftlichkeit der *communes notarii* aus Moissac vorstellte, skizzierte Christina WALDVOGEL (Leipzig) ihr sprachanalytisches Vorgehen bei der Untersuchung von vier Bautzener Gerichtsbüchern aus den Jahren 1359 bis 1509. Thomas BRUNNER (Straßburg) konnte bereits die Ergebnisse einer Analyse des Sprachgebrauchs im Rahmen der „révolution de l'écrit" im französischen Douai des 13. Jahrhunderts erläutern. Die Nachwuchswissenschaftler profitierten in dem Workshop von der Expertise einzelner Tagungsreferenten und waren anschließend als Diskutanten auf der Tagung anwesend. Eröffnet wurde die Jahrestagung mit einem Vortrag von Claudine MOULIN (Trier) zum Thema „Sprachen in der Stadt – Städtisches Schreiben: Spätmittelalterliche und frühneuzeitliche Kontenbücher als sprach- und kulturhistorische Quelle". Die Germanistin beschrieb die Stadt der Vormoderne als eine von Mehrsprachigkeit und zunehmender Verschriftlichung geprägte Gesellschaft: Im Dienste eines effektiveren Verwaltungshandelns wurden besonders ab dem 14. Jahrhundert die Bereiche der pragmatischen und institutionellen Schriftlichkeit (literacy), aber auch der Rechenfähigkeit (numeracy) ausgebaut. Beispielhaft für die wissenschaftliche Rekonstruktion dieses Prozesses stellte Moulin ein von Historikern und Linguisten gemeinsam betreutes Forschungsprojekt zu den spätmittelalterlichen Luxemburger Kontenbüchern (1388 bis 1500) vor. Die im Rahmen des Projekts erfolgte Edition des deutschsprachigen Quellenkorpus ermögliche verschiedene disziplinäre Zugänge, wie eine Auswertung nach systemlinguistischen, textpragmatischen oder lexikalischen Gesichtspunkten. Für die Stadtgeschichte seien die Kontenbücher der an der Grenze von Germania und Romania gelegenen Stadt als topographisches Instrument zur Erfassung von Anwesen oder für prosopographische Studien nutzbar.

Die erste Sektion mit dem Titel „Mehrsprachige Städte – zu einem neuen Forschungsparadigma" leitete Arend MIHM (Köln) mit einem Vortrag zur Mehrsprachigkeit im mittelalterlichen Köln ein. Da das Wachstum der Städte maßgeblich auf Zuwanderung beruhte, bildeten sich in Großstädten wie Köln seit dem 11. Jahrhundert Quartiere mit verschiedenen fremdsprachigen Domänen heraus. Bei den Kölner Kaufleuten setzte der Handel mit auswärtigen Regionen zudem entsprechende Fremdsprachenkenntnisse voraus. Anhand von Grundbucheintragungen in den sog. Kölner Schreinskarten zeigte Mihm die Verwendung verschiedener Sprachen, wie des Lateinischen als *lingua franca*, der Stadtsprache Ripuarisch und des von Kaufleuten verwendeten Französischen. Bei den unterschiedlichen bürgerschaftlichen Gruppierungen bildete sich auf der Basis dieser Kontakte ein differenziertes Spektrum innerstädtischer Varietäten aus, von denen sich im ausgehenden 15. Jahrhundert das Oberländische allmählich als Prestige- und Distanzsprache durchsetzte.

Arne ZIEGLER (Graz) widmete sich unter dem Thema „Sprachenwechsel in der mittelalterlichen Stadt" anschließend dem sprachlichen Phänomen des Code-Switching innerhalb mehrsprachiger städtischer Kontexte. Der Germanist fokussierte dabei die Mikroebene des Einzeltextes und ging der Frage nach, inwieweit Ansätze moderner interaktionaler Soziolinguistik in der historischen Soziolinguistik fruchtbar werden können. So werde funktionales Code-Switching aus dem Lateinischen in die Volkssprache etwa in mittelalterlichen Arzneibüchern als konkrete kommunikative Strategie eingesetzt, um wissenschaftliche von didaktischen Passagen zu unterscheiden. Ein ähnlicher, zielgruppenorientierter Sprachenwechsel zeige sich auch in anderen Textsorten, wie den Predigten des 15. Jahrhunderts.

Das mittelalterliche Venedig, speziell das sprachliche Milieu der toskanischen und nicht-toskanischen Händler, war Thema des folgenden Beitrags von Lorenzo TOMASIN (Lausanne). Während die schriftliche Kommunikationssprache der Händler in anderen Städten, wie etwa Mailand, eine deutliche Tendenz zur Toskanisierung zeigte, habe in Venedig umgekehrt die venezianische Stadtsprache die Skripta der toskanischen Händler beeinflusst. Tomasin wies dies überzeugend an der Korrespondenz des Händlers Pignol Zucchello aus der Mitte des 14. Jahrhunderts nach. Zusammenfassend schlug der Italianist eine Taxonomie vor, um lexikalische und morphosyntaktische Merkmale zu erfassen, die den Einfluss des venezianischen Volgare auf die geschriebene Sprache der nicht-venezianischen Händler in Venedig spiegeln.

Der Beitrag von Margriet HOOGVLIET (Groningen) präsentierte zum Abschluss der Sektion erste Ergebnisse eines Forschungsprojekts an der Universität Groningen unter dem Titel „Cities of Readers: Religious Literacies in the Long Fifteenth Century". Auf Grundlage eines umfangreichen Quellenkorpus religiöser Literatur, wie etwa den Stundenbüchern, untersucht das Projekt eine mehrsprachige städtische Lesekultur in den sprachlichen Kontaktzonen Nordfrankreichs und den südlichen Niederlanden. Trotz der klaren romanisch-germanischen Sprachgrenze und trotz territorial-politischer Grenzen war dieses Gebiet in der Zeit von 1400 bis 1550 durch einen regen kulturellen Austausch zwischen den städtischen Zentren gekennzeichnet. Multilingualität gehörte zum Alltag mittelalterlicher Textproduktion. Hoogvliet machte wahrscheinlich, dass das Städtenetz zwischen Paris und Antwerpen über sogenannte „open access"-Bücher und -Bibliotheken für religiös interessierte, mehrsprachige Laien verfügte, wenn deren eigene Mittel oder Bildungsstand keinen Zugang zu schriftlich vermitteltem religiösen Wissen erlaubte. Diese vorwiegend volkssprachliche Lesekultur konnte sich über Sprach- und Territorialgrenzen hinweg verbreiten und habe durch die diskursive Bearbeitung in städtischen und häuslichen Lesegemeinschaften das Potential besessen, kulturelle, politische und konfessionelle Unterschiede zu überbrücken.

Die zweite Sektion bezog unter dem Rahmenthema „Recht und Schrift in den Städten der mittelalterlichen Romania" auch geschichtswissenschaftliche Beiträge ein. Im ersten Vortrag der Sektion beschäftigte sich die Historikerin Petra SCHULTE (Trier) mit der Rolle von Notaren in den Stadtkommunen des mittelalterlichen Italien. Schulte bezeichnete die italienischen Notare als „Sprachmittler", da sie die verantwortungsvolle Aufgabe hatten, mündlich im Volgare verhandelte Rechtsgeschäfte, Verwaltungs- oder Gerichtsakte in lateinischer Sprache zu dokumentieren und damit in eine formalisierte juristische Schriftsprache zu übertragen. Um eine Kontrolle zu ermöglichen, musste das schriftlich Fixierte im Anschluss vorgelesen und damit ins Volgare zurückübersetzt werden. Der Vortrag suchte nach Spuren dieses doppelten Übersetzungsprozesses in der städtischen Gesetzgebung, den Traktaten zur Notariatskunst und in der Rechtswissenschaft. Er konturierte den Notar dabei als städtischen Amtsträger, dessen Autorität und Vertrauensstatus kontinuierlich durch formale Kontrollmechanismen gesichert werden musste und schließlich in einer kleinteiligen Registrationspraxis der Kommunen aufging.

Der Romanist Paul VIDESOTT (Bozen) lenkte den Blick anschließend auf die Urkundensprache der Pariser Kanzleien, die sowohl in der Königskanzlei als auch in der Prévôté de Paris ab dem ausgehenden 13. Jahrhundert zum Altfranzösischen überging. In seinem Vortrag ging er der Frage nach, ob und in welchen Bereichen sich die Skriptae beider Kanzleien sprachlich voneinander unterschieden. Die Auswertung von mehr als 250 Kriterien zeige zunächst einen breiten Grundkonsens in der Sprachverwendung beider Einrichtungen. Überraschenderweise erweise sich die Prévôté aber bereits vor der Königskanzlei als Motor einer verstärkten überregionalen Ausrichtung und Standardisierung, was Videsott unter anderem am Abbau der Zwei-Kasus-Rektion festmachte.

Einem oft unterbelichteten Bereich, dem der arabophonen Schriftkultur im christlichen Spanien des Mittelalters, wandte sich der Historiker Christian SASSENSCHEIDT (Erlangen-Nürnberg) in seinem Vortrag zu Toledaner Notaren zu. Auch nach der kastilischen Eroberung von Toledo im Jahr 1085 bestand dort die mozarabische Tradition einer christlich-arabischen Schriftlichkeit ungewöhnlich lange weiter. Der Vortrag exemplifizierte dieses Phänomen anhand der Notarsfamilie der Banū Wa'īd. Seit Beginn des 13. Jahrhunderts ließe sich zwar eine fortschreitende Romanisierung in deren Beurkundungspraxis feststellen, vor allem auch eine zunehmende Verwendung volkssprachlicher Namensbezeichnungen. Insgesamt zeige sich aber, dass die arabophone Rechtstradition bzw. eine lateinischsprachige Rechtstradition in arabischer Schrift von allen Einwohnern Toledos auch mehrere Generationen nach der christlichen Eroberung genutzt wurde, selbst wenn man für die Decodierung des geschlossenen Aktes wieder auf die Hilfe eines Arabisch-Kundigen angewiesen war.

Die letzte Tagungssektion beleuchtete anhand zweier Beiträge das Thema der mehrsprachigen Städte im mittelalterlichen östlichen Europa. Der Germanist Hermann SCHEURINGER (Regensburg) unternahm eine namenkundliche Beantwortung der Frage, inwieweit das sprachliche Zusammenleben in Städten des böhmischen, ungarischen und slawisch-romanischen Raums von Harmonie oder Konflikt geprägt gewesen sei. Dabei untersuchte er in drei Detailanalysen vor allem die Akzeptanz und den Status deutscher Städtenamen im heutigen Slowenien, Tschechien und Rumänien und erläuterte diese durch historische Sprachkontaktsituationen und wechselnde Herrschaftsverhältnisse. Während im heutigen Slowenien deutsche Städtenamen auf deutliche Ablehnung stießen, finde in Tschechien und Rumänien ein problemloserer zwei- oder mehrsprachiger Namensgebrauch statt. Die rege Diskussion des deutschen Städtenamengebrauchs im Plenum spiegelte die Emotionalität, mit der das Thema weiterhin diskutiert wird.

Katalin SZENDE (Budapest) ging abschließend ebenfalls dem Konfliktpotential nach, das sich in osteuropäischen Städten aufgrund von Mehrsprachigkeit auftat. Dabei fokussierte die Historikerin den Sprachgebrauch in den ethnisch, kulturell und sprachlich äußerst vielfältigen Städten des mittelalterlichen Ungarn. Während es bei der Sprachwahl auf den Gebieten der Religionsausübung (bei der Vergabe von Predigerstellen) und der städtischen Administration (etwa bei der Ratswahl) öfters Streitigkeiten gegeben habe, sei die Kommunikation in Handel und Gewerbe überwiegend konfliktfrei verlaufen. Insgesamt sei die Sprache im mittelalterlichen Ungarn weniger Ausdruck ethnischer Identität als vielmehr Mittel für Selbstdarstellung oder Machtausübung gewesen.

Die Analyse mehrsprachiger Kommunikationskontexte in mittelalterlichen Städten – dies kann als Fazit festgehalten werden – ist ein vielversprechender interdisziplinärer Forschungsbereich, der weiterhin durch die Zusammenarbeit von Linguistik und historischer Städteforschung profitieren kann. Dabei werden Historiker den Blick auf die städtischen Verwaltungs-, Rechts- und Herrschaftsstrukturen, also die Entwicklung der schriftkulturellen Institutionen schärfen, die Verschriftlichungsprozessen zugrunde liegen. Die Rolle der Sprachwissenschaften zeigt sich in der Bereitstellung von Modellen sprachlicher Heterogenität und standardisierender Überformung, welche die Geschichte der mittelalterlichen Verschriftlichung als einen von Mehrsprachigkeit geprägten Aushandlungsprozess beschreiben.

"Rewriting, Rewritings in Early Modern Italian Literature"

Resoconto del convegno "Rewriting, Rewritings in Early Modern Italian Literature", Berlino, 1–2 ottobre 2015

Roberta Colbertaldo (Ferrara)

RIASSUNTO: Resoconto del convegno tenutosi presso la Humboldt-Universität di Berlino sul tema delle riscritture nelle opere di autori del Cinquecento italiano, in particolare di Pietro Aretino

PAROLE CHIAVE: Rinascimento; letteratura del Cinquecento; riscrittura; modelli classici; satira; intertestualità; Aretino, Pietro

SCHLAGWÖRTER: Tagungsbericht; Rewriting; Renaissance; Intertextualität; Aretino, Pietro; Fantappiè, Irene

L'1 e il 2 ottobre 2015 si è tenuto presso la Humboldt-Universität di Berlino un convegno intitolato *Rewriting, Rewritings in Early Modern Italian Literature*, ideato e organizzato da Irene Fantappiè, ricercatrice e docente di letteratura italiana, e da Helmut Pfeiffer, professore di letterature romanze e comparate presso la stessa università. L'incontro si è svolto nell'ambito del Sonderforschungsbereich 644 "Transformationen der Antike" dedicato alle trasformazioni dell'antico da un punto di vista interdisciplinare e finanziato dalla Deutsche Forschungsgemeinschaft (DFG). Hanno accolto l'invito specialisti di letteratura medievale e rinascimentale provenienti da diverse università europee e nordamericane. Gli interventi e il dibattito che ne è seguito si sono svolti in inglese e in italiano.

L'indagine si è concentrata soprattutto sulle riscritture nelle opere di autori del Cinquecento italiano. Un ulteriore argomento di discussione condiviso sia dai relatori che dal pubblico è stata la definizione delle forme di autorialità sviluppate nel Rinascimento attraverso la ripresa di modelli antichi e moderni, sia in lingua latina che in volgare, sia religiosi che profani. L'ordine dei contributi ha registrato un progressivo avvicinamento al vero protagonista dell'incontro: Pietro Aretino (1492–1556), parodista cinquecentesco per eccellenza.

Il convegno è stato aperto da Manuele Gragnolati (Oxford University/Université Paris-Sorbonne IV), che nella sua recente pubblicazione *Amor che move: linguaggio del corpo e forma del desiderio in Dante, Pasolini e Morante* (Il Saggiatore, Milano 2013) ha studiato i rapporti tra i tre autori menzionati nel titolo del libro, applicando la teoria della diffrazione elaborata dall'epistemologa Donna Haraway per superare il tradizionale approccio alla riscrittura che vede una relazione gerarchica tra l'originale e la copia. Nel suo intervento, dal titolo "Beyond Hierarchy: Rewriting as *Kippbild* in Dante's *Vita Nova*", lo studioso ha approfondito soprattutto l'aspetto performativo dell'operazione con cui Dante include nella *Vita Nova* le *Rime* che aveva scritto in precedenza. Se è evidente che nel nuovo contesto le *Rime* dantesche assumono un significato diverso, Gragnolati ha posto l'accento sul fatto che tale significato non annulla né sostituisce quello che tali versi avevano in precedenza. Ad esempio, il sonetto *A ciascun alma presa e gentil core,* pur rimanendo uguale in entrambi i contesti, può essere letto autonomamente come sogno erotico oppure, una volta inserito nella *Vita nova,* anche come premonizione del destino di Beatrice. Questa doppia valenza può essere pensata, secondo Gragnolati, come un *Kippbild*: una lettura esclude temporaneamente l'altra, ma questo non avviene in modo definitivo e non impedisce di tornare al primo significato del testo. L'attenzione dello studioso si è rivolta quindi alla definizione della figura di Dante come *auctor* che si manifesta proprio attraverso l'autoesegesi: offrendo al lettore non solo i propri testi bensì anche una guida alla loro interpretazione, Dante compie un'operazione che si può definire già di per sé una riscrittura.

L'intervento di Helmut Pfeiffer, intitolato "*Anakyklosis*: Transformation of Transformations", ha preso in considerazione la trasformazione del concetto di anaciclosi nelle riflessioni di Polibio, Machiavelli e Montesquieu. In primo luogo, Pfeiffer ha illustrato il concetto teorizzato nel VI libro delle *Storie* da Polibio, che individua sei forme di governo (di cui tirannia, oligarchia e oclocrazia rappresentano rispettivamente le forme corrotte di monarchia, aristocrazia e democrazia) e considera naturale (biologico) il loro succedersi ciclico. Nei *Discorsi sopra la prima deca di Tito Livio* (libro I, cap. 2) Machiavelli 'riscrive' il concetto polibiano. Pfeiffer ha identificato tre fondamentali differenze che separano l'approccio del fiorentino da quello dello storico greco, e cioè la temporalizzazione (poiché la prospettiva non è più evoluzionistica), la singolarità (vi è un solo inizio) e l'attenzione accordata alle costituzioni miste e ai principi di riduzione e rinnovazione. In ultima battuta, Pfeiffer ha dimostrato come Montesquieu nello *Spirito delle leggi* si ricolleghi alla tradizione di questi termini nel contesto della teoria politica illuminista. Lo studioso considera specifico della teoria di Montesquieu il fatto che il declino sia insito in tutte le forme di governo e che anche le istituzioni miste non possano rimediarvi. Il declino di un'istituzione, quindi, per Montesquieu non è legato né alla legge naturale (come per Polibio), né alle dinamiche temporali (come per Machiavelli) ma al proprio principio costitutivo. Pfeiffer conclude ricordando che in una prospettiva illuminista il dispotismo si differenzia dalle altre forme di governo poiché, essendo la paura il suo principio costitutivo, porta in sé il germe dell'autodistruzione e del declino.

L'intervento di Nicola CIPANI (New York University), intitolato "*Scriptura intrinseca*: The Textual Makeover of Memory", ha preso le mosse da alcuni trattati rinascimentali di mnemotecnica, come *Dialogo del modo di accrescere e conservar la memoria* di Lodovico Dolce e *Plutosofia* di Filippo Gesualdo, per mostrare la relazione tra *ars memoriae* e processi di riscrittura. Punto di partenza del suo discorso è stato il parallelo tra memoria e testo scritto, le cui origini sono da cercare nella *Rhetorica ad Herennium*. Nel passaggio da codice testuale a codice mnemonico la nozione di autore si complica, sia per l'esperienza sensoriale del codice stesso (che induce l'operatore a sentire più suoi i contenuti assimilati) che per la continua ibridazione delle fonti. Attraverso le illustrazioni contenute nei trattati, Cipani ha mostrato somiglianze e divergenze formali tra memoria e libro, e più in generale tra la sua organizzazione e gli scaffali di una biblioteca.

La seconda giornata si è aperta con un intervento sulla satira e in particolare sulle satire di Ariosto, al quale è seguita la presentazione di Curione, un autore vicino ad Aretino e rilevante soprattutto per gli esempi di riscrittura intratestuale che offre.

Susanne GOUMEGOU (Universität Tübingen) ha scelto il genere della satira come luogo di osservazione privilegiato dei procedimenti di intertestualità, in cui l'imitazione dei modelli convive con la rielaborazione della realtà contemporanea all'autore. Nel suo intervento, dal titolo "Ariosto e la satira del Rinascimento: una riscrittura di modelli antichi", dopo una breve introduzione sulla storia del genere, che nasce nel Quattrocento italiano grazie alla riscoperta dei modelli antichi, Goumegou ha individuato nella satira ariostesca la compresenza della struttura comunicativa delle *Epistulae* oraziane e dei temi morali propri del sonetto e del capitolo in terza rima. Una lettura ravvicinata della quinta satira di Ariosto ha permesso alla studiosa di mettere in luce come la ripresa del tema dell'infedeltà femminile di Quintiliano offra l'occasione per un intreccio di richiami intertestuali. Si ritrovano infatti, sotto la maschera della satira oraziana, riferimenti ad Alberti e a Bracciolini. La sovrapposizione di questi motivi avviene all'insegna della relativizzazione da parte di Ariosto delle posizioni etico-morali sostenute dagli umanisti.

Davide Dalmas (Università di Torino) ha esposto i risultati della sua ricerca sulla figura di Celio Secondo Curione (1503–69), filologo e insegnante umanista noto per la sua collocazione nel volume *Eretici italiani del Cinquecento* (1939) di Delio Cantimori. Nel suo intervento, come indicato nel titolo "Da Venezia a Basilea: le riscritture di Curione", lo studioso si è concentrato sul percorso che conduce questo poliedrico personaggio da Venezia a Basilea passando per Losanna, e ha collocato la produzione letteraria di Curione nel contesto degli scontri confessionali dell'epoca. Dalmas si è focalizzato sull'analisi del *Pasquino in estasi,* testo molto diffuso in forma anonima alla metà del Cinquecento ma di cui non è ancora disponibile un'edizione moderna. Chiaramente ispirato all'*Orlando Furioso* e in particolare al viaggio sulla luna di Astolfo, quindi già in sé luogo di riscrittura, il *Pasquino in estasi* è stato sottoposto negli anni Quaranta a varie rielaborazioni da parte di Curione ma anche di traduttori e tipografi. In particolare, Dalmas si è interessato alle diverse tipologie degli interventi di riscrittura tra il testo del primo *Pasquino* e il *Pasquino nuovo* (passi ripresi con puntuali cambiamenti, aggiunte, intere porzioni di testo spostate con puntuali modifiche, riscritture complete) e ha notato una chiara trasformazione tra la redazione legata al contesto veneziano e quella del *Pasquino nuovo,* databile al 1546 e legata al contesto svizzero. Dalmas ha evidenziato come l'elemento della satira si sovrapponga a quello delle istanze riformiste.

I successivi interventi si sono occupati di Pietro Aretino: della sua opera (sia dei "volumi allegri" che di quelli "divoti") e in particolare delle sue riscritture, ma anche della sua figura autoriale, che è risultata ben più complessa di quella di un Aretino opportunista e maldicente delineata in passato.

Fantappiè, nel suo intervento dal titolo "Aretino and Lucian: Rewriting, Re-figuring", ha individuato in Luciano di Samostata un modello dell'autorialità aretiniana, evidenziando un *modus operandi* comune nei confronti sia della tradizione letteraria sia della funzione dello scrittore nel contesto socio-culturale. Questo tipo di lettura ha permesso alla studiosa di identificare nei testi aretiniani, oltre a numerosi riferimenti intertestuali più o meno espliciti a volgarizzamenti dell'opera lucianea, un processo di ri-figurazione di Luciano in quanto autore. L'originale indagine intrapresa da Fantappiè ha coinvolto quindi l'atteggiamento nei confronti del modello oltre che aspetti microtestuali. In particolare, sono state riportate al modo lucianeo la parodia di testi autorevoli (ad esempio virgiliani) volta a smascherare la finzione insita nel testo letterario e la creazione esplicita di un *alter-ego* dell'autore; gli esempi forniti hanno dimostrato come Aretino non esiti ad appropriarsi di entrambe, pur trasformandole in relazione o in opposizione al contesto della propria epoca.

Marco FAINI (Cambridge University) ha continuato il percorso di indagine propriamente aretiniano nel suo intervento "Aretino from St. John the Baptist to Savonarola: the *Sette salmi de la penitenza di David*". Ripercorrendo le reminiscenze bibliche e savonaroliane dei *Salmi* aretiani, Faini ha definito un profilo dell'Aretino diametralmente opposto a quello dell'impostore. In particolare, lo studioso ha proposto un accostamento dei testi religiosi con quelli erotici sulla base di affinità testuali. Secondo Faini, sessualità e incarnazione, sessualità perversa e procreazione non sarebbero in Aretino opposti inconciliabili, e la stessa accusa di eresia potrebbe essere considerata inadeguata. Ne è seguito un proficuo dibattito che ha da una parte denunciato la negazione della fondamentale contraddittorietà dell'autore, che userebbe invece tutti i materiali letterari per costruire il proprio io (Ferroni), dall'altra ha sottolineato la necessità di analizzare il progressivo sviluppo del rapporto tra grazia e merito nei *Salmi* (Boillet).

Élise BOILLET (Université François Rabelais, Tours), autrice del libro *Aretin et la bible* (Droz, Ginevra 2007) e curatrice dell'edizione critica dei testi religiosi aretiniani per le edizioni nazionali in corso di stampa, si è concentrata sulla produzione religiosa dell'Aretino negli anni Trenta, e in particolare sul legame di questi col testo biblico. Nel suo intervento intitolato "La riscrittura della Bibbia nel *Genesi* di Pietro Aretino (1538)", la studiosa definisce tre fasi della produzione religiosa aretiniana: quella confessionale, quella agiografica e quella pubblicistica. Per misurare l'originalità del *Genesi*, lo ha confrontato con i generi affini da cui Aretino ha attinto, quali i commenti, i compendi storici e le sacre rappresentazioni.

Ha concluso la discussione Giulio FERRONI (Sapienza – Università di Roma) con un intervento dal titolo "La Bibbia di Aretino". Lo studioso ha indagato in particolar modo le riscritture aretiniane di materia religiosa, spesso considerate, a posteriori, incompatibili con i suoi scritti erotici. La scelta dei temi "divoti" è da attribuire infatti alla loro rilevanza nel contesto dell'epoca, che Aretino coglie e utilizza per imporsi al pubblico. Cifra comune tra i dialoghi erotici e i temi religiosi sarebbe quindi secondo Ferroni la spiccata individualità dell'autore volta al raggiungimento dell'egemonia nella cultura delle corti italiane. E Ferroni riporta parimenti all'artificio letterario, in un orizzonte manieristico, la definizione di Aretino, attraverso la polemica contro i pedanti, della necessità di una letteratura semplice, a modello dei Vangeli. Solo così la scrittura potrebbe contrapporsi alla dissimulazione e alle menzogne della corte. Ma in questo modo, paradossalmente, la riscrittura diventa antiscrittura, anticulturale e antipedantesca. Se l'ambizione alla purezza e alla semplicità diventano esse stesse artificio – rileva Ferroni – si ha una nullificazione e disintegrazione interna del discorso: le immagini di accumulano fino ad esplodere per le complicazioni retoriche.

In definitiva, l'impostazione teorica e le affinità tematiche degli ambiti di ricerca degli studiosi hanno permesso proficui e a volte inaspettati confronti. Le competenze filologiche sono state messe a disposizione di prove ermeneutiche a livello microtestuale, mentre interpretazioni globali sono state messe in discussione sulla base dell'ampio corpus di testi studiato.

Tagungsbericht: „Dante 2015: 750 Jahre eines europäischen Dichters“

Lea Akkermann (Bonn)

ZUSAMMENFASSUNG: Im Rahmen der Tagung „Dante 2015: 750 Jahre eines europäischen Dichters“, die vom Italienischen Kulturinstitut Köln und der Bonner Romanistik am 11. und 12. Dezember 2015 organisiert wurde, setzten sich elf Vortragende aus ganz verschiedenen Blickwinkeln mit dem italienischen Dichter auseinander, dessen Geburtstag sich 2015 zum 750. Mal jährte.

SCHLAGWÖRTER: Dante Alighieri; Tagungsbericht; Italienisches Kulturinstitut Köln; Rheinische Friedrich-Wilhelms-Universität Bonn

Italienisches Kulturinstitut Köln

Nach der Begrüßung durch den Direktor des Italienischen Kulturinstituts Köln, Lucio Izzo, und Ulrich Forster, Präsident der Bonner Società Dante Alighieri, gab Riccardo Bruscagli (Florenz), der als Ideengeber für die Tagung und das Programm vorgestellt wurde, Einblick in die Bedingungen für das Erzählen in der *Commedia*. Seinen Vortrag mit dem Titel „Tre condizioni del racconto dantesco nella *Commedia*“ beschrieb Bruscagli als „rimeditazione”, als Nachdenken über die Entstehungsbedingungen der drei *Cantiche*. Diese erörterte er anhand von Forschungstendenzen, mit denen er sich kritisch auseinandersetzte. Für *Inferno* wurde auf die beiden Aspekte „orrore“ und „pietà“ eingegangen, denen Bruscagli im Gegensatz zu Robert Hollander eine strukturierende Funktion zuwies. Er kritisierte die Forschungen Hollanders, die die „compassione“ als Zeichen für ein Zögern Dantes werteten; Bruscagli wies darauf hin, dass der Diskurs in der *Commedia* nicht eindeutig sei, denn es gelte vor allem die Emotivität Dantes als Zeichen der Menschlichkeit zu akzeptieren, was er anhand der Ugolino-Sequenz illustrierte. Für *Purgatorio* setzte sich Bruscagli unter anderem mit den Studien von Jacques Le Goff auseinander. Dabei lag Bruscaglis Fokus auf der „preghiera“ in der *Commedia* als einziger Möglichkeit der Erlösung. Er bezeichnete das „regime degli affetti“ als die Instanz, die diese Erlösung steuere, und sprach in diesem Zusammenhang von einer „condizione radicale“ der zweiten *Cantica*. Für die dritte *Cantica* analysierte Bruscagli die Art und Weise der Darstellung des *Paradiso*. Er wies darauf hin, dass hier – im Gegensatz zu *Inferno* und *Purgatorio* – keine fiktive Landschaft beschrieben werde, die Dante durchwandere. Es handele sich vielmehr um eine geistige Landschaft, die von Dante produziert werde; damit komme der Darstellung des *Paradiso* und der dort beschriebenen Hierarchie eine eminent didaktische Funktion zu. Insbesondere die Zeitstruktur sei dafür ein Indiz. Sie sei so angelegt, dass eine Vision dessen präsentiert werde, was noch gar nicht passiert sei – Bruscagli sprach daher von einem „paradiso provvisorio". Das „paradiso vero" sehe er dort beginnen, wo die *Commedia* ende.

Michael SCHWARZE (Konstanz) beschrieb die *Commedia* als Buch der Begegnungen. In seinem Vortrag knüpfte Schwarze an neuere Forschungen an, die sich mit der praxeologischen Dimension und der binnenpragmatischen Funktion der kommunikativen Situationen auseinandersetzen. Er fragte nach dem Nutzen, den die Dialogpartner aus dem Gespräch ziehen. Sie ließen sich als Tauschgeschäft mit beiderseitigem Nutzen beschreiben und liefen nach folgendem Schema ab: Zu Beginn stehe die Nennung des Namens, gefolgt von der Herkunftsbeschreibung und in einem letzten Schritt würden die Umstände für den Verbleib im Jenseits erläutert. Es bilde sich hierbei ein kommunikatives Muster, bei dem im Text die Funktion Dantes zunächst darin bestehe, für den Nachruf der Seelen einzustehen. Besonders deutlich werde dies neben anderen Beispielen in der Bocca degli Abati-Passage (*Inf. XXXII*, 91–93), in der Dante das Selbstverständnis vermittele, über den Ruf der Personen im Diesseits entscheiden zu können. Für die dritte *Cantica* lasse sich allerdings eine Änderung in den Strukturen beobachten. Im Gegensatz zur ersten und zweiten *Cantica*, in dem der beiderseitige Nutzen im Tauschgeschäft begründet liege, sei das *Paradiso* von asymmetrischer Kommunikation geprägt, da die Heiligen und Seligen, die Dante treffe, schon wüssten, was er denke und fragen wolle. Der Nutzen für „Dante-poeta", das lyrische Ich, werde zunächst nicht genannt, man könne sein Verhalten auf den ersten Blick als altruistisch einstufen. Bei genauerer Betrachtung lasse sich jedoch erkennen, dass er durch die kommunikativen Situationen, die im Text inszeniert werden, überhaupt erst zu seinem Stoff komme. Sie seien ein entscheidender Anteil der Selbstkonstruktion des Ich, denn mithilfe der Textstrategie werde die Selbstrede überhaupt erst ermöglicht. Mit Verweis auf Dantes *Convivio* und die dortigen Ausführungen zur Ich-bezogenen Rede stellte Schwarze den autoritätsstiftenden Wert dar, der einem Text zukommen könne, und vertrat abschließend die These, die literarische Autorität in Dantes *Commedia* verwirkliche sich über Textstrategien, in denen eine verschleierte Selbstautorisierung identifiziert werden könne. Auf diese Weise werde die heilsgeschichtliche und zugleich die literarische Autorität gestiftet. Schwarze endete seinen Vortrag mit einer Vermutung in Frageform, ob das „Gattungswagnis" Dantes vielleicht einer Legitimation bedurft habe und sich dadurch die multiplen Autorisierungsstrategien erklären ließen.

Alberto CASADEI (Pisa) setzte sich in seinem Vortrag mit den fehlenden Hinweisen für den Titel der *Commedia* auseinander. Im Zentrum seines Vortrags mit dem in Frageform formulierten Thema „Un poema senza titolo?" stand die historische Rekonstruktion der Überlieferungstradition der *Commedia*. Zunächst war Dantes Text nicht in seiner Vollständigkeit im Umlauf. Hier lasse sich der Grund dafür sehen, dass zunächst kein übergeordneter Titel notwendig gewesen sei, die drei *Cantiche* hätten jeweils als *Inferno*, *Purgatorio* und *Paradiso* zirkuliert. Erst der Zusammenschluss aller Teile habe einen Titel erforderlich gemacht. Mithilfe von Textpassagen aus der *Commedia*, aber auch anhand der *Epistola* an Cangrande della Scala sowie Kommentaren von Dantes Sohn Iacopo, zeichnete Casadei die Diskussion über den Titel von Dantes Werk nach. Der Fokus lag dabei insbesondere auf der Unterscheidung von Genre bzw. Stil auf der einen und einem Titel auf der anderen Seite, die ausgelöst werde durch die Verwendung der Bezeichnung „Comedia" durch Dante selbst.

Winfried WEHLE (Eichstätt/Bonn) schloss mit seinem Vortrag an die Frage nach der *Commedia* als Sprachproblem an und bot einen Überblick über die Anthropologie jenseitigen Sprechens. In diesem vierten und letzten literaturwissenschaftlichen Beitrag des ersten Konferenztages ging Wehle der Thematik des Menschen als Glückssucher und damit der Diskussion über die Problematik der menschlichen Doppelnatur von Geist und Körper auf den Grund. Dantes abendländisches Menschheitsepos widme sich dieser Problematik und gehe auch auf das unterste Seelenvermögen des menschlichen Wesens, auf die „anima vegetativa" ein. Auf anschauliche und gelehrte Weise verdeutliche die *Commedia* so die machtvollste abendländische Wegbeschreibung zum Seelenglück. Damit hob Wehle, wie schon Bruscagli in seinem Vortrag, die didaktische Dimension des Textes hervor. Dantes Rhetorik beschreibe die Gemütsbewegungen und versprachliche auf eine verlockende Weise das, was mit Worten nicht beschrieben werden könne: das Jenseits.

Ausgehend von der „selva oscura“ führe der Weg exemplarisch zur emporgeläuterten „divina foresta“ des Irdischen Paradieses und lasse den Tod als Ankunft erscheinen. Wehle zufolge behandele Dante genau jenes Sprachproblem der Offenbarung, das eines der bedeutendsten Themen der scholastischen Philosophie ausmache. Dies könne nicht zuletzt auch ein Grund dafür sein, dass die *Commedia* unmittelbar auf den Index gesetzt worden sei.

Ulrich FORSTER (Bonn) gab eine Einführung in Salvador Dalís Dante-Zyklus, der anlässlich des 700. Geburtstags des Dichters vom italienischen Kultusministerium in Auftrag gegeben wurde. Eine Auswahl der hochwertigen Reproduktionen der 100 Aquarelle Dalís, teilweise handsignierte sogenannte Farbxylographien, die als Leihgabe der Erzdiözese Köln zur Verfügung gestellt wurden, konnten vor Ort im Foyer des Kulturinstituts betrachtet werden. Zunächst gab Forster einen Überblick über die breite und traditionsreiche Rezeption des Werks von Dante in der Malerei. Für Dalí möge es einen gewissen Anreiz geboten haben, sich in eine so lange und prominente Tradition zu stellen. Die sprachliche Ausgestaltung der *Divina Commedia,* die geradezu dazu einlade, sie bildlich in Szene zu setzen, habe viele Künstler angezogen. Dalí übersetze Dantes Text mit den Möglichkeiten der Zeichnung, was Forster anhand des ersten Bildes des Zyklus veranschaulichte, das die Situation des Verlustes des rechten Weges in der Mitte des Lebens illustriert. Dazu verglich er dieses Bild mit einem motivähnlichen Bild von Gustave Doré und zeigte auf, dass es Dalí, im Gegensatz zu Doré, um die Vorgeschichte des in der *Divina Commedia* Dargestellten gegangen sei. Sein Bild zeige eine schlafwandlerische Figur, die noch gar nicht in die „selva oscura“ eingetreten sei. Inhaltlich hielt Forster es für das durchdachteste Bild des Zyklus. Hier sehe er auch das Abweichen, die Verirrung, als Voraussetzung des künstlerischen Tuns, die Dalí so sehr an Dantes Werk geschätzt habe – obgleich der Künstler im Nachhinein behauptet habe, Dantes Werk nie gelesen zu haben.

Einen auf den musikalischen Teil des Programms vorbereitenden Beitrag bot der Musikwissenschaftler Wolfram STEINBECK (Köln). In seinem Vortrag beleuchtete er die musikalische Rezeption von Dantes Werk. Es lasse sich feststellen, dass Dante lange Zeit das Schlusslicht der meistvertonten Dichter gewesen sei. Dies möge unter anderem daran gelegen haben, dass Form und Inhalt der *Commedia* im Gegensatz zu anderen literarischen Vorlagen, wie etwa im Fall von Texten Petrarcas, nicht unbedingt zur Vertonung eingeladen hätten. Steinbeck zeigte, dass sich in der Musik erst ab den

1820er Jahren eine verstärkte Besinnung auf Dante bemerkbar mache, die sich vor allem in einem Boom bei der Vertonung des Francesca-Stoffes in der Oper äußere. Das Hauptaugenmerk legte Steinbeck auf Liszts Dante, insbesondere auf die Sonate „Après une Lecture du Dante. Fantasia quasi Sonata" (1849 überarbeitet), die am späteren Abend von der Pianistin Yili Niu interpretiert wurde. Die Besonderheit Liszts liege in dem Anspruch, die gesamte Komödie zur Vorlage zu nehmen. Bei der Umsetzung der motivischen Dichte habe Liszt „musikalische Vokabeln" benutzt, die sich auf bestimmte Sujets beziehen, wie etwa der Tritonus („diabolus in musica"). Damit habe er Dantes *Commedia* als Erster zum Sujet reiner Instrumentalmusik gemacht. Im Anschluss an diesen ersten Konferenztag folgte ein Konzertabend mit Darbietungen verschiedener Klavierstücke durch Pianisten der Hochschule für Musik und Tanz in Köln. Der Schauspieler Bernt Hahn las dazu verschiedene Gesänge der *Commedia* in deutscher Übersetzung.

Senatssaal der Rheinischen Friedrich-Wilhelms-Universität Bonn

Paolo TROVATO (Ferrara) eröffnete den zweiten Konferenztag mit einem Beitrag zu dem Projekt einer neuen Ausgabe der *Commedia*, das er gemeinsam mit Kollegen seit 2002 verfolge. In seinem Vortrag mit dem Titel „Per una nuova edizione della *Commedia*" gab er Einblicke in die philologische Problematik der dichten Überlieferungstradition von Dantes Werk. Dazu führte er zunächst das Vorgehen von Giorgio Petrocchi (1966–1967) und Federico Sanguineti (2001) bei der Erstellung der kommentierten Ausgaben vor, um in einem zweiten Schritt die eigene Herangehensweise zu schildern. Sanguineti habe für seine kommentierte Ausgabe nur wenige Quellen konsultiert und dann auf die restlichen Manuskripte einer Tradition geschlossen. Trovato bezeichnete dies als „scorciatoia pericolosissima" und wies darauf hin, dass sein Projekt die 400 von Petrocchi konsultierten Handschriften durch viele weitere ergänzt habe, um so eine möglichst genaue Rekonstruktion der Tradition zu ermöglichen. Als entscheidende Erkenntnis habe sich dabei die unterschiedliche Ausgestaltung zwischen den Handschriften aus dem Norden erwiesen, die – im Gegensatz zu denjenigen, die in der Toskana kopiert wurden – die „fiorentinismi d'autore" konserviert haben. Ziel des Projekts sei es, durch die Rekonstruktion der „lezione buona" der Stemmata Varianten in zwei bis drei Prozent des Textes der *Commedia* aufzuzeigen und zu emendieren.

Paul GEYER (Bonn) unternahm in seinem Beitrag eine Dekonstruktion von Dantes Welt. Ausgehend von den zwei großen Vorbildern, der *Aeneis*

Vergils und Thomas von Aquins *Summa Theologica*, wies er auf die Problematik hin, dass das poetologische Programm der *Aeneis* zu Dantes Zeiten nicht mehr umsetzbar gewesen sei. Es lasse sich in der *Commedia* eine Polemik gegen eine von Dekadenz geprägte Gesellschaft des 13. Jahrhunderts erkennen, für die das Klagen Dantes und seiner Dialogpartner während der Jenseitswanderung spreche. Dantes gesellschaftliches Ideal, wie er es in seinem Traktat *De Monarchia* entwickelt habe, sei ein Machtgleichgewicht und die diesseitig-jenseitige Gewaltenteilung zwischen römischem Kaiser und römischem Papst. Anhand der Cacciaguida-Passage (*Par. XV–XVII*) der *Commedia* rekonstruierte Geyer dieses gesellschaftliche Ideal. Die wirtschaftlichen Entwicklungen zu Dantes Zeit, insbesondere die der Handels- und Geldwirtschaft („maladetto fiore", *Par. IX*, 130), die symbolisch für den Verlust der Ursprünglichkeit und Unmittelbarkeit stünden, könnten jedoch zugleich als Bedingung für die Freisetzung des Einzelnen und eben auch Dantes aus ursprünglicheren, geschlosseneren Gesellschaften gedeutet werden, was Dante aber nicht habe wahrhaben können oder wollen. Anhand der Rechtsverhältnisse im 13. Jahrhundert erörterte Geyer, dass die Ausbildung einer Privatrechtssphäre im Spiegel einer Ausbildung der Privatsphäre des Individuums gelesen werden könne. Diese Tatsache lasse sich aber nicht problemlos in die Struktur eines epischen Weltgedichts umsetzen und müsse Dante dazu veranlasst haben, nach einer anderen Architektur für sein Werk zu suchen. Fündig geworden sei er bei der *Summa Teologica*, der er eine poetische Summe des mittelalterlichen Menschen- und Weltbildes gegenübergestellt habe. Das prekäre Gleichgewicht zwischen der strengen Ordnung der scholastischen Sünden- und Erlösungstheologie auf der einen und der komplexen architektonischen und stilistischen Ordnung der Jenseitsreiche auf der anderen Seite zeige allerdings Risse, unter anderem im Hinblick auf Dantes „pietà"-Verständnis und seine bzw. die Thomasische Seelenlehre. Geyer sah die „pietà" als Vermittlungsinstanz zwischen Schuld und Unschuld. In Dantes Seelenlehre ihrerseits ließen sich erste Auflösungserscheinungen des christlichen Wertekosmos im Sinne einer Aufwertung subjektiver Einmaligkeit erkennen. Insgesamt könne die *Commedia* auch als Traktat über das Problem des Freiheitsbegriffs gelesen werden. Thomas und Dante stellten im Prozess der Herausbildung des modernen Subjekts und seines Begriffs einen Wendepunkt dar, wobei sie allerdings selbst die Konsequenzen ihrer Einsichten zu überblicken (noch) nicht in der Lage gewesen seien. Der letzte Teil des Vortrags widmete sich Dantes Selbstbewusstsein als Dichter und Denker. Das Dichter-Ich gewinne in der *Commedia* so stark an Gewicht, dass es in ein offenes Spannungsverhältnis zu den Wahrheiten von Theologie und Philosophie gerate; Geyer sprach hier von einem Triumphzug Dantes insofern, als seine Jenseitswanderung zunächst als Bußübung eingeführt werde, das dichterische Ich sich jedoch im Verlauf immer weiter von dieser Ausgangsposition entferne. Es zeige sich ein Bewusstsein der Auserwähltheit, das sich im Verlauf zunehmend mit dem Topos eines Retters der Menschheit verbinde und schließlich in einem an „superbia" grenzenden Selbstbewusstsein eines Genies gipfele.

Der Kunsthistoriker Carlo SISI (Florenz) leitete mit seinen Einblicken in die Bilder und Transfigurationen von Motiven Dantes in der Kunst des 19. Jahrhunderts die kunsthistorische Sektion des zweiten Konferenztages ein. Zunächst bot er einen Überblick über die verschiedenen Phasen der Rezeption. Er zeigte und analysierte in seiner Präsentation Bilder, unter anderem von Sabatelli, Ingres, Géricault, Pinelli, Fontana und Doré. Letzteren bezeichnete er als „massimo interprete della *Divina Commedia*". Als beliebtes Motiv lasse sich auch hier die Geschichte von Paolo und Francesca beschreiben, deren häufige Rezeption bereits in den literaturwissenschaftlichen Beiträgen und auch durch den Verweis auf die Vertonung in der Musik hervorgehoben wurde. Sisi schloss seinen Überblick über die Adaption von Motiven Dantes mit einem Hinweis auf eine Ausstellung in Florenz, die 1900 organisiert worden war, um Dante-Motive zu versammeln und damit der Rezeption der *Commedia* in der Kunst zusätzliches Gewicht zu verleihen.

Ebenfalls aus kunsthistorischer Perspektive blickte Dieter BLUME (Jena) auf die Amor-Bilder und Dantes *Vita Nuova*. Dabei stellte er vor allem den Wandel der Amor-Figur in Mittelitalien in den Vordergrund. In ihm spiegele sich auch die Diskussion über das Verhältnis von Verstand und Gefühl wider, wodurch sich die Amor-Bilder als „intellektuelle Translatio" des Diskurses erwiesen. Blume skizzierte eine Zunahme des Austausches zwischen Bild und Text bzw. Poesie ab 1270. Dante nehme mit seiner *Vita Nuova* an genau jenem Diskurs teil. Ausgehend von einem Gedicht von Folquet de Marseille (ca. 1160–1231), über die Amor-Darstellung bei Guittone d'Arezzo (ca. 1230–94), bis zu der neben Dante als komplexeste Auseinandersetzung mit Amor eingeordneten Darstellung bei Francesco da Barberino (1264–1348) zeichnete Blume die Veränderungsstufen nach und verdeutlichte auf diese Weise den engen Dialog zwischen Wort und Bild. Dante knüpfe mit seiner *Vita Nuova* an diesen Diskurs an und versuche einen Beitrag zur Debatte zu liefern;

vielleicht wolle er den Diskurs sogar dominieren. Dante greife dabei zwar einerseits auf aktuelle Amor-Bilder zurück, ein entscheidender Unterschied sei jedoch, dass Amor bei Dante als Vermittler auftrete, der immerhin den Weg zu Beatrice weise.

Hanna Jacobs (Bonn) analysierte in ihrem Beitrag das Danteporträt von Benozzo Gozzoli in der 1340 errichteten Chorkapelle von San Francesco in Montefalco. Das 1452 entstandene Porträt befindet sich in der Mittelachse der Kapelle im Zentrum, links und rechts flankiert durch Porträts von Petrarca und Giotto. Unter den Bildern wird Petrarca als „laureatus", Giotto als „pictor" und Dante als „theologus" bezeichnet. Dante wird bemerkenswerterweise frontal dargestellt und er hält ein Buch in der Hand, dessen Inschrift den Verseingang der *Commedia* zeigt. Die Anordnung der Achse mit Dante im Zentrum lasse ihn als vermittelnde Distanz erscheinen, die für die Fähigkeit stehe, Bilder zu evozieren. Damit sei er ein ausgleichendes Bindeglied zwischen Petrarca und Giotto. Jacobs schlug vor, das Porträt als Rezeptionsanweisung für den die Chorkapelle dominierenden Bilder-Zyklus des Heiligen Franziskus zu lesen. Die Franziskus-Bilder zeigten allgemeine Situationen aus dem Leben des Heiligen und schafften so eine Identifikationsfläche für die Franziskaner-Mönche. Auch die *Commedia* verfahre nach einem ähnlichen Schema und zeichne anagogische Andachtssituationen im Rahmen der Pilgerreise nach.

Die Tagung, die Wissenschaftler/innen verschiedener Disziplinen aus Italien und Deutschland zusammenführte, setzte in Form der Vorträge den Titel der zwei Konferenztage sehr programmatisch um. Zum einen wurde verdeutlicht, welche Bedeutung Dantes Werk im Jahre 2015 immer noch für uns Europäer hat. Themen, wie etwa die Suche nach dem Glück, die Frage nach einem Freiheitsbegriff oder nach der didaktischen Funktion von Literatur zeugen von größter Aktualität in den „Ver(w)irrungen" des 21. Jahrhunderts. Zum anderen wurde durch die in den Vorträgen präsentierten Momentaufnahmen aus den vergangenen 750 Jahren ein Überblick über die Rezeption von Dantes Werk in den verschiedenen Künsten gegeben, der zugleich dessen Erfolgsgeschichte dokumentiert.

Kapitel

Zwei Thesen zur Beziehung zwischen Kunst, Sprache und Erkenntnis 673
Ernst Cassirer und Benedetto Croce
Sarah Dessì Schmid

Zwei Thesen zur Beziehung zwischen Kunst, Sprache und Erkenntnis

Ernst Cassirer und Benedetto Croce

Sarah Dessì Schmid (Tübingen)

ZUSAMMENFASSUNG: Der Beitrag widmet sich – nach einer kurzen Rekonstruktion des intellektuellen Dialogs zwischen Ernst Cassirer und Benedetto Croce – der Sprache und ihrer autonomen oder abhängigen Beziehung zur Kunst: Die Gleichsetzung oder Unterscheidung von Linguistik und Ästhetik im Denken beider Autoren im Vergleich stellt hierbei das Zentrum der Untersuchung dar.
Ihre Ablehnung einer instrumentalistischen Auffassung der Sprache und deren Interpretation als Aktivität des Geistes verbinden Croces und Cassirers Denken zweifellos. Ein fundamentaler Unterschied – und eines der Hauptargumente ihrer Kritik aneinander – besteht jedoch darin, dass Croce im Rahmen der von ihm genau begrenzten Zahl der Aktivitäten des Geistes die Sprache mit der Kunst identifiziert und ihr unter diesen eine hierarchisch ausgezeichnete Stellung zuweist, während Cassirer die Sprache als eine den anderen gleichwertige autonome Form aus der unabgeschlossenen Zahl symbolischer Formen ansieht.
Durch eine Analyse der Begriffe ‚Intuition' oder ‚Anschauung' und ‚Ausdruck', ‚symbolische Form', ‚Individuum' und ‚Alterität' – aus der auch hervorgeht, wie unterschiedlich die Humboldtsche Vorlage von beiden Autoren interpretiert wird – wird sich zeigen, wie es gerade ihr verschiedenes Verständnis des Idealismus ist, welches die Sprach- und Kunsttheorien Cassirers und Croces voneinander trennt.

SCHLAGWÖRTER: Cassirer, Ernst; Croce, Benedetto; Sprachtheorie; Erkenntnis; Kunsttheorie; Fachgeschichte

Einleitung

Entwirft man ein Bild der idealistischen Züge des Geisteslebens zu Beginn des 20. Jahrhunderts in Europa und betrachtet man insbesondere die Reflexion der Beziehung zwischen Sprache, Kunst und Erkenntnis, sind die Portraits Ernst Cassirers und Benedetto Croces unter den ersten und wichtigsten, die dabei zu zeichnen sind. Denn die beiden Denker haben durch den Reichtum und die Originalität ihres geistigen Werks – wenn auch auf je unterschiedliche Weise – ganz wesentlich die kulturelle und politische Geschichte ihrer Heimatländer Deutschland und Italien mitgeprägt.[1]

Nach einer kurzen Rekonstruktion der Themen und der Stellen des kritischen intellektuellen Dialogs zwischen Cassirer und Croce widmet sich der vorliegende Beitrag in erster Linie einem besonders wichtigen Aspekt dieses Austausches: der Sprache und ihrer Beziehung – der Autonomie oder der Abhängigkeit – zur Kunst. Im Zentrum der Untersuchung wird mit anderen Worten die Diskussion um die Identität oder Trennung von Linguistik und Ästhetik im Denken beider Autoren im Vergleich stehen. Croces und Cassirers Ablehnung einer instrumentalistischen Auffassung der Sprache und deren Interpretation als Aktivität des Geistes verbindet ihr Denken zweifellos. Ein fundamentaler Unterschied – und eines der Hauptargumente ihrer Kritik aneinander – besteht jedoch darin, dass Croce im Rahmen der von ihm genau begrenzten Zahl der Aktivitäten des Geistes die Sprache mit der Kunst identifiziert und ihr unter diesen eine hierarchisch ausgezeichnete Stellung zuweist, während Cassirer Sprache und Kunst als den anderen gleichwertige, autonome Formen aus der unabgeschlossenen Zahl symbolischer Formen ansieht.

Durch eine Vorstellung ihrer philosophischen Denkgebäude – und insbesondere durch die vergleichende Analyse einiger Kernbegriffe, wie dem der ‚Intuition' (oder ‚Anschauung') und dem des ‚Ausdrucks' – wird der Beitrag zeigen, wie gerade ihr verschiedenes Verständnis des Idealismus, des Geistes und der Rolle, die die beiden Autoren der Semiose zuschreiben, die Hauptgründe sind, welche die Sprach- und Kunsttheorien Cassirers und Croces voneinander trennen.

Themen und Stellen der gegenseitigen Kritik

Zwischen Cassirer und Croce entspinnt sich im Laufe der ersten Jahrzehnte des 20. Jahrhunderts ein kritischer Dialog, in dem sich die Zeiten des Schweigens ebenso bedeutsam zeigen wie die der Formulierung gegenseitiger scharfer Kritik. Zweifellos handelt es sich um einen indirekten oder – wie Croce ihn nennt – um einen aus der Ferne geführten Dialog;[2] dieser

---

[1] Dieser Artikel baut wesentlich auf der Monographie Sarah Dessì Schmid, *Ernst Cassirer und Benedetto Croce, die Wiederentdeckung des Geistes: ein Vergleich ihrer Sprachtheorien* (Tübingen und Basel: Francke, 2005) auf, auf diese wird im Folgenden an mehreren Stellen auch wörtlich Bezug genommen.

[2] Benedetto Croce, „Recensione a Ernst Cassirer: *Zur Logik der Kulturwissenschaften*", *La Critica* 41 (1943), 93–5, hier 95.

kreist nichtsdestoweniger um einige der wesentlichen Kerne des Denkens beider und ist gerade für deren differenzierte Interpretation von größter Bedeutung.

Betrachtet man die wissenschaftlichen Werke Cassirers und Croces, so fallen zunächst mehrere Übereinstimmungen auf: die ungewöhnliche und fachübergreifende Spannweite ihrer – gemeinsamen – Themen und Gegenstände der Untersuchung; ihr unbeirrbarer Widerstand gegen den Positivismus im Namen eines Idealismus, der seinem klassischen Vorläufer im Deutschland des 19. Jahrhunderts sehr verpflichtet ist; ihre intensive Beschäftigung mit der Geschichte, auf deren Bühne sich das Handeln des Menschen vollzieht.

Beim genaueren Hinschauen treten jedoch die Unterschiede zwischen den beiden Denkweisen eindeutig in den Vordergrund: Diese betreffen Aspekte, die ihrerseits mit allgemeineren thematischen Bereichen im Denken beider Autoren zusammenhängen, insbesondere mit ihrer unterschiedlichen Weise, den Idealismus aufzufassen (systematisch Croce, und methodologisch Cassirer), die Dialektik (hegelianisch oder nicht), die Geschichte, den Geist und seine Beziehung zur Empirie. Solche Unterschiede machen sich nun an einigen theoretischen Kernbereichen besonders bemerkbar und können um diese herum gruppiert werden: Erstens die Bewertung der Aufklärung und ihre Konzeption als Denkkategorie oder aber als historische Epoche; zweitens die Auffassung vom Stellenwert der Wissenschaft und das damit zusammenhängende Verständnis von der Logik, die sich an der Abgrenzung der Merkmale und der Aufgaben des Begriffes zeigen;[3] drittens

[3] Für eine Behandlung dieses Aspekts der Auseinandersetzung zwischen Cassirer und Croce vgl. Dessì Schmid, *Ernst Cassirer und Benedetto Croce*, Kap. 2. Hier sei nur kurz angemerkt: Croce verficht einen ‚reinen Begriff', den er zwar kritisch als Verbindung des Besonderen und des Universalen auffasst, aber er ignoriert dabei nicht nur den Begriff, welchen die zeitgenössische Wissenschaft verwendet, sondern er geht sogar so weit, diese aus der Sphäre der Begrifflichkeit definitiv auszuschließen. Die Wissenschaft führt zu nützlichem Handeln, zu praktischen Entscheidungen, aber nicht zu universalen Wahrheiten, zu denen nur Geschichte und Philosophie hinleiten. Cassirer geht hingegen von den Fortschritten der Wissenschaft aus, um die Merkmale eines Begriffes neu zu definieren, der es der Philosophie gestatten soll, ihre problematische ‚Metaphysizität' zu überwinden, und gelangt zu seiner Philosophie der symbolischen Formen. Man kann sich leicht vorstellen, dass dies ein Punkt wurde, an dem sich die Polemik zwischen beiden Autoren besonders entzündete: Wenn man die Wissenschaft in den Bereich des Praktischen verweist, bedeutet dies nicht nur, ihr den Erkenntniswert abzusprechen, sondern ihr auch jene Aufgabe zu entziehen, welche sie in der Kantschen kritizistischen Theorie des Begriffes besaß, nämlich die Rolle der Vermittlerin beim Erreichen der Einheit des Allgemeinen und des Besonderen zu spielen.

– und hier handelt es sich um den für diesen Beitrag wesentlichsten Aspekt – die Interpretation von Sprache und Kunst und von der Beziehung beider zueinander sowie zum Geist.

Die Textstellen, an denen Cassirer das Crocesche Denken – eben über die genannten theoretischen Bereiche – kritisch betrachtet, begleiteten fast sein gesamtes Schaffen:[4] Eine erste kritische Bemerkung erscheint 1913 in seiner *Erkenntnistheorie nebst den Grenzfragen der Logik* in den *Jahrbüchern der Philosophie* und bezieht sich speziell auf die Konzeption der Croceschen Logik. Eine Analyse der Ästhetik Croces und vor allem die scharfe Kritik an der von ihm vorgenommenen Identifizierung von Linguistik und Ästhetik als Wissenschaft des Ausdrucks im Allgemeinen – an der sogenannten Gleichsetzung von Sprache und Kunst – findet sich aber zum ersten Mal zehn Jahre später, und zwar gerade in dem der Sprache gewidmeten Band der *Philosophie der symbolischen Formen* (1923). Es handelt sich hier nun um einen besonders wichtigen Aspekt der Kritik Cassirers an Croce, auf den er noch mehrfach und verstärkt zurückkommt: in *Zur Logik der Kulturwissenschaften* (1942) und in *An essay on man* (1944). Allerdings wird Cassirers Kritik an der Gleichsetzung von Sprache und Kunst in diesen späteren Werken auch von seinen Einwendungen gegen Croces Weigerung, die Unterteilung in künstlerische und literarische Gattungen anzuerkennen, begleitet und damit vervollständigt und weiter verschärft.

Eine Antwort Croces auf die verschiedenen Objektionen Cassirers lässt sehr lange auf sich warten. Sie erscheint erst 1943 in der Zeitschrift *La Critica* in einer sehr polemischen Rezension zu Cassirers *Zur Logik der Kulturwissenschaften*. Nur einige kurze Repliken unterbrechen Croces langes Schweigen vor dem Jahre 1943:[5] In der *Pretesa rivendicazione del Settecento* ist eine kritische Bemerkung zu Cassirers Interpretation der Aufklärung zu finden,[6] die Croce dann drei Jahre später in *La Storia come pensiero e come azione* wieder

[4] Die Behandlung des postumen Werks kann in diesen Beitrag nicht einbezogen werden.

[5] Die fast totale Abwesenheit von Kommentaren zu Cassirer bis zum Jahre 1935 darf keineswegs zu der Vermutung Anlass geben, Croce habe sich bis dahin nicht mit dem Denken Cassirers beschäftigt.

[6] „Der Mangel dieses Buches besteht darin, daß Cassirer nicht begriffen hat, daß ‚Aufklärung' eine ideelle Kategorie ist und kein Faktum oder eine historische Epoche. [...] Dieser methodische Fehler, der heute von vielen begangen wird, [muß vermieden werden], damit man keine Entdeckungen macht, die keine Entdeckungen sind oder Bilder entwirft, die in Wirklichkeit völlig willkürlich sind." Benedetto Croce, „Pretesa rivendicazione del 700", *La Critica* 33 (1935), 316–7, hier 317.

aufnimmt;[7] weiter äußerte sich Croce in einer Fußnote seines Artikels *Intorno allo Hölderlin e ai suoi critici* gegen die Hölderlin-Interpretation Cassirers.[8] Ein thematisch präziser Kern der Kritik lässt sich bei Croces Kurzrepliken leichter identifizieren als in seiner einzigen Antwort von größerem Umfang, der Rezension zu Cassirers *Zur Logik der Kulturwissenschaften,* in welcher er mehrere zentrale theoretische Ebenen vermischt: Mit einem großen Gegenschlag weist nun Croce all die verschiedenen Vorwürfe, die Cassirer ihm im Laufe der Jahre gemacht hat, zurück; und er tut dies in Bezug auf die beiden zentralen Bereiche, an denen sich der Unterschied des Denkens beider Autoren am offenkundigsten zeigt, nämlich Logik und Ästhetik, die wiederum für Croce den Bereich der Sprachphilosophie mit einschließt.

Sprache – Autonomie oder Abhängigkeit von der Kunst

Was ist Sprache, was Kunst? Die Antwort beider Denker auf diese Frage würde sicherlich unter einem Gesichtspunkt ähnlich ausfallen: Sie sind Geistiges, sie sind Menschliches. Die Sprache ist ein kreativer Akt des Geistes, stets im Fluss und fassbar nur als Gesamtes und im Augenblick des Sprechens, in der Rede, im Text.[9] Sie ist Sprache des Sprechers, des Menschen. Gemeinsam ist beiden Autoren also eine idealistische Grundkonzeption der Sprache, die als schöpferische Energie des Geistes bestimmt wird.

Was die philosophischen Spekulationen Cassirers und Croces einander nämlich annähert, was sie dazu bringt, die Sprache *und* die Kunst als Ausdruck des Geistes zu definieren und in den Handlungen der Menschen gerade das Merkmal des Geistigen aufzuspüren, ist die idealistische Position, die beide miteinander teilen:

> [Die] Grundanschauung [...], auf der dieses Buch [die *Philosophie der symbolischen Formen,* SDS] beruht, [besteht] in der Überzeugung, daß die Sprache, wie alle geistigen Grundfunktionen, ihre philosophische Aufhellung nur innerhalb eines Gesamtsystems des philosophischen Idealismus finden kann.[10]

[7] Benedetto Croce, *La Storia come pensiero e come azione,* Edizione nazionale delle opere di Benedetto Croce (Neapel: Bibliopolis, 1938/2002), 64 und 66.

[8] Noch einen kurzen Kommentar Croces zu Cassirer kann man schließlich im Brief an Vittorio Alfieri vom November 1928 finden, vgl. Benedetto Croce, *Lettere a Vittorio Alfieri (1925–1952)* (Milazzo: Sicilia Nuova, 1976).

[9] „Die Sprache [ist] die erste Manifestation des Geistes." Benedetto Croce, *Aesthetik als Wissenschaft vom Ausdruck und allgemeine Sprachwissenschaft: Theorie und Geschichte* (Tübingen: Mohr, 1930), LIV.

[10] Ernst Cassirer, *Philosophie der symbolischen Formen,* Erster Teil: „Die Sprache", Gesammelte Werke, Hamburger Ausgabe 11 (Hamburg: Meiner, 1923/2001), XI.

Was sie voneinander trennt, ist jedoch wiederum die grundverschiedene Weise, wie sie den Idealismus auffassen beziehungsweise wie sie den Geist bestimmen. Und es ist dies, was beide Denker zu einer entgegengesetzten Antwort auf eine weitere – mit der ersten eng verbundenen – Frage veranlasst: Sind diese geistigen und menschlichen Aktivitäten, sind Sprache und Kunst zwei oder eins?

Im Mittelpunkt der Auseinandersetzung steht hier mit anderen Worten die Frage der Autonomie oder der Abhängigkeit der Sprache gegenüber den anderen Formen des Geistes und insbesondere der Kunst. Croce spricht sich für die Abhängigkeit der Sprache von der Kunst aus, indem er die Reduktion ersterer auf letztere und folglich ihre Identität behauptet:

> [...] die ästhetische Form des Geistes [ist] nichts anderes als die in ihrer reinen Natur, ihrer ganzen Wahrheit und wissenschaftlichen Ausdehnung verstandene Sprache.[11]

Cassirer vertritt hingegen die These der Autonomie jeder einzelnen symbolischen Form und behauptet ihre absolute Gleichwertigkeit:[12]

> Die Philosophie der symbolischen Formen geht von der Voraussetzung aus, daß, wenn es überhaupt eine Definition des ‚Wesens' oder der ‚Natur' des Menschen gibt, diese Definition nur als funktionale, nicht als substantielle verstanden werden kann. [...] Das Eigentümliche des Menschen, das, was ihn

[11] Croce, *Aesthetik*, LIV.

[12] Zwischen der *Philosophie der symbolischen Formen* (1923–1929) und *An Essay on Man* (1944) besteht ein Unterschied bei der Behandlung der Beziehungen zwischen den einzelnen symbolischen Formen. Freilich gibt schon die äußere Struktur des späteren Werkes der Rolle, die der Sprache zugestanden wird, einen neuen Zuschnitt: Cassirer schreibt den *Essay* in der Absicht, dem amerikanischen Publikum eine Synthese des Projekts der Philosophie der symbolischen Formen zu liefern. Dabei hat sich das ethische und politische, das anthropologische Interesse Cassirers immer deutlicher akzentuiert: Im Zentrum steht nun die allgemeine kulturelle Perspektive des Menschen in ihrer ganzen Vielfalt. Konsequent wird im *Essay* einerseits die gleichwertige Stellung der symbolischen Formen betont, andererseits wird die Sprache bei aller Anerkennung ihrer Besonderheit ausgewogener abgehandelt, schon allein hinsichtlich des ihr gewidmeten Raums. Die Sprache erfährt hier also eine Behandlung, die diejenige der anderen Formen, einschließlich der symbolischen Form der Kunst, nicht zurücksetzt, was allgemein für das symbolisch-philosophische Denken Cassirers nicht so einfach zu behaupten ist. Denn der ‚europäische Cassirer' schreibt der Sprache mit ihrer ‚Semiotizität' *par excellence* den anderen symbolischen Formen gegenüber eine größere Bedeutung zu. Vgl. hierzu u. a. Birgit Recki, *Kultur als Praxis: eine Einführung in Ernst Cassirers Philosophie der symbolischen Formen* (Berlin: Akademie Verlag, 2004) und Dessì Schmid, *Ernst Cassirer und Benedetto Croce*. Zu den Schwierigkeiten der Beschäftigung mit Cassirers Behandlung der Kunst (und zu letzterer im Allgemeinen) vgl. insb. Marion Lauschke, *Ästhetik im Zeichen des Menschen* (Hamburg: Meiner, 2007) und ders., „Les fonctions de l'art chez Ernst Cassirer", in *Ernst Cassirer et l'art comme forme symbolique*, hrsg. von Muriel van Vliet (Rennes: Pur, 2010), 27–41.

> wirklich auszeichnet, ist nicht seine metaphysische oder physische Natur, sondern sein Wirken. Dieses Wirken, das System menschlicher Tätigkeiten, definiert und bestimmt die Sphäre des ‚Menschseins'. Sprache, Mythos, Religion, Kunst, Wissenschaft, Geschichte sind die Bestandteile, die verschiedenen Sektoren dieser Sphäre. Eine ‚Philosophie des Menschen' wäre daher eine Philosophie, die uns Einblick in die Grundstruktur jeder dieser verschiedenen Tätigkeiten gibt und uns zugleich in die Lage versetzt, sie als ein organisches Ganzes zu verstehen. Sprache, Kunst, Mythos, Religion sind keine isolierten, zufälligen Schöpfungen. Sie werden von einem gemeinsamen Band zusammengehalten.[13]

Hinter beiden Positionen verbergen sich tiefgreifende Gründe, die mit dem dialektischen bzw. funktionsbegrifflichen Grundprinzip der Philosophie bei Croce bzw. bei Cassirer zu tun haben. Um diese aufzuspüren ist es erst einmal nötig, die Hauptlinie der Gedankengebäude beider Autoren kurz zu umreißen.

Cassirers Sprachtheorie: Sprache als ‚symbolische Form'[14]

Seine allgemeine Theorie der Ausdrucksformen des Geistes führt Cassirer selbst in der Einleitung zur *Philosophie der symbolischen Formen* auf das ur-

[13] Ernst Cassirer, *Versuch über den Menschen. Einführung in eine Philosophie der Kultur* (Frankfurt a. M.: Fischer, 1944/1990), 110 [engl. Originaltitel *An Essay on Man: An Introduction to a Philosophy of Human Culture*].

[14] Vgl. hierzu Dessì Schmid, *Ernst Cassirer und Benedetto Croce*, 124ff. Die Sekundärliteratur zur Cassirers Philosophie im Allgemeinen ist sehr umfangreich. Vgl. u. v. a. besonders zu sprachphilosophischen Aspekten: *Über Ernst Cassirers Philosophie der symbolischen Formen*, hrsg. von H.-J. Braun u. a. (Frankfurt a. M.: Suhrkamp, 1988); Massimo Ferrari, „La Cassirer-Renaissance in Europa", *Studi Kantiani* 7 (1994), 111–38, ders.; *Ernst Cassirer: dalla scuola di Marburgo alla filosofia della cultura* (Florenz: Olschki, 1996); Andreas Graeser, *Ernst Cassirer* (München: Beck, 1994); John M. Krois, „Ernst Cassirers Semiotik der symbolischen Formen", *Zeitschrift für Semiotik* 6 (1984), 433–4; ders., *Cassirer: symbolic forms and history* (New Haven und London: Yale Univ. Pr., 1987); E. W. Orth, *Von der Erkenntnistheorie zur Kulturphilosophie: Studien zu Ernst Cassirers Philosophie der symbolischen Formen* (Würzburg: Königshausen und Neumann, 1996); H. Paetzold, *Die Realität der symbolischen Formen: die Kulturphilosophie Ernst Cassirers im Kontext* (Darmstadt: Wissenschaftliche Buchgesellschaft, 1994); Birgit Recki, *Kultur als Praxis*; Enno Rudolph, *Ernst Cassirer im Kontext: Kulturphilosophie zwischen Metaphysik und Historismus* (Tübingen: Mohr Siebeck, 2003); *Kulturkritik nach Ernst Cassirer*, hrsg. von Enno Rudolph u. a. (Hamburg: Meiner, 1995); *Symbolische Formen, mögliche Welten: Ernst Cassirer*, hrsg. von Enno Rudolph u. a. (monographische Ausgabe von *Dialektik: enzyklopädische Zeitschrift für Philosophie und Wissenschaft* 1, 1995); O. Schwemmer, *Ernst Cassirer: ein Philosoph der europäischen Moderne* (Berlin: Akademie-Verlag, 1997); D. Ph. Verene, „Introduction: Cassirer's Thought 1935–1945", in ders., *E. Cassirer: Symbol, Myth, and Culture. Essays and Lectures of Ernst Cassirer 1939–1945* (New York und London: Yale Univ. Pr., 1979), 1–45; ders., „Cassirer's Philosophy of Culture", *International Philosophical Quarterly* 22 (1982), 133–44; ders., „Cassirer's ‚Symbolic Form'", *Il Cannocchiale* 1/2 (1991): 289–305.

sprüngliche theoretische Projekt zurück, das er 1910 in *Substanzbegriff und Funktionsbegriff* erarbeitet hatte, nämlich die Erkenntnistheorie mit dem Ziel einer allgemeinen Gestaltlehre des Geistes zu überwinden.[15] Die philosophische Erkenntniskritik muss sich Cassirer zufolge die neue Aufgabe stellen, den Weg, welche die Einzelwissenschaften je für sich durchlaufen, in seiner Gesamtheit zu verfolgen und zu beherrschen. Und wenn die intellektuellen Symbole, mittels derer die Einzelwissenschaften die Wirklichkeit betrachten und beschreiben, sich als verschiedene Manifestationen ein und derselben geistigen Grundfunktion verstehen lassen, so wird gerade das zur neuen Aufgabe der philosophischen Erkenntniskritik, die allgemeinen Bedingungen dieser Funktion festzulegen und das Prinzip, von dem sie dominiert wird, klar herauszustellen:

> Statt mit der dogmatischen Metaphysik nach der absoluten Einheit der Substanz zu fragen, in die alles besondere Dasein zurückgehen soll, wird jetzt nach einer Regel gefragt, die die konkrete Mannigfaltigkeit und Verschiedenheit der Erkenntnisfunktion beherrscht und die sie, ohne sie aufzuheben und zu zerstören, zu einem einheitlichen Tun, zu einer in sich geschlossenen geistigen Aktion zusammenfaßt.[16]

Jede Erkenntnis, wie verschieden die Pfade auch sein mögen, die sie durchläuft, neigt dazu, die Vielfalt der Phänomene unter die Einheit des ‚Vernunftsprinzips' zu subsumieren, das heißt, das Besondere in eine als Gesetz oder universelle Ordnung aufgefasste Form eingehen zu lassen. Dies leugnet Cassirer sicher nicht; gleichwohl betont er nachdrücklich, dass in der Gesamtheit des geistigen Lebens neben dieser Form der intellektuellen Synthese, welche im System der wissenschaftlichen Begriffe wirkt, noch andere

[15] In der Tat hatte Cassirer schon in *Substanzbegriff und Funktionsbegriff* die Grenzen aufgezeigt, an die eine schlichte Erforschung der allgemeinen Voraussetzungen der wissenschaftlichen Welterkenntnis stößt, das heißt, das Ungenügen einer allgemeinen Erkenntnistheorie in ihrer herkömmlichen Auffassung. Er hatte es daher für notwendig befunden, die verschiedenen Grundformen der Welterkenntnis, auch in ihrer wechselseitigen Abgrenzung voneinander, festzustellen und dabei jede von ihnen in der ihr eigenen Zielsetzung zu erfassen, in ihrer jeweils besonderen geistigen Form. Dieses nämlich sei die Voraussetzung dafür, nun auch seitens der Geisteswissenschaften eine klare methodische Perspektive und ein sicheres eigenes Prinzip der Begründung zu gewinnen. Was nach Cassirers Auffassung noch fehlte, war eine der naturwissenschaftlichen Begriffs- und Urteilsbildung analoge Untersuchung für den Bereich der (reinen) Subjektivität, welche sich nicht in der erkennenden Betrachtung der Natur und der Wirklichkeit erschöpft, sondern sich da wirksam zeigt, wo die Wirklichkeit der Erscheinung unter einen bestimmten geistigen Blickwinkel gestellt und von ihm aus gestaltet wird, vgl. Cassirer, *Philosophie der symbolischen Formen*, Bd. 1, VII.

[16] Cassirer, *Philosophie der symbolischen Formen*, Bd. 1, 6.

Arten gestaltender Tätigkeit existieren. Und alle diese Arten der gestaltenden Aktivität stellen bestimmte Weisen der geistigen Objektivierung dar: Sie sind in anderen Worten Mittel, einer individuellen Wesenheit universellen Wert zu verleihen.

Cassirer geht es darum, zu zeigen, dass jede einzelne dieser geistigen Ausdrucksformen eine präzise Aufgabe bei der Konstitution des Geistes erfüllt und jeweils einem eigenen Gesetz unterliegt. Der Lehre von den Formen des wissenschaftlichen Denkens, der eigentlichen Erkenntnislehre, die im dritten Band des Werkes (1929) behandelt wird, stellt er im Rahmen seines allgemeinen Planes einer Philosophie der symbolischen Formen die Grundzüge einer Phänomenologie des mythischen und religiösen Denkens (Band 2, 1925) sowie die Untersuchung der sprachlichen Form (Band 1, 1923) zur Seite.[17] Die Erkenntnistheorie soll Cassirer zufolge eine prinzipielle Erweiterung erfahren und sich in eine Reflexion über die Grundformen des Verstehens verwandeln.

Diese universelle Gültigkeit aller dieser Arten der gestaltenden Aktivität wird auf anderen Wegen erzielt, als es die der logischen Erkenntnis sind, aber zwischen letzterer und jeder wahren Grundfunktion des Geistes besteht eine substantielle Gemeinsamkeit, die ihre ‚Ebenbürtigkeit' begründet. Denn jede Grundfunktion des Geistes stellt eine ursprüngliche, gestaltende, also nicht einfach reproduktive, und vor allem symbolisierende Aktivität dar. Gerade Cassirers Suche nach einem einheitlichen Bildungsprinzip der geistigen Formen der Erkenntnis und des Verständnisses der Welt bildet nun den Ausgangspunkt seiner Überlegungen zur Lehre von den symbolischen Formen: Sprache, Kunst, Erkenntnis, Mythos, Religion, die Cassirer zu der geistigen gestaltenden Aktivität zählt,[18] schließen alle eine autonome Energie des Geistes ein, durch welche die einfache Existenz der Phänomene eine bestimmte ‚Bedeutung', einen ihr eigenen ideellen Wert erhält:

> Sie alle [sc. Sprache, Kunst, Erkenntnis usw.] leben in eigentümlichen Bildwelten, in denen sich nicht ein empirisch Gegebenes einfach widerspiegelt, sondern die sie vielmehr nach einem selbständigen Prinzip hervorbringen. Und so schafft auch jede von ihnen sich eigene symbolische Gestaltungen,

[17] Der vierte Band dieses großen philosophischen Projekts wurde 1995 postum aus dem Nachlass Cassirers herausgegeben; mit diesem kann sich der Beitrag jedoch nicht beschäftigen.

[18] Cassirer schränkt die Zahl der symbolischen Formen nicht ein.

> die den intellektuellen Symbolen wenn nicht gleichartig, so doch ihrem geistigen Ursprung nach ebenbürtig sind.[19]

Jede dieser Formen genießt vollständige Autonomie und übt eine unterschiedliche Funktion aus: Keine von ihnen lässt sich auf eine andere reduzieren, noch aus einer anderen ableiten, keine wird von einer anderen vorausgesetzt. Jede dieser Formen stellt eine bestimmte Art des Auffassens, des geistigen Hervorbringens dar, und zugleich konstituiert sie – eben durch ihre Art, das Geistige aufzufassen – einen spezifischen Aspekt des Wirklichen. Cassirer definiert die symbolischen Formen aber keineswegs nur als die vielen möglichen Arten, in denen sich eine in sich existierende Realität dem Geist enthüllt, sondern er versteht sie geradezu als die Wege, denen der Geist selbst bei seiner Objektivierung, d. h. bei seiner Manifestation, folgt.[20]

Hieraus entsteht eine komplexe Morphologie, eine allgemeine Formenlehre, innerhalb derer jede Form ihre Autonomie, ihre produktive Funktion – als Form der Objektivierung des Geistes – und ihre hermeneutische Funktion – als Form des Verständnisses der Welt – hat. Das ‚Symbol', das dabei gerade letztes Prinzip und Schlüsselterminus dieser Lehre darstellt, versteht Cassirer in seinem weitesten und umfassendsten Sinne als ‚symbolischen Ausdruck', als Ausdruck von etwas Geistigem durch Zeichen oder Bilder. Die nun aus dieser Perspektive definierten symbolischen Formen sind triadisch aufgebaut: a) Ein geistiger Bedeutungsinhalt ist geknüpft an b) ein konkretes sinnliches Zeichen (dem er innerlich zugeeignet wird) mittels c) einer geistigen Energie:

> Unter einer ‚symbolischen Form' soll jede Energie des Geistes verstanden werden, durch welche ein geistiger Bedeutungsgehalt an ein konkretes sinnliches Zeichen geknüpft und diesem Zeichen innerlich zugeeignet wird. In diesem Sinne tritt uns die Sprache, tritt uns die mythisch-religiöse Welt und die Kunst als je eine besondere symbolische Form entgegen. Denn in ihnen allen prägt sich das Grundphänomen aus, daß unser Bewußtsein sich nicht damit begnügt, den Eindruck des Äußeren zu empfangen, sondern daß es jeden Eindruck mit einer freien Tätigkeit des Ausdrucks verknüpft und durchdringt. Eine Welt selbstgeschaffener Zeichen und Bilder tritt dem, was wir die objektive Wirklichkeit der Dinge nennen, gegenüber und behauptet sich gegen sie in selbständiger Fülle und ursprünglicher Kraft.[21]

---

[19] Cassirer, *Philosophie der symbolischen Formen*, Bd. 1, 7.

[20] Vgl. Cassirer, *Philosophie der symbolischen Formen*, Bd. 1, 8.

[21] Ernst Cassirer, „Der Begriff der symbolischen Form im Aufbau der Geisteswissenschaften", in ders., *Aufsätze und kleine Schriften (1922–1926)*, Gesammelte Werke, Hamburger Ausga-

Zweifellos handelt es sich um eine Definition,[22] die eine Reihe von Implikationen beinhaltet: Die Entscheidung für die morphologische Perspektive impliziert notwendigerweise einerseits eine Neuformulierung bekannter philosophischer Probleme, andererseits die Überwindung der klassischen metaphysischen Interpretation. Denn der problematische Kern der Untersuchung besteht Cassirer zufolge nicht mehr darin, Bedeutung und Funktion des Symbols in jeder einzelnen geistigen Sphäre zu erkennen, sondern vielmehr darin, zu verstehen, inwieweit die Sprache, der Mythos und die Kunst ‚als Ganzes' in sich den allgemeinen Charakter der symbolischen Gestaltung tragen. Für Cassirer existiert mit anderen Worten keine Gegenüberstellung von Symbol und Objekt, denn die symbolische Funktion ist *die* ursprüngliche Grundfunktion: Es gibt keine Gegebenheit des Geistes, die nicht schon symbolisch wäre, die nicht Symbole verwendete und sie zugleich hervorbrächte und ausdrückte – und die dadurch nicht selbst Produkt einer symbolischen Formung wäre:

> Die Zweiteilung: Symbol oder Gegenstand erweist sich auch hier als unmöglich, da die schärfere Analyse uns lehrt, daß eben die Funktion des symbolischen es ist, die die Vorbedingung für alles Erfassen von „Gegenständen" oder Sachverhalten ist.[23]

Auffällig ist in einer solchen prägnanten Definition der symbolischen Form ihre Ähnlichkeit mit jener ‚Energie des Geistes', welche das spekulative Denken Humboldts charakterisiert.[24] In der Tat teilt Cassirer mit Humboldt die Auffassung, dass die Sprache – so wie die Kunst und die Erkenntnis – krea-

be 16 (Hamburg: Meiner, 1921–1922/2003), 75–104, hier 79.

[22] Zu seinem Begriff der symbolischen Form, besonders aber zu seinem komplexen Plan einer morphologischen Theorie im Sinne einer systematischen Theorie der Gesamtheit des Geistigen gelangt Cassirer über verschiedene Phasen. Zwar vertiefen sich die Auffassungen Cassirers im Laufe der Zeit und prägen sich präziser aus, sie modifizieren sich jedoch nicht grundlegend, sondern bleiben im Gleis der ursprünglichen theoretischen Intuition. Es handelt sich dabei – hierin liegt eine Analogie zu Croce – um das Projekt und das Ergebnis eines ganzen Lebens, das seine Schriften von der ersten Berliner Schaffensperiode bis zur letzten amerikanischen begleitet.

[23] Ernst Cassirer, *Zur Logik der Kulturwissenschaften: fünf Studien* (Darmstadt: Wissenschaftliche Buchgesellschaft, 1942/1961), 31.

[24] Die philosophischen Quellen des Begriffs der symbolischen Form lassen sich schematisch in der folgenden Weise gliedern: 1) logisch-metaphysische Quellen: Cusanus, Leibniz, Kant, Hegel; 2) ästhetische Quellen: Goethe, Schiller, Hegel, Humboldt, Vischer; 3) wissenschaftliche Quellen: Helmholtz, Mach, Hertz; 4) mythologische Quellen: Schelling, Usener, Vignoli; 5) ikonologische Quellen: Warburg, Saxl, Boll, Justi; vgl. hierzu u. a. Giulio Raio, *Introduzione a: Cassirer* (Roma und Bari: Laterza, 1991).

tive Tätigkeit, ἐνέργεια sei und kein geschaffenes Produkt, ἔργον. Der Geist wirkt in den verschiedenen symbolischen Formen nicht produzierend und sich objektivierend, um eine schon gegebene Realität abzubilden oder zu explizieren, sondern um Verwirklichung und Konstitution der Realität selbst erst zu ermöglichen. Der Geist konstituiert die Welt, indem er sich symbolisch entfaltet, und in diesem Sinne stellen sich die symbolischen Formen als die ‚wahren', ursprünglichen Manifestationen des Geistes dar, die sich als solche ‚darbieten' können, in denen und von denen man aber nichts ‚erklären', das heißt auf etwas anderes als sie selbst zurückführen kann:

> Descartes hat von der theoretischen Erkenntnis gesagt, daß sie in ihrer Natur und in ihrem Wesen ein und dieselbe bleibe, auf welchen Gegenstand sie sich auch richten mag – ebenso wie das Licht der Sonne ein und dasselbe ist, wie vielerlei und wie verschiedene Objekte es immer beleuchtet. Das Gleiche gilt von jeder symbolischen Form, von der Sprache, wie von der Kunst oder vom Mythos, sofern jede von ihnen eine besondere Art des Sehens ist und eine besondere, nur ihre eigene Lichtquelle in sich birgt. Die Funktion des Sehens, die geistige Lichtwerdung selbst läßt sich niemals realistisch von den Dingen und läßt sich nicht vom Gesehenen aus verständlich machen. Denn es handelt sich hier nicht um das, was in ihr erblickt wird, sondern um die ursprüngliche Blickrichtung. [...] Denn jetzt stellen sich die Sprache, die Kunst, der Mythos als wahrhafte Urphänomene des Geistes dar, die sich zwar als solche aufweisen lassen, an denen sich aber nichts mehr ‚erklären', d.h. auf ein anderes zurückführen läßt.[25]

Auch deshalb nimmt Cassirer nicht nur dem, was er ‚traditionelle Metaphysik' nennt, sondern auch dem philosophischen Idealismus Croces und Vosslers gegenüber kritisch Stellung. Um seine Position besser verstehen und beurteilen zu können, ist nun ein Exkurs in Croces philosophische Denkwelt notwendig.

Croces System der Aktivitäten des Geistes: die *Filosofia dello Spirito*[26]

Die *Filosofia dello Spirito* aufzuzeichnen bedeutet, ein philosophisches System darzustellen, auf welchem nach Meinung Croces das Leben des Geistes beruhe und in dessen Bahnen es sich bewege, ein gegen die zu Beginn des

[25] Ernst Cassirer, „Sprache und Mythos. Ein Beitrag zum Problem der Götternamen", in *Aufsätze und kleine Schriften (1922–1926)*, Gesammelte Werke. Hamburger Ausgabe 16 (Hamburg: Meiner, 1925/2003), 227–311, hier 236.

[26] Vgl. hierzu Dessì Schmid, *Ernst Cassirer und Benedetto Croce, die Wiederentdeckung des Geistes*, 81ff. Die Sekundärliteratur zur Croces Philosophie im Allgemeinen ist sehr umfangreich. Vgl. u. v. a. besonders zu sprachphilosophischen und ästhetischen Aspekten: Carlo Antoni, *Commento a Croce* (Venedig: Neri Pozza, 1955); Paolo Bonetti, *Introduzione a Croce* (Rom und Bari:

20. Jahrhunderts in Italien noch weit verbreitete (neo)positivistische Kultur entworfenes System, das in den drei zwischen 1902 und 1909 publizierten Werken organisch entwickelt wird: *Estetica come scienza dell'espressione e linguistica generale* (1902), *Logica come scienza del concetto puro* (1909) und *Filosofia della pratica: economia ed etica* (1909). In diesen gibt sich Croce nicht damit zufrieden, die Kunst als Akt des Ausdrucks zu definieren, sondern er behauptet und verteidigt mit Entschiedenheit den aktiven Charakter aller geistigen Operationen, und weist jede sensualistische und assoziationistische Theorie weit von sich. Die absolute Historizität des Geistes spielt nämlich eine zentrale Rolle in diesem System, das sich als eine radikale Form des Idealismus charakterisiert. Dabei übernimmt Croce die Grundlage der Hegelschen Philosophie, die Rationalität des Realen, während er die – sicherlich nicht marginalen – Begriffe von Dialektik, Geschichte und Natur völlig neu denkt:

> Wie dem auch sei, das Studium Hegels und seine Nutzanwendung mußte für mich [...] zugleich ein Kritisieren und ein Auflösen sein; [...]. Die Auffassung, zu der ich durch die Kritik an Hegel und die allgemeine Revision der Geschichte der Philosophie hindurch gelangt war, wurde besonders unterstrichen in dem Gesamttitel der *Philosophie als Wissenschaft des Geistes*, den ich in meinen drei Bänden oder Darstellungen der Ästhetik, Logik und Praktik gab. [...] so ist die *Philosophie als Wissenschaft des Geistes*, wie ich sie entworfen habe, nicht die Fortsetzung, sondern der vollständige Umsturz des Hegeltum. Denn sie leugnet tatsächlich die Unterscheidung von Phänomenologie und Logik; leugnet nicht bloß die dialektischen Konstruktionen der Natur- und Geschichtsphilosophie, sondern auch die der Logik selbst,

Laterza, [5]1996); Mario Contini, *La parte di Benedetto Croce nella cultura italiana* (Turin: Einaudi, 1989); Eugenio Coseriu, „System, Norm, Rede", in ders., *Sprachtheorie und allgemeine Sprachwissenschaft: fünf Studien* (München: Fink, 1952/1975), 11–101; Tullio De Mauro, *Introduzione alla semantica* (Bari: Laterza, 1966); Marcel Deneckere, *Benedetto Croce et la Linguistique*, 2 Bde. (Antwerpen: Rijksuniversitair Centrum, 1983); Giacomo Devoto, „Croce storico e Croce linguista", in *Benedetto Croce*, hrsg. von F. Flora (Mailand: Malfasi, 1953), 183–93; Giuseppe Galasso, *Croce e lo spirito del suo tempo* (Mailand: Il Saggiatore, 1990); Eugenio Garin, *Cronache di filosofia italiana (1900–1943)* (Bari: Laterza, 1955); *Croce e Gentile un secolo dopo: saggi, testi inediti e un'appendice bibliografica 1980–1993*, hrsg. von Eugenio Garin (Florenz: Le Lettere, 1994); Fabrizia Giuliani, *Espressione ed Ethos: il linguaggio nella filosofia di Benedetto Croce* (Neapel: Istituto italiano per gli studi storici, il Mulino, 2002); Antonio Gramsci, *Il materialismo storico e la filosofia di Benedetto Croce* (Turin: Einaudi, 1948/1971); Karl-Egon Lönne, *Benedetto Croce: Vermittler zwischen deutschem und italienischem Geistesleben* (Tübingen und Basel: Franke, 2002); Enzo Paci, „Benedetto Croce", in ders., *La filosofia contemporanea* (Mailand: Garzanti, 1957), 65–70; Gennaro Sasso, *Benedetto Croce: la ricerca della dialettica* (Neapel: Morano, 1975); Karl Vossler, „Benedetto Croces Sprachphilosophie", *Deutsche Vierteljahrschrift für Literaturwissenschaften und Geistesgeschichte* 19.2 (1941), 138–66.

> sie leugnet die Dreiheit von Logos, Natur und Geist, indem sie als einzig Reales den Geist hinstellt, in dem die Natur nichts anderes ist als eine Seite der geistigen Dialektik selbst.[27]

Croces intensive Auseinandersetzung mit Hegels Denken wird jedoch – das erkennt Croce selbst an – seine Philosophie, das Gebäude seines gesamten Systems, zweifellos zutiefst prägen:[28]

> Legt man aber bei Hegel besonderen Nachdruck auf das kraftvolle Streben zur Immanenz und Konkretheit und auf die Ausbildung einer innerlichst von der der Naturwissenschaften verschiedenen Logik, so erkennt die *Philosophie als Wissenschaft des Geistes* Hegel sicherlich, wenn auch nicht gerade als ihren Vater [...], so doch gewiß als ihren großen Ahnherrn an, wie gleichermaßen als einen noch weiter zurückliegenden und nicht weniger ehrwürdigen Vico.[29]

Hegels ‚Dialektik des Entgegengesetzten' (*dialettica degli opposti*) interpretiert Croce kritisch als fortschreitendes Überwinden der Gegensätze zu einer fortschreitenden Verwirklichung der verschiedenen Momente des Lebens des Geistes hin zur Fülle der vollendeten Rationalität. Dagegen setzt er seine Neukonzeption der Dialektik, die sogenannte ‚Dialektik oder Verbindung des Verschiedenen' (*dialettica o nesso dei distinti*): Die Dynamis des Lebens des Geistes.

Dabei stellen Erkenntnis und Handeln, Theorie und Praxis, Vernunft und Wille die Grunddimensionen dar, in denen das Leben des Geistes sich entfaltet und innerhalb derer der Geist partikuläre und universale, besondere und allgemeine Ziele verfolgt. Hieraus entstehen Croces vier unterschiedliche Entwicklungssphären oder Formen des Geistes: 1) die Erkenntnis des Besonderen durch die Intuition;[30] 2) die Erkenntnis des Universalen als Forschen der Vernunft mittels der ‚reinen Begriffe' (*concetti puri*) oder Kategorien; 3) das Wollen des Besonderen als Wollen des Nützlichen; 4) das Wollen des Universalen als das Streben nach dem Guten. Ästhetik, Logik, Ökonomie und Ethik – die vier philosophischen Wissenschaften – sind es, die sich jeweils mit diesen vier Formen des Geistes beschäftigen.

[27] Benedetto Croce, „Beitrag zur Kritik meiner selbst", in *Die Philosophie der Gegenwart in Selbstdarstellungen*, hrsg. von R. Schmidt (Leipzig: Meiner, 1915/1923), Bd. 4, 34–5.

[28] Vgl. Benedetto Croce, *Saggio sullo Hegel seguito da altri scritti di storia della filosofia* (Bari: Laterza, 1913).

[29] Croce, „Beitrag zur Kritik meiner selbst", 35.

[30] Croce verwendet *intuizioni* oder *rappresentazioni* ohne Bedeutungsunterschied; in den verschiedenen deutschen Übersetzungen findet man hierfür ‚Intuitionen', ‚Anschauungen', ‚Vorstellungen', ‚Repräsentationen', die also als Synonyme betrachtet werden können.

Die Kunst stellt für Croce das erste Moment der dialektischen Aktivität des Geistes dar, denn sie ist Erkenntnis des Besonderen, sie ist reine Intuition; die Philosophie wird hingegen als Erkenntnis des Universalen, als reiner Begriff aufgefasst. Kunst und Philosophie – Erkenntnis des Besonderen und des Universalen – bilden nun zusammen die theoretische Aktivität des Geistes: So untersucht die Ästhetik die Intuition in ihren verschiedenen Ausdrucksmöglichkeiten, während die Logik sich mit der Natur und Funktion der reinen Begriffe beschäftigt (auch in Bezug auf das, was Croce die ‚Pseudobegriffe' (*pseudoconcetti*) nennt, welche zur Sphäre des Praktischen gehören).[31] Die Ökonomie und die Ethik stellen hingegen die praktische Tätigkeit des Geistes dar, indem die erstere das Wollen des Besonderen, die zweite das Wollen des Universalen untersucht.[32]

In einem beständig kreisenden Prozess entfaltet sich der Geist in diesen vier Formen, die ihre Synthese lediglich in der Einheit des Geistes selbst erfahren. Eine klare Affinität zur Hegelschen Dialektik ist nicht zu übersehen; an dieser kritisiert Croce jedoch die Kategorie des Gegensatzes radikal: Es handle sich um eine in unzulässiger Weise ausgedehnte Kategorie, um nicht nur alle Beziehungen innerhalb der verschiedenen Formen des Geistes zu erklären, sondern auch diejenigen zwischen *einer* Form und der *anderen*.

Zwischen den vier Formen des Geistes gibt es Croce zufolge nämlich weder Gegensatz noch Aufhebung der einen in der anderen, sondern nur Unterschied: Sie sind nichts anderes als ‚Einheit in der Verschiedenheit', denn jede dieser Formen kann nicht auf die anderen zurückgeführt werden. Nur *innerhalb* jeder einzelnen Form des Geistes – zwischen ihrem Wert und dem ihm entsprechenden Unwert – gibt es für Croce Gegensatz. Und nur die interne Dynamik innerhalb dieser vier Formen ist von der Dialektik der Gegensätze gekennzeichnet: *schön* vs. *hässlich*, *wahr* vs. *falsch*, *nützlich* vs. *nutzlos*, *gut* vs. *schlecht*:

[31] Cassirer kritisiert in dieser Unterscheidung zwischen ‚reinen Begriffen' der theoretischen Sphäre und ‚Pseudobegriffen' der praktischen Sphäre insbesondere Croces Verbannen der Wissenschaft auf der Ebene der Pseudobegriffe streng: damit wird in der Tat der Wissenschaft jeder Erkenntniswert abgesprochen.

[32] Croce fasst unter die Kategorie der Ökonomie nicht nur das Ökonomische im engeren Sinne, sondern überhaupt alle menschlichen Tätigkeiten, die auf praktischen Erfolg und technische Effizienz abzielen. Dazu gehören zum Beispiel die Rechtswissenschaft, die Politik und selbst die Naturwissenschaften, die, seien sie nun experimentell oder deduktiv, Croce zufolge verallgemeinernd vorgehen und sich – darin besteht ein großer Unterschied zu Cassirer – von der authentischen philosophischen Wissenschaft insofern unterscheiden, als sie Pseudobegriffe und keine reinen Begriffe hervorbringen und verwenden.

> Daß die konträren Begriffe nicht mit den distinkten identisch sind oder sich ohne weiteres auf sie zurückführen lassen, erhellt, sobald man Beispiele für jede der beiden Formen heranzieht. So ist, um beim System des Geistes zu bleiben, das Verhältnis des praktischen gegenüber dem theoretischen Verhalten das der Distinktion, und subdistinkt sind innerhalb des ersteren utilitaristisches und ethisches Verhalten. Gegensatz aber ist etwas anderes. Der Gegensatz zum praktischen Verhalten, zum praktischen Tätigsein, ist die praktische Untätigkeit; der Gegensatz zur Nützlichkeit ist die Schädlichkeit, der Gegensatz zur Moralität die Immoralität. Sind Schönheit, Wahrheit, das Nützliche, das sittlich Gute distinkte Begriffe, so bemerkt man leicht, daß man ihnen nicht die Häßlichkeit, die Falschheit, die Nutzlosigkeit, die Schlechtigkeit koordinieren oder als Zwischenglieder einfügen darf. Mehr noch: bei näherem Hinsehen findet man, daß der Grund, weshalb die zweite Reihe der ersten nicht koordiniert oder mit ihr vermischt werden kann, der ist, daß jeder der konträren Termini schon seinem Gegensatz inhäriert und daß er ihn begleitet wie der Schatten das Licht. Schönheit ist Schönheit, weil sie die Häßlichkeit negiert, das Gute ein Gutes, weil es das Schlechte negiert und so weiter. Der Gegensatz ist nichts Positives, sondern etwas Negatives und begleitet in dieser Funktion das Positive.[33]

Croce beschreibt die innere Dynamik der verschiedenen Grundmomente des Geistes als den Übergang von dem einen zum anderen in irreversibler Abfolge: Wie das praktische Handeln, die praktische Aktivität des Geistes, stets Erkenntnis, die theoretische Aktivität des Geistes, voraussetzt, so setzt innerhalb des theoretischen Bereichs der Begriff die Intuition voraus. Denn das Denken ist nur in sprachlicher Gestalt möglich; die Sprache aber ist stets von intuitivem Charakter: sie ist Kunst, das erste Moment der dialektischen Aktivität des Geistes.[34] In analoger Weise setzt innerhalb des praktischen Bereichs die Ethik die technische Effizienz, die Ökonomie, voraus, wenn sie sich nicht auf einen abstrakten Moralismus reduzieren wolle.[35]

[33] Benedetto Croce, *Logik als Wissenschaft vom reinen Begriff* (Tübingen: Mohr, 1930), 60–1.

[34] Allerdings müsse die Kunst Croce zufolge hinsichtlich der begrifflichen Erkenntnis autonom bleiben, wenn sie Allegorismus und Lehrhaftigkeit vermeiden wolle; dagegen könne die Ökonomie von der Moral ohne weiteres absehen. Dabei ist anzumerken, dass Croce die Radikalität seiner anfänglichen Position im Laufe der Jahre abschwächt.

[35] An dieser Stelle sei kurz angemerkt, dass in Croces System, anders als in demjenigen Hegels, weder die Natur, noch die Religion einen Platz finden. Den Begriff der Natur fasst Croce als praktische Fiktion auf, welche aus einer ökonomistischen Haltung gegenüber der Welt entstehe; der Religion gesteht er keine Autonomie zu: Er betrachtet sie als Aggregat poetischer, philosophischer und moralischer Motive. Durch diese Abwesenheit wird Croces rigoroser Immanentismus noch auffälliger, welchen er zunächst in die bekannte Formel des ‚absoluten Idealismus' gefasst hatte: die einzige Realität sei der Geist; später dann, etwa ab

Schon an dieser Stelle soll nun auf eine erste wichtige Analogie in der jeweiligen Art, wie Cassirer und Croce die Aktivität des Geistes auffassen, hingewiesen werden: Sie besteht gerade darin, dass sie die Existenz vielfältiger Modalitäten der Objektivierung, der Äußerung des Geistes und ihrer Deutung als Tätigkeiten des Menschen anerkennen. Ziemlich verschieden ist hingegen einerseits die Beziehung, die sie zwischen diesen annehmen, oder vielmehr die – paritätische oder hierarchische – Systematisierung, die sie an diesen geistigen Tätigkeiten vornehmen, andererseits die bei Croce genau bestimmte, bei Cassirer offengelassene Zahl der unter der Definition ‚Art der Objektivierung des Geistes' zusammengefassten Einheiten, der symbolischen Formen.

Croce organisiert in der Tat das System der Aktivitäten, die Formen der Objektivierung des Geistes in einer strengen Hierarchie, in welcher sie nach dem Kriterium der Ursprünglichkeit und der Autonomie unterschieden und angeordnet werden. Zwar ist auch für Croce eine jede dieser Aktivitäten – denen, obwohl sie ‚unterschieden' sind, doch das Wesen des Geistigen gemeinsam ist – auf die anderen nicht reduzibel. Was jedoch bei Croce von der Cassirerschen Art, die Grundmomente des Geistes aufzufassen, radikal verschieden erscheint, ist nicht nur seine rigide Trennung zwischen theoretischer und praktischer Sphäre des Geistes, sondern auch der deutlich dialektisch geprägte Dynamismus, der zwischen den – sich im irreversiblen Übergang von einer zum anderen befindenden – Formen der Objektivierung des Geistes postuliert wird:

> Die vier Momente [sc. die zwei Stufen der theoretischen Aktivität und die zwei der praktischen] werden regressiv durch ihre Konkretheit impliziert: der Begriff kann nicht ohne die Expression existieren, das Nützliche nicht ohne Begriff und Expression, und die Moralität nicht ohne die drei vorhergehenden Stufen. Wenn nun das ästhetische Faktum in gewissem Sinne unabhängig ist und die anderen mehr oder weniger abhängig sind, so bezieht sich das ‚weniger' auf den logischen Gedanken und das ‚mehr' auf den moralischen Willen. [...] Eine fünfte Form der Aktivität des Geistes gibt es nicht.[36]

Nur der Kunst, welche als Ausgangsmoment der Hierarchie ‚die ursprünglichste' der Aktivitäten darstellt, wird bezüglich der begrifflichen Erkenntnis totale Autonomie eingeräumt – sowie den praktischen Aktivitäten, von denen sie vorausgesetzt wird.

---

den zwanziger Jahren, benutzt Croce den Begriff ‚absoluter Historismus' (*Storicismo assoluto*): Leben und Realität seien Geschichte und nichts anderes als Geschichte.

[36] Croce, *Aesthetik*, 66–7.

Die Polemik zwischen Croce und Cassirer um die Beziehung zwischen Kunst und Sprache

Eine eingehendere Betrachtung der Stellen, an denen der eine Autor sich ausdrücklich und kritisch bezüglich der Sprache mit dem anderen auseinandersetzt, liefert ein Bild der wechselseitigen Auffassungen Croces und Cassirers, das ziemlich vielschichtig, in beständiger Entwicklung begriffen, nicht immer homogen und streckenweise durchaus von überraschender Natur ist. Auf den ersten Blick sind zwei unvereinbare Positionen zu finden: einerseits die Identität von Kunst und Sprache, als primäre Ausdrucksform des Geistes, die auf der Identität von Intuition und Expression und auf der Unmöglichkeit, die Expression in Klassen zu unterteilen, basiert; andererseits die Suche nach einem originären Prinzip, einem geistigen Medium, das gleichsam als gemeinsamer Grund von Kunst und Sprache in der Bedeutung gefunden wird, in der symbolischen Form, auf Grund derer sie sich als verwandt erweisen und doch für sich stehend und nicht assimilierbar. Diese Positionen halten und erklären die Autoren selbst für miteinander unvereinbar.

Croces Definition der Kunst: ‚Intuition' und ‚Ausdruck'

Um in vollem Umfang zu verstehen, warum Croce dazu kommen kann, die Geistigkeit der Sprache zu behaupten und im Einklang mit seinem philosophischen System die Sprachwissenschaft als Wissenschaft vom Ausdruck auf die Ästhetik zu reduzieren, ist es erst einmal notwendig, seine Auffassung von der Kunst näher zu beleuchten. Sucht man nämlich auf den Seiten von *Estetica come scienza dell'espressione e linguistica generale* – des Werkes, in dem sich Croce neben *La Poesia* und zahlreichen anderen im engeren Sinne der Sprache gewidmeten Schriften[37] mit diesem Thema besonders befasst – nach einer präzisen, autonomen und unmittelbaren Definition der Sprache selbst, so wird man enttäuscht. Dies bedeutet nicht, dass die Rolle der Sprache in Croces Spekulation zweitrangig wäre. Vielmehr muss dieses Fehlen eines spezifisch ihr gewidmeten Werkes im Zusammenhang im Gegenteil als Indiz dafür gesehen werden, welche große Bedeutung, zugleich aber Problemhaftigkeit dem Thema der Sprache in der Theorie Croces zukommt.[38]

---

[37] Zu einer ausführlichen Zusammenstellung der auf die Sprache bezogenen Schriften Croces vgl. die Bibliographie von Deneckere, *Benedetto Croce et la Linguistique*, Bd. 2, 273–96.

[38] Croce steht mit diesem Fehlen nicht allein, sein Verfahren fügt sich in eine von der Ästhetik der Romantik ererbte Tradition ein.

Zu einer Definition dessen, was er unter Sprache versteht – eine geistige, intuitiv-expressive und nicht begriffliche Tätigkeit in ewigem Werden – und zur Formulierung seiner bekannten Gleichung von Ästhetik und Linguistik gelangt Croce in verschiedenen Schritten. Hierbei zeigt sich einerseits klar, dass sich die Ausarbeitung seines Systems in beständiger Entwicklung und Wandlung vollzieht,[39] und andererseits, welche argumentativen und definitorischen Stilmittel Croce dabei bevorzugt.[40]

> [...] daß die Wissenschaft von der Kunst und die Wissenschaft von der Sprache, die Ästhetik und die Linguistik, wenn man sie als wahre und eigentliche Wissenschaften auffaßt, nicht zwei getrennte Wissenschaften, sondern eine einzige Wissenschaft sind. Nicht, daß es nicht eine besondere Linguistik gäbe; aber die erstrebte linguistische Wissenschaft, die allgemeine Linguistik, ist in dem, was in ihr auf Philosophie zurückgeführt werden kann, nichts anderes als Ästhetik.[41]

Dies stellt nun eine radikale und sehr starke These dar. Und Croce beweist sie, wie man ein geometrisches Theorem beweist: Er geht aus von – ihrem Wesen nach unbewiesenen und unbeweisbaren – Axiomen, auf denen seine Philosophie beruht, und gelangt schließlich zu der Behauptung, dass die Leugnung einer Identitätsbeziehung zwischen Sprache und Kunst gleichbedeutend damit sei, zu leugnen, dass Sprache Ausdruck sei. Im Detail ist der Beweisgang der folgende:[42]

Um eine von der Ästhetik verschiedene Wissenschaft sein zu können, dürfte die Linguistik nicht den Ausdruck zum Gegenstand haben, in dem das ästhetische Faktum gerade besteht. Das heißt, sie müsste gerade leugnen, dass die Sprache Ausdruck sei. Andererseits ist klar, dass die schlichte und einfache Hervorbringung von Lauten – also eine Tonemission, die nichts bedeutet – nicht Sprache ist. Die Sprache ist artikulierter, abgegrenz-

---

[39] Croces Lektüre von De Sanctis, Marx und Kant spielt in dieser Entwicklung eine wesentliche Rolle. Diese führen ihn einerseits zu der Idee vom Primat des Konkreten in der Geschichte, von der Unwiederholbarkeit und Individualität des Konkreten, andererseits zu einer kritischen Gnoseologie, welche die Auffassung der Erkenntnis als Erkenntnis des Allgemeinen getrennt vom Besonderen und Individuellen für unmöglich hält, also zu einer Auffassung der Erkenntnis als Synthesis *a priori*.

[40] Neben eine *pars destruens* tritt in den Schriften Croces gewöhnlich eine *pars construens*, auf die Stellung des Problems folgt die *demonstratio* (die sich gelegentlich als *petitio principii* herausstellt), die Nennung von Korollaren usw. Eine wichtige Rolle spielt dabei seine Definitionsweise durch Negation.

[41] Croce, *Aesthetik*, 150–1.

[42] Vgl. Croce, *Aesthetik*, 150ff.

ter, organisch gefügter Laut zum Zwecke des Ausdrucks. Es ergibt sich daher nur eine andere Möglichkeit, auf Grund derer die Linguistik eine von der Ästhetik gesonderte Wissenschaft sein könnte: Sie müsste eine besondere Klasse von Ausdrücken zum Gegenstand haben, eine andere als die, welche den Gegenstand der Kunst umfasst. Da aber Croce die Möglichkeit der Existenz von unterschiedlichen Ausdrucksklassen radikal leugnet, ist die Gleichsetzung von Linguistik und Ästhetik damit für ihn schlüssig bewiesen. Doch ist sie eigentlich nur in kohärenter Weise von der ersten Grundannahme und der Reihe von Folgeannahmen, auf welche sich die Crocesche Philosophie stützt, ‚abgeleitet'.[43]

Gleichsam nach den methodischen und philosophischen Anweisungen, die Croce vor allem in der *Estetica* gibt, soll dieser Weg hier noch einmal genauer verfolgt und dabei bei einigen Schlüsselbegriffen seiner Ästhetik und Sprachphilosophie innegehalten werden, insbesondere bei den Begriffen der ‚Intuition' und des ‚Ausdrucks', um sie mit dem Gebrauch zu vergleichen, den Cassirer von eben diesen Begriffen macht.

Mit Bezug auf die allgemeinen Linienzüge des philosophischen Systems Croces wurde gesagt (vgl. § 3.2), dass die intuitive oder expressive Erkenntnis des Partikulären im ästhetischen oder künstlerischen Akt bestehe – einer mittels der Phantasie bilderzeugenden Erkenntnis – und dass diese sich von der intellektuellen Erkenntnis des Universellen unterscheide, welche hingegen zum begriffserzeugenden Bereich der Logik gehöre. Croce untersucht nun die Beziehungen zwischen diesen beiden theoretischen und den anderen beiden geistigen Tätigkeiten (Ökonomie und Ethik), die nicht zum theoretischen Bereich gehören, sondern zu dem der Praxis und als solche die ersteren voraussetzen, und betont dabei, dass nur diese vier die einzigen und unteilbaren[44] Formen des Geistes darstellen. Schon die Definition des

[43] Aus dieser Ableitung, d. h. aus dieser nicht effektiven Beweisführung, entspringen Probleme, die Croce bis in sein Spätwerk hinein verfolgen und ihn dazu veranlassen werden, die Auffassung seiner Jugendjahre zu modifizieren, und schließlich werden sie zur Sinnentleerung der Gleichsetzungsformel von Sprache und Kunst führen, vgl. Giuliani, *Espressione ed Ethos*, und Dessì Schmid, *Ernst Cassirer und Benedetto Croce*, insb. Kap. 4.

[44] Wie es keine anderen gleichwertigen Formen des Geistes gibt, so gibt es auch keine ursprünglichen Unterteilungen der vier von Croce festgelegten Formen, insbesondere der ästhetischen. Dies ist für Croce wichtig; denn es ist das Argument, das er benutzt, um die Inexistenz von Ausdrucksklassen zu beweisen und seine Kritik an der Rhetorik vorzubringen: „d.h. der geschmückten Expression, die von der nackten Expression unterschieden sein soll, und aller ähnlichen Unterscheidungen und Unterteilungen", Croce, *Aesthetik*, 149. Über Croces Kritik an der Rhetorik vgl. Sarah Dessì Schmid, „La critica di Benedetto Croce alle cate-

ästhetischen oder künstlerischen Akts als intuitive oder expressive Erkenntnis des Partikulären führt direkt zu den genannten Schlüsselbegriffen der Sprachtheorie Croces, zu dem der Intuition und dem des Ausdrucks:

> Kunst ist Vision oder Intuition. Der Künstler schafft ein Bild oder Phantasma; der Kunstgenießende stellt sein Auge auf den Punkt ein, den ihm der Künstler gewiesen, blickt durch die Spalte, die er ihm geöffnet hat und reproduziert in sich jenes Bild. ‚Intuition', ‚Vision', ‚Anschauung', ‚Einbildung', ‚Phantasie', ‚Verbildlichung', ‚Vorstellung' usw. sind lauter Worte, die gleichsam als Synonyme in den Erörterungen über die Kunst beständig wiederkehren und die alle unseren Verstand auf denselben Begriff oder auf dieselbe Begriffssphäre richten: ein Zeichen allgemeiner Übereinstimmung.[45]

Croce stellt dabei jedoch gleichzeitig klar, dass der tiefere Wert seiner Auffassung der Kunst jenseits der Definition an sich in den Folgen liegt, die sich aus dieser ableiten: Gerade die Antwort, dass die Kunst Intuition sei, erhält ihre Bedeutung und Kraft aus all dem, was sie implizit negiert und von dem sie die Kunst unterscheidet. Auch bei der Untersuchung des Begriffs der Intuition bedient sich Croce mit anderen Worten des ihm gewohnten – und äußerst wirkungsvollen – definitorischen Mittels der Litotes: Es wird vor allem gesagt, was Intuition *nicht* ist, und sie wird genau bestimmt, indem sie von etwas anderem unterschieden wird:

Die Definition der Kunst als Intuition negiert in der Tat, a) dass sie ein physisches Faktum sei, b) dass sie ein utilitärer oder moralischer Akt sei, c) dass sie den Charakter begrifflicher Erkenntnis habe. Dies sind Aussagen, die sich kohärent aus der Struktur des philosophischen Systems Croces ableiten, welches, wenn es sie auch in der Einheit des Geistes zusammenfasst, doch die Ästhetik von der Logik, von der Ethik und von der Ökonomie ‚unterscheidet'. Der Kunst, der ästhetischen Aktivität, bescheinigt Croce nicht nur ihren kreativen Wert, sondern auch ihre volle Autonomie – welche sie in noch höherem Grade als die Logik besitzt –, wobei er zu seinem Bedauern feststellen muss, dass der umfassenden Anerkennung, welche die intuitive Erkenntnis im alltäglichen Leben erfährt, keine gleiche und adäquate Anerkennung in der Philosophie entspricht. Vielmehr hat sich in letzterer die Logik „den Löwenanteil genommen"; denn die Philosophen sind oft überzeugt, die Intuition sei blind, und nur der Intellekt vermöge es, ihr Augen zu ver-

gorie retoriche", in Rita Franceschini u. a., Hrsg., *Retorica: Ordnungen und Brüche* (Tübingen: Narr, 2006), 55–69.

[45] Benedetto Croce, „Brevier der Aesthetik", in *Kleine Schriften zur Aesthetik*, 2 Bde. (Tübingen: Mohr, 1928), 8.

leihen. Dessen bedarf die Intuition indes nach Croce nicht, „weil sie eigene sehr scharfe Augen auf der Stirn hat".[46]

Um eine wahre und genaue Idee von dem zu haben, was die Intuition ist, genügt es Croces Meinung nach aber nicht, sie vom Begriff zu unterscheiden, sie als etwas vom Begriff Unabhängiges zu erkennen, sondern sie muss auch von der Wahrnehmung unterschieden werden, d. h. von der „Erkenntnis der stattgefundenen Realität", der „Auffassung von irgend etwas als etwas Realem"[47]. Denn, wenn es einerseits zutrifft, dass die Wahrnehmung Intuition ist, so ist ebenso wahr, dass auch die Einbildung Intuition ist. Croce geht es hier darum, zu betonen, dass die Unterscheidung zwischen Wirklichkeit und Nichtwirklichkeit dem Wesen der Intuition fremd ist: Bei der Intuition stellt sich der Mensch nicht als empirisches Wesen der äußeren Realität gegenüber, sondern er objektiviert seine Impressionen, welcher Art diese auch sein mögen.

Ferner muss die Intuition auch von der Empfindung unterschieden werden, oder besser, von dem, was Croce die „rohe Empfindung" nennt[48]. Diese wird verstanden als ungeformte Materie, die der Geist niemals als solche erfassen kann, sofern sie bloße Materie ist, der er sich nur in der Form und durch die Form bemächtigt, deren Begriff er jedoch als Grenze postuliert. Die geistige Intuition von der rohen Empfindung zu trennen ist Croce zufolge wesentlich und zugleich leicht; gerade bei der Erklärung dieser Möglichkeit gelangt Croce zur Formulierung eines der originellsten und überzeugendsten Begriffe seiner Sprachtheorie, der sich als erste Voraussetzung für seine Identifizierung der Ästhetik mit einer Art der allgemeinen Linguistik erkennen lässt: Der grundlegende und eigentümlichste Gedanke der Croceschen Ästhetik ist nämlich das Prinzip, dass die intuitive Erkenntnis des Individuellen schon an sich Ausdrucksakt ist:

> Es gibt aber auch eine sichere Methode, die wahre Intuition, die wahre Vorstellung[49] von dem zu unterscheiden, was tiefer steht als sie: jenen geistigen Akt vom mechanischen, passiven, natürlichen Faktum. Jede wahre Intuition oder Vorstellung ist zugleich Ausdruck (Expression). Alles das, was nicht in einem Ausdruck objektiviert wird, ist weder Intuition noch Vorstellung, es ist Empfindung und gehört dem Reich der Natur an. Der Geist erkennt nur

[46] Croce, *Aesthetik*, 3–4.
[47] Croce, *Aesthetik*, 5.
[48] Croce, *Aesthetik*, 9.
[49] An dieser Stelle sei noch einmal daran erinnert, dass Croce die Termini ‚Intuition' (*intuizione*) und ‚Vorstellung' (*rappresentazione*) oft synonym verwendet.

> dadurch intuitiv, daß er schöpferisch tätig ist, daß er ausdrückt. […] Die intuitive Aktivität erkennt so viel intuitiv, wie sie ausdrückt. Wenn dieser Satz paradox erscheint, so liegt einer der Gründe dafür zweifellos in der Gewohnheit, dem Wort ‚Ausdruck' dadurch eine gar zu enge Bedeutung zu geben, daß man es nur auf die sogenannten verbalen Ausdrücke anwendet; es gibt aber auch nicht-verbale Ausdrücke wie Linien, Farben, Töne: sie alle müssen in den Begriff Ausdruck mit einbezogen werden, welcher daher alle Arten von Manifestationen des Menschen umfaßt: die des Redners, des Musikers, des Malers und aller anderen. Ob man nun den Ausdruck malerisch oder musikalisch oder sonst wie beschreiben oder benennen mag, in keiner dieser Manifestationen kann er der Intuition fehlen, von der er seinem Wesen nach untrennbar ist.[50]

Zwischen Ausdruck und Intuition besteht daher die Beziehung der Identität. Diese Gleichsetzung nimmt Croce an mehreren Stellen vor, und sie lässt sich aus dem Vorangegangenen syllogistisch ableiten: Wenn Kunst Intuition ist und Intuition Ausdruck, so ist klar, dass auch die Kunst Ausdruck sein muss. Hingegen besteht – und das wird ein zentraler Punkt der Kritik Cassirers an Croce sein – keine Identität zwischen dem Ausdruck und seiner ‚Übersetzung' in physische Akte (Töne, Farben, Bewegungen usw.). Der Ausdruck – der künstlerische Akt – befindet sich in der Tat diesseits seiner physischen Manifestationen: Er kann sich in äußeren Manifestationen zu erkennen geben, aber er ist weit davon entfernt, sich mit ihnen zu identifizieren. Denn seine Natur ist viel tieferer und umfassenderer Art:

> Nachdem wir aber an dieser Stelle unserer Betrachtung angelangt sind und die Kunst als geistige Aktivität, als theoretische Aktivität und als besondere (intuitive) Aktivität betrachtet haben, ist es uns leicht möglich, zu erkennen, daß alle die zahlreichen und verschiedenartigen Definitionen von Charakteren immer, wenn sie etwas Reales anzeigen, nichts anderes tun, als das darzustellen, was wir bereits als Gattung, Spezies und Individualität der ästhetischen Form kennengelernt haben. Die Charaktere lassen sich, wie man beobachtet hat, auf die generelle Definition zurückführen; richtiger gesagt sind diese Charaktere verbale Varianten der Einheit, der Einheit in der Mannigfaltigkeit, der Einfachheit, der Originalität usw.; auf die spezifische Definition zurückgeführt sind sie das Leben, die Lebhaftigkeit, die Konkretheit, die Individualität, das Charakteristische. Diese Worte können noch weiter geändert werden, aber wissenschaftlich werden sie nichts Neues bringen. Die Analyse der Expression als solcher ist mit den oben dargelegten Charakteren erschöpft.[51]

[50] Croce, *Aesthetik*, 10.

[51] Croce, *Aesthetik*, 72.

Der Ausdruck ist aber nicht nur nicht identisch mit der physischen äußeren Form, er kann sogar ohne diese bestehen. Hier sei kurz auf ein mit der Auffassung vom Ausdruck zusammenhängendes Problem hingewiesen, das innerhalb der spezifischeren Sprachtheorie Croces Bedeutung gewinnt. Es handelt sich um die Beziehung zwischen der ‚wahren' Expression (die also gleichzeitig Ausdruck ist), der sogenannten Intuition-Expression (*intuizione-espressione*), und der ‚naturalistischen Expression'. Letztere ist nämlich nicht Ausdruck eines theoretischen Faktums, sondern eines physischen Faktums, von dem er in Wirklichkeit nicht einmal verschieden ist, denn er lässt sich von diesem nur durch einen Akt der Abstraktion trennen.[52] Dass der wahre Ausdruck auch ohne seine äußere Form Bestand haben kann, ist allerdings ein problematischer Punkt in Croces Theorie:[53] Die Frage der Beziehung bzw. des Übergangs zwischen dem inneren Ausdruck und seiner äußeren Manifestation – seines ‚Nachaußentretens' (*estrinsecazione*) – wird nicht wirklich gelöst. Bei der Behandlung der Cassirerschen Kritik an Croce wird sich zeigen, dass dieses Problem auch Cassirer anspricht.

Noch eine zweite Voraussetzung liegt aber der Identifizierung von Ästhetik und Linguistik zugrunde, und zwar die radikale Leugnung der – erkenntnismäßigen, d. h. theoretischen – Möglichkeit, verschiedene Klassen von Ausdrücken zu unterscheiden. Für Croce existiert in der Tat nur eine einzige Ausdruckswirklichkeit – die eben mit der intuitiven zusammenfällt –, ihre Unterscheidung, ihre Trennung in Klassen, wie die des musikalischen, bildnerischen, malerischen, verbalen Ausdrucks, gehört nicht zur theoretischen, sondern zur praktischen Sphäre des Geistes, zur pseudobegrifflichen Wirklichkeit. Sie ist Frucht menschlicher Abstraktion und hat daher, wie bezüglich der Begriffe der Wissenschaft schon gesehen wurde, keinen erkenntnismäßigen, sondern nur einen nützlichkeitsrelevanten Wert. Kurz gesagt, sie ist nicht wahr.

Croce treibt nun seine Behauptungen bis zu ihren extremen Konsequenzen: Er besteht darauf, dass es nicht nur unmöglich ist, einen wortsprachlichen Ausdruck von anderen Formen des Ausdrucks zu unterscheiden, sondern dass auch innerhalb verbaler Ausdrücke weitere Unterteilungen unmöglich sind, wie man sie etwa erhält, indem man in einigen Klassen vor-

[52] Zu dieser Kategorie des naturalistischen Ausdrucks gehören zum Beispiel die Ausrufe: Bewunderung, Zorn etc. sind Ausdrücke, die von Empfindungen, nicht von Intuitionen zeugen.

[53] Vgl. hierzu auch Santino Cavaciuti, *La teoria linguistica di Benedetto Croce* (Mailand: Marzorati, 1959), 33 und Deneckere, *Benedetto Croce et la Linguistique*, Bd. 1, 88–92.

gebliche Konstanten feststellt (Wortklassen, Redeteile), oder indem man sie sich als von ‚wissenschaftlichen Gesetzen' geregelt denkt. Möglich sind diese Unterteilungen offensichtlich aus praktischer Sicht – beziehungsweise zu Zwecken der Nützlichkeit und insofern durchaus positiv zu beurteilen –, aber eben nicht aus theoretischer Sicht.[54]

Cassirers Definition des ‚Ausdrucks' als symbolische Funktion[55]

Cassirer führt die Termini ‚Eindruck' und ‚Ausdruck' ein, als er die ‚Kritik der Vernunft' zu einer ‚Kritik der Kultur' umformt:

> Die verschiedenen Erzeugnisse der geistigen Kultur, die Sprache, die wissenschaftliche Erkenntnis, der Mythos, die Kunst, die Religion werden so, bei all ihrer inneren Verschiedenheit, zu Gliedern eines einzigen großen Problemzusammenhangs – zu mannigfachen Ansätzen, die alle auf das eine Ziel bezogen sind, die passive Welt der bloßen Eindrücke, in denen der Geist zunächst befangen scheint, zu einer Welt des reinen geistigen Ausdrucks umzubilden.[56]

Auffällig ist, dass Cassirer – zumindest in diesen Zeilen – den Terminus ‚Eindruck' in einem traditionellen, rein passiven Sinne verwendet, der sich von dem Croces beträchtlich unterscheidet. Denn dieser fasst wie eben gesehen den mit dem Ausdruck identifizierten Eindruck als geistige Aktivität auf. Die genauere Untersuchung zeigt nun zwischen dem Denken der beiden Philosophen zwar deutliche Abweichungen, aber auch tiefreichende Übereinstimmungen, die nicht nur auf das Terminologische reduziert werden sollten. Jede originäre geistige Tätigkeit, die gestaltend ist und nicht nur reproduktiv, schließt nach Cassirer eine selbständige Energie des Geistes ein, kraft welcher die einfache phänomenhafte Existenz eine besondere Bedeutung, einen ideellen Wert gewinnt. Cassirer knüpft in dieser Hinsicht an die ‚kopernikanische Revolution' Kants an, wonach man die ‚Gegenstände' nicht

---

[54] Mit dieser Behauptung und der damit verbundenen Polemik gegen die Linguistik als empirische Wissenschaft möchte er den damals erforschten grammatischen und lautlichen Gesetzen die theoretische Realität absprechen, womit er sie zugleich auch der *langue* abspricht: Die wahre Sprache kann in der Tat nur reiner und unteilbarer Ausdruck sein, und das Sprechen kann nur unteilbares Kontinuum sein, das daher die Artikulation in diesen geistigen Prozess nicht einschließt. Darin lässt sich auch eines der wichtigsten Momente der Divergenz zwischen Croces und Cassirers Interpretation des Humboldtschen Begriffes der ἐνέργεια fassen.

[55] Vgl. hierzu Dessì Schmid, *Ernst Cassirer und Benedetto Croce, die Wiederentdeckung des Geistes*, op. cit., 121ff.

[56] Cassirer, *Philosophie der symbolischen Formen*, Bd. 1, 10.

erkennt, als seien sie schon bestimmt und gegeben, sondern das Erkennen ‚gegenstandsschaffend' geschieht:

> Wir erkennen somit nicht ‚die Gegenstände' – als wären sie schon zuvor und unabhängig als Gegenstände bestimmt und gegeben – sondern wir erkennen gegenständlich, indem wir innerhalb des gleichförmigen Ablaufs der Erfahrungsinhalte bestimmte Abgrenzungen schaffen und bestimmte dauernde Elemente und Verknüpfungszusammenhänge fixieren.[57]

Sein Denken entfernt sich jedoch entschieden – ganz besonders bezüglich zweier Aspekte – von dem Kants: An erster Stelle darf man die kritizistische Perspektive nicht nur hinsichtlich der logischen Funktion des Urteils anwenden, vielmehr muss sie sich „mit gleichem Grund und Recht"[58] auf jedes Ziel und auf jedes Prinzip der gestaltenden Aktivität des Geistes beziehen: Denn das Grundprinzip des kritischen Denkens, das Prinzip des ‚Primats' der Funktion vor dem Gegenstand, nehme – so Cassirer – in jedem Sondergebiet eine neue Gestalt an und verlange eine neue, selbständige Begründung:

> Die Kritik der Vernunft wird damit zur Kritik der Kultur [...]. Hierin erst findet die Grundthese des Idealismus ihre eigentliche und vollständige Bewährung.[59]

Der zweite Aspekt betrifft die traditionelle Erkenntnistheorie, die die Gegebenheiten der Erfahrung stets als alogische Rohdaten betrachtet hatte. Dies stellt aber nach Cassirers Meinung eine Idealisierung dar, da man es schon im Moment der Erfahrung nicht mit rohen Daten zu tun hat, sondern mit Daten, welche bereits durch Bedeutung gesättigt sind: durch eine Bedeutung, welche von einer besonderen Äußerungsweise des Geistes verliehen wird, welche in einer besonderen symbolischen Form gegeben ist. Korrekt bewertet man die Realität der Erfahrung erst dann, wenn man das sinnlich Wahrnehmbare in allen seinen Manifestationen nicht nur als Eindruck betrachtet, sondern auch – und die Nähe zu Croce könnte nicht evidenter sein – als Ausdruck:[60] Materie und Form bilden eine Einheit, denn was als Materie gegenwärtig ist, ist immer gleichzeitig als Vorstellung gegeben, das heißt, das Sinnliche ist ‚gestaltet', weil es von Sinn und Bedeutung durchdrungen

---

[57] Ernst Cassirer, *Substanzbegriff und Funktionsbegriff. Untersuchungen über die Grundfragen der Erkenntniskritik*, Gesammelte Werke, Hamburger Ausgabe 6 (Hamburg: Meiner, 1910/2000), 328.

[58] Cassirer, *Philosophie der symbolischen Formen*, Bd. 1, 8ff.

[59] Cassirer, *Philosophie der symbolischen Formen*, Bd. 1, 9.

[60] Zum Begriff ‚Ausdruck' bei Cassirer vgl. auch Ferrari, *Ernst Cassirer*, 184–5.

ist. Der geistige Ausdruck ist daher das Fundament jeglicher Form des Verständnisses der Realität.

Nun stößt man gerade da, wo eine der markantesten Affinitäten zwischen Croce und Cassirer zu finden ist, nämlich in der Auffassung des Begriffs des geistigen Ausdrucks, zugleich auf den Punkt ihrer größten Ferne voneinander: Um das Ziel zu erreichen, die passive Welt der Eindrücke in eine Welt rein geistigen Ausdrucks zu verwandeln, muss man nach Cassirer notwendigerweise den idealen Zusammenhang der einzelnen Bereiche verstehen, den Zusammenhang zwischen den Grundfunktionen von Sprache, Erkenntnis und Kunst, „ohne daß [...] die unvergleichliche Eigenheit einer jeden von ihnen verloren ginge“[61]. Zum morphologischen Hauptproblem wird die Identifizierung und Beschreibung eines gestaltenden Mediums, einer vermittelnden Funktion, „durch welche alle Gestaltung, wie sie sich in den einzelnen geistigen Grundrichtungen vollzieht, hindurchgeht“[62].

Mit anderen Worten geht es hier um eine Identifizierung und Beschreibung der Symbolisierung, der symbolischen Form, des Symbols. Denn dieses ist – wie Cassirer von Leibniz weiß – keineswegs „eine bloß zufällige Hülle des Gedankens, sondern sein notwendiges und wesentliches Organ“[63]:

> Wenn es wahr ist, daß alle Objektivität, alles, was wir gegenständliches Anschauen oder Wissen nennen, uns immer nur in bestimmten Formen gegeben und nur durch diese zugänglich ist, so können wir aus dem Umkreis dieser Formen niemals heraustreten – so ist jeder Versuch, sie gewissermaßen ‚von außen‘ zu betrachten, von Anfang an hoffnungslos. Wir können nur *in* diesen Formen anschauen, erfahren, vorstellen, denken; wir sind an ihre rein *immanente* Bedeutung und Leistung gebunden.[64]

Auch bei Croce wird die Unterscheidung der vier geistigen Tätigkeiten von dem Bestreben begleitet, sie in eine Einheit, in ein System zusammenzufassen. Auch in der *Filosofia dello Spirito* kann man daher versuchen, ein Medium zu finden, das den geistigen Formen, den Weisen, wie der Geist sich verwirklicht, gemeinsam ist. Croce nimmt diese Suche jedoch nicht explizit und systematisch vor, sie verbleibt vielmehr absichtlich vage. Konstant und präzise ist hingegen das Bemühen Cassirers, die gestaltende Funktion des Geistes, das Medium, das seiner Theorie der symbolischen Formen zugrunde liegt

[61] Cassirer, *Philosophie der symbolischen Formen,* Bd. 1, 14.

[62] Cassirer, *Philosophie der symbolischen Formen,* Bd. 1, 14.

[63] Cassirer, *Philosophie der symbolischen Formen,* Bd. 1, 14.

[64] Ernst Cassirer, „Zur Logik des Symbolbegriffs“, in ders., *Wesen und Wirkung des Symbolbegriffs* (Darmstadt: Wissenschaftliche Buchgesellschaft, 1938/[8]1994), 201–30, hier 209.

und dank dem sie alle Formen des Geistes genannt werden können, zu ermitteln und zu definieren. Dieses Medium erweist sich geradezu als Urprinzip des Cassirerschen Systems oder, genauer, seiner Methode. Und Cassirer identifiziert es in etwas genau Bestimmtem, eben in der Symbolisierung, die er durch die erkenntniskritische Herleitung des Symbolbegriffs beschreibt, wie auch durch die Begründung und Rechtfertigung des Begriffs der Vorstellung.[65]

Cassirers Argumente gegen Croces Kunst- und Sprachtheorie

Aus diesen theoretischen Prämissen ist es nicht schwierig zu verstehen, wie die Kritik Cassirers an der Sprachtheorie und Ästhetik Croces intimste Aspekte seines Denkens betreffen kann: Cassirer gesteht dem philosophischen Idealismus – insbesondere Vossler –[66] zwar das Verdienst zu, den Psychologismus und den Positivismus bekämpft zu haben. Doch stellt er zugleich fest, dass auch er nicht in der Lage gewesen sei, die Sprache wieder in jene autonome und philosophisch zentrale Stellung zurückzuversetzen, die sie im Denken und Werk Humboldts eingenommen hatte, und die sie nach seiner Meinung weiterhin hätte behaupten sollen. Gerade als er die Gründe seiner Kritik an jenen idealistischen Richtungen der Philosophie genauer erläutert, welche die Sprache in den Bereich der Ästhetik verweisen wollen und die ihr eigene Autonomie verkennen, wendet sich Cassirer direkt gegen Cohen und Croce: Der erste vernachlässigt die Probleme der Sprache und behandelt sie nur gelegentlich im Zusammenhang mit den Grundfragen der Ästhetik. Noch radikaler führt der zweite die Sprache auf die allgemeine ästhetische Funktion des Ausdrucks zurück, anstatt sie als eine selbständige Form des Geistes aufzufassen, die auf ihr eigenen Gesetzen beruht. Er identifiziert sie mit der Kunst. Und damit ist eine klare Drohung ausgesprochen, nämlich dass die positivistische Metaphysik durch eine auf die Ästhetik gegründete Metaphysik des Idealismus ersetzt wird:

> Wieder ist sie [sc. die Sprache] jetzt [sc. in der idealistischen Metaphysik Croces und also auch Vosslers] in das Ganze eines philosophischen Systems aufgenommen – aber diese Aufnahme scheint zugleich die Bedingung in sich zu

[65] Die Vorstellung wird als Vergegenwärtigung eines Inhaltes in einem anderen und mittels eines anderen verstanden und ist die wesentliche Voraussetzung der Konstitution des Bewusstseins und die Bedingung seiner formalen Einheit.

[66] Cassirer spricht an mehr als einer Stelle und in mehr als einer seiner Schriften von der Rolle Vosslers beim ‚Schritt' der Sprachphilosophie vom Positivismus zum Idealismus: Vgl. Cassirer, *Philosophie der symbolischen Formen*, Bd. 1, IX und 119ff.; Cassirer, „Der Begriff der symbolischen Form im Aufbau der Geisteswissenschaften", 76–7.

> schließen, daß die Sprache sich mit einem der Glieder dieses Systems identifiziert. Wie im Gedanken der allgemeinen, der rationalen Grammatik die Eigenart der Sprache zuletzt in der universellen Logik aufging, so droht sie jetzt in der Ästhetik, als allgemeine Wissenschaft des Ausdrucks, aufzugehen.[67]

Die Sprachphilosophie kann nur dann als Sonderfall der Ästhetik bezeichnet werden, wenn letztere alle besonderen Beziehungen mit dem künstlerischen Ausdruck gelöst hat, d. h. wenn die Aufgabe der Ästhetik in einem derartig erweiterten Sinne verstanden wird, dass sie in sich alles das begreift, was Cassirer als die Aufgabe einer universellen Philosophie der symbolischen Formen versteht. Aus diesem Gedanken zieht Cassirer indes, zumindest in dieser Phase seines Werkes, noch nicht die radikaleren und interessanteren Folgerungen, d. h. er zeigt nicht die Konsequenzen auf, die aus der Theorie Croces mit ihrem Anspruch auf Allgemeingültigkeit auch für die Theorie der Ästhetik im Allgemeinen entstehen. Diese erscheinen erst in einem späteren Stadium seiner Reflexion über das Crocesche Denken in seinem *Essay* aus dem Jahre 1942, und zwar im Zusammenhang mit seiner Kritik an Croces Ablehnung der Gattungseinteilungen in der Kunst.

An der erwähnten Stelle der *Philosophie der symbolischen Formen* sind noch zwei Aspekte hervorzuheben, die – einander zwar vielleicht widersprechend – sowohl für ein tieferes Verständnis der Polemik zwischen beiden Autoren als auch für die kritische Interpretation des Cassirerschen Denkens grundlegend sind. Zum einen ist es schwierig – es sei denn im Namen eines bis zum Ätherischen verallgemeinerten Prinzips wie dem Croces – Einwände gegen die anticroceanischen Bemerkungen Cassirers zu erheben, mit denen er das Kapitel der *Philosophie der symbolischen Formen* beschließt, welches er dem Problem der Sprache in der Philosophiegeschichte widmet:

> Soll die Sprache als eine wahrhaft selbständige und ursprüngliche Energie des Geistes erwiesen werden, so muß sie in das Ganze dieser Formen eingehen, ohne mit irgend einem anderen schon bestehenden Einzelglied desselben zusammenzufallen – so muß ihr bei aller systematischen Verknüpfung, die sie mit der Logik und Ästhetik eingeht, eine ihr eigentümliche Stelle in diesem ganzen zugewiesen und damit ihre ‚Autonomie' gesichert werden.[68]

Zum anderen aber kommt man, wenn man diese Zeilen und die zuvor zitierten genauer betrachtet, nicht umhin, die behauptete Überzeugung Cas-

[67] Cassirer, *Philosophie der symbolischen Formen*, Bd. 1, 121.

[68] Cassirer, *Philosophie der symbolischen Formen*, Bd. 1, 121.

sirers, dass ein Band der Analogie die verschiedenen symbolischen Formen paritätisch, also ohne hierarchische Privilegien, nebeneinanderordne, einer kritischen Prüfung zu unterziehen. Auch er kann nämlich, ebenso wie Croce, das fundierende Prinzip seiner Theorie nicht in Frage stellen, indem er zugibt, dass die Sprache gegenüber den anderen symbolischen Formen doch in gewisser Weise eine vorgeordnete Funktion erfüllt. Gleichwohl wird in seinen Schriften, besonders in denen der Marburger Zeit, deutlich das Bemühen spürbar, den semiotischen Mechanismus der Bedeutung aus dem, was man fast sein natürliches Umfeld nennen könnte – das der Sprache –, herauszuabstrahieren, auch und vielleicht gerade dann, wenn er über die Humboldtsche Sprachtheorie zur Erarbeitung des Status der Symbolizität gelangt. Gestützt wird diese Interpretation durch eine rein empirische Feststellung: Es fällt nämlich schwer, die Tatsache, dass Cassirer seine Morphologie gerade mit der symbolischen Form der Sprache beginnen lässt, für bloßen Zufall zu halten.[69] Ebenso lassen sich einige Beobachtungen Cassirers bezüglich der Sprache kaum übersehen, die ihm jedenfalls bei der Beschreibung anderer symbolischer Formen nicht in die Feder geraten:

> Die Sprache steht in einem Brennpunkt des geistigen Seins, in dem sich Strahlen ganz verschiedenartiger Herkunft vereinen und von dem Richtlinien nach allen Gebieten des Geistes ausgehen.[70]

Jenseits aller Polemik und jenseits aller Suche nach Inkohärenzen in System und Methode Cassirers ist eines jedoch sicher: Die Stellung der Sprache in seinem spekulativen Denken liefert gute Gründe dafür, Cassirer, insbesondere den ‚europäischen' Cassirer, als einen der wichtigsten Protagonisten der ‚Wende hin zur Sprache' in der modernen Philosophie zu betrachten.

Aber zurück zu Cassirers Kritik an Croce.[71] In *Zur Logik der Kulturwissenschaften* greift Cassirer noch einmal, wenn auch nun mit anderen Termini als in seinen früheren Schriften, in die Diskussion ein, die am Ende des 19. Jahrhunderts um die Beziehung zwischen Naturwissenschaften und historischen oder Humanwissenschaften in Deutschland aufgekommen war. Er beschäftigt sich erneut mit der Möglichkeit, all jene Phänomene durch eine begriffliche und gesetzmäßige Disposition zu erforschen, die nicht der Objektivität und Regularität unterliegen, mit der die Naturgesetze ‚wirken',

---

[69] Auch gibt es kein eigenständiges der Kunst gewidmetes Werk, was auch Croce anmerkt (siehe § 3.4).

[70] Cassirer, *Philosophie der symbolischen Formen*, Bd. 1, 121.

[71] Vgl. hierzu Dessì Schmid, *Ernst Cassirer und Benedetto Croce*, 157ff.

sondern zur kreativen und vitalen Sphäre gehören, zu der des Handelns und sozialen Seins des Menschen. Er nennt dabei ausdrücklich sein Ziel: nicht die Erstellung einer besonderen Logik der Kulturwissenschaften (gegenüber derjenigen der Naturwissenschaften) als vielmehr die Absicht, gerade den Bruch zwischen Naturalismus und Historismus zu überwinden.[72] Wie in seinen zuvor behandelten Arbeiten bietet Cassirer auch in diesem Aufsatz einen Überblick über die bisherigen Theorien, an denen sich die Modalitäten des ‚Rückfalls' in die eine oder die andere der beiden philosophischen Konzeptionen illustrieren lassen. Und gerade im Verlauf dieser analytischen Sichtung kommt er auch zu seiner Kritik an dem Croceschen Idealismus.[73]

Ausdrücklich weist er Croces Kritik an den sogenannten künstlerischen Gattungen zurück. Dafür führt er Gründe an, die nicht nur gegen diese spezielle Auffassung sprechen, sondern damit zugleich auch die Ablehnung der gesamten ästhetischen Theorie Croces enthalten, welche sich auf das Prinzip der Intuition-Expression, auf das Prinzip des ‚reinen' Ausdrucks gründet: Die Crocesche Konzeption der Kunst, nach der philosophisch ‚wahr' nur die Kunst und das Individuum sind, die Mittel, durch welche die Kunst sich ausdrückt, hingegen vollkommen gleichgültig, wird nach Cassirer dem Prozess des künstlerischen Schaffens nicht gerecht. Denn sie zerbricht das Kunstwerk in zwei Teile ohne notwendigen inneren Zusammenhang. Cassirer beharrt hingegen darauf, dass die jeweils besondere Art des Ausdrucks nicht nur die technische Fertigung des Kunstwerks, seinen materiellen Aspekt im engeren Sinne, sondern seine gesamte Konzeption betrifft: „Beethovens Intuition ist musikalisch, Phidias' Intuition ist plastisch, Miltons Intuition ist episch, Goethes Intuition ist lyrisch. Dies alles betrifft nicht nur die äußere Schale, sondern den Kern ihres Schaffens".[74]

Cassirer versteht einige der durchaus richtigen Motive, die Croce „zu seinem heftigen Kampf gegen die Lehre von den Gattungen"[75] veranlasst haben. Aber er kann nicht umhin, sich von einer Ästhetik zu distanzieren, die

[72] Erreichbar schien ihm diese Überwindung dadurch, dass er jede Form der Metaphysik hinter sich ließ und das Problem verlagerte, es aus der kritizistischen Perspektive heraus verstand, also aus der Sicht der Erkenntniskritik. In *Zur Logik der Kulturwissenschaften* ist die Ebene der ‚Wahrnehmung' die privilegierte Ebene gegenüber der logisch-begrifflichen. Das heißt, man hat eine Art der Erkenntniskritik vor sich, die sich als Suche nach der Begründung, nach der ursprünglichen Grundlage der Hervorbringungen des Bewusstseins begreift, wofür es notwendig ist, über die Grenzen der reinen Logik hinauszugehen.

[73] Vgl. Cassirer, *Zur Logik der Kulturwissenschaften*, 118.

[74] Cassirer, *Zur Logik der Kulturwissenschaften*, 120

[75] Cassirer, *Zur Logik der Kulturwissenschaften*, 120.

sich das Moment des reinen Ausdrucks, wie Croce ihn versteht, zur eigenen – spezifischen – Grundlage macht. Und das aus verschiedenen Gründen. Cassirers Analyse der Croceschen Theorie zeigt sich auf diesen Seiten präzise und scharfsinnig:

> Er [sc. Croce] legt den Akzent fast ausschließlich darauf, daß die Kunst Ausdruck des individuellen Gefühls und des individuellen Gemütszustandes sein müsse, und es gilt ihm gleichviel, welche Wege sie hierbei einschlägt, und welcher besonderen Richtung der Darstellung sie folgt. Dadurch wird die „subjektive" Seite vor der „objektiven" nicht nur bevorzugt, sondern die letztere sinkt der ersteren gegenüber fast zu einem gleichgültigen Moment herab. Alle künstlerische Intuition wird „lyrische Intuition" – gleichviel, ob sie sich in einem Drama, einem Heldengedicht, in der Skulptur, in der Architektur, in der Schauspielkunst verwirklicht.[76]

Dies bedeutet zudem nach Cassirers Ansicht die Annullierung aller Unterschiede der Darstellungs*form* oder aber ihre Modifizierung zu bloßen Unterschieden der *physischen Mittel* des Ausdrucks. Einer solchen Annahme widerspricht nun schon der bloße Augenschein des Kunstwerks selbst. Denn das physische und das psychische Moment durchdringen sich darin dergestalt, dass sie, auch wenn sie in der Reflexion unterschieden werden können, für die Intuition und das ästhetische Empfinden ein unteilbares Ganzes darstellen:

Kann man wirklich, wie Croce es tut, die konkrete „Intuition" den „abstrakten" Mitteln des Ausdrucks gegenüberstellen und demgemäß alle Differenzen, die sich im Kreise des letzteren finden, als rein begriffliche Differenzen behandeln? Oder ist nicht eben beides im Kunstwerk innerlich zusammengewachsen? Lässt sich, rein phänomenologisch, eine Art gleichförmiger Urschicht der ästhetischen Intuition aufweisen, die immer dieselbe bleibt, und die sich erst bei der Ausführung des Werkes dafür entscheidet, welchen Weg sie gehen und ob sie sich in Worten, in Tönen oder Farben verwirklichen will?[77] Zum Beweis seiner Theorie, dass die ästhetische Intuition schon als musikalische oder plastische, lyrische oder dramatische entstehe, zitiert Cassirer die Zeilen Croces, in denen dieser behauptet, dass die Dichtung in ihrem Innersten und untrennbar mit ihren jeweiligen besonderen Worten, mit ihrem Rhythmus, mit ihrem Metrum, mit denen sie sich ausdrückt, verbunden sei, und zwar in dem Sinne, dass sie schon als diese komplexe Verbindung entsteht. Jenseits dieser Elemente verbleibt nach Croce

[76] Cassirer, *Zur Logik der Kulturwissenschaften*, 120.
[77] Cassirer, *Zur Logik der Kulturwissenschaften*, 121.

kein ‚absolutes' poetisches Denken, losgelöst vom poetischen Kontext. Cassirer tut also nichts anderes, als diese Überlegung Croces auf die anderen künstlerischen Formen auszudehnen. Dabei vernachlässigt er allenfalls, wie sehr gerade die Poesie für Croce einen Sonderfall des Ausdrucks darstellt – was allerdings vor allem in seinen Arbeiten der Reifezeit deutlich wird, die Cassirer im Exil aber vermutlich nicht mehr rezipierte.

Cassirers Kritik nimmt in dieser Arbeit einen anderen Charakter an als in der *Philosophie der symbolischen Formen*: Wandte sie sich dort nur gegen die Reduktion der Sprache auf die Kunst durch den Begriff des Ausdrucks, so geht sie hier die Crocesche Reflexion mehr in der Tiefe an, besser gesagt, sie berührt gleichsam den Punkt, in dem die Crocesche Sprachtheorie wurzelt: die Ästhetik. Cassirer beschränkt sich hier nicht darauf, seine eigene sprachphilosophische Auffassung derjenigen Croces entgegenzustellen, sondern er gibt seiner Kritik nunmehr einen erweiterten Reflexionshorizont: Im Vordergrund steht jetzt das Problem einer Wissenschaft der Ästhetik, die, wie diejenige Croces, so allgemein und abstrakt gefasst ist, dass sie sich nicht nur dadurch, dass sie der Sprache ihr eigenes spezifisches Wesen entzieht, sondern auch dadurch, dass sie die Kunst selbst ‚entcharakterisiert', als fragwürdig erweist.

Die Sprache mit der Kunst zu identifizieren, nachdem man die ‚formalen' Unterschiede der Kunst auf bloße ‚materielle' Unterschiede reduziert hat, bedeutet in der Tat nicht nur, die Autonomie der Sprachwissenschaft zu leugnen, sondern auch, der ästhetischen Wissenschaft selbst ihre eigenen und für sie spezifischen Umrisse zu nehmen. Auch könnte man noch radikaler als Cassirer behaupten: Nicht nur funktioniert die Gleichsetzung von Kunst und Sprache im System Croces nur, wenn man die Sprache ‚in ihrer reinen Natur betrachtet', „in dem, was an ihr auf Philosophie zurückgeführt werden kann“[78] – wenn man ihr also viele ihrer Merkmale entzieht, die Croce ‚empirisch' nennen würde, die aber in Wirklichkeit gerade ihre charakteristischen sind –, sondern auch nur, wenn man der Ästhetik alle Elemente austreibt, die sie als solche ausmachen, mit Ausnahme jenes letzten, allerallgemeinsten, durch das sie einfach auf den Geist zurückgeführt, zugleich aber aus jeder besonderen Bestimmung gelöst wird. Nicht allein also nur dann, wenn man sie entmaterialisiert, sondern auch nur dann, wenn man sie darauf reduziert, Ausdruck des Geistes ohne irgendeine andere Bestimmung irgendeines anderen Typs zu sein, weder empirischer, noch kate-

[78] Vgl. Croce, *Aesthetik*, 150–1.

gorieller Art, auf Grund deren sie als das identifiziert werden könnte, was sie ist. Mit anderen Worten, die Gleichsetzung gelingt ausschließlich dann, wenn man auch die Ästhetik nur in dem betrachtet, „was in ihr auf Philosophie zurückgeführt werden kann"[79].

Croces Antwort

In Reaktion auf diese Kritik äußert sich Croce zu diesen Themen in seiner Rezension von Cassirers *Zur Logik der Kulturwissenschaften*. Zugleich ergreift er die Gelegenheit, um den gesamten philosophischen Ansatz seines Gegners radikal anzugreifen. Um den aus der Ferne aufgenommenen Dialog zu beantworten, findet Croce keine anderen Worte als die der Aggression und die des Spottes. Bei seinem Kommentar der Theorie der symbolischen Formen beschuldigt er Cassirer – das Paradox ist evident – des Naturalismus und des Mystizismus. Die Begründung für diese unfundierte Anschuldigung bleibt allerdings im Dunkeln, die diesbezüglichen Bemerkungen Croces beruhen auf Voraussetzungen, die die Argumente in seinem philosophischen Gedankengang schwer nachvollziehbar machen.

Cassirer sei unfähig, die wahre Verbindung zu verstehen, die zwischen den verschiedenen Momenten der Aktivität des Geistes bestehe, die sich in letzterer zusammenfänden und in ihr aufgingen. Er sei unfähig, seine symbolischen Formen „in ihrer ewigen Entstehung und Entwicklung" zu behandeln. Er sei nur in der Lage, sie „aufzuzählen" und zu „beschreiben" ohne sie zu „durchdringen", d. h. ohne zu ihrer wahren Natur vorzustoßen, welche sie als Momente „des dialektischen Übergangs der einen in die andere" zeige:

> Und infolgedessen stellt er z. B. den ‚Mythos' neben die ‚Sprache': als ob der Mythos nicht immer von der Kritik, also von der Logik und vom Denken bekämpft und aufgelöst worden wäre, und die Sprache hingegen nicht notwendige Bedingung und zugleich Instrument des logischen Denkens wäre.[80]

Ein analoger Grund ist es, der, nach Croce, Cassirer dazu bringt, Vossler und Croce die Identifizierung von Kunst und Sprache zu bestreiten, nämlich ein weiteres Mal die vorgebliche Unfähigkeit, sich der ‚spekulativen Vernunft' zu bedienen, statt des ‚trennenden Intellekts', von dem sein ‚Festhalten an empirischen Klassifikationen' herrühre.

---

[79] Vgl. Croce, *Aesthetik*, 151.
[80] Croce, „Recensione a Ernst Cassirer", 94.

Croces Attacke – dies lässt sich ohne weiteres sehen – richtet sich gegen Themen, die Cassirers Kritik in dem rezensierten Aufsatz zwar zugrunde liegen, von denen darin aber ausdrücklich überhaupt keine Rede ist. Croces Antwort auf Cassirers kritische Anmerkungen bezüglich der Gleichsetzung von Ästhetik und Sprachwissenschaft können daher auch als weitere Bestätigung dessen gelesen werden, was auf den vorausgehenden Seiten gesagt wurde: Die Rezension von *Zur Logik der Kulturwissenschaften* ist für Croce ein Anlass, der sich ihm bietet und den er endlich aufgreift, sein unerklärlich langes Schweigen zu brechen und dem in Jahren angestauten Unmut freien Lauf zu lassen.

Eine besondere Interpretation der Theorie der symbolischen Formen liefert die Verbindung zur eigentlichen Analyse der in dem rezensierten Aufsatz enthaltenen Einwände Cassirers gegen seine Theorie. Er missversteht nämlich die ‚Pluralität' dieser symbolischen Formen, indem er sie auf eine Unterscheidung von Gattungen und Arten zurückführt und sie dann durch seinen gewohnten Kritikmodus liquidiert:

> Wenn er [sc. Cassirer] die philosophischen Probleme nicht immer noch in Gattungen und Arten dächte, dann würde er dessen gewahr, daß die Sprache in ihrer ursprünglichen und reinen Natur intuitive, musikalische und poetische Form des Geistes ist, und daß die Dichtung die Ausdrucksform des Geistes ist, und daß mithin die beiden Formen in jedem Punkt zusammenfallen. Die spekulative Untersuchung der Dichtung und der Kunst hätte ihm gezeigt, daß die Sprache niemals getrennt von Intuition und Phantasie gedacht werden kann, da sie nichts anderes ist als diese selbst in ihrer konkreten Wirklichkeit, und daß die Dichtung umgekehrt, sieht man von ihrer Ausdruckskraft ab, verschwindet. Aber ich glaube zu Recht, daß Cassirer sich niemals länger bei Dichtung und Kunst aufgehalten und die diesbezüglichen Probleme nicht vertieft hat; übrigens ist auch der dritte Band seines Werkes, der die Kunst eingehend behandeln sollte, meines Wissens nie erschienen.[81]

Die letzten Zeilen dieses Zitats geben – unabhängig von Croces herablassendem Ton – jedoch Anlass, die grundlegende Frage nach Cassirers Auffassung der Kunst wiederaufzugreifen. Croce hatte anscheinend Kenntnis von Cassirers ursprünglichem Plan, einen Band der *Philosophie der symbolischen Formen* der Kunst zu widmen. Cassirer selbst spricht von dieser Absicht in einem Brief an Paul Arthur Schilpp.[82] Woher Croce diese Information hatte, ist nicht klar, tatsächlich lässt aber eine explizite Behandlung des Themas

[81] Croce, „Recensione a Ernst Cassirer", 94.
[82] Vgl. Verene, „Introduction", 25.

Kunst als symbolischer Form durch Cassirer bis zur amerikanischen Periode auf sich warten. Zwar beschuldigt Croce Cassirer zu Unrecht, die Kunst nur oberflächlich behandelt zu haben, da er zum einen die Bemerkungen übersieht, welche Cassirer in seiner Kritik an Croce selbst ‚indirekt' hierzu macht, und zum anderen auch Cassirers Schriften zu diesem Thema nicht kennt. Gleichwohl hat Croce hier mit Scharfsinn ein Grundproblem erfasst: Denn zweifellos ist die Verspätung, mit der selbst die kleinen Schriften Cassirers zu diesem Thema erscheinen, besonders aber das Fehlen eines mit den anderen vergleichbaren Bandes zur Kunst – und das trotz der Ankündigung seiner Abfassung und seiner ausdrücklich empfundenen Notwendigkeit – ein Indiz für die Schwierigkeit, die Cassirer darin sah, das Problem der Kunst im Rahmen des Systems der *Philosophie der symbolischen Formen* anzugehen. Es ist kein Zufall, dass sich Cassirers gesamte phänomenologische Perspektive, als er in *An Essay on Man* die Behandlung der Kunst an der Seite der anderen symbolischen Formen vorschlug, bereits immer weiter hin zu einer philosophisch-kulturellen und immer weniger auf die Sprache zentrierten Konnotation verschoben hatte.[83]

Damit zurück zu Croces Rezension, in der er seine Kritik schließlich doch direkt gegen Cassirers Aufsatz aus dem Jahre 1942 wendet:

> In eben diesem Aufsatz weist er [sc. Cassirer] meine Leugnung der literarischen und künstlerischen Gattungen zurück [...] und fügt hinzu, daß bei meiner Theorie alle Differenzen in der Kunst verschwinden und sich in physische Differenzen verwandeln, welche die Einheit der Kunst zerbrechen, was durch die „unbefangene Versenkung in ein großes Kunstwerk" widerlegt werde und schreibt mir damit diese und ähnliche Abscheulichkeiten zu, die mir aber so ferne stehen, daß ich sogar ihre plumpen Wörter mit wissenschaftlichem Klang vergessen habe (*„der physische und psychische Faktor!"*).[84]

Es ist leicht zu sehen, dass Croces Widerstand gegen Cassirers Kritik an seiner Ablehnung einer Einteilung in künstlerische und literarische Gattungen außer der Affirmation der eigenen Theorie – und der Herabsetzung derjenigen des anderen – jede fundierte Argumentation vermissen lässt: Croce

[83] Man könnte sich fragen, ob hierin der Grund dafür liegt, dass die amerikanische Cassirer-Rezeption, die seine Philosophie zumindest zu Beginn hauptsächlich über die Schriften der letzten Schaffensperiode kennenlernte, das Problem der ‚Parität' der Sprache gegenüber den anderen symbolischen Formen nicht untersucht hat.

[84] Croce, „Recensione a Ernst Cassirer", 95.

ist nicht bereit zu antworten.[85] Aber jenseits aller Probleme und Inkohärenzen, die sich hinter Croces Interpretation verbergen können, wird sichtbar, dass Croce die Beziehung zwischen den Kategorien der Subjektivität und der Objektivität deutlich anders auffasst als Cassirer. Radikaler könnte man noch hinzufügen: Gerade bei der Beziehung zwischen (individuell-geistiger) Subjektivität und (kultureller) Objektivität liegt der Punkt der größten Divergenz zwischen den Theorien Croces und Cassirers.

Zu Recht beschuldigt Croce im Fortgang seiner Gegenattacke Cassirer, dass er, als er sich gegen die ‚Dichtungshaftigkeit' (*liricità*) jeder Kunst wendet, den von ihm entwickelten Unterschied zwischen dem reinen Sprechen, das poetisch ist, und den affektiven, rhetorischen und prosatextlichen Äußerungen ignoriert. Cassirer kennt also den Entwicklungsgang des Croceschen Denkens nicht, der in seinem Buch *La Poesia* in vollem Umfang sichtbar wird, und bezieht sich stattdessen auf die Konzeption von der Dichtungshaftigkeit aller Kunst, die sich in der vorausgehenden Phase seiner Theoriebildung fand. Dies belegt aber auch, wie sehr das ‚Verdikt' Croces schon feststand: Croce geht nämlich mit keinem Wort auf die Möglichkeit ein, dass Cassirer den Gang seines Denkens nur bis zu den Werken des Systems kennen könnte, sondern geht davon aus, dass er seine Theorie missverstanden habe. Er geht sogar so weit, ihn der Oberflächlichkeit und des nationalistischen Egozentrismus zu zeihen:

> Cassirer ist auch darin, daß er die außerhalb der professoralen deutschen Mentalität entstandenen Theorien nicht der notwendigen Aufmerksamkeit und Überlegung würdigt, ein typischer deutscher Akademiker, nicht ohne nationalistische Beschränktheit, wiewohl die Merkwürdigkeit des Falles es gefügt hat, daß er jetzt verfolgt und Flüchtling unter Anklage des Antinationalismus und Antirassismus ist. Der Wagen der Geschichte rollt schwer, und grausam zermalmt er Unschuldige; trotzdem hat er auch in diesen seinen Arbeiten, die im Exil geschrieben wurden, den lebendigen Sinn für die Ge-

[85] Und doch könnte man versuchen, dies zu tun, wie es zum Beispiel Maggi gezeigt hat: „Für Croce liegt die Universalität der künstlerischen Kreation in der Besonderheit der Explizierung und der Realisierung der freien schöpferischen Tätigkeit des Menschen, des „Geistes"; sie leitet sich nicht vom Status der Objektivität (und sei es auch nur der der Welt der Kultur eigenen Objektivität) der Produkte ab, die sie hervorbringt: Daher die Ablehnung der literarischen Gattungen, nicht in der Hinsicht, dass sie insubsistent oder unnütz wären, sondern insofern sie aus philosophischer Sicht, d. h. für das Wesen des Kunstwerks irrelevant sind." Michele Maggi, „Universalismo e mondo tedesco nella ‚Kulturphilosophie' di Ernst Cassirer", in Ernst Cassirer, *Sulla logica delle scienze della cultura* (Florenz: La Nuova Italia, 1979), V–XXXV, hier XVII.

> schichte und die Einsicht in ihr Problem nicht erworben, oder besser in ihre Probleme, die jedem „Scientizismus“ im innersten widerstreben.[86]

Aus Croces Auffassung von der Beziehung zwischen Subjektivität und Objektivität und aus den Grundannahmen, auf welche sie sich gründet, ergeben sich viele Konsequenzen. Darunter ist auch die weiter oben kritisch untersuchte, dass es möglich ist, eine Unterscheidung zwischen Kunst und Sprache nur auf der Basis empirischer Klassifikationen vorzunehmen, welche zu einem nicht theoretischen, sondern praktischen Bereich gehören. Diese Annahmen und Konsequenzen erklären vielleicht, auch wenn sie es sicher nicht rechtfertigen, dass alles das, was nicht dialektisch verstanden und zusammengeführt wird – dialektisch ist hier im Hegelschen Sinne gemeint –, automatisch durch das Verdikt des Naturalismus, Mystizismus oder Szientizismus abgestempelt wird. Alles, sogar eine idealistische und im tiefsten kritizistische Theorie wie die Cassirers, welche nicht nur zwischen den Zeilen feststellt:

> Eine kritische Kulturphilosophie kann sich keiner der beiden Erklärungsarten gefangengeben. Sie muß ebensowohl die Scylla des Naturalismus wie die Charybdis der Metaphysik vermeiden. Und der Weg hierzu eröffnet sich ihr, wenn sie sich klarmacht, daß ‚Ich‘ und ‚Du‘ nicht fertige Gegebenheiten sind, die durch die Wirkung, die sie aufeinander ausüben, die Formen der Kultur erschaffen. Es zeigt sich vielmehr, daß in diesen Formen und kraft ihrer die beiden Sphären, die Welt des ‚Ich‘, wie die des ‚Du‘, sich erst *konstituieren*. [...] Im Gebrauch der Sprache, im künstlerischen Bilden, im Prozeß des Denkens und Forschens drückt sich je eine eigene Aktivität aus, und erst in ihr finden sich Ich und Du, um sich gleichzeitig voneinander zu scheiden. Sie sind in- und miteinander, indem sie sich in dieser Weise im Sprechen, im Denken, in allen Arten des künstlerischen Ausdrucks Einheit bleiben.[87]

Schlussbemerkungen – Geistige Aktivität und Empirie

Cassirers Plan einer allgemeinen Theorie der Ausdrucksformen des Geistes zeigt ganz andere Akzente, als sie Croce bei seiner Begründung der *Filosofia dello Spirito* setzt: Seiner *Philosophie der symbolischen Formen,* wie er sie im ersten Band des gleichnamigen Werkes vorstellt, nämlich als Arbeitsprogramm, als philosophisches Projekt und nicht als starres, abgeschlossenes System, gibt Cassirer nicht zuletzt die Aufgabe, jene transzendentale Begründung der Geisteswissenschaften darzustellen, welche in der kritischen

[86] Croce, „Recensione a Ernst Cassirer“, 95.
[87] Cassirer, *Zur Logik der Kulturwissenschaften*, 50–1.

Analyse Kants historisch nicht vorlag, welche aber die gesamte nachkantianische Philosophie zunehmend in den Mittelpunkt ihres Interesses gerückt hatte. Diese Begründung der Geisteswissenschaften scheint für Cassirer unauflöslich verbunden zu sein mit der Forderung nach einer Philosophie des Geistes, welche – verstanden als Formenlehre des Geistes – der konkreten Arbeit der einzelnen Humanwissenschaften ihre systematische Begründung zu verleihen vermag. In diesem Projekt spielt – hier wurde es wiederholt gezeigt – die Semiosis, der Mechanismus des Bedeutens die Hauptrolle. Da selbst der philosophische Idealismus nicht in der Lage war, die Wissenschaft von der Sprache wieder ihrer eigenen Autonomie zuzuführen und ihre Weiterentwicklung zu fördern, kann Cassirer sich bei der Begründung seiner Formenlehre nicht „innerhalb eines fest abgesteckten Gedankenkreises“[88] bewegen, sondern er muss versuchen, sich einen eigenen methodischen Weg zu eröffnen. Natürlich bleibt das Leitprinzip seiner Methode die Transzendentalphilosophie – auszugehen von einem gesicherten Faktum, von der Erfahrung, um dann die Bedingungen ihrer Möglichkeit aufzusuchen. Die durch Kant ins Werk gesetzte kopernikanische Revolution erfährt jedoch nicht nur eine ‚Anwendung‘ oder ‚Erweiterung‘ auf alle formenden Tätigkeiten des Geistes, auf die Formen der Objektivierung und der Konstituierung der Welt (Sprache, Kunst, Erkenntnis, Mythos ...), sondern eine Neuinterpretation. Zu behaupten, Cassirer ‚erweitere‘ lediglich die mit der Erkenntnistheorie verbundenen Fragen auf andere geistige Bereiche, wäre irreführend, zumindest bedeutete es, einen wesentlichen Punkt der Cassirerschen Auffassung von Transzendentalphilosophie aus dem Blick zu verlieren, nämlich die Führungsrolle, welche dabei das Bedeuten einnimmt. Denn Cassirers Vorgehensweise ist zwar transzendentalphilosophisch, aber noch bevor er sich über die Bedingungen der Möglichkeit der Erfahrung oder der Erkenntnis befragt, befragt er sich über die Bedingungen der Möglichkeit der Bedeutung, von der die ersteren seiner Meinung nach einen Teil darstellen. Und er selbst stellt dazu fest:

> [...] daß jenes Gebiet theoretischen Sinnes, das wir mit dem Namen ‚Erkenntnis‘ und ‚Wahrheit‘ bezeichnen, nur *eine*, wie immer bedeutsame und fundamentale Sinnschicht darstellt. Um sie zu verstehen, um sie in ihrer Struktur zu durchschauen, müssen wir diese Schicht anderen Sinn-Dimensionen gegenüberstellen und entgegenhalten, müssen wir, mit anderen Worten, das

[88] Cassirer, *Philosophie der symbolischen Formen*, Bd. 1, IX.

> Erkenntnisproblem und das Wahrheitsproblem als Sonderfälle des allgemeinen Bedeutungsproblems begreifen.[89]

Gerade dieser Weg zu dem und über das Bedeuten, aufgefasst als Mechanismus des Geistigen *par excellence* führt nun Cassirer an den Punkt, an dem sich seine idealistische Theorie der Sprache und der Kunst von der Croces auf radikale Weise trennt. Und dies aus verschiedenen Gründen:

Zunächst einmal stimmt es zwar, dass beide Autoren dem Begriff des Ausdrucks des Geistes und dem damit eng zusammenhängenden des Bedeutens großes Gewicht beimessen. Aber beider Weise, diese Begriffe zu verstehen, sei es jeden für sich, sei es in ihrer wechselseitigen Korrelation, ist grundverschieden. Denn gerade von der Interpretation her, welche Croce dem Begriff des Ausdrucks und dem davon untrennbaren der Intuition gibt, von seiner Weigerung, ihn in ‚Klassen von Ausdrücken' einzuteilen, stammt die Identifizierung von Linguistik und Ästhetik, die Zurückführung bzw. die Reduktion der Sprache auf die Kunst, welche einen der fokalen Punkte der Cassirerschen Kritik an Croce darstellt.

An zweiter Stelle spiegeln die verschiedenen Auffassungen Cassirers und Croces von der Sprache auch das unterschiedliche Verständnis wider, das sie vom Idealismus in allgemeiner Hinsicht haben: Für Cassirer kann und darf eine wirklich universelle Erforschung der Sprache auch den empirischen Aspekt jener linguistischen Wissenschaft nicht ignorieren, dem Croce keinen Raum und keinen Erkenntniswert zubilligt, da alles, was mit der Empirie zu tun hat, für ihn in die praktische Sphäre des Nutzens verbannt ist. Für Cassirer existiert indes weder eine philosophische Betrachtung der Sprache, die von ihrer konkreten Wirklichkeit absehen könnte, noch eine empirische Betrachtung sprachlicher Fakten ohne ein sie fundierendes geistiges Moment. Aus dieser Grundannahme folgt freilich eine Schwierigkeit, auf die jede philosophische Betrachtung der Sprache stößt: Einerseits kann sie auf die Einzelfakten nicht einfach verzichten, auf die empirisch gewonnenen Materialien, die sich der Forschung darbieten; andererseits aber muss sie darauf achten, sich ihnen nicht gänzlich zu unterwerfen, denn sonst würde sie riskieren, ihre eigene Intention und Aufgabe zu verraten. In diesem Schwingen zwischen Universalität und Empirie zeigt sich das Originelle und Moderne

[89] Ernst Cassirer, „Erkenntnistheorie nebst den Grenzfragen der Logik und Denkpsychologie", in ders., *Aufsätze und kleine Schriften (1927–1931)*, Gesammelte Werke, Hamburger Ausgabe 17 (Hamburg: Meiner, 1927/2004), 13–81, hier 16.

der Cassirerschen Lösung und zugleich auch eines der wichtigsten Merkmale seiner Nähe zum Sprachdenken Humboldts.[90]

An dritter Stelle trennen sich die Sprachtheorien beider Autoren durch die Art, wie sie den Geist betrachten: Die Auffassung Cassirers ist funktionell, die Croces hingegen dialektisch. Denn Cassirer entzieht dem Geist jede substantialistische, also metaphysische Bedeutung und stellt ihn nicht der Natur gegenüber; im Gegenteil betrachtet er ihn geradezu als etwas, das *alle* Funktionen in sich begreift, die die Welt der menschlichen Kultur bilden und konstituieren.[91] In der Tat gestattet es nur eine funktionale Auffassung des Geistes, jene für die Erkenntnis so problematische Spaltung zwischen Natur und Kultur – welche sich dann in der zwischen Natur- und Geisteswissenschaften wieder abbildet – zu vermeiden. Die Einheit dieser beiden Termini muss nach Meinung Cassirers zurückgewonnen werden; und zwar darf dabei nicht von der Reproduktion einer in sich schon bestimmten Wirklichkeit ausgegangen werden, sondern Grundlage müssen die Weisen der Objektivierung des Geistes, also die symbolischen Medien, sein:

> Die Differenz, nach der wir hier allein suchen und die wir mit Sicherheit aufweisen können [sc. die zwischen „Leben" und „Geist", zwischen der Welt der organischen Formen und der Kulturformen], ist keine physische, sondern eine funktionelle Differenz. [...] Die „Freiheit", die der Mensch sich zu erringen vermag, bedeutet nicht, daß er aus der Natur heraustreten und sich ihrem Sein oder Wirken entziehen kann. [...] Die Bewußt-Werdung ist der Anfang und das Ende, ist das A und O der Freiheit, die dem Menschen vergönnt ist; das Erkennen und Anerkennen der Notwendigkeit ist der eigentliche Befreiungsprozeß, den der „Geist" gegenüber der „Natur" zu vollbringen hat. Für diesen Prozeß bilden die einzelnen ‚symbolischen Formen': der Mythos,

[90] Cassirer widersetzt sich dem Positivismus zwar fundamental, ignoriert aber keineswegs Material und Ergebnisse der sich auf den Positivismus berufenden linguistischen und ethnographischen Forschung. Zur Humboldtschen Anthropologie vgl. Jürgen Trabant, *Apeliotes oder der Sinn der Sprache: Wilhelm von Humboldts Sprach-Bild* (München: Beck, 1986) und ders., *Traditionen Humboldts* (Frankfurt a. M.: Suhrkamp, 1990); zu Cassirers Humboldtianismus vgl. Ferrari, *Ernst Cassirer*, insbes. 199–213 und natürlich Cassirer selbst, „Die Kantischen Elemente in Wilhelm von Humboldts Sprachphilosophie", in *Aufsätze und kleine Schriften (1922–1926)*, Gesammelte Werke, Hamburger Ausgabe 16 (Hamburg: Meiner, 1923/2003), 105–33.

[91] Diese antimetaphysische Auffassung des Geistes begleitet über die Jahre konstant die ganze Entwicklung der Theorie Cassirers. Nur wenige Tage vor seinem Tode bringt er sie noch einmal zur Sprache, und zwar in einem Vortrag über den linguistischen Strukturalismus, in dem er bei dem Versuch, den wissenschaftlichen Stellenwert der Linguistik abzuklären, wieder auf den Disput zwischen Wissenschaften der Natur oder exakten Wissenschaften und Wissenschaften des Geistes oder humanen Wissenschaften zurückkommt, vgl. Ernst Cassirer, „Structuralism in modern linguistics", *Word* 1.2 (1946), 99–120.

> die Sprache, die Kunst, die Erkenntnis die unentbehrliche Vorbedingung. Sie sind die eigentümlichen Medien, die der Mensch sich erschafft, um sich kraft ihrer von der Welt zu trennen und sich in eben dieser Trennung um so fester mit ihr zu verbinden.[92]

Im Unterschied dazu orientiert sich die Auffassung Croces vom Wesen des Geistes an derjenigen der Hegelschen Dialektik und führt zu einer Radikalisierung der Trennung oder besser – aus der dialogischen und sozialen Sicht Cassirers – zur Unvereinbarkeit der Sphären der Subjektivität und der Objektivität. Gerade die Vermittlung zwischen diesen beiden Sphären stellt hingegen für Cassirer das Besondere am Wesen der Sprache dar.[93]

Sucht man also den zentralen Punkt, an dem sich die Theorien Cassirers und Croces effektiv voneinander scheiden, dürfte man diesen in der unterschiedlichen Fähigkeit beider finden, die Empirie und die Tätigkeiten des Menschen zu thematisieren, mit philosophischer Konsistenz zu versehen und sie dadurch zugleich als Tätigkeiten des Geistes und der Kultur zu kennzeichnen.

Die Rolle der Empirie, der sinnlichen Wahrnehmung, innerhalb des geistigen Prozesses wird in der Tat von beiden Denkern auf radikalste Weise verschieden bestimmt. Bei Croce wird sie ignoriert, gestrichen oder in die Sphäre der Pseudobegriffe verwiesen, bei Cassirer ist sie wesentlicher konstitutiver Teil im Prozess der Manifestation des Geistes. Dies bedeutet mit anderen Worten, dass die Form des Idealismus auf der die Cassirersche Sprachphilosophie – wie die Philosophie der symbolischen Formen überhaupt – beruht, die Voraussetzung eines anderen Zugangs zu Anthropologie und Sozialität ist, Voraussetzung für einen neuen Humanismus. Nicht zufällig ist also, dass sie sich im Laufe der Zeit immer mehr als Kulturphilosophie charakterisiert und ins Zentrum ihrer Forschung immer mehr jenen Menschen rückt, der als *animal symbolicum* in einem von ihm selbst geschaffenen Universum von Symbolen lebt. Denn die Kultur lässt sich in letzter Instanz als Moment menschlicher Erfahrung interpretieren, als Prozess der fortschreitenden menschlichen Selbstbefreiung:

> Im ganzen genommen könnte man die Kultur als den Prozeß der fortschreitenden Selbstbefreiung des Menschen beschreiben. Sprache, Kunst, Religion und Wissenschaft bilden unterschiedliche Phasen in diesem Prozeß. In ih-

[92] Cassirer, *Zur Logik der Kulturwissenschaften*, 24–5.

[93] Auch diese Haltung zeigt evidente humboldtianische Züge: Das Ich und das Du gelangen im Dialog zu Kenntnis und Besitz ihrer selbst und ihrer eigenen Gegenstandswelt und begründen in transzendentaler Weise auch das ‚objektive Faktum' der Kommunikation.

nen allen entdeckt und erweist der Mensch eine neue Kraft – die Kraft, sich eine eigene, eine ‚ideale' Welt zu errichten. Die Philosophie kann die Suche nach einer grundlegenden Einheit dieser idealen Welt nicht aufgeben. Sie verwechselt diese Einheit freilich nicht mit Einfachheit. Sie übersieht nicht die Spannungen und Reibungen, die starken Kontraste und tiefen Konflikte zwischen den verschiedenen Kräften des Menschen. Sie lassen sich nicht auf einen gemeinsamen Nenner bringen. Sie streben in verschiedene Richtungen und gehorchen unterschiedlichen Prinzipien. Aber diese Vielfalt und Disparatheit bedeutet nicht Zwietracht oder Disharmonie. Alle diese Funktionen vervollständigen und ergänzen einander. Jede von ihnen öffnet einen neuen Horizont und zeigt uns einen neuen Aspekt der Humanität. Das Dissonante steht im Einklang mit sich selbst: die Gegensätze schließen einander nicht aus, sondern verweisen aufeinander.[94]

[94] Cassirer, *Versuch über den Menschen*, 345–6.

Anhang

Tabellen und Code 719
Abbildungsverzeichnis. 721
Verfasser- und Schlagwortindex 723

Tabellen und Code

Binationale Lehrerbildung an den Universitäten Dijon und Mainz 147
1 Studienzeit und Fächerangebot des Bachelorstudiengangs 149
2 Masterstudiengang in Planung 150
3 Modell der maximalen Integration 153

Leipzig et Lyon : un cursus universitaire binational au fil du temps 155
1 Studienverlauf 162

Die Internationalisierung des Lehramts – eine Quadratur des Kreises? 181
1 Studienverlauf und Mobilitätsphasen 192

Ein digitales Textformat für die Literaturwissenschaften 325
1 Dateiformate und Anforderungen 334
2 Kodierung eines Satzes mit Ortsnamen 340
3 Kodierung eines Satzes mit Attributen/Werten 341
4 Kodierung von Theaterstücken 342
5 Verwendung von `<sic>` und `<orig>` 343
6 Verwendung von `<corr>` und `<reg>` 343
7 Verwendung von `<choice>` 344
8 Verwendung von Attributen 345
9 Der teiHeader 348
10 Textbeispiel aus Maupassant, *Une Vie* 350

Abbildungsverzeichnis

Editorial: Flucht und Utopie 9
1 Anfangseinstellung VOR DER MORGENRÖTE (2016), Bankett mit Minister Soares (Virgílio Castelo) und Stefan Zweig (Josef Hader, r.). 10

Nationalsozialismus und Genozid in der spanischen Gegenwartsliteratur 287
1 Der ewige Jude (Deutschland, 1940), Quelle: www.holocaust-history.org/der-ewige-jude/stills.shtml. 299
2 Michelangelo Merisi (Caravaggio): *Medusa*, Uffizien Florenz, http://www.virtualuffizi.com/medusa.html 301

Ein digitales Textformat für die Literaturwissenschaften 325
1 Screenshot der digitalen Edition des *Essai sur le récit*, http://berardier.org, 2010. Bildlizenz Creative Commons Attribution. 345
2 Zonen und Schreibprozess am Beispiel eines Proust-Manuskripts, aus: *Autour d'une séquence et des notes du Cahier 46* 346
3 Ansicht aus dem Map of Early London Project (Screenshot). 353
4 Kookkurrenz-Analyse in TXM (Screenshot) 354
5 Stilistische Ähnlichkeit von 54 französischen Komödien (Clustering in *stylo*) 356
6 Visualisierung von Topics als Wordcloud 358
7 Das Figurennetzwerk von Lessings *Nathan der Weise* 360

Realität und Wirklichkeit in der Moderne 365
1 Zugang 1: kombinatorische Suche 375
2 Zugang 2: Register 376
3 Zugang 3: Gesamtverzeichnis 377

Spielräume des sozialen Subjekts 381
1 Die Ankunft auf der Bühne, ©Thomas Aurin 382
2 Simones Ermordung Nadias, die in Viscontis ROCCO E I SUOI FRATELLI im Wechselschnitt zu Roccos entscheidendem Sieg im Boxring dargestellt wird 384
3 Über Stones Boxring leuchten die Sterne des Star-Spangled Banner, ©Thomas Aurin 384
4 Tod Nadias (Brigitte Hobmeier) in Stones Inszenierung, ©Thomas Aurin. . 392

Heldentum und Heroisierungsstrategien in Alberto Rondallis Film ANITA E GARIBALDI 405

1 Anita als reitende, kämpfende Amazone: Mario Rutelli, Bronzestatue (1932) von Anita Garibaldi auf dem Gianicolo, Rom, http://commons.wikimedia.org/wiki/File:20110327_Roma_Gianicolo_Anita_Garibaldi_-_foto_1.jpg 411
2 Filmstill aus ANITA E GARIBALDI, 55:16 412
3 Filmstill aus ANITA E GARIBALDI, 1:01:42. 413

Kulturalität im Film OCHO APELLIDOS VASCOS 415
1 Erstes Treffen zwischen „Brautvater“, Amaia und Rafa, Stills aus www.youtube.com/watch?v=YfopzNHLp40, Zugr.: 29.12.2015 417
2 Amaia in einer Flamencobar in Andalusien 418
3 Demonstration im Baskenland im Film OCHO APELLIDOS VASCOS 421
4 Gemeinsame Bootstour mit der ganzen Familie (hier Mercedes und Amaias Vater) 424

Verfasser- und Schlagwortindex

16. Jahrhundert, 499

A
Absolutismus, 583
Ästhetik, 365
Agamben, Giorgio, 65
Akkermann, Lea, 663
Alarcón, Pedro Antonio de, 517
Alpen, 243
Alpenfront, 243
Ancien Régime, 583
Andalusisch, 415
Anita e Garibaldi: Antes de Heróis, 405
Apokalypse, 65
Aretino, Pietro, 657
Argumentation, 535
Asholt, Wolfgang, 591
Asturias, Miguel Angel, 205
Aufklärung, 567, 583
Aufklärungsforschung, 575
Autobiographie, 597
Avantgarde, 591
Ayala, Francisco, 517

B
Baetens, Jan, 105
Balladen, 225
Balzac, Honoré de, 307
Baron, Konstanze, 567
Baskisch, 415
Baumann, Lutz, 147
Becker, Philipp August, 429
Bianchi, Aglaia, 527
Bildwirkung, 509
binationale Studiengänge, 147, 155, 171, 181
Bosshard, Marco Thomas, 287
Brasilien, 539
Bündnerromanisch, 225

C
Caduff, Renzo, 225
Cassirer, Ernst, 673
Castro, Américo, 517
Caudillismus, 205
Céline, Louis-Ferdinand, 65
Chalmers, Mehdi, 605
Christentum, 517
Colbertaldo, Roberta, 657
Comic, 485
Corrêa, Marina, 539
Croce, Benedetto, 673

D
Dante Alighieri, 663
das Böse, 287
Décadence, 65
Dessì Schmid, Sarah, 673
Deutsch-Französische Hochschule, 143, 147, 155, 171, 181
Dialog, 535
Die Eurokokke, 65
Dietrich-Chénel, Karin, 171
Digital Humanities, 325
Diktatorenroman, 205
Disziplingenese, 459
Dolle, Verena, 539
D'Annunzio, Gabriele, 243

E
Ebert, Juliane, 559
Echeverría, Esteban, 205
Ehrich, Susanne, 651
Einaudi, 575
Ekphrasis, 509
Elsass, 429
Erinnerungskultur, 287, 405
Erkenntnis, 673
Erster Weltkrieg, 243, 429
Ertler, Klaus-Dieter, 479

Europabild, 539
Europaidee, 33
Exil, 539

F
Fachgeschichte, 429, 459, 473, 479, 673
Fantappiè, Irene, 657
Film, 405, 415, 485
Fliege, Daniel, 637
Forum Mittelalter Regensburg, 651
Frankreich, 21, 33, 499, 567
Frömmer, Judith, 381
Fuentes, Carlos, 517
Futurismus, 243

G
Gadda, Carlo Emilio, 243
García Márquez, Gabriel, 205
Garibaldi, Anita, 405
Garibaldi, Giuseppe, 405
Gattung, 535
Gedicht- und Strophenformen, 225
Gefen, Alexandre, 101
Gegenwartsliteratur, 287
Genie, 567
Geschichtsschreibung, 575
Gespräch, 535
Gewalt, 637
Goll, Iwan, 65
Goytisolo, Juan, 517
Gracq, Julien, 65
Gröber, Gustav, 429
Gröne, Maximilian, 535
Groteske, 205
Guerrier, Olivier, 121

H
Haiti, 605
Hansen, André, 147
Hauner, Fabian, 583
Hausmann, Frank-Rutger, 429
Hausmann, Matthias, 535
Heimsuchung, 265
Hellmann, Jochen, 143
Heroismus, 405
Héron, Pierre-Marie, 645
Hinz, Manfred, 473
Histoire de la violence, 637
Hoepffner, Ernst, 429
Hörspiel, 645
Holocaust, 287
Houellebecq, Michel, 65

I
Iconic turn, 549
Interkulturalität, 65
Intermedialität, 381, 549, 645
Internationalisierung, 143, 147, 155, 171, 181
Intertextualität, 657
Islam, 517
italienische Philologie, 473
italienischer Barock, 509
italienischer Nationalheld, 405
Italienisches Kulturinstitut Köln, 663

J
Jahier, Piero, 243
Jefferson, Ann, 567
Johannes Gutenberg-Universität Mainz, 147
Joly, Françoise, 645
Judentum, 517
Jurt, Joseph, 33

K
Kaiser-Wilhelms-Universität Straßburg, 429
Kammerspiele München, 381
Karst, 243
Katholizismus, 33
Kaufmann, Vincent, 597
Kénol, Chantal, 605
Khatibi, Abdelkébir, 265
Kimminich, Eva, 559
Klassik, 583
Knaller, Susanne, 365
Koch, Corinna, 485
König, Gerd, 499
Kojève, Alexandre, 65
Kreolisch, 605
Kriminalroman, 485
kulturelle Vielfalt, 415
Kulturerbe, 527
Kunsttheorie, 673

L

La Haine de la littérature, 101, 105, 113, 121, 127, 133
La mémoire tatouée, 265
Labyrinth, 265
Lang, Sandra, 485
lateinisches Reich, 65
Latinität, 33
Le rivage des Syrtes, 65
Lehrerausbildung, 143, 147, 155, 171, 181
Lenz, Markus Alexander, 473
Leopold, Stephan, 583
Lepenies, Wolf, 21, 33
Lexikon, 559
Lhérisson, Jean-Laurent, 605
Licht, 265
Liebe, 583
Liebermann, Marita, 535
literarisches Feld, 591
Literaturkritik, 637
Literaturunterricht, 485
Louis, Édouard, 637
Ludwig, Ralph, 605
Lukenda, Robert, 405
Lyrik, 225

M

Malaparte, Curzio, 243
Marinetti, Filippo Tommaso, 243
Marino, Giambattista, 509
Marx, William, 101, 105, 113, 121, 127, 133
Mecke, Jochen, 181
Medialität, 365, 509
Medusa, 287
Meidl, Martina, 243
Menéndez Salmón, Ricardo, 287
Mentz, Olivier, 171
Messianismus, 205
Migration, 539
Mittelalter, 651
Mittelmeer, 21, 33
Moderne, 365
Modernismus, 591
Müller, Olaf, 459
Mythos, 405, 559

N

Nationalsozialismus, 287
Navaud, Guillaume, 113
Neulatein, 499
Neumeister, Sebastian, 491
Neveling, Christiane, 155
Nickel, Beatrice, 645
Nonnenmacher, Kai, 9, 597
Nostalgie, 265
Nouveau Roman, 645

O

Oesterreicher, Wulf, 459
Oster, Angela, 549

P

Pädagogische Hochschule Freiburg, 171
Palacios Espinoza, Romina Irene, 395
Paradigmen der Wissenschaft, 549
Paragone, 509
Pérez Galdós, Benito, 517
Philologie, 459
Philologie und Rassismus, 473
Philosophie, 307
Pibarot, Annie, 645
Pléiade, 499
Poesie, 605
Politik, 265
politische Imagination, 21, 33
politisches Imaginäres, 583
Portugal, 539
Postavantgarde, 645
Poumet, Jacques, 155
Prstojevic, Alexandre, 127

R

Rassedenken, 473
Rassismus, 637
Raumtheorie, 243, 381
Realismus, 365
Reents, Friederike, 591
regionale Identität, 415
Regionalliteratur, 225
Reichart, Cordula, 307
Renaissance, 657
Rewriting, 657

Rezension, 459, 473, 479, 499, 517, 527, 535, 539, 549, 567, 583, 591, 597
Rheinische Friedrich-Wilhelms-Universität Bonn, 663
Risorgimento, 405
Rivista Storica Italiana, 575
Rocco e i suoi fratelli, 381
Roman, 637
Roman der Moderne, 517
Romanische Studien, 9
Rondalli, Alberto, 405

S
Saint-Simonisten, 21
Sbarbaro, Camillo, 243
Schatten, 265
Schlaak, Claudia, 415
Schlüter, Gisela, 575
Schlüter, Vanessa, 509
Schmid, Ulrich, 597
Schmider, Christine, 181
Schmitz, Sabine, 485
Schmuck, Lydia, 539
Schneegans, Friedrich Eduard, 429
Schneegans, Heinrich Alfred, 429
Schöch, Christof, 325
Schuchardt, Beatrice, 265
Selig, Maria, 459, 479, 651
Sevilla, Fabian, 517
sexuelle Gewalt, 637
Sick, Franziska, 65
Simmel, Georg, 243
Soffici, Ardengo, 243
Soumission, 65
Sozialkritik, 637
spanische Narrativik, 517
spanisches Mittelalter, 517
Sprachtheorie, 673
Stadt, 265
Stadtentwicklung, 527
Stadtgeschichtsforschung, 651
Stadtsprachen, 651
Stil, 307
Stone, Simon, 381
Straßburg, 429
Südamerika, 405
Süddeutscher Rundfunk, 645
Surselvisch, 225

T
Tagungsbericht, 645, 651, 657, 663
Text Encoding Initiative, 325
Text und Bild, 549
Textanalyse, 325
Textedition, 325
Theaterinszenierung, 381
Theoriegeschichte, 597
Thomä, Dieter, 597
Transparenz, 583
Trikulturalität, 517
Triptyque de Rabat, 265
Trouillot, Lyonel, 605
Tuor, Alfons, 225

U
Ungaretti, Giuseppe, 243
Universität Leipzig, 155
Universität Regensburg, 181, 651
Université de Bourgogne Dijon, 147
Université de Haute-Alsace Mulhouse, 171
Université Lyon 2, 155
Université Nice Sophia-Antipolis, 181
Unlesbarkeit, 583
Untergang, 65

V
Venedig, 527
Venturi, Franco, 575
Visconti, Luchino, 381
volksliedhafte Gedichte, 225
Vorworttheorie, 307
Voyage au bout de la nuit, 65

W
Wehr, Christian, 205
Wirklichkeit, 365
Wissenschaftsgeschichte, 459
Witthaus, Jan Henrik, 517
Wodianka, Stephanie, 559

Z
Zaki, Katja, 181
Zweiter Weltkrieg, 287